Bob Woodward

Greenspan

EUROPA VERLAG

Aus dem Amerikanischen
von Bernhard Schmid

Bob Woodward

Greenspan

Dirigent der Weltwirtschaft

Europa Verlag
Hamburg · Wien

Die Deutsche Bibliothek – CIP-Einheitsaufnahme
Ein Titeldatensatz für diese Publikation ist bei
Der Deutschen Bibliothek erhältlich

Originalausgabe:
»Maestro. Greenspan's Fed and the American Boom«

Deutsche Erstausgabe

Umschlaggestaltung: Kathrin Steigerwald, Hamburg
Foto: Michael J. Okoniewski, Gamma Liaison
Innengestaltung: H & G Herstellung, Hamburg
Druck und Bindung: Wiener Verlag, Himberg bei Wien
ISBN 3-203-77657-8

Informationen über unser Programm erhalten Sie beim
Europa Verlag, Neuer Wall 10, 20354 Hamburg
oder unter www.europaverlag.de

Inhalt

Den großen Lehrern unter den Redakteuren:
Benjamin C. Bradlee, Alice Mayhew, Roger B. Farquhar, Howard Simons, Harry M. Rosenfeld, Barry Sussman, Leonard Downie Jr., Robert G. Kaiser, Steve Coll, Steve Luxenberg, David Maraniss, Carl Bernstein, William F. Powers Jr., Jim Wooten, Rick Atkinson, Michael Getler, Richard Harwood, Karen DeYoung, Bill Hamilton, Jane Amsterdam, Meg Greenfield, Lawrence Stern, Doug Feaver und Bill Brady.

Jeff Himmelman, Yale-Absolvent – Jahrgang 98 – und Mitglied der renommierten Verbindung Phi Beta Kappa, war, sei es als Reporter, Autor oder Redakteur, bei jeder Phase der täglichen Arbeit an diesem Buch mit dabei. In weniger als einem Jahr entwickelte er ein eingehendes Verständnis für das Federal Reserve System, die amerikanische Wirtschaft im allgemeinen und Alan Greenspan im besonderen. Ein wirklich bemerkenswerter Mann von ungewöhnlicher Reife, Intelligenz und großem Charme, ist Jeff obendrein ein origineller Denker und hat sich einen tiefen Idealismus bewahrt. Darüber hinaus ist er ein geborener Autor von nicht geringer Eleganz, der nicht nur jeden Abschnitt, jedes Kapitel zu verbessern vermochte, sondern auch Tag für Tag mein Denken erweitert hat. Bei all den Monaten, die er durchhalten mußte in der sogenannten Fabrik im zweiten Stock des Hauses, das ich mit meiner Frau Elsa und unserer jungen Tochter teile, verlor Jeff auch nicht ein einziges Mal die Geduld. Kein Tag, kein Abend, kein Arbeitswochenende, an dem wir nicht großartig miteinander ausgekommen wären. Er hat Energie und Stehvermögen eines ganzen Teams von Reportern und Redakteuren. Druck ließ ihn nicht nur kräftiger zupacken, er beflügelte auch seine Phantasie. Seine Maßstäbe, was Akribie und Fairneß angeht, sind absolut. Einer der Fähigsten seiner Generation, wandte er Zeit und Sorgfalt auf, von den Menschen zu lernen, mit denen wir befaßt waren. Nie ließ er es dabei an Takt, Großzügigkeit und Nachsicht fehlen. Nie hat sich im harten Geschäft des Bücherschreibens einer einsatzfreudiger und besser geschlagen als er. Ohne ihn wäre dieses Buch nie fertig geworden, und es ist nicht weniger das seine als meines. Ich sehe in ihm einen Freund fürs Leben.

B. W.

Vorwort

Am 20. Januar 2001 legte mit George W. Bush ein neuer Präsident den Amtseid ab. Er trat das Präsidentenamt in einer Ära Greenspan an. Ging es bei den Präsidentschaftswahlen 1992 darum, die Wirtschaft wieder auf Vordermann zu bringen und das Bundeshaushaltsdefizit abzubauen, so ging es bei den Wahlen 2000 darum, wie man einen prognostizierten Überschuß von wenigstens einigen *Billionen* Dollar ausgeben soll. Die Erwartungen an, ja die ganze Definition der neuen Regierung – Erhaltung der Sozialversicherung, Ausbau von Gesundheitsfürsorge und Bildungssystem, Steuersenkungen, Revitalisierung des Militärs – sind im Zusammenhang mit diesem Überschuß zu sehen. Die wirtschaftlichen Bedingungen, das Erbe für die Nation – vom neuen Präsidenten bis hin zum Bürger –, waren in vieler Hinsicht eine Dividende, die man Alan Greenspan verdankt.

Greenspan wird noch bis ins Jahr 2004 Vorsitzender der Federal Reserve, der amerikanischen Notenbank, sein. Er ist nicht nur seit langem eine der wichtigsten Gestalten der Weltwirtschaft, er wird auch in ihrer Zukunft eine zentrale Rolle spielen. Er ist ehrlich genug, die erstaunlichen neuen ökonomischen Bedingungen, bei deren Zustandekommen er selbst mitgewirkt hat, letztlich ein Rätsel zu nennen. Es ist unmöglich, das anhaltend hohe Wachstum, die Rekordbeschäftigung, die niedrige Inflationsrate und die Höhenflüge der Börse voll und ganz zu erklären. Es ist mein Bestreben, ein Anfang nur, sicher, die Story der Entwicklung zu schreiben, die uns an den Punkt geführt hat, an dem wir jetzt sind.

Prolog

Hör mal, das wäre ein guter Zeitpunkt für ein Treffen mit dem Präsidenten. Wieso kommst du nicht rüber?

So die Nachricht, die James A. Baker III., Stabschef im Weißen Haus und Ronald Reagans politischer Chefstratege, im Sommer 1984 Paul Volcker, dem Vorsitzenden der Notenbank, zukommen ließ.

Baker arrangierte die Stippvisite im privaten Ostflügel, der – abseits vom offiziellen Trara des Westflügels und neugieriger Blicke – nicht selten die Kulisse für besonders heikle Gespräche abgibt. Schließlich war Volcker, ein etwas theatralischer Zwei-Meter-Mann, kaum zu verstecken. In seinen fünf Jahren als Vorsitzender der Fed, wie man die Federal Reserve landläufig nennt, war er für die Öffentlichkeit zum Gesicht eines mörderischen Kampfes gegen die hemmungslose Inflation geworden.

Volckers harte Maßnahme zur Abkühlung der amerikanischen Konjunktur, den Leitzins auf nie dagewesene 19 Prozent hochzuschrauben, hatte eine Rezession ausgelöst und Millionen den Arbeitsplatz gekostet, so daß er für viele kleine Leute zum Buhmann geworden war. Jetzt jedoch war die Inflationsrate zurückgegangen, und die Fed hatte den Anschein der Preisstabilität erreicht, was ihn andernorts zum Helden machte, vor allem an der Wall Street.

Der Vorsitzende traf sich etwa alle sechs Monate mit dem Präsidenten. Es war für ihn nicht ungewöhnlich, behutsam formulierte Anspielungen auf eine Rücknahme des Zinses zwecks Ankurbelung der Wirtschaft zu hören.

Reagan und Baker waren die einzigen, die Volcker in der Bibliothek im Erdgeschoß des Ostflügels vorfand.

Volcker und Baker pflegten ein herzliches persönliches Verhältnis. Beide hatten sie während der Blütezeit der Klüngel in Princeton studiert – Volcker hatte seinen Abschluß 1949 gemacht (summa cum laude), Baker 1952 –, und ihre Alma Mater war gelegentlich Thema nostalgischer Gespräche zwischen den beiden. Auf professioneller Ebene, insbesondere wenn es um Zinsen ging, war ihre Beziehung gespannt.

Volcker war zum ersten Mal 1979, vom Demokraten Jimmy Carter, zum Vorsitzenden der Fed ernannt worden. Als seine vierjährige Amtszeit 1983 ablief, hatte Reagan, dem es Volckers Kampagne gegen die Inflation angetan hatte, ihn für eine zweite Amtsperiode ernannt.[1] Jetzt, im Gefolge der Rezession, hielt man seinen Rauswurf angesichts einer nervösen Wall Street einfach für zu riskant.

Bakers Ansicht nach sollte Reagan einen eigenen Mann auf dem Posten des Notenbankchefs haben, jemanden, der seine Werte teilte, jemanden aus der eigenen Partei. Wie Baker immer wieder zu sagen pflegte, war Volcker ein »aktenkundiger Demokrat«, als sei der Vorsitzende der Fed ein subversiver Rebell. Baker gab sich keineswegs der Illusion hin, einen Notenbankchef herumkommandieren und politisch kontrollieren zu können. Nur stieß er bei Volcker auf unnötige Distanz und Gereiztheit, ja auf völlige Unempfänglichkeit für die Art von Konsenslösungen, die Baker vorzog.[2]

Nach den artigen Präliminarien eröffnete Baker das Gespräch mit einem Hinweis auf die Wahlen im Herbst. Reagan bewarb sich für eine zweite Amtszeit, und Baker war sein Wahlkampfchef.

Sie wollten nicht, daß man weiter anzog, sagte Baker und meinte damit ein Anheben des Zinssatzes, das einem Anziehen der Kreditschraube entsprach. Seine Worte klangen recht massiv, und über die bevorstehenden Wahlen sprach er mit einigem Stolz. Motto des Wahlkampfes war »Morning in America«, und Reagan vermittelte das Image der fürsorglichen, optimistischen Vaterfigur. Die Message vertrug sich nicht mit einem höheren Zins.

Volcker war einigermaßen verblüfft, Baker in einem so offensichtlich politischen Kontext über Zinssätze sprechen zu hören. Er hätte ihm die Wünsche der Regierung auch subtiler, nicht gar so schamlos signalisieren können. Der Vorsitzende wurde steif. Die Kulisse, die unverblümte Sprache und die Arroganz eines so massiven Tons waren unangebracht, ja nachgerade ungehörig. Der Präsident machte dabei noch nicht mal den Mund auf. Nicht ein Wort von ihm. Er verzog keine Miene. Weder nickte er, noch nickte er nicht, wie Volcker zu seiner Erbitterung bemerkte. Ein brillanter Schachzug. Reagan sagte kein Wort, was jederzeit ein Dementi zuließ: *Ich* habe Volcker nicht unter Druck gesetzt. Die Gegenwart des Präsidenten andererseits, er saß ja schließlich dabei – distanziert oder interessiert, das würde, Baker inklusive, nie einer erfahren –, gab Bakers Worten alles Gewicht der Welt.

Privat machte Volcker sich einige Sorgen, was die Wirtschaft anging. Nicht daß er eine weitere Rezession kommen sah, aber das Wachstum verlangsamte sich nach wie vor, und die Aussichten waren alles andere als rosig. Sein nächster Schritt als Chef der Fed bestünde vermutlich genau in dem, was Baker und Reagan von ihm wollten, nämlich die Schraube etwas zu lockern und die Zinsen zu senken. Aber das sagte er den beiden nicht; er traute ihnen nicht über den Weg. Wenn er hier eine Aussage machte, würden sie es an die Presse durchsickern lassen. Sie würden eine Senkung des Leitzinses voraussagen. Oder schlimmer noch, die Federal Reserve würde ihrem Druck nachgeben und damit Volckers Glaubwürdigkeit unterminieren.

Der Notenbankchef verließ das Weiße Haus ebenso besorgt wie verstimmt. Manchmal, so hatte er gelernt, ist es das Beste, den Druck zu absorbieren, ihn einfach zu schlucken und gar nichts zu tun. Bei seiner Bestätigung als Vorsitzender durch den Bankenausschuß des Senats hatte er versprochen, jede versuchte Einflußnahme auf ihn seitens des Weißen Hauses zu melden. Er war sich nicht sicher, ob der Druck einen Punkt erreicht hatte, an dem er den Vorfall hätte zur Anzeige bringen müssen. Er entschloß sich, nichts zu sagen.

Für Baker war die Diskussion eher Routine. Es sollte nicht so aussehen, als setze er Volcker unter Druck. Selbstverständlich wollte die Regierung eine Rücknahme der Zinsen. Das wollte das Weiße Haus immer. Aber der Vorsitzende der Fed war unabhängig, und wenn Volcker der Treff mit dem Präsidenten nicht schmeckte, dann brauchte er nicht zu kommen; darüber hinaus konnte er wieder gehen oder sich gar beschweren. Tat er aber nicht.

Kurz darauf nahm Volcker als Reaktion auf die allgemeine Konjunkturschwäche den Leitzins zurück – so wie er das ohnehin getan hätte. Reagans Wiederwahl im November kam einem Erdrutsch gleich.

Anfang 1985 ernannte Reagan James Baker zum Finanzminister, dem traditionell die Verantwortung für den Kontakt zur Zentralbank obliegt. Baker sah darin eine weitere Möglichkeit, politischen Einfluß auf die Zinspolitik der Federal Reserve zu nehmen. Deren Vorsitzender jedoch mag die Notenbank dominieren, allein handlungsfähig ist er deshalb aber nicht.

Die Fed legt zwei kurzfristige Zinssätze fest. Der unbedeutendere der beiden ist der Diskontsatz, der Zinssatz, den die Fed den Geschäftsbanken für kurzfristige Kredite berechnet. Obwohl er effektiv nur eine geringe Wirkung auf die Wirtschaft hat, war der Diskontsatz seinerzeit der einzige Leitzins, den die Fed öffentlich bekanntgab. Infolge dessen hatten Veränderungen des Diskontsatzes eine beträchtliche psychologische Wirkung sowohl auf die Finanzmärkte als auch die Wirtschaft insgesamt.

Um den Diskontsatz zu ändern, braucht der Vorsitzende eine Stimmenmehrheit im siebenköpfigen Zentralbankrat, dem Board of Governors. Seine Stimme ist dabei nur eine dieser sieben.

Laut Gesetz und Verfassung ernennt der Präsident die Mitglieder des Zentralbankrates, und der Senat bestätigt sie. Ratsmitglieder werden auf vierzehn Jahre ernannt[3], eine beträchtliche Spanne also, die das Gremium über tagesaktuelle politische Gegebenheiten stellen soll. Allerdings sind es viele Mitglieder bald müde, in einer Institution zu dienen, die derart unter der

Fuchtel ihres Vorsitzenden steht, und treten nach nur wenigen Jahren wieder zurück. Als Folge davon hatte die Regierung eine Reihe von Republikanern in den siebenköpfigen Rat benannt. Baker, dem es in erster Linie oblag, neue Ratsmitglieder aufzutun, zog »Reaganauten« vor, Leute, die die Philosophie des Präsidenten teilten und bereits seinem Team angehört hatten. Ganz besonders favorisierte er dabei solche, die für niedrigere Zinssätze waren. Die Gespräche in und um Bakers Finanzministerium hatten alle ein und dasselbe Motiv: Die Zeiten ändern sich. Die Message an Volcker lautete: Führe oder werde geführt.

Einer der ersten, die Baker sich für die Fed aussuchte, war der 36jährige Manuel H. Johnson Jr., einer seiner Ministerialdirektoren im Finanzministerium, ein ehemaliger Nachrichtenspezialist bei den Green Berets. Johnson hatte seinem Chef gesagt, die Zinssätze gehörten seiner Ansicht nach zurückgenommen und die Zinspolitik sowohl mit dem Weißen Haus als auch mit dem Finanzministerium koordiniert.

Kurz nachdem Johnson 1986 dem Gremium beigetreten war, steckte er Volcker, man erwarte von ihm, bei der ersten Gelegenheit für eine Rücknahme der Zinsen zu stimmen. »Ich kann nicht umhin, für eine solche zu stimmen. Sie ist einfach nötig«, sagte Johnson. Volcker war entsetzt; er schloß daraus, daß Johnson einen Kuhhandel eingegangen war.

Johnson ließ Volcker darüber hinaus wissen, daß es damit vier Stimmen – mit anderen Worten eine Mehrheit – für eine Zinssenkung gab. »Was das Wie angeht, füge ich mich Ihren Wünschen«, sagte er dem Vorsitzenden. »Ich beuge mich Ihrer Führung.«

Volcker war zu diesem Zeitpunkt gegen eine Senkung, weil er sich Sorgen machte, es könnte zu einer neuen Inflation kommen. »Übt Baker diesbezüglich Druck auf Sie aus?« fragte Volcker. Er legte dabei die Füße auf den Schreibtisch und steckte sich eine Zigarre an.

»Ich bin sicher, daß Jim Baker es befürworten wird«, antwortete Johnson. »Er weiß, wie ich stimme.«

Am 24. Februar 1986 übernahm Johnson mit drei anderen

Ratsmitgliedern die Führung, und man stimmte vier zu drei für eine Senkung des Diskontsatzes.[4] Volcker sah sich zum ersten Mal in der Minderheit.

»Auf Wiedersehen«, sagte er dem Gremium, nachdem die Abstimmung vorbei war. »Den Rest müssen Sie alleine machen.« Er stand auf und ging hinaus, wobei er die Tür zuschlug. Ordentlich. Da er nicht tippen konnte, schrieb er nach der Rückkehr in sein Büro seine Kündigung mit der Hand. Den Vorsitzenden zu überstimmen war seiner Ansicht nach eine offene Rebellion, so etwas gehörte sich im Zentralbankrat nicht. Es war ein erschütternder Verstoß gegen die Clubetikette. Die Tradition der Zentralbank zwang den Rat praktisch, Meinungsverschiedenheiten und Fraktionsbildungen durch das Hinarbeiten auf einen Konsens beizulegen. Da tagte man eben Dienstag. Und Mittwoch. Und Donnerstag. Und wenn es der Vorsitzende war, der anderer Meinung war, dann tagte man eben ewig.

Volcker berichtete Baker, was passiert war. Sie sollten sich für die Fed einen neuen Vorsitzenden suchen, sagte er.

»Das ist doch nicht das Ende der Welt«, sagte Baker beschwichtigend. Er brachte seine Überraschung zum Ausdruck, sowohl über die Abstimmung als auch über Volckers Kummer. »Du nimmst das viel zu schwer.«

Da war Volcker nun ganz anderer Meinung. Was hatte es für einen Sinn, einem Gremium vorzusitzen, wenn man es nicht leiten konnte? Was bedeutete Führung, wenn ein anderer die Richtung angab?

Baker wollte Volcker erinnern: »Hör mal, deshalb haben wir sieben Leute im Rat – damit der Vorsitzende nicht einfach alles per Dekret beschließt. Deshalb wird im Rat demokratisch abgestimmt.« Er verkniff es sich jedoch, auf derart Offensichtliches hinzuweisen. Baker, ein Rechtsanwalt aus einer alten texanischen Familie, ließ seinen Charme spielen und drängte Volcker, Geduld zu haben. Im wesentlichen sagte er ihm: Nun sei mal realistisch, Paul. Niemand – weder die Fed noch das Weiße Haus oder die Wall Street – wolle oder brauche die Erschütterung, die ein Rücktritt Volckers zur Folge hätte.

Volcker war jedoch zu dem Schluß gekommen, daß es sich bei der Abstimmung an jenem Vormittag um eine Kabale gehandelt hatte, um einen Dolchstoß ins Herz der Unabhängigkeit des Federal Reserve System an sich. Außerdem war er der Ansicht, Jim Baker sehe darin einen großen politischen Sieg.

Baker rief Johnson an, um ihn zu beruhigen.

»Sie haben getan, was Sie konnten«, sagte Baker. »Ich stehe voll und ganz hinter Ihnen.«

Johnson wußte, daß er und die anderen aufmüpfigen Ratsmitglieder Baker in die Hände spielten. Noch am Spätnachmittag desselben Tages jedoch machten Johnson und die anderen Ratsmitglieder einen Rückzieher. Sie erklärten sich bereit, es sich noch mal zu überlegen, was effektiv bedeutete, sie nahmen die Senkung des Diskontsatzes zurück, noch bevor sie bekanntgegeben war. Ein Rücktritt Volckers konnte nur destabilisierend wirken. Der Schock, den er an der Wall Street auslösen würde, wäre in der ganzen Welt zu spüren.

Worauf Volcker sich bereit erklärte zu bleiben; trotzdem war es nicht mehr so wie früher. Die Regierung Reagan wollte eine Marionette, schloß er.

»Ich traute ihnen nicht über den Weg«, sagte Volcker später. »Das war unmöglich. Völlig ausgeschlossen, das alte Vertrauen wieder herzustellen.«

Jim Baker wollte nicht notwendigerweise eine Marionette. Er wollte nur einen Republikaner. Es war keine Vertrauensfrage, es war einfach politisch solide. Darüber hinaus wollte er einen wohl temperierten Notenbankchef. Volckers Griesgrämigkeit, die Art, wie er ständig herauskehren mußte, wie hoch er doch über der Politik stand, das alles war einfach schwer zu ertragen.

Baker hatte die Gabe, praktisch in jedem, den er kennenlernte, augenblicklich und automatisch Vertrauen zu erwecken. Mit seinem jovialen, ja schlingelhaften Lächeln fand er mühelos einen gemeinsamen Nenner, nicht selten indem er anfangs wie ein Chamäleon die Haltung seines Gegenübers annahm. So zog er jemandem von der Linken gegenüber schon mal über den rechten Flügel vom Leder, und das bereits in den ersten Augenblikken einer Unterhaltung. Wenn Baker jemanden mit der politischen Rechten assoziierte, dann zog er eben über die vom linken Flügel her. Bei großen Tagungen bedachte er die Leute um sich manchmal mit einem Augenzwinkern, zur Unterstreichung ihres persönlichen Bands.

Volcker hatte Baker jedoch nicht für sich gewinnen können, also setzt er seine Kampagne fort. Im Herbst 1986 traf Baker bei einem Besuch im heimatlichen Houston ganz zufällig Edward W. Kelley Jr., einen prominenten texanischen Geschäftsmann, den er schon seit Kindertagen kannte. Baker und Kelley waren in Houston aufgewachsen, nur drei Blocks voneinander entfernt. Beide hatten sie die Kinkaid School, eine Privatschule, besucht; sie hatten miteinander Ball gespielt und die Verbindung seither nicht abreißen lassen.

Sag mal, willst du in den Zentralbankrat? fragte Baker.

Ja, liebend gern, sagte Kelley. Er hatte zwar nie im Leben auch nur ein einziges volkswirtschaftliches Seminar besucht, hatte aber ein Diplom in Betriebswirtschaft von der Harvard University.

Es dauerte nicht lange, und Kelley war ernannt und vom Senat bestätigt.

1987, als Volckers zweite Amtsperiode dem Ende entgegen ging, wirkte Baker nachhaltig auf den Präsidenten ein. »Es wird Zeit für Ihren eigenen Vorsitzenden im Zentralbankrat«, sagte er. »Meiner Ansicht nach kommt da nur einer in Frage.«

Und das war Alan Greenspan, 61, ein ebenso bekannter wie unauffälliger Ökonom aus New York, der schon unter Ford im Weißen Haus Vorsitzender des Council of Economic Advisers – dem Sachverständigenrat zur Begutachtung der Gesamtwirtschaftlichen Entwicklung – gewesen war. Greenspan war Bakers Ansicht nach der perfekte Mann. Er kannte ihn schon seit einem Dutzend Jahren aus nächster Nähe. Baker war 1975 in der Regierung Ford Staatssekretär im Handelsministerium gewesen und hatte an den wirtschaftspolitischen Besprechungen im Weißen

Haus teilgenommen, bei denen Greenspan eine ausschlaggebende Stimme der Vernunft gewesen war. Als Baker 1976 Fords Wahlkampfkampagne leitete, holte er Greenspan als Fachmann für Wirtschaftsfragen mit an Bord der Wahlkampfmaschine. Und 1980 schließlich hatte Greenspan entscheidend zu einer ausschlaggebenden Rede des Kandidaten Reagan zur wirtschaftlichen Situation beigetragen.

Einen seiner großen Augenblicke hatte Greenspan als Chef des von beiden Parteien gestellten nationalen Ausschusses zur Reform der Sozialversicherung, die der gesetzlichen Sozialversicherung 1983 vorübergehend wieder zur Solvenz hatte verhelfen können. Es war Bakers Ansicht nach ein Geniestreich in puncto Konsensbildung gewesen, schließlich hatten sowohl Demokraten als auch Republikaner daran mitgewirkt. Baker selbst leitete einige der geheimen überparteilichen Verhandlungen bei sich zu Hause.

Als Baker das Weiße Haus 1985 verließ, um Finanzminister zu werden, hatte er Greenspan gebeten, ihm bei den Anhörungen im Senat zu seiner Bestätigung zur Hand zu gehen. Einmal mehr fand er Greenspans Rat sowohl sachkundig als auch politisch geschickt.

Baker bildete sich etwas darauf ein, die zweite, dritte, ja selbst noch die zehnte Konsequenz einer Entscheidung vorauszusehen. Er wußte sehr wohl um die Bedeutung der Präsidentschaftswahlen im kommenden Jahr, wenn sein alter Freund aus Texas George Bush sich um das Amt bewerben würde. 1988 einen Republikaner als Chef der Zentralbank zu haben konnte von größter Bedeutung sein, auch in einer künftigen Regierung Bush.

Baker war überzeugt, daß Greenspan genau der Mann war, den sie in der Fed brauchten – ein Mann mit Korpsgeist.

1987 hatte sich Reagan zur Rettung seiner Präsidentschaft während des Iran-Contra-Skandals den ehemaligen republikanischen Mehrheitsführer im Senat Howard H. Baker Jr. als Stabschef geholt. Howard Baker, ein würdiger Politiker mit großer Washington-Erfahrung, hatte achtzehn Jahre lang Tennessee im Senat vertreten. Er saß 1973–74 als stellvertretender Vorsitzender im Watergate-Ausschuß des Senats und sah die Regierung Nixon unter Lügen und Selbsttäuschungen in sich zusammenfallen. Als er Reagans Angebot, als Stabschef ins Weiße Haus zu kommen, annahm, bestand er darauf, zu allen wichtigen Entscheidungen und Geheimnissen hinzugezogen zu werden.

Der Baker aus Tennessee war also mehrere Male zugegen, als der Baker aus Texas mit dem Präsidenten über die bevorstehende Entscheidung hinsichtlich eines neuen Zentralbankchefs sprach. Jim Baker hatte vor, Volcker in die Wüste zu schicken, und setzte sich nachhaltig für Greenspan ein. Howard Baker kannte Greenspan recht gut. Die beiden hatten schon in den siebziger Jahren in republikanischen Kreisen miteinander verkehrt, und sie hatten so manches Mal Tennis in Greenspans Privatclub in der Vorstadt gespielt.

Eines Tages im Frühjahr luden die beiden Bakers Greenspan – der eine private Consulting-Firma in New York City hatte – ein, nach Washington zu fliegen, um sich mit ihnen in Jim Bakers Haus in Northwest Washington zu treffen.

Sie hatten nur eine Frage. Stünde Greenspan zur Verfügung?

Falls Paul nicht mehr zur Verfügung stünde, antwortete Greenspan, dann würde er akzeptieren.

Der Präsident wäge seine Optionen ab, sagte Jim Baker. Sie wollten sich nur vergewissern, daß er zur Verfügung stünde, falls man ihn brauche.

»Wenn ihr mich braucht, werde ich da sein«, sagte Greenspan. Er wollte eine Zusicherung, daß selbst dieses Treffen, ganz zu schweigen von seinem Anlaß, unter ihnen blieb. Es wäre verheerend, wenn herauskäme, daß man Volcker zu ersetzen gedachte. Ausgesprochen verheerend, sagte er. Die Finanzmärkte seien ausgesprochen instabil.

Howard Baker sagte, die Diskussion um den Vorsitz im Zentralbankrat stünde in den kommenden Tagen auf dem Terminplan des Präsidenten, aber es brauche seine Zeit, alles zu organisieren. Sie verpflichteten sich zur Geheimhaltung.

Also, das ist ja interessant, sagte sich Greenspan, als er in der Pendelmaschine zurück nach New York saß. Er war sich der Spannungen zwischen der Regierung und Volcker zum Teil schon bewußt gewesen, nicht aber, daß es schon so weit gekommen war. Die Umstände des Treffens mit den beiden Bakers waren in gewisser Hinsicht fast wichtiger noch als das Gesprächsthema selbst, dachte er. Sie hätten auch anrufen, mich am Telefon fragen können: Gesetzt den vagen Fall, Paul würde seinen Hut nehmen, wärst du bereit, hier runterzukommen? Statt dessen hatten sie diesen ziemlich aufwendigen Treff arrangiert: der Stabschef des Weißen Hauses machte sich mitten am Tag frei, der Finanzminister machte sich mitten am Tag frei, ihr Besucher kam eigens aus New York geflogen, und man traf sich irgendwo. Das war in Washington sonst nicht üblich, das wußte Greenspan. Weißes Haus und Finanzministerium lagen gleich nebeneinander, und normalerweise ging bei solchen Angelegenheiten die Bequemlichkeit vor. Mathematisch begabt, wie er war, rechnete er stets alle Möglichkeiten durch. Die Chancen, ernannt zu werden, lagen nicht etwa im unteren Bereich, also bei eins zu zehn, rechnete Greenspan, die Wahrscheinlichkeit war weit größer, vielleicht drei zu vier.

In seiner Washingtoner Zeit im Weißen Haus Gerald Ford, hatte Greenspan häufig seinen Mentor Arthur F. Burns besucht, der von 1970 bis 1978 Chef des Zentralbankrats war. Er hatte bei Burns in den fünfziger Jahren an der Columbia University studiert. Als Greenspan von dem Job als Chef der Fed erfuhr, kam er zu dem Schluß, dieser sei viel zu amorph, als daß er große Freude daran haben könnte. Er mutete ihn insgesamt recht obskur an, und es gab da weitgehende Bereiche, die er offen gesagt nicht verstand. Greenspan gefiel die mechanisch-analytische Arbeit der allgemeinen Betriebswirtschaft – Bilanzen, Arithmetik, Bestände, greifbare Realität. Geldpolitik auf der anderen Seite, das Festsetzen von Zinsen, das war etwas weit Komplexeres. Dazu mußte man zu berechnen versuchen, wie Marktbedingungen und Inflation *künftig* aussehen würden. Eine Änderung der Zinssätze wirkt sich erst Monate später, nach einem Jahr erst, wenn nicht gar noch später aus. Diese Art von Blick in die Zukunft schien ihm schlicht unmöglich.

Bei der Währungspolitik, so dachte Greenspan, konnte man sich selbst bei praktisch perfekten Kenntnissen durchaus vertun. Wenn da jemand in sechzig Prozent der Fälle richtig lag, davon war er fest überzeugt, dann hatte er schon verdammtes Glück.

Nur, plötzlich wollte er den Job. Er hatte ja verfolgt, was Volcker getan hatte, um den Zentralbankvorsitz umzugestalten und vielleicht auch die amerikanische Wirtschaft zu retten. Und das war alles andere als amorph.

Und dann war es offensichtlich, daß Baker ihn auf dem Posten sehen wollte. Konnte Baker Reagan zum Mitmachen bewegen? Das erste Mal wäre es nicht. Bei dem Kompromiß im Sozialversicherungsausschuß hatte man sich vor einem schier unüberwindlichen Problem gesehen – Reagan selbst. Die Demokraten forderten – als Teil des Kompromisses – eine Lohn- und Gehalts-Steuererhöhung. Nun war aber eines von Reagans unverrückbaren Credos – wenn es nicht gar ganz obenan stand – das Vermeiden höherer Steuern. Aber Reagan hatte sich denn doch hinter den Plan gestellt. Greenspan hatte nicht schlecht gestaunt, daß ein ideologisch so vorbelasteter Präsident so pragmatisch sein konnte. Und es war Baker gewesen, der Reagan zum Mitmachen bewegt hatte.

Am Morgen darauf sprach Howard Baker bei Präsident Reagan vor. Ob sich der Präsident nun entschieden hätte.

Nein, sagte Reagan, eigentlich nicht.

Baker ließ nicht locker. Ob Reagan sich entschlossen hätte, Volcker zu ersetzen? Wollte er ihn nun noch mal ernennen oder nicht?

Reagan kam ihm mit Ausflüchten; überhaupt schien er unangenehm berührt. Baker sah, daß der Präsident mit sich selbst nicht einig war.

»Ich mache einen Termin mit Paul«, empfahl Baker, »und versuche herauszufinden, ob er überhaupt noch mal ernannt werden will, Mr. President. Sie wissen ja, es besteht eine gute

Chance, daß er das gar nicht will.« Damit wäre die Regierung aus dem Schneider. »Würde mich gar nicht wundern, wenn er die Zeichen nicht schon erkannt hätte, als ich ihn um einen Termin bat und drüben war.«

Reagan erklärte sich einverstanden.

Im Lauf der Jahre hatte Howard Baker festgestellt, daß die Vorsitzenden der Fed taten, als hätten sie die heiligen Weihen empfangen – als versähen sie plötzlich das Priesteramt, mit anderen Worten, sie waren allzu unabhängig, wenn nicht gar arrogant. Vielleicht sollte das so sein, seine Aufgabe jedenfalls war es, die Absichten sowohl von Reagan als auch Volcker zu dechiffrieren.

Tags drauf in Volckers Büro sagte Baker, er käme auf Geheiß des Präsidenten. Der Präsident müsse zu einer Entscheidung über den Vorsitz der Fed kommen und wolle wissen, ob Volcker an einer dritten Amtsperiode interessiert sei.

Volcker zögerte. »Falls ich es wäre«, sagte er schließlich, »würde mich der Präsident denn wieder ernennen?«

Das weiß ich nicht, sagte Baker. Natürlich, fügte er hinzu, liegt das am Präsidenten. Wenn du interessiert bist, solltest du mir das sagen, ich gebe es weiter.

Auf einer Seite war Volcker natürlich klar, daß seine Wünsche womöglich niemanden interessieren würden, wenn man nicht ernsthaft daran dachte, ihm eine dritte Amtsperiode anzubieten. An der Oberfläche ließ sich Bakers Frage dahingehend interpretieren, daß Reagan womöglich bereit war, ihn noch mal zu ernennen.

Gib mir etwas Bedenkzeit, sagte Volcker schließlich. Er wolle zum Angeln fahren, sagte er, er würde anrufen, wenn er zurückkam.

Als Baker ging, war er unschlüssig.[5] Teils dachte er, es sprach alles dafür, daß Reagan Volcker, hätte der gesagt, es wäre ihm eine Ehre, eine dritte Amtsperiode zu machen, noch mal ernennen würde. Gleichzeitig wußte Baker, daß Volcker nicht betteln wollte. Vielleicht wollte Volcker, stolz wie er war, einfach gefragt werden. Vielleicht wollte er im voraus wissen, ob sein Verbleib im Amt überhaupt zur Debatte stand. Oder, ein etwas finsterer Gedanke, womöglich wollte Volcker einfach nur gefragt werden, um dann abzulehnen.

Nach seinem Angelausflug rief Volcker Howard Baker an und bat ihn, mit dem Präsidenten sprechen zu dürfen. Baker arrangierte ein Treffen für den kommenden Tag. Der Vorsitzende kam in den privaten Flügel des Weißen Hauses, um sich mit den beiden zu treffen. Nach einer kurzen Begrüßung brachte Volcker einen Brief zum Vorschein, den er dem Präsidenten gab. Es hieß darin, es sei ihm lieber, nicht noch mal ernannt zu werden; er sei nur gekommen, um es dem Präsidenten persönlich zu sagen.

Die folgenden zehn Minuten entwickelte sich eine nette Unterhaltung zwischen Reagan und Volcker. Der Präsident gab sich herzlich und besorgt. Volckers Frau Barbara war krank und hatte in New York bleiben müssen. Volcker sagte, er wolle sofort zu ihr zurück.

Die Entscheidung war Volcker nicht leicht gefallen. Seine Frau wohnte in einer Wohnung von der Größe einer Studentenbude. Ohne Air-Conditioning. Nach einem Leben, das praktisch ausschließlich dem Staat gewidmet war, verfügte er kaum über Mittel. Dazu kam, daß weder Präsident noch Finanzminister oder Stabschef ihm eine Wiederernennung zu Bedingungen bot, die ihm ein Maß an Unabhängigkeit und Würde sicherten, das seiner Vorstellung entsprach. Er erzählte Kollegen, er hätte nie in seinem Leben um einen Job gebeten und hätte nicht die Absicht, jetzt damit anzufangen.

Er stand kurz vor dem sechzigsten Geburtstag. Wann hatte ein Mensch seine Arbeit getan? Wann war sie vorbei? Wann war es Zeit zu gehen? Man hatte die hohe Inflation vertrieben, aber in gewisser Hinsicht auch Paul. Die Ära Volcker war vorbei.

Howard Baker rief Jim Baker an, um ihn wissen zu lassen, Volcker wolle nicht mehr. Jim Baker war hocherfreut. »Damit wären wir den Sack los«, sagte er einem Freund in New York.

Es war etwa zwei Monate her, daß Greenspan das letzte Mal hinsichtlich des Chefpostens bei der Bundesbank gehört hatte.

Dann hatte er mit einem Mal Jim Baker an der Strippe. Volcker habe sich entschlossen zu gehen. War Greenspan noch interessiert?

Ohne auch nur einen Augenblick zu zögern, sagte er ja.[6]

Greenspan und Baker kannten einander so gut, daß ein Vorstellungsgespräch nicht mehr nötig war. Es gab schlicht nichts, was man nicht schon voneinander gewußt hätte.

»Dann wird der Präsident dich in den nächsten Tagen anrufen«, sagte Baker.

Greenspan hatte sich das Kreuz verrissen, so daß er später in der Woche, am 1. Juni, beim Orthopäden war. Es kam jemand in die Praxis und sagte – in einem Ton, der durchblicken ließ, daß es sich ja wohl um einen Scherz handeln mußte: »Der Präsident der Vereinigten Staaten ist am Apparat.«

Alan, begann Reagan, ich möchte, daß Sie für mich den Vorsitz im Zentralbankrat übernehmen.

Ich danke Ihnen, Mr. President, antwortete Greenspan, es wäre mir eine Ehre.

Greenspan war am selben Abend in Washington auf einer Geburtstagsparty, die seine feste Freundin Andrea Mitchell, die NBC-Korrespondentin im Weißen Haus, für jemanden aus ihrem Bekanntenkreis gab. Nachdem die Gäste gegangen waren, verpflichtete er sie zum Stillschweigen und sagte ihr, daß Reagan ihn am kommenden Tag ernennen würde. Die beiden unterhielten sich fast die ganze Nacht.

Wie werde ich so einer Aufgabe gerecht? fragte Greenspan. Paul hatte da mit schweren Brocken jongliert.

Tags darauf sah sich das im Weißen Hauses akkreditierte Pressekorps in höchste Alarmbereitschaft versetzt. In zwanzig Minuten hätte der Präsident eine wichtige Überraschungsmeldung für sie. Baker wollte nicht, daß vorher etwas durchsickerte.

Hinterher sagte Baker zu Greenspan: »Wir waren alle gespannt, ob NBC die Meldung nicht schon vorab bringen würde.«

Am 3. August bestätigte der Senat mit 91 zu 2 Stimmen Alan Greenspan als Vorsitzenden der Federal Reserve.

1 Crash, Satz und Sieg

Am Morgen des 18. August 1987, einem Dienstag, trat Greenspan über die Schwelle seines Privatbüros in den großen Konferenzraum des gewaltigen, ganz in Marmor gehaltenen Hauptquartiers der Federal Reserve an der Constitution Avenue in downtown Washington, D.C. Er war kaum eine Woche Vorsitzender der Fed. In dem stattlichen Konferenzraum hatten sich die Mitglieder des Offenmarktausschusses – Federal Open Market Committee (FOMC) – zusammengefunden, dem Greenspan als Notenbankchef nun ebenfalls vorsaß.

Der Offenmarktausschuß ist eine ungewöhnliche Hybride aus zwölf stimmberechtigten Mitgliedern – allen sieben Mitgliedern des Zentralbankrats und fünf Präsidenten der zwölf Federal Reserve Districts, der Bundesbankbezirke also, in die Amerika eingeteilt ist.

Bei ihren turnusmäßigen Treffen – alle sechs Wochen – legt der FOMC den wichtigsten Leitzins, über den die Fed zu bestimmen hat, nämlich den Zielsatz für die kurzfristigen Fed Funds, fest. Es handelt sich dabei um die Zinsen, die reguläre Geschäftsbanken einander für Tagesgelder berechnen, womöglich eine der kleinsten Variablen der Wirtschaft. Greenspan hatte begriffen, daß die Kontrolle über den Zielsatz für diese Fed Funds der Schlüssel für den Einfluß der Zentralbank auf die amerikanische Wirtschaft darstellt.

Das Gesetz gestattet der Zentralbank, auf dem Bond-Markt – dem Anleihen- oder auch Rentenmarkt – zu handeln. Der Offenmarktausschuß kann für »Erleichterungen« im Kreditgeschäft sorgen, indem er sein New Yorker Trading Desk anweist, US-Treasury Bonds, also langfristige Schatzobligationen – mit anderen Worten Bundesanleihen –, zu kaufen. Damit pumpt man Geld ins Banksystem und über dieses schließlich in die Wirtschaft. Ist mehr Geld auf dem Markt, fällt der Zielsatz für Tagesgeld, was sowohl Unternehmen wie Verbrauchern die Kreditaufnahme erleichtert. Eine Rücknahme des Zinssatzes für Tagesgeld ist die übliche Strategie, wenn es darum geht, eine Rezession zu bekämpfen oder schon den Anfängen einer solchen zu wehren.

Auf der anderen Seite liegt es im Ermessen des FOMC, die Kreditschraube anzuziehen, indem man besagte Treasury Bonds abstößt. Das entzieht dem Banksystem Gelder und damit auch der Wirtschaft. Ist weniger Geld auf dem Markt, ziehen die Zinsen für Fed Funds an, was die Kreditaufnahme erschwert. Eine Erhöhung des Zinssatzes für Fed Funds ist die übliche Strategie, um gegen eine Inflation anzugehen.

Der An- oder Verkauf von US-Treasury Bonds – sogenannte Offenmarktoperationen – geben der Fed ein brutales Werkzeug an die Hand. Änderungen des Zielsatzes für Fed Funds wirken sich in der Regel auf die Zinsen langfristiger Kredite von Verbrauchern, Hausbesitzern und Unternehmen aus. Anders gesagt, durch das Monopol des FOMC, was die Zinsen für Fed Funds angeht, kontrolliert die Zentralbank die Kreditbedingungen, den eigentlichen Motor des Kapitalismus. Obwohl Änderungen dieses Zinssatzes 1987 noch nicht öffentlich bekanntgegeben wurden, kamen private Marktbeobachter durch akribisches Verfolgen der Offenmarktgeschäfte des FOMC den jeweiligen Zinsschritten rasch auf die Spur. Mit dem Diskontsatz signalisierte die Fed der Öffentlichkeit ihre Absichten; mit dem Tagesgeldsatz setzte sie diese Absichten durch.

Der Offenmarktausschuß und mit ihm nun auch Greenspan hatten das ganze Gewicht des Gesetzes und einer nahezu 75jährigen Geschichte – nebst dem dazugehörigen Mythos – hinter sich. Sie konnten ihren Willen durchsetzen, wenn ihnen danach war.

Die Ausschußmitglieder verbrachten einige Stunden über einer Diskussion am runden Tisch, bei dem man die wirtschaftliche Situation durchging. Dann hatte Greenspan das Wort.

»Wir haben nun den ganzen Vormittag geredet, und nicht einer hier hat die Börse auch nur erwähnt, was meiner Ansicht nach für sich spricht«, sagte Greenspan geradezu beiläufig und blickte in die Runde um den ovalen Neun-Meter-Koloß von einem Tisch.[1]

Greenspans Bemerkung war ein Understatement, wie es im Buche steht. Er wollte damit etwas weit Wichtigeres sagen – Herrgott noch mal, er versuchte den Leuten klar zu machen, daß es neben den alten klassischen Kräften in der Wirtschaft noch andere bestimmende Faktoren gab. Hier wirkten weit mehr als nur die Ausgaben von Verbrauchern und Staat, mehr als nur Profit und Bestände, mehr als Zinssätze, Wirtschaftswachstum, Ersparnisse, Arbeitslosenzahlen und Inflation. Es gab da noch eine andere Welt, eine Welt, zu der die Börse gehörte, die seit Jahresbeginn um dreißig Prozent angezogen hatte. Die Wall Street und die Finanzmärkte New Yorks, davon war der neue Chef ganz fest überzeugt, sorgten für den Dampf hinter einer ernstlich überhitzten Konjunktur. Diese Steigerung hatte im vergangenen Jahr für über eine Billion Dollar an zusätzlichem Vermögen gesorgt. Der Löwenanteil dieser Gewinne bestand nur auf dem Papier, aber zweifelsohne machte so mancher seine Papiere zu Geld und gab mehr aus. Wie auch immer, die Leute fühlten sich reicher – ein starker psychologischer Faktor für die Wirtschaft. Darüber hinaus hatten an der Wall Street Spekulationen und Firmenübernahmen einen Punkt erreicht, der an Raserei grenzte. Und nicht einer hatte dies auch nur erwähnt. War es möglich, daß die Distanz zwischen New York und Washington derart groß war?

Greenspans Bemerkung zur Börse schien nicht einen im Ausschuß zu interessieren, aber der Vorsitzende war von ihrer Richtigkeit überzeugt. Egal welche Meßlatte man ansetzte, Erträge, Profite, Dividenden, seiner Ansicht nach war der Aktienmarkt in vieler Hinsicht überbewertet. Die Wirtschaft befand sich in den Klauen einer Spekulationseuphorie, und herkömmliche ökonomische Modelle und Statistiken erfaßten nicht, was da passierte. Greenspan machte sich Sorgen um die Stabilität der gesamten Finanzwirtschaft. Während seiner ersten Woche im Amt hatte er still und leise eine Reihe von Krisenausschüssen zusammengestellt, darunter auch einen für den Aktienmarkt. Seiner Ansicht nach deutete in jenem Sommer 1987 alles auf eine potentielle Krise, die jeden Augenblick aus dem Ruder laufen konnte.

Greenspan hatte sich gründlich mit den einschlägigen Gesetzen befaßt, laut denen der Fed die Aufgabe zufällt, die Preisstabilität zu bewahren. In die Praxis umgesetzt, bedeutet dies eine jährliche Inflationsrate – oder jährliche Preissteigerung – von unter drei Prozent. Greenspans Ansicht nach lag diese Steigerungsrate im Idealfall gar darunter, also zwei Prozent oder noch weniger. Darüber hinaus schreibt das Gesetz der Fed vor, ein sogenanntes »nachhaltiges Wirtschaftswachstum« zu erhalten, eine generelle Steigerung amerikanischer Produktivität, die sich Jahr für Jahr fortsetzen läßt, ohne dabei das Prinzip der Vollbeschäftigung aus den Augen zu verlieren. Das Problem dabei, und das wußte Greenspan nur allzu gut, bestand darin, daß ein jährliches Wirtschaftswachstum von über drei Prozent seit jeher auch ein rapides Ansteigen von Löhnen und Preisen zur Folge hat. Der Fed fiel die Aufgabe zu, eine Balance zu finden zwischen Wachstum und Inflation. Jegliche Art von Unausgewogenheit war für Greenspan ein Alarmsignal.

Die Wirtschaft entwickelte sich im August 1987 einfach zu stark. Es gab noch keine meßbaren Anzeichen für eine Inflation, aber die Saat war ausgebracht. Greenspan war sich dessen sicher. Er sah an den Wirtschaftsberichten, daß die Lieferzeiten – die Zeit, die es dauert, Waren vom Hersteller zum Lieferanten oder in den Laden zu bringen – gerade begannen, steil nach oben zu gehen.[2] Steigende Lieferzeiten bedeuteten, daß die Nachfrage stieg und die Waren knapper wurden. Er hatte das in den vergangenen Jahrzehnten zu oft gesehen; er wußte also seiner Ansicht nach genau, womit er es da zu tun hatte. Das Schema ist innerhalb der

Wirtschaftsgeschichte fast immer gleich: Wenn die Preise nach oben gehen, kommt der Knall, und das Ergebnis ist eine jährliche Inflationsrate von acht oder neun Prozent – eine Katastrophe, die die Kaufkraft des Dollars zerstören würde. Die Frage, die sich Greenspan jetzt stellte, war: Wie massiv konnte die Zentralbank sich gegen die Konjunktur stemmen, um sie zu bremsen, um einer drastischen Reihe von Unausgewogenheiten vorzubeugen? Versuchte man es mit der großen Keule der Kreditbremse, erwies sich das System womöglich nicht kräftig genug und brach darunter zusammen. Die Fed und ihr neuer Chef konnten damit eine Rezession auslösen, die sich technisch durch zwei Quartale bzw. sechs Monate negativen Wachstums definiert.

Greenspans Ansicht nach sah man sich vor einer Herausforderung, die dem Gehen auf einem im Fluß treibenden Baumstamm glich. Man spürt ein Ungleichgewicht und bewegt sich etwas, um es auszugleichen; mag sein, daß man dabei aus dem Gleichgewicht kommt, aber wenn man es wieder gefunden hat, dann steht man besser und stabiler als zuvor. Wenn nicht, fällt man, und es kommt zum Crash.

Greenspan nahm zwei potentiell falsche Schritte in Augenschein. Der erste wäre, gar nichts zu tun, womit man der Überhitzung freien Lauf ließ. Der zweite bestünde darin, zu handeln und den Zins zu erhöhen. Es war ein ziemliche Zwickmühle – sowohl Nichtstun wie Handeln hätten ernsthafte Folgen.

Darüber hinaus verspürte der neue Vorsitzende eine gewisse Spannung, insofern er die operativen Maßnahmen des FOMC nicht durcheinanderbringen wollte. Vor seinem offiziellen Auftritt hatte Greenspan sich mit Führungskräften der Fed getroffen, die ihn gründlich einwiesen, um sicherzugehen, daß er alles auf der Reihe hatte. Ein Notenbankchef war ein Symbol, aber er war auch Diskussionsleiter. Er mußte sein Handwerk beherrschen. Greenspans einziger Schnitzer bislang hatte darin bestanden, den Namen des Präsidenten der Philadelphia Reserve Bank Edward. G. Boehne falsch auszusprechen. Man sagt »Baney«, was sich auf »Janey« reimt, und Greenspan hatte ihn peinlicherweise »Boney« – »knochig« – genannt.

Trotz Greenspans Sorgen um die Wirtschaft war er zuversichtlich hinsichtlich seiner Qualifikationen als Vorsitzender. Der Schlüssel waren seine geschäftliche Erfahrung auf dem privaten Sektor und die als Vorsitzender von Fords Wirtschaftsbeirat von 1974 bis 1976. 1953, im Alter von siebenundzwanzig Jahren, hatte er zusammen mit William Townsend, einem Bond-Trader, in New York eine Consulting-Firma gegründet. Mit seiner Liebe zu Mathematik, Daten und Tabellen hatte Greenspan Prognosemodelle entwickelt – für Kredite und lebendes Inventar über den Absatz von Mobilheimen bis hin zu Bestandsaufnahmen und Zinssätzen. Townsend-Greenspan hatte gerade mal fünfunddreißig Angestellte, und Greenspan war ein praxisnaher Manager, der in sämtliche Facetten des Unternehmens involviert war. Über seine Arbeit als Unternehmensberater hinaus hatte er in zahlreichen Boards gesessen, unter anderen von Automatic Data Processing, Alcoa, Mobil, Morgan Guaranty und General Foods. Aufgrund dieser Erfahrungen – mit Computern, Metall, Öl, Nahrungsmitteln und dem Bankwesen – glaubte er, das Wesen der amerikanischen Wirtschaft zu verstehen.

Leicht vornübergebeugt, mit eher ernster Miene, Brille, eng stehenden Augen und einer nachdenklichen Art hatte Greenspan etwas Düsteres. Er sprach monoton, mit heiserer Stimme und verhüllte seine Gedanken nicht selten in indirekten Konstruktionen, die das »auf der einen Seite, auf der anderen Seite« des Ökonomen reflektierten. Fast schienen seine Worte Spähtrupps, weniger da, um Gedanken zu vermitteln, als um zu erkunden und zu sondieren.

Vorsichtig, wie er war, wollte Greenspan bei seiner ersten Sitzung seine Befürchtungen in Bezug auf die Wirtschaft gegenüber seinen Kollegen im Offenmarktausschuß nicht überbetonen. Der Stabsbericht,[3] den die 200 Wirtschaftsexperten der Zentralbank unter Leitung von Michael J. Prell, einem kleinen bärtigen Fed-Veteran, zusammengestellt hatten, sagte ein »bescheidenes Wachstum« voraus.

»Auch wenn die Prognose des Stabs in gewisser Hinsicht die wahrscheinlichste ist«, sagte Greenspan dem Offenmarktausschuß, »neige ich doch zur Annahme, daß die Risiken deutlich zunehmen.« Wachstum und Inflation würden höchstwahrscheinlich höher ausfallen als laut der Prognose des Stabs. »Und meine letzte Prognose ist, daß wahrscheinlich auch Mike das nächste Mal zu diesem Schluß kommen wird.«

Eines der Mitglieder bemerkte, nur teils im Scherz, Greenspan versuche Mike Prell unter Druck zu setzen, dessen nächster Bericht in sechs Wochen, kurz vor der nächsten turnusmäßigen Sitzung des FOMC, fällig war.

»Falls überhaupt Zweifel bestehen sollten«, erwiderte Greenspan zuversichtlich, »so glaube ich, daß *die wirkliche Welt* ihn beeinflussen wird.[4]

»Das Risiko, die Expansion in diesem Stadium durch ein geringfügiges Anziehen zu ersticken, ist außerordentlich gering«, fuhr er fort und meinte damit eine Anhebung der Zinsen, die zwangsläufig ein Erschweren der Kreditaufnahme mit sich bringt. »Ich tue mich nur einigermaßen schwer, mir ein Bündel von Kräften vorzustellen, das diese Expansion stoppen könnte.«[5]

Greenspan sah sehr wohl, daß die anderen Ausschußmitglieder seine Besorgnis, die er da etwas verschleiert vorgebracht hatte, nicht teilten. Ihm wurde klar, daß sie noch nicht genug wußten. Und er machte sich nicht vor, nach nur einer Woche da hineingehen und von allen Loyalität und Rückhalt erwarten zu können. Das wäre nicht drin. Hätte er vorgeschlagen, den Zielsatz für Fed Funds anzuheben, er hätte nicht sicher sein können, die nötigen Stimmen zu bekommen. Es würde, so sein Schluß, eine ganze Weile dauern, um den Ausschuß intellektuell in den Griff zu bekommen und die Mitglieder davon zu überzeugen, sich von ihm führen zu lassen. Für Greenspan war dies ein ernüchternder Augenblick.

Während der nächsten Wochen ging Greenspan die Daten aus der Wirtschaft durch in dem Versuch, mithilfe von Bestandsaufnahmen, Lieferzeiten, Absatzzahlen und Preisen das Volumen festzumachen, das ihm ein Bild vom tatsächlichen Zustand der Wirtschaft gab. Er wußte, wo man die Zahlen zu Produktion und Auftragsvolumen von Walzstahl, bestimmten Baumwolltuchen oder praktisch jedem anderen Industriegut herbekam, das man sich näher ansehen wollte. Aus diesen Daten und Tabellen ließ sich nicht nur mit einiger Sicherheit vorherbestimmen, wo auf einer Kurve der nächste Punkt liegen würde, sondern auch allgemein Richtung und Bereich der Punkte darauf. Aus alledem stellte er sich seine eigenen Prognosen darüber zusammen, wie rasch die Wirtschaft nun tatsächlich wuchs. Er sah, daß sich etwas zusammenbraute, was letztlich auf Preise und Löhne Druck ausüben mußte, und war davon überzeugt, daß die Konjunktur ganz allgemein zunehmend an Fahrt gewann. Ihm war klar, daß man die Zinsen früher oder später würde anheben müssen.

Die nächste Sitzung des Offenmarktausschusses war erst für Ende September angesetzt, aber Greenspan hatte noch andere Optionen. Der siebenköpfige Zentralbankrat legte mit dem sogenannten Diskontsatz den zweiten Leitzins fest, den die US-Notenbank kontrolliert; diesen Zinssatz berechnet die Federal Reserve anderen Banken für kurzfristige Anleihen. Die Wirkung des Diskontsatzes auf die Wirtschaft ist im Vergleich zu den vom Offenmarktausschuß kontrollierten Zinsen für Fed Funds relativ gering, aber 1987 wurden Änderungen des Diskontsatzes – im Gegensatz zu Änderungen der Zinsen für Fed Funds – öffentlich bekanntgegeben. Der Diskontsatz war das einzige Vehikel der Fed, der Öffentlichkeit etwas zu sagen, und Veränderungen des Satzes waren mitunter durchaus ein deutliches Signal. Es war das Gegenstück zum Schlagen eines Gongs und damit genau das, was Greenspan brauchte, um der Öffentlichkeit die Sorge der Fed um eine mögliche Inflation zu erklären.

Der Posten eines Sitzes im Zentralbankrat ist ein Vollzeitjob, und die sieben Mitglieder haben ihre Büros im Hauptgebäude an breiten gefälligen Marmorkorridoren; das Ganze hat sowohl etwas von einer europäischen Villa als auch von einem Bestattungsunternehmen. Greenspan gab sich einige Mühe, jedes der Ratsmitglieder kennenzulernen. Er besuchte sie in ihren Büros oder lud sie in das seine zu gemütlichen, aber sachlichen Diskussionen über die Konjunktur ein. Er sprach dabei von »bilateralen Plaudereien«. Nach etwa einer Woche hatte er ihnen auf den Zahn gefühlt und die Ratsmitglieder davon überzeugt, sich hinter eine Erhöhung des Diskontsatzes zu stellen. Obwohl er ein taktvoller Zuhörer war, stellte er durchaus klar, was er wollte. Privat konnte er besser vermitteln, wie dringend ihm die Angelegenheit schien.

Am 4. September, zwei Wochen nach Greenspans erster FOMC-Sitzung, trat der Zentralbankrat unter etwas ungewöhnlichen Umständen zusammen. Zwei der Mitglieder waren auswärts, einer der sieben Sitze war nicht besetzt, so daß nur vier stimmberechtigte Mitglieder anwesend waren. Aber Greenspan hatte es eilig. Die vier Mitglieder des Rats sprachen sich einstimmig für eine Erhöhung des Diskontsatzes aus – um ein halbes auf sechs Prozent. Es war die erste Erhöhung seit über drei Jahren. In der Presseerklärung, mit der man die Anhebung der Zinsen bekanntgab, hieß es, man wolle einer potentiellen Inflation begegnen.[6]

Greenspan ging nach der Ankündigung in sein Büro zurück. Na also, sagte er, als er in dem hell erleuchteten Büro in seinen Sessel sank.

Es war ein äußerst riskanter Zeitpunkt für eine scharfe Anhebung des Leitzinses, mitten während eines Höhenflugs der Börse, bei einem Dow-Jones-Index von 2500. Die Folgeerscheinungen ihrer Entscheidung waren schlicht nicht zu kontrollieren. Er wandte sich dem Monitor seines Computers zu, um zu sehen, wie die Märkte reagieren würden – der Aktienmarkt, der Rentenmarkt, die Devisenmärkte. Er wußte, die Reaktion würde negativ ausfallen. Greenspan fragte sich: Hatten sie zu viel des Guten getan? Unmöglich, das jetzt schon zu sagen. Er war nervös. Er sah sich die Tabellen, Diagramme und Zahlen an, die er so lange verfolgt hatte – und jetzt sah er, direkt vor seinen Augen, die Einbrüche, die er verursacht hatte. Es war eines der ungewöhnlichsten Erlebnisse, die er je gehabt hatte. Während er verfolgte, was passierte, hatte er fast das Gefühl, einem Erdbeben zuzusehen – das ganze Gebäude schien zu vibrieren. Er wußte nicht, ob das Gebäude einstürzen würde, aber er hoffte, die Situation würde sich beruhigen. Schließlich stabilisierten die Märkte sich wieder, der Dow Jones notierte gerade mal um 38 Punkte tiefer an diesem Tag.

Man sagte ihm, Paul Volcker sei am Apparat.

»Gratuliere«, sagte Volcker mit seiner Stentorstimme. »Jetzt, wo Sie den Diskontsatz erhöht haben, sind Sie wirklich ein Notenbanker.«

»Danke«, sagte der neue Notenbankchef.

Greenspan war der Ansicht, daß es von entscheidender Bedeutung war, nicht nur die Glaubwürdigkeit der Zentralbank, sondern auch seine eigene Glaubwürdigkeit als Inflationsfeuerwehr zu bewahren. Es lag ihm nichts daran, die Ära Volcker zu Ende gehen zu sehen, in der man die ungehemmte Inflation so erfolgreich gebremst hatte.

Mit der Erhöhung des Diskontsatzes, so dachte Greenspan, hatte er seiner allgemeinen Philosophie, einer Inflation erst gar keine Chance zu lassen, den Stempel aufgedrückt. Und ganz wie beabsichtigt hatte er es gleich und nicht erst später getan. Er hatte Vertrauen auf seine Kenntnis des Marktes und der Wirtschaft, aber er war trotzdem nervös.

Er kam zu folgendem Schluß: »Wenn du nicht nervös wärst, hättest du hier nichts verloren.«

Nervosität und Zweifel waren von ausschlaggebender Bedeutung für diesen Job.

Während der nächsten paar Wochen hielt der Höhenflug der Börse an, der Dow Jones bewegte sich um 2500 Punkte, während die Zinsen auf langfristige Staats- und Geschäftsanleihen, die die Fed nicht direkt kontrolliert, ebenfalls nach oben gingen. Das war außergewöhnlich, wie Greenspan sofort sah, ein Phänomen, das sich nicht halten könnte. Hohe Zinsen bedeuten für die Investoren hohe Erträge auf festverzinsliche Papiere, was letztlich dem Aktienmarkt Geld entziehen sollte. Wenn die Investoren von Aktien auf Rentenpapiere umstiegen, sollte der Aktienmarkt sich entsprechend beruhigen. Zudem würde sich die höhere Verzinsung dieser Papiere zusammen mit der Verteuerung der Kredite negativ auf Erträge und Profite auswirken, und auch das hätte für eine Abkühlung des Aktienmarktes sorgen sollen, schließlich mußten die Investoren mit geringeren Gewinnen rechnen. Aber nichts dergleichen trat ein. Während die Preise für Aktien nach oben gingen, gaben ihre Dividendenrenditen nach. Diese waren so niedrig im Vergleich zu denen auf dem Rentenmarkt, daß der Besitz von Aktien geradezu irrational zu werden begann.

So schnell und heiß wie die Konjunktur sich entwickelte, blieb Greenspan kaum etwas anderes, als seine Sorgen für sich zu behalten. Wenn er mit seinen Problemen bezüglich des Aktienmarkts an die Öffentlichkeit ging, löste er damit wahrscheinlich genau den Kollaps aus, den er befürchtete.

Was sollte er tun?

1952 hatte Greenspan die Philosophin und Schriftstellerin Ayn Rand, eine radikale Individualistin und Vertreterin eines rationalen Eigeninteresses, kennengelernt. Die Autorin von *Der Ewige Quell*, eines vielgelesenen Romans um einen libertären Architekten, nahm den damals 26jährigen Greenspan in ihren Kreis auf. Greenspan war ein hochintelligenter Mathematiker und Volkswirtschaftler, der sich der Philosophie eines »logischen Positivismus« verschrieben hatte, laut dem rational nichts mit absoluter Sicherheit zu wissen ist. Er war ein extremer Zweifler und Skeptiker. Die beiden führten eine lange Reihe von Debatten über Werte, ethische Systeme sowie über Wesen und Ursprung der Moral.

Greenspan, ein ernster junger Mann mit dickem schwarzen Haar, das er mit Pomade nach hinten frisiert trug, war der festen Überzeugung, in einer intellektuellen Debatte jeden schlagen zu können, aber Rand trieb ihn regelmäßig in die Ecke. Es war wie eine Schachpartie, und urplötzlich setzte sie ihn aus heiterem Himmel matt. Rand war überzeugend, und der junge Mann war begeistert.

Rand und Greenspan diskutierten über das Wesen von Gesellschaft und staatlicher Macht. Sie setzte ihm arg zu. Die Themen, bei denen sie sich uneins waren, waren immer solche, bei denen sich einfach kein Beweis erbringen ließ, aber er glaubte fest, daß diese Debatten und die intellektuelle Strenge ihm ein Gespür dafür gaben, was in seinem Wertsystem richtig war und was falsch. Er war fest davon überzeugt, es schon zu merken, wenn er die marktorientierten, kapitalistischen Prinzipien kompromittieren würde, die er und Rand teilten.

Nachdem Townsend-Greenspan gegründet war, machten Greenspans Fertigkeiten im Umgang mit Zahlen und Daten ihn rasch zum Berater von Konzernchefs. Ganz besonderes Gespür entwickelte er für die Ängste der Person an der Spitze, die wissen wollte, was passieren würde. Aber selbst bei seinen Prognosen für eine Höchstpreise zahlende Kundschaft blieben Greenspan neben seiner angeborenen Akribie auch seine Zweifel. Immer wieder sagte er, die Zukunft sei nicht vorherzusehen, und er blieb bei seinen Schlußfolgerungen stets auf dem Teppich. Stets hieß es bei ihm aller Voraussicht oder Wahrscheinlichkeit nach, wenn es um Resultate ging.

1968 schließlich wurde Greenspan wirtschaftspolitischer Berater des republikanischen Präsidentschaftskandidaten Richard Nixon.[7] Zu einem ersten längeren Kontakt mit Nixon kam es anläßlich eines Meetings von Wahlkampfinsidern auf Long Island. Nixon eröffnete das Treffen mit einer Reihe von Kraftausdrücken, die Greenspan bis dahin noch nicht mal gekannt hatte. Er war entsetzt über den Kontrast zwischen Nixons in der Öffentlichkeit zur Schau getragener Pietät und seiner privaten Vulgarität, von seinen Wutausbrüchen ganz zu schweigen. Er war, so Greenspan, kein Geringerer als Dr. Jekyll und Mr. Hyde. So war Greenspan auch der einzige aus dieser Führungsgruppe, der in der Regierung Nixon keinen Posten annahm.

»Strikt freiheitlich«, wie er sich selbst bezeichnete, glaubte Greenspan fest an das Funktionieren der freien Marktwirtschaft. Jeder Versuch einer staatlichen Einmischung oder Lenkung wäre Narretei. Er war entsetzt, als Präsident Nixon während seiner ersten Amtszeit Lohn- und Preiskontrollen anordnete – die tiefgreifendste Einmischung in den Markt überhaupt, eine Beeinträchtigung des Kapitalismus durch den Staat.

Im Sommer 1974 bat Nixon Greenspan, den Vorsitz im Wirtschaftsbeirat des Präsidenten zu übernehmen, einer der renommiertesten Posten für einen Ökonomen in einer Regierung.[8]

»Es besteht eine gute Chance, daß ich mich womöglich schon nach drei Monaten zum Rücktritt genötigt sehe«, warnte Greenspan Nixons Stabschef Alexander M. Haig. Noch mal Lohn- und Preiskontrollen, und er nähme auf der Stelle den Hut. »Ich könnte schlicht nicht funktionieren und hätte keine andere Wahl, als zu gehen. Und das würde ich Ihnen nicht antun wollen und mir selbst auch nicht.«

Haig und andere versicherten Greenspan, es würde keine weiteren Ausfälle in Richtung Lohn- und Preiskontrollen geben.

Greenspan nahm den Posten schließlich an, mietete seine Wohnung in Washington jedoch nur von Monat zu Monat; er hatte also praktisch einen gepackten Koffer hinter der Tür. In einem ungewöhnlich deutlichen Vergleich sagte er, nach Washington zu gehen, um den Präsidenten zu einer freien Marktwirtschaft zu beraten, die aus heiterem Himmel zu einer Marktwirtschaft mit Lohn- und Preiskontrollen werden könnte, das sei, als hätte ein Gynäkologe plötzlich als Magen-Darm-Spezialist zu fungieren.

Nachdem Gerald Ford nach Nixons Rücktritt 1974 die Präsidentschaft übernommen hatte, blieb Greenspan auf dem Posten. Greenspans Ansicht nach handelte Ford besonders tapfer und korrekt, als er sich während der Rezession 1974–75 aus den freien Märkten heraushielt, obwohl er damit seine eigene politische Zukunft riskierte.

Jetzt machte Greenspans Job als Vorsitzender der Fed ihn womöglich zum obersten Regulator im Staat, eine Ironie, die ihm beileibe nicht entging. Trotzdem, er wollte seinen Sinn für die Tugenden einer freien Marktwirtschaft nicht verlieren.

Auf der nächsten Sitzung des Offenmarktausschusses am 22.

September 1987 sagte der Vorsitzende, die Wirtschaft sei ganz offensichtlich sehr stark. Er sei sich jedoch nicht sicher, wo man im unvermeidlichen Auf und Ab der wirtschaftlichen Zyklen im Augenblick stand. »Es gibt immer wieder was anderes, etwas, was keinem der bisherigen gleicht. Nichts ist je völlig gleich, und es bleibt immer Raum für Ratlosigkeit.« Aber, so sagte er, auch wenn er noch nicht dahintergekommen sei, was an der augenblicklichen wirtschaftlichen Situation anders sei, das Hauptproblem einer Überhitzung sei nicht zu übersehen. »Wir haben noch keine konkreten Hinweise auf eine Inflation«,[9] sagte er und empfahl, den Leitzins zu belassen. Der Ausschuß stimmte dem einstimmig zu. »Die Schritte, die wir damit unternehmen«, so der Vorsitzende zur Unterstreichung seines Arguments, »dürften im wesentlichen den Eindruck erwecken, wir hätten auf der heutigen Sitzung nicht das Geringste getan.«[10]

Einen Monat darauf, über das Wochenende vom 17. zum 18. Oktober, verbrachte Manuel Johnson – mittlerweile Greenspans Vize im Rat – Stunden und aber Stunden damit, einen Käufer für die American Savings & Loan Association, Amerikas größte Bauspar- und Darlehenskasse, zu finden. American Savings hatte die Fed vertraulich informiert, am folgenden Montag Konkurs anmelden zu müssen, falls man nicht jemanden fand, der sie übernahm. Die Sparkasse hatte ein Portfolio sogenannter Junk Bonds – hochverzinsliche, aber auch hochspekulative Anleihen – und war mit diesen schwer auf die Nase gefallen. Der Preis für Anleihen bewegt sich entgegengesetzt zu ihren Zinsen (mit dem Steigen ihres Marktzinses fällt ihr Kurs und umgekehrt); so war der Wert dieser »Ramschanleihen« aufgrund der hochfliegenden Zinsen in den Keller gegangen und die Kasse praktisch Bankrott.

Johnson könne keinen Käufer finden, wie er Greenspan unglücklich berichtete. Um das Ganze noch schlimmer zu machen, war der Aktienmarkt am Freitag eingebrochen. Es deutete somit alles auf einen kabbeligen Montag.

Greenspan ging das Ganze professionell an. Wenn sich ein

Käufer finden läßt, schön, sagte er, wenn nicht, dann werden das die Kräfte des Marktes regeln.

Am Montag, dem 19. Oktober, eröffnete die Börse gedämpft, legte dann jedoch etwas zu. Greenspan beschloß, sich an seinen Terminkalender zu halten, auf dem für den nächsten Vormittag eine Rede vor der American Bankers Association stand, die in Dallas tagte. Als er sich auf dem Weg zum Flughafen befand, war der Aktienmarkt wieder nach unten gegangen, gleich um einige hundert Punkte, und es sah gar nicht gut aus. Er überlegte hin und her, ob er nicht absagen und in Washington bleiben sollte, kam jedoch dann zu dem Schluß, daß das Canceln der Rede ein falsches Signal aussenden würde – man würde darin eine Krisenwarnung sehen. Am Nachmittag stieg er in eine Maschine der American Airlines zum Flug 567 nach Dallas.

Die Maschine hatte keine Telefonverbindung, und so erkundigte er sich nach der Landung in Dallas sofort nach dem Markt.

»Er war um fünf-null-acht unten«, antwortete Jim Stull, ein Senior Vice President der Federal Reserve von Dallas, der ihn abholen kam.

»Toll, das nenne ich eine Erholung!« sagte Greenspan. Der Markt notierte nur um 5,08 Punkte tiefer. Uffff!

Von wegen, um 5,08.

Das bedeutete, daß damit ein Vermögen von fast einer Billion Dollar – mehr als zwanzig Prozent des Gesamtwerts des Aktienmarktes – beim Teufel war; wenigstens für den Augenblick.

»Noch nie hat es einen Rückgang um über 20 Prozent an einem Tag gegeben«, sagte Greenspan nüchtern. Ein massiver Rutsch auf dem Aktienmarkt war an sich keine Überraschung, aber daß er im Lauf eines einzigen Tages derart abstürzte, war ein Schock, weil es keinen Präzedenzfall dafür gab.

Er hatte den Crash vom Black Tuesday studiert, jenem Schwarzen Dienstag am 29. Oktober 1929, der ein kritischer Wendepunkt in der Geschichte gewesen war. Der Crash hatte damals zum Konkurs ganzer Banken, zu einer Rezession und schließlich zur Weltwirtschaftskrise der dreißiger Jahre geführt. Bei jenem Crash von 1929 war es um einen Einbruch von 11,7

Prozent gegangen – im Vergleich zu den 22,6 Prozent, von denen er da eben erfahren hatte.

Im Hauptquartier der Federal Reserve in Washington hatte offiziell Johnson das Krisenmanagement übernommen. In den Korridoren schlug ihm eine gruftartige Stille entgegen. Er rief seine führenden Köpfe an: Nicht nach Hause gehen, sagte er ihnen, wir müssen das durchgehen. Man kam in der kleinen Bibliothek gegenüber dem Konferenzraum zusammen, in dem sonst Zentralbankrat und Offenmarktausschuß tagten. Johnson brachte einen zwei Finger dicken Ordner mit rosa Umschlag zum Vorschein, über dessen Deckel diagonal eine fette Warnung gedruckt war: STRENG GEHEIM – NUR FÜR DEN DIENSTGEBRAUCH![11]

Er las: »Abriß der Risiken im US-Finanzsystem«. Er blätterte auf den durch einen Reiter markierten Abschnitt über den Aktienmarkt: »STRENG VERTRAULICH! RISIKEN DES AKTIENMARKTES«. In dem siebenseitigen Abschnitt hieß es, daß die gegenwärtigen Preise »wahrscheinlich unhaltbar« seien. Zu den Möglichkeiten der Notenbanker, so las Johnson, gehörte das Aufkaufen von Anleihen auf dem offenen Markt, um das Bankensystem mit Geld zu versorgen und einem Anstieg der kurzfristigen Zinsen entgegen zu treten. Einige der Maßnahmen waren extrem. »Versuchen Sie, Aktienankäufe großer Effektenhäuser zu organisieren«, las er. Ein beispielloser Eingriff in den Markt. Aber war er so schlimm? Johnson wußte es nicht. Eine weitere Option, so las er, war »ein irregulärer Vorschlag: gezielte Darlehen durch die Fed mit dem speziellen Ziel einer Stützung der Aktienkurse«. Noch so eine extreme Idee. Er fragte sich, wie das wohl zu machen wäre. Eine weitere Optionen bestand darin, eine Kürzung der Börsenstunden anzuordnen oder gar einen Börsenstopp. Das Dossier war alles andere als hilfreich.

Als Greenspan schließlich im Adolphus Hotel in downtown Dallas ankam, ließ er eine Konferenzschaltung mit Johnson und den anderen aufbauen. Einige von ihnen meinten: Na, warten wir doch erst einmal ab.

»Leute, ihr seid einfach noch nicht lange genug dabei«, sagte

Greenspan. Und das war er, wenn es um Geld, Märkte und um Leute am Rande der Panik gegangen war – und das seit Jahrzehnten. »Das hier ist ein Schock für das ganze System«, sagte er. »Man geht nicht einfach davon aus, so was vergeht von allein.« Greenspan wußte, daß ein Crash dieser Größenordnung wie ein Schuß auf das gesamte Finanzsystem wirkte. Das volle Ausmaß der Schmerzen wäre nicht auf der Stelle zu spüren. Die Folgen würden sich noch eine ganze Weile auswirken; sie würden sowohl die Wirtschaft als auch die Gesellschaft erschüttern.

Irgendeiner der Leute am Telefon sagte, womöglich käme ja wieder alles in Ordnung. »Wissen Sie, was da gerade passiert ist?« fragte Greenspan. »Wir haben eben einen Riesenbrocken des Vermögens in diesem Land vernichtet.«

Man schusterte potentielle Statements für Greenspan beziehungsweise die Fed zusammen. Ohne zu einer Entscheidung zu kommen, kamen der Vorsitzende und seine Mannen überein, am folgenden Morgen, noch vor Börseneröffnung, noch einmal per Telefon zu konferieren.

Greenspan sagte, er würde in Dallas bleiben und am folgenden Vormittag seine Rede halten. Es war wichtig, so sagte er, auf keinen Fall den Eindruck zu erwecken, man sei übernervös. In seiner Rede ging es um die Regulierung des Kreditwesens, und er versuchte nachträglich, noch einige beruhigende Passagen über den Aktienmarkt zu implantieren. Das Resultat sagte ihm aber nicht zu.

Niemand kannte die Antwort auf die wesentliche Frage, weshalb der Aktienmarkt zusammengebrochen war. Stimmte etwas an der Basis der Firmen nicht, deren Aktien da um zwanzig Prozent eingebrochen waren? Hatten Zweifel und Überbewertung zu weiteren Zweifeln geführt, bis sich reagierende Aktionäre in Erwartung weiterer Kursverluste und weiterer Zweifel in einem Erdrutsch zum Abspringen entschlossen hatte? Oder hatte man das System ganz einfach überlastet, und es handelte sich um eine Abwärtsentwicklung, die nur für diesen speziellen Augenblick galt?

Es war eine Krise, ein finanzielles Vietnam, aber es war dazu im Verlauf eines einzigen Tages gekommen, nicht etwa in einer jahrelangen Entwicklung; sie schuf das Potential für ein ernstes wirtschaftliches Desaster. Wenn sich der Aktienmarkt weiter nach unten bewegte, dann zerfiel das System – die Beziehungen, die Regeln, die Glaubenslehre –, die Greenspan sich aufgebaut hatte und die integraler Bestandteil seiner Persönlichkeit geworden war.

Am selben Tag machte sich, am Rande der Wall Street, im neunten Stock der New York Federal Reserve Bank auch ihr Präsident, E. Gerald Corrigan, seine Sorgen. Corrigan, ein 46jähriger Ire, der bei den Jesuiten zur Schule gegangen war, stämmig, clever, eine ausgesprochen weltliche Natur, war Vizechef des Offenmarktausschusses. Seine Bank tätigte die Offenmarktoperationen der Fed, besorgte mit anderen Worten den An- und Verkauf amerikanischer Schatzobligationen, der wiederum auf den so wichtigen Zielsatz für die Fed Funds wirkte. Corrigan pflegte persönliche Beziehungen zu den Chefs von Banken, Investmentbanken und Brokerfirmen in der Finanzhauptstadt der USA.

Corrigan hatte nahezu seine gesamte Laufbahn bei der Fed verbracht. Er war jahrelang Paul Volckers rechte Hand in Washington gewesen und dann Präsident der Federal Reserve Bank Minneapolis, bevor er am 1. Januar 1985 den Schlüsselposten in New York übernommen hatte. Für ihn bestanden keine Zweifel daran, daß der Crash ernsthafte Probleme nach sich ziehen würde.

Schließlich schlossen Corrigan und Greenspan sich per Telefon kurz.

»Alan, jetzt müssen Sie ran«, sagte Corrigan. »Herrgott noch mal, es liegt ganz an Ihnen. Die ganze Geschichte ruht auf Ihren Schultern.« Corrigan, ein Verbündeter, war der Ansicht, man habe keine Zeit, noch länger zu zögern, und noch weniger Zeit für große Analysen. Die Liquidität des Systems war von entscheidender Bedeutung. Die Effektenhäuser und Broker der Wall Street sowie deren Kunden bräuchten einen Rettungsanker, mit anderen Worten Bankkredite zur Deckung ihrer Verluste.

»Ich danke Ihnen, Dr. Corrigan«, sagte Greenspan.

Greenspan wußte, wie der Geldfluß innerhalb des Finanzsystems funktionierte – über ein komplexes Netzwerk aus Geschäftsbanken wie etwa der Citibank, Investmentbanken wie Goldman Sachs und Brokerhäusern wie Merrill Lynch. Zwischen diesen flossen routinemäßig Zahlungen und Kredite. Die New Yorker Fed allein transferierte Tag für Tag über eine Billion Dollar. Kam eines dieser Glieder seinen Verpflichtungen nicht nach oder gewährte keinen Kredit mehr – ja selbst wenn man in einer Krise nur mit seinen Zahlungen in Verzug kam –, dann konnte das eine Kettenreaktion auslösen, auf die hin das ganze System zum Erliegen kam, wenn es nicht gar zusammenbrach.

Jetzt wollen wir doch mal sehen, was ich drauf habe, sagte sich Greenspan, noch bevor er sein Gespräch mit Corrigan beendete. Die erste Herausforderung: Könnte er schlafen? Er konnte, etwa fünf Stunden lang. Was ihn erstaunte.

»Hilfe!« sagte gleich am folgenden Morgen, Dienstag, dem 20. Oktober, eine neue Stimme am Telefon. Es war Reagans Stabschef Howard Baker.

»Kummer, Howard?« fragte Greenspan.

Baker fühlte sich ziemlich allein gelassen. »Sie müssen zurück kommen«, sagte er. Der andere Baker, der Finanzminister, sei in Europa, auf der Jagd mit dem König von Schweden, ein völlig unsinniger Trip. »Ich hab' mich in der Stadt umgeguckt, und es ist keiner da außer mir, und ich habe keine Ahnung, was ich mache.«

Greenspan sagte, daß vor seiner Rede ohnehin kein Flug zu bekommen sei.

»Alan«, sagte Baker, »Flieger haben wir ja schließlich noch, ich sorge schon dafür, daß Sie zurückkommen.« Er versprach, eine Düsenmaschine des Militärs zu schicken, von der aus über eine sichere Leitung die Verbindung aufrecht zu erhalten war; mit der sollte Greenspan nach Washington zurückkehren. Man schickte sofort eine Gulfstream los. Greenspan wollte unbedingt erst seine Rede halten, bevor er Dallas verließ, um wenigstens den Eindruck von Business as usual zu vermitteln. Corrigan und Johnson jedoch sagten ihm, er müsse nach Washington, und zwar sofort. Eine Routineansprache vor Bankern mitten in einer so unübersehbaren Krise, das würde eine gewisse Realitätsferne des Vorsitzenden signalisieren. Greenspan sagte die Rede ab.

Corrigan war an jenem Dienstag bereits seit fünf Uhr morgens im New Yorker Büro der Fed. Die fünfzehn Telefone in seiner Büroflucht klingelten sich heiß bei all den Anrufen von Bankern und anderen Größen der Finanzmärkte. Die unmittelbar dringendste Frage war, wer Banken, Broker und die anderen im Finanzsystem, die Geld brauchten, finanzieren beziehungsweise mit Krediten versorgen würde. De facto vergab die Fed in Form der üblichen Tagesgelder zum aktuellen Zins bereits Kredite in Höhe von Hunderten von Millionen. Wo lag die Grenze? Würde sie den Hahn zudrehen? Würde das Kreditsystem der Fed zusammenbrechen? Es gab da sowohl technische als auch Fragen der Geschäftspolitik.

Bei einem Konferenzgespräch hatten Greenspan und seine Kollegen diskutiert, wie die Fed sich öffentlich äußern sollte. Die Anwälte der Notenbank hatten ein langatmiges Statement verfaßt.

Herrgott noch mal, sagte Corrigan entschieden, wir brauchen doch hier keine wissenschaftlich-juristische Abhandlung. Wir brauchen es nur in einem Satz zu sagen: Wir pumpen eine Menge Geld in den Markt. Teils hatte man ein Problem, was die Liquidität anging. Man mußte allen versichern, sie könnten Geld bekommen, sei es in liquiden Mitteln oder als Kredit. Außerdem, so sagte er nachdrücklich, müsse die Fed sich dem Vertrauensproblem widmen. Sie mußten ihr Blatt so früh wie möglich aufdecken.

Eine Schlüsselfrage war, ob es irgendwo ein massives Loch im System gab. War eine der Firmen in Schwierigkeiten, womöglich gar insolvent? Auf kurze Sicht, so argumentierte Corrigan, ließ sich unmöglich unterscheiden zwischen lediglich kurzfristigen Liquiditätsproblemen und glatter Insolvenz.

Schließlich einigte man sich auf eine Erklärung in einem einzigen Satz. Greenspan gab sie an jenem Morgen um 8.41, noch vor dem Öffnen der Märkte, in seinem Namen heraus:

»Die Federal Reserve bestätigte heute in Übereinstimmung mit ihrer Verantwortung als Zentralbank ihre Bereitschaft, die Liquidität von Wirtschafts- und Finanzsystem zu gewährleisten.«[12]

»Alan«, sagte Corrigan Greenspan gleich darauf in einem persönlichen Telefonat, »wir müssen sofort Taten folgen lassen. Ich wollte Sie nur wissen lassen, daß ich mich sofort an die Strippe hänge.« Seine Telefone spielten noch immer verrückt. Er mußte mit den Chefs der Banken und Brokerhäuser reden.

»Was wollen Sie denen denn sagen?« fragte Greenspan.

Corrigan sagte, er würde ein ausgesprochen ernstes Wort mit ihnen reden und daß das verklausuliert laufen müsse. Schließlich konnte er den Leuten nichts befehlen; und natürlich war auch Betteln nicht drin.

Greenspan wollte den genauen Wortlaut. Sie konnten den Banken unmöglich sagen, sie sollten Kredite an bankrotte Institute vergeben; man könnte sie auf ungeheure Summen verklagen, wenn die Aktionäre nachweisen konnten, daß die Bundesbank – als wesentliches Regulierungsinstrument für Banken – unsachgemäß unsolide Kredite angewiesen hatte. Wie also sollte man es angehen?

Corrigan bot ihm einen hypothetischen Anruf beim Chef einer großen Bank. »Ihre Geschäfts- und Kreditentscheidungen müssen Sie selbst treffen«, würde er ihnen sagen, »aber Sie dürfen die Gesamtsituation nicht außer acht lassen. Wenn das System auseinanderfällt, dann stehen Sie im Freien ... Falls es also etwas gibt, was ich wissen sollte, dann lassen Sie mich das um Himmels willen jetzt wissen.« Mit anderen Worten, sie sollten ihm sagen, wenn sie ihren Zahlungsverpflichtungen oder andere ihren Zahlungsverpflichtungen ihnen gegenüber nicht nachkommen könnten oder sonstwie in Schwierigkeiten waren. Corrigan brauchte qualitativ hochwertige Informationen, und das sofort, um ein Loch ausmachen zu können, das potentiell das ganze System zu Fall bringen könnte. Unmöglich, ein Loch zu stopfen, von dem man nichts wußte; also mußte man sich an alle wenden.

Greenspan war für eine subtilere Methode. Die Argumentation solle abwiegelnder ausfallen, man solle den Banken versichern, die Fed versuche sie nicht etwa zu nötigen, auf einer völlig irrationalen Basis Geld zu verleihen oder extreme Risiken einzugehen. Das Argument sollte folgendermaßen lauten: Vergessen Sie nie, daß die Leute, die da Geld von Ihnen wollen, ein langes Gedächtnis haben. Wenn Sie einem den Kredit abschneiden, der seit Jahren ein guter Kunde ist, nur weil Sie etwas nervös sind, dann wird der Kunde sich das merken. Denken Sie an die langfristigen Interessen und die Beziehung zu Ihren Kunden. Corrigan sollte den Banken klarmachen, was in ihrem ureigenen Interesse lag.

Corrigan verstand, aber er mußte es auf seine eigene Art sagen, und sein Stil lief nun mal auf laut und deutlich hinaus. Er wußte, er würde dafür Sorge tragen müssen, daß Zahlungen wie Kredite freiwillig erfolgen mußten. Gleichzeitig wäre es seine Aufgabe, sicherzustellen, daß man sie trotzdem vergab.

Greenspan wußte sehr genau, wie heikel es wäre, hier die rechte Balance zu treffen. Bei einer Macht über die Banken, wie die Fed sie hatte, mußte man hinsichtlich plumper Methoden sehr vorsichtig sein. Wenn sie Schritte mit implizierten Drohungen erzwangen, dann beraubte man womöglich das Banksystem seiner wesensmäßigen Vitalität; es mußte frei operieren können. Gleichzeitig wußte er, daß Corrigan einigen die Ohren abreißen würde. Aber das war okay. Die Federal Reserve brauchte in diesem Augenblick einen Gorilla.

Mit aufgewühltem Magen rief Corrigan bei der Bankers Trust an. Er trat ausgesprochen hart auf. Herrgott noch mal, ihr müßt einfach mitziehen, euch bleibt keine andere Wahl.

Die Banker am anderen Ende der Leitung fühlten sich unter Druck gesetzt, wußten aber ganz genau, sie hatten im Grunde keine andere Wahl, als zu tun, was Corrigan da verlangte.

Corrigans Anruf bei der Bank of New York war nicht weniger tough. Nach einigem Hin und Her zog sie schließlich mit.

Eine Brokerfirma schuldete einer anderen zwischen 600 und 700 Millionen Dollar, zögerte die Zahlung jedoch hinaus, weil man sich des Zustands, ja noch nicht mal der Solvenz des anderen Hauses sicher sein konnte. Falls die Firma zahlte, würde sie ihrerseits bekommen, was ihr gegenüber von anderen Firmen noch ausstand?

Genau das war es, wovor Corrigan Angst hatte, daß eine Firma kalte Füße bekam und damit den Geldfluß zum Stillstand brachte. Die Gerüchteküche lief an.

Garantien, so argumentierte er, gab es für keine der Banken oder Firmen. Falls das System zusammenbrach, dann gingen sie alle miteinander unter. Sich an die 700 Millionen Dollar zu klammern, würde das Haus nicht retten. Herrgott noch mal, er wußte genau, was passieren konnte, sagte er. Er brachte seine Argumente so ruhig wie nur möglich an.

Die Zahlung erfolgte.

Auf dem Rückflug nach Washington ging Greenspan seine Optionen durch. Das gesamte System konnte in die Binsen gehen. Und das innerhalb von nur zehn Minuten.

Insbesondere wollte er nicht, daß sich auch nur irgendeiner aus dem Zentralbankrat anhörte wie 1929 Präsident Herbert Hoover, der nach dem Schwarzen Dienstag mit einer Dummheit von historischen Dimensionen so getan hatte, als würde alles zum besten stehen. Es stand nicht alles zum besten. Sie hatten es mit einer ernsten Krise zu tun. Allein diese schlichte Realität zu bestreiten würde jeden, der auch nur ein bißchen Bescheid wußte, am Verstand der Fed zweifeln lassen.

Immerhin steht die Fed dem Kreditwesen der Vereinigten Staaten vor. Das Gesetz gibt ihr die Macht, die gesamte öffentliche und private Schuld aufzukaufen, was dem System theoretisch Milliarden, ja Billionen Dollar zuführen würde, mehr als je nötig sein könnte, um Liquidität und Kredite zu gewährleisten. Das Ergebnis wäre selbstverständlich die Inflationsrate einer Bananenrepublik.

Darüber hinaus, so erfuhr Greenspan von den Anwälten, gab

es im Paragraph 13 des Federal Reserve Act eine etwas unklare Bestimmung, die es der Fed – mit fünf der sieben Stimmen des Zentralbankrats – erlauben würde, Geld auch an andere Institute als Banken, also Brokerhäuser und ähnliche, zu verleihen. Greenspan war bereit, noch weiter zu gehen. Er schloß die Möglichkeit nicht aus, daß die Fed an diese Institute nur dann Kredite vergab, wenn sie sich einverstanden erklärten, auf die Forderungen der Fed einzugehen. Er war bereit zu diversen Deals. Legal wäre das nicht, aber er war willens, es zu versuchen, falls es notwendig war. Es stand genug auf dem Spiel. In diesem Augenblick bestand sein Job darin, so gut wie alles zu tun, um das System aufrechtzuerhalten, sogar etwas, was zuvor unvorstellbar gewesen wäre.

Joseph Coyne, der altgediente Pressesprecher der Fed, war auf dem Flug mit dabei. Er fragte Greenspan, wie er einen so ruhigen Eindruck machen konnte. »Man macht sich keinen Kopf um etwas, bei dem nichts zu machen ist«, antwortete der Notenbankchef. Und bis zur Landung konnte er nicht viel tun. Er versank wieder in Gedanken.

Gegen 11 Uhr 30 dieses Tages kam der Handel mit Papieren von IBM, einer der großen Blue-Chip-Firmen, zum Stillstand.[13] Man hatte einen Überhang von Verkaufsaufträgen. Mit anderen Worten, es gab keine Käufer. Kurz darauf kam auch der Handel mit einigen Dutzend weiterer Papiere zum Stehen. Eine Aktie ist nur dann etwas wert, wenn jemand bereit ist, zu einem gegebenen Augenblick dafür zu bezahlen. Wenn niemand bereit ist, dafür Geld auszugeben, dann ist die Aktie – wenigstens theoretisch – nichts wert oder auf dem besten Wege dazu. Um 12 Uhr 30 war das bißchen Boden, das man vormittags gewonnen hatte, wieder verloren und der ganze Markt war eingebrochen.

Corrigan sprach mit Johnson in Washington. Es war ein Augenblick höchster Not.

»Es läßt sich nicht aufhalten«, sagte Corrigan, diesmal mit echter Panik in der Stimme. »Alles fällt auseinander. Es fehlt das Vertrauen in den Markt, es kommt zum GAU.«

In seiner Verzweiflung kam er auf einen verwegenen Plan. Anstatt nur Geld zu verleihen – um die Liquidität der Banken zu gewährleisten –, sollte die Fed die Zahlungen zwischen den Brokerfirmen direkt garantieren. Aber das nur als letzte Verzweiflungsmaßnahme. Dieser Plan und die Bereitschaft der Fed, sich dahinterzustellen, mußten allerdings ein sorgsam gehütetes Geheimnis bleiben. Wenn davon was durchsickerte, dann würden Banken und Broker sich einfach auf diese Garantien stürzen, anstatt ihr eigenes Geld zu verwenden. Es wäre ein einfacher Ausweg für alle.

Greenspans Maschine war auf der Andrew Air Force Base vor den Toren Washingtons gelandet, und der Wagen, der ihn in die Stadt brachte, hatte keine sichere Telefonverbindung. Zum Teufel damit, sagte sich Greenspan. Er rief bei der Fed an, obwohl die Gefahr bestand, daß das Gespräch abgehört wurde.

Johnson sagte, sie hätten gerade einen Anruf aus New York bekommen. Man diskutiere dort Pläne, die New York Stock Exchange – die Börse – noch diese Stunde zu schließen.

»Das würde alles verderben«, sagte Greenspan. Der Chef der Börsenaufsicht, der Securities and Exchange Commission, David Ruder hatte im Fernsehen gesagt, es gebe einen Punkt, an dem er für einen »wirklich nur vorübergehenden« Tradingstopp wäre.[14] Ruder bestritt später, einen solchen Handelsstopp auch nur in Betracht gezogen zu haben, aber sein Statement ist eine Tatsache. Schrecklich gefährlich, mit so was ins Fernsehen zu gehen, dachte Greenspan, wenn man nicht zitiert werden wollte. Für Greenspan war die Schließung der New Yorker Börse keine ernstzunehmende Alternative. War sie erst einmal geschlossen, wie sollte man sie wieder eröffnen? Zu welchen Preisen würde dann gehandelt? In Hongkong hatte die Börse einmal zugemacht, und es hatte eine Woche gedauert, bis man sie wieder geöffnet hatte. Der Markt bestimmte die Preise, und wenn es keinen Markt gab, dann gab es auch keinen Preis. Es war schier undenkbar.

Johnson machte sich Sorgen, was wohl auf dem Futures-

Markt passieren würde, machte man in New York zu. Ein Futures- bzw. Terminkontrakt ist eine Übereinkunft, etwas zu einem genau definierten Zeitpunkt zu kaufen oder verkaufen, sei es Weizen, Gold, Anleihen oder eben auch Aktien. Wenn also an der Aktienbörse nicht gehandelt wird, dann gibt es auch kein Futures-Geschäft. Der Markt für das Aktientermingeschäft würde zusammenbrechen. Das wiederum, so glaubte er, würde eine allgemeine Panik auslösen. Sie hatten wirklich ein Bein über dem Abgrund.

Howard Baker hatte nicht die geringste Ahnung, was da vor sich ging. John Phelan, der Präsident der New Yorker Börse, hatte sich für einen vorübergehenden Trading-Stopp ausgesprochen. Er drängte Baker, Präsident Reagan solle eine Durchführungsverordnung über einen vorübergehenden Stopp des Aktienhandels herausgeben. Das Wertpapiergesetz – der Securities Act von 1933 – bevollmächtigte den Präsidenten dazu.

Baker ging mit dem Vorschlag zu Reagan.

Was meinen Sie? fragte Reagan.

»Ich denke, daß ich es nicht weiß«, sagte der Stabschef. Er sagte, sein Instinkt sage ihm, es wäre weitaus einfacher, den Handel vorübergehend einzustellen als wieder anzufangen. Er schlug vor, die Anwälte im Weißen Haus eine solche Verordnung aufstellen zu lassen, nur für den Fall. »Ich lege sie in meinen Schreibtisch«, sagte Baker, »komme aber damit nicht zu Ihnen, wir wollen erst abwarten, wie der Tag sich entwickelt.«

Der Präsident erklärte sich damit einverstanden.

Phelan setzte Baker telefonisch ordentlich zu. Er war sich seiner Sache sicher und sein Ton entsprechend scharf. Stoppt den Handel. Die Situation ist außer Kontrolle. Es geht nicht mehr weiter. Die Spezialisten auf dem Börsenparkett,[15] die den Handel mit den wichtigsten Werten aufrechterhielten, wurden langsam verrückt. Wenn sie die Spezialisten verloren, dann war der ganze Laden dahin, sagte Phelan.

Howard Baker hängte sich an die Strippe. Er sprach mit den Chefs von General Motors, Salomon Brothers und Merril Lynch.

Alle waren gegen eine vorübergehende Schließung. Baker erreichte Donald Stone, einen der prominentesten Händler an der New Yorker Börse.

»Ich habe so viel Schulden«, sagte Stone, »ich kann sie noch nicht mal zählen. Der Laden hier steht knietief in Panik.«

Greenspan, bei der Fed, bekam einen der Chefs der Chicagoer Optionsbörse an die Strippe, der ihm sagte, daß auch der dortige Markt kurz vor dem Zusammenbrechen war.

»Beruhigen Sie sich«, sagte Greenspan. »Das Ganze läßt sich eindämmen. Kein Bange, geraten Sie nur nicht in Panik.« Er fand es faszinierend zu sehen, wie mächtige Leute unter Streß funktionieren. Er sah sich an die Astronauten von *Apollo 13* erinnert, die ihr Raumfahrzeug im Weltraum reparierten, indem sie ein Ersatzteil bastelten, das sie nicht mitgebracht hatten. Er fragte sich: Versagt einem die Psyche oder der Verstand? Er würde es bald feststellen.

Er sprach selbst mit einer Reihe von großen Tieren der größten Finanzinstitute. Ihnen allen bebte die Stimme. Greenspan wußte, daß das Urteilsvermögen verängstigter Menschen alles andere als perfekt war.

Er betete nicht, und er heulte nicht – obwohl er später eingestand, er hätte sofort geheult, hätte das seiner Ansicht nach die Märkte vor einem weiteren Absacken bewahrt. Wenn er nicht bald etwas unternahm, dann hatte dieser Crash das Potential, die amerikanische Wirtschaft zu ruinieren.

Inzwischen hatten eine Reihe prominenter Firmen bekanntgegeben, sie würden selbst in den Markt eingreifen und ihre eigenen Aktien zurückkaufen, ja sie sagten praktisch, ihre Papiere seien derartige Schnäppchen, daß die Firmen selbst das Geld aufbringen wollten, um sie zu kaufen. Es war eine Botschaft der Zuversicht.

Um 12 Uhr 30 wurde kaum noch gehandelt, ein Zeichen, daß das System jeden Augenblick zum Stillstand kommen könnte.

Dann, gegen 13 Uhr, also nur eine halbe Stunde später, erfuhr der Major Market Index-Futures-Markt die größte Erholung seiner Geschichte. Einige große Wall-Street-Firmen kauften für gerade mal 60 Millionen Dollar Aktienterminkontrakte, und dieser Schritt injizierte dem Markt einen kurzen Schuß Optimismus. Da der Käufer von Terminkontrakten beim Kauf nur einen kleinen Teil des Geldes hinlegen muß, beliefen sich die Kosten für diese Transaktionen nur auf einen Bruchteil der 60 Millionen Dollar. Trotzdem führte dieser positive Schritt offensichtlich zu einer beträchtlichen Zahl von Kaufordern für die zugrundeliegenden Papiere. Einige große Institute oder reiche Investoren hatten sich womöglich entschlossen, etwas zu riskieren, um den Markt zu stabilisieren oder gar zu retten. Bald darauf erholte sich der Dow Jones und zog bis zum Börsenschluß um 102 Punkte – ein Rekordanstieg – an.

Howard Baker hatte einen der spannendsten Tage seines Lebens hinter sich. Er spürte, obwohl er es nicht wußte, da es ihm niemand gesagt hatte, daß einige große Firmen und Investoren auf den Markt gegangen waren, um Aktien zu kaufen und die Preise nach oben zu treiben. Von Gesetzes wegen und schon aus Tradition spielten Weißes Haus, Finanzministerium, Börsenkommission, freie Märkte, New Yorker Börse und Fed alle eine Rolle bei der Lösung des Problems. Es gab keinen Aktienzaren, keine einzelne Person oder Institution, die allein das Sagen gehabt hätte. Baker war sich ziemlich sicher, es war einer jener Augenblicke, in denen eine zersplitterte Verantwortung dies so gefährlich machte, wie es nur werden konnte.

Die größte Leistung jedoch, davon war Baker fest überzeugt, war Greenspans Presseerklärung in einem einzigen Satz. Der Kongreß hätte zu einer außerordentlichen Sitzung zusammentreten und ohne Hearings eine Arznei zur Beruhigung der Märkte durchpeitschen können, aber es hätte nur wenig Wirkung gehabt. Der Präsident hätte den Handel vorübergehend stoppen oder sonstwie handeln können, aber auch das hätte wenig bewirkt. Es gab nur eine staatliche Institution, die das Ruder hatte herumreißen können, und das war die Fed, die unbegrenzten Kredit bot. Letztendlich war es das Geld, das den Ausschlag gegeben hatte – oder zumindest der offen erklärte Wille der Fed, es bereitzustellen.

Finanzminister Jim Baker war mit der Concorde in die Staaten zurück geflogen. Auch er hielt die kurze Erklärung für brillant. Man hatte Glück gehabt, Greenspan bei der Notenbank zu haben. Baker war sich nicht so sicher, ob Volcker so rasch reagiert hätte.

Corrigan war nie dahintergekommen, was passiert war, und so richtig wollte er es wohl auch gar nicht wissen. Falls es sich um eine wunderbare Rettung des amerikanischen Kapitalismus gehandelt hatte, dann hatten möglicherweise einige Leute oder Firmen in Gemeinschaft gewirkt, um den Markt zu manipulieren. Es handelte sich dann technisch gesehen um eine Verabredung und war möglicherweise illegal. Und falls jemand innerhalb der Regierung oder der Fed stillschweigend sein Einverständnis gegeben, das Ganze unterstützt oder auch nur mit dem Auge gezwinkert hatte, dann machte das alles noch viel schlimmer. Corrigan kam zu dem Schluß, die Angelegenheit besser nicht weiterzuverfolgen.

Soviel Greenspan wußte, mochte es eine Handvoll Leute gewesen sein, die den Schritt gemacht hatten. Unmöglich zu sagen, ob die Transaktionen auf der Basis von Kenntnissen getätigt wurden oder aus reiner Verzweiflung, aufgrund geschickter Berechnungen oder einfach aus schierem Glück. War es möglich, daß der amerikanische Kapitalismus aufgrund der strategischen – oder rein zufälligen – Investition einiger Millionen Dollar noch mal mit einem blauen Auge davongekommen war? Natürlich war es möglich. Oder vielleicht war auch nur die Talsohle erreicht, und der Markt hatte sich ganz von selbst erholt. Wie auch immer die Antwort darauf ausfiel, Greenspans wichtigste Erkenntnis war die, daß keiner gewußt hatte, was zu tun war. Sie konnten einen Krisenstab zusammenstellen, beraten, mit den Finanzmärkten reden, Daten verlangen, grob werden, clever sein, sich die Daten ansehen, bis sie schwarz waren, und dann zu planen versuchen, aber sie waren alle Neulinge angesichts dieses Problems.

Dieser wunderbare nebulöse Raum zwischen den freien Märkten des Kapitalismus und staatlicher Regulierung war Terra incognita. Es war Greenspans erste große Lektion bei der Fed, und er hatte den Vorsitz erst 72 Tage zuvor übernommen.

Greenspan stellte in seinem Büro einen Krisenstab zusammen. Er, Johnson und einige andere blieben während der folgenden Tage rund um die Uhr. Bei schalen Sandwiches hielten sie ständigen Kontakt mit Corrigan in New York, den anderen Bankpräsidenten und Marktleuten auf der ganzen Welt.

Am Donnerstag, dem 22. Oktober, rief der Präsident der Chicagoer Fed wegen einer neuen Krise an. First Options, eine Tochter des Bankriesen Continental Illinois, sei pleite und könne den Optionsmarkt nicht weiter mit Krediten bedienen.

Die Fed als Instrument zur Bankenregulierung hatte der Continental gegenüber darauf bestanden, für eine Brandschutzmauer zwischen dem Geld ihrer Einleger und Töchtern wie First Options zu sorgen. Diese Mauer sollte die Bank davor schützen, durch die Unterstützung einer in den Bankrott treibenden Tochter ausgelaugt zu werden, so daß die Einleger ihr Geld nicht verloren. Continental forderte nun, diese Mauer aufzugeben, um First Options vor dem Untergang zu bewahren.

William Taylor, Chef der Vollzugsabteilung bei der Bankaufsicht, kam in Greenspans Büro gelaufen, während der Vorsitzende und Johnson gerade an einem kleinen ovalen Couchtisch saßen.

»Wir müssen sie zumachen«, sagte Taylor. Sie müßten nach ihren Regeln handeln und die Continental Bank und deren Einleger schützen. Sie könnten nicht zulassen, daß die First Options die Bank ausblute.

Taylor fehlte der Überblick über die Situation, das wußte Johnson. Ein Ausfall der First Options würde den Optionsmarkt sofort lähmen und löste womöglich einen zweiten Absturz der Börse aus. Er sah Greenspan an, der seine Zustimmung zu signalisieren schien.

»Lassen Sie die mal machen«, sagte Johnson zu Taylor. »Gehen Sie nicht dazwischen. Lassen Sie das Geld fließen. Saubermachen können wir hinterher.«

Greenspan nickte nur.

Wieder wurde ihm klar, daß nichts in Stein gehauen war. Es gab keine mathematische Formel, mit der sich ausrechnen ließ, was passierte, geschweige denn, was bereits passiert war; unmöglich, die vielen Unsicherheitsfaktoren auszuschalten. Die zweite ernüchternde Erkenntnis in seinem Job.

2 Asymmetrische Direktiven?

»FEUERPROBE BESTANDEN:[1] Neuer Notenbankchef erntet viel Lob für sein Handling der Krise«, lautete die Schlagzeile des *Wall Street Journal* fünf Wochen nach dem Oktober-Crash. Die Präsidenten der zwölf Federal Reserve Banken sowie Analysten und sonstiges Wall-Street-Volk zollten Greenspan Anerkennung für eine rasche und kaltblütige Reaktion.

Was Greenspan anging, so kam es ihm vor, als wäre er um ein Haar einer Kugel ausgewichen, die nach wie vor durch die Luft flog. Er setzte seine Analyse dessen fort, was genau da nun an der Wall Street passiert war und vor allem weshalb. Im Januar 1988 veröffentlichte ein staatlicher Untersuchungsausschuß unter der Leitung von Nicholas E. Brady, dem Chairman der alten Wall-Street-Firma Dillon, Read & Co., einen 340seitigen Bericht über den Crash. Brady, der kurzzeitig für New Jersey im Bundessenat gesessen hatte, bemängelte die computergesteuerten Handelspraktiken der Wall Street, die dazu führen, daß bei einem nennenswerten Preisverfall automatisch große Aktienmengen abgestoßen werden, was einen Kursverfall potenziert. Der Ausschuß empfahl so etwas wie Leistungsschalter bei Stromkreisen, die Preisbewegungen automatisch Einhalt geboten. Darüber hinaus empfahl der Bericht ein übergeordnetes Regulierungsinstrument mit dem Argument, die Aktien- und die sie ergänzenden Futures- und Optionsbörsen bildeten de facto ja doch nur einen einzigen großen Markt.

»Das Finanzsystem kam praktisch völlig zum Erliegen«, hieß es in dem Bericht, und »diese Erfahrung veranschaulicht, wie einige relativ wenige, aber aggressive professionelle Marktteilnehmer für dramatische Kursschwankungen sorgen können.«[2] Im weiteren hieß es: »Montag, der 19. Oktober, war womöglich der schwärzeste Tag in der amerikanischen Börsengeschichte.« Der folgende 20. Oktober – mittlerweile als der Schreckliche Dienstag in die Geschichte eingegangen – war nicht weniger zermürbend, als der Handel mit 175 Werten, darunter einige der größten Namen überhaupt, zum Erliegen kam.

Einige Banken, die bei der Fed während des Crashs zum aktuellen Diskontsatz beträchtliche Kredite aufgenommen hatten, befanden sich nach allgemeiner Ansicht finanziell in einer prekären Verfassung, weil sie soviel Geld gebraucht hatten. Im allgemeinen erwartet die Fed von den Banken, nur dann Geld zum Diskontsatz zu leihen – der für gewöhnlich unter dem Marktzins liegt –, wenn alle anderen Geldquellen ausgeschöpft sind. Die Fed verfolgt mit wachem Auge, wer zum Diskontsatz borgt, und tadelt die, die zu oft kommen, so daß die Anleihen in der Regel auf ein Minimum beschränkt bleiben. Im Gefolge des Crashs wurden die Kredite zum Diskontsatz gar noch unbeliebter und verloren an Bedeutung, da keine Bank sich den Anschein der Schwäche geben wollte. Damit gewann der Zins für Fed Funds – Tagesgelder – zunehmend an Bedeutung, und das wiederum verlieh dem Offenmarktausschuß und seinen Entscheidungen größere Bedeutung denn je. Der Offenmarktausschuß hatte den Zielsatz für Tagesgeld seit dem Crash ganz leicht angehoben, und im Januar stand er bei sechs Prozent. Bei der Ausschußsitzung am 10. Februar 1988 wandte Greenspan sich nach einigen langatmigen Ausführungen zur Wirtschaft der Zinspolitik zu.

»Um eines werden wir auf dieser Sitzung, die meiner Ansicht nach ziemlich wichtig ist, nicht umhinkommen«, sagte Greenspan, »und das ist, einen Mechanismus zu finden, der uns nach außen hin den Eindruck verleiht, in diesem Gremium herrsche allgemeiner Konsens.« Er wies darauf hin, daß das letzte Jahr von Reagans Amtszeit angebrochen sei, die Regierungsgeschäfte gingen immer mehr gegen Null. »Uns stehen Wahlen ins Haus, und wie sich herausstellt, sind wir langsam, aber sicher die einzigen, die sich noch ums Geschäft kümmern.« Alle anderen spielten Politik mit der Wirtschaft, und das zu einer Zeit, in der der Aktienmarkt noch immer relativ hoch stand und die Konjunktur hochgradig instabil war. Greenspans Ansicht nach war es gerade in dieser Zeit wichtig, daß die Fed mit einer einzigen Stimme spreche, auch wenn die endgültige Entscheidung keinem so recht behage. Die Märkte hätten noch immer damit zu tun, sich von dem Crash zu erholen, und jeder vorschnelle Schritt des Ausschusses richte womöglich weiteren Schaden an. »Würden wir zu verstehen geben, daß wir jetzt anzuziehen gedenken«, sagte Greenspan unumwunden, »also meiner Ansicht nach bräche der Schock für die Märkte dem Aktienmarkt das Genick.«[3]

Die anderen brachten ein breites Spektrum von Meinungen vor, und Corrigan sah, daß Greenspan die Meinungsverschiedenheiten hellsichtig vorausgeahnt und präventiv einen Konsens verlangt hatte. Der Ausschuß geriet in eine lange und zermürbende technische Debatte, schien sich aber darin einig, daß der Vorsitzende in heiklen Situationen wirtschaftlicher Unsicherheit ein großes Maß an Flexibilität brauche, das es ihm erlaube, Änderungen des Leitzinses auch zwischen den turnusmäßig alle sechs Wochen stattfindenden Sitzungen des FOMC vorzunehmen.

Nachdem Greenspan sich alle angehört hatte, legte er ihnen einen Plan vor, der ihm die Autorität gab, von sich aus auch zwischen den Sitzungen kleinere Korrekturen am Tagesgeldzins vorzunehmen. Der Offenmarktausschuß würde keine offiziellen Schritte unternehmen, aber Greenspan hätte die Flexibilität, den Zins leicht zu lockern, also nach unten zu korrigieren. Im Jargon der Fed nannte man dies eine asymmetrische Direktive zur Zinslockerung. Da man einen solchen unilateralen Zinsschritt Greenspans nicht öffentlich bekanntgeben würde, hätte er auch keine unmittelbare Wirkung auf die Öffentlichkeit. Beobachter der Fed würden zwar wissen, was passiert war, aber die Zinsbewegung würde von der Öffentlichkeit größtenteils unbemerkt in die Märkte sickern und dort seine Wirkung tun. Der Ausschuß war denn auch einstimmig dafür.

»Meinen Glückwunsch, Herr Vorsitzender«, sagte Ed Boehne in Bezug auf die Einstimmigkeit. »Sie haben ein Wunder vollbracht.«[4]

»Ich weiß auch nicht, wo das herkam«, antwortete Greenspan, und die Sitzung war zu Ende.

Angst, wäre die Antwort gewesen, oder wenigstens zum Teil. Mit dem Börsenkrach nur vier Monate zuvor war das Land näher an der finanziellen Katastrophe vorbeigegangen, als einem lieb sein konnte.

Anfang des Jahres hatte einer von Finanzminister Bakers Ministerialdirektoren der Fed einen Brief geschrieben, in dem er die Meinung vertrat, die Konjunktur sei am Abflauen und man solle die Leitzinsen senken. Greenspan sagte dem Offenmarktausschuß, diese Art von Druck ärgere ihn. Er versprach, mit einem »Vorschlaghammer«[5] dagegen anzugehen.

Der Brief wurde schließlich veröffentlicht, und am Freitag den 24. sagte Greenspan dem Bankenausschuß des Senats, er hätte bei Baker ausgesprochen scharf protestiert. Falls Druck dieser Art anhielte, sagte Greenspan, »dann werden wir uns genötigt sehen, das Gegenteil zu tun«.[6]

Die *Washington Post* titelte tags darauf: »Greenspan verbietet sich Druck seitens der Regierung«.[7]

Nichtsdestoweniger war Greenspan Manuel Johnsons Ansicht nach zu passiv. Der dynamische und ehrgeizige Vize im Zentralbankrat war der Meinung, Greenspan leite sein Büro und die Fed allgemein zu sehr wie eine akademische Einrichtung. Der neue Vorsitzende sei ganz offensichtlich der beste Mann weit und breit, wenn es um Zahlen ginge, aber er schien ihm auch ein Experte in Sachen Begriffsstutzigkeit; zu oft erkläre er auf den Sitzungen des FOMC nichts weiter, als daß die Situation undurchsichtig sei. Im Interesse der Vernunft erkläre Greenspan immer wieder, erst weitere Daten abwarten zu wollen, bevor man den nächsten Schritt tat. Meistens bedeute das, daß der Ausschuß sich für eine asymmetrische Direktive in Richtung Hebung oder Senkung aussprach, die es dem Vorsitzenden erlaube, Änderungen zwischen den Sitzungen nach Gutdünken selbst vorzunehmen. Johnson schien dabei allerdings zu übersehen, daß Greenspans augenscheinliche Passivität letztlich darauf hinauslief, daß er die Macht hatte, Entscheidungen über den Zeitpunkt eines Zinsschritts zu fällen. Genau das hatte er bei der Sitzung im Februar getan. Im Grunde trat der Offenmarktausschuß die operative Kontrolle damit an Greenspan ab. Das ganze Frühjahr hindurch gab der Ausschuß dem Notenbankchef durch diese asymmetrische Direktive die Macht, den Leitzins nach eigenem Ermessen anzuheben oder nicht.

Greenspan befürchtete einen Inflationsschub. Niedrigere Zinssätze für eine kränkelnde Wirtschaft konnten rasch selbst zur Krankheit werden. Zog die Konjunktur an, erhöhten Firmen die Preise und Arbeitnehmer bekamen höhere Löhne. Diese Kette führt zu einer gefährlichen, kräftezehrenden Inflation. Immer wieder betonte er, eine Inflation zerstöre die Kaufkraft des Dollars und das wiederum würde letztlich zu sinkendem Wirtschaftswachstum und in die Arbeitslosigkeit führen. Er wollte die Bestimmung im Bundesbankgesetz nicht aus den Augen verlieren, laut der die Fed für stabile Preise – sprich keine oder eine geringe Inflationsrate – zu sorgen hatte sowie für ein Wirtschaftswachstum, das Jahr für Jahr aufrechtzuerhalten war. Eine kitzlige Sache.

Die Inflation bewegte sich um oder knapp über vier Prozent, höher als Greenspan lieb war. Bis Juni hatte er den Tagesgeldzins auf 7½ Prozent angehoben.

Obwohl Johnsons Ernennung im Zuge von Jim Bakers Bemühungen erfolgte, den Zentralbankrat mit »Reaganauten« zu besetzen, die schon von Haus aus für einen niedrigen Leitzins waren, sah auch er Ende Sommer 1988 die Notwendigkeit, den Zinssatz gar noch weiter anzuziehen. Es wies alles darauf hin, daß die Konjunktur sich zu überhitzen drohte; der Druck der Arbeitnehmer, um potentiell inflationäre Lohnerhöhungen durchzusetzen, nahm zu.

In der Sitzung des FOMC vom 30. Juni sprach Corrigan mit einiger Leidenschaft von seiner Angst vor einer sprunghaft ansteigenden Inflation. »Falls die Inflationsrate, wie immer wir sie messen wollen«, sagte Corrigan, »in den Bereich um fünf Prozent oder darüber geraten sollte, kämen auf die Wirtschaft ungeheure Kosten zu, um auch nur wieder auf vier Prozent zurückzukommen, geschweige denn zu einer Preisstabilität, was immer das ist.«[8] Die Kosten bestünden in einer durch die Fed induzierten Rezession; nur sie könne die Inflation stoppen, und zu erreichen wäre eine solche Konjunkturnotbremse nur mit einem starken Anheben der Zinsen.

Greenspan sprach sich für keine unmittelbare Anhebung des Zinses aus, sondern dafür, erst einmal weiter mit den asymmetrischen Direktiven zu operieren. Er gewann die Abstimmung mit acht zu drei, aber die Chefs der Bezirksbanken drängten auf einen höheren Zins. Bis Juli, also einen Monat darauf, hatten neun der zwölf Distriktbankchefs offiziell eine Anhebung des Diskontsatzes verlangt – aus Angst vor einer Inflation.

Greenspan und Johnson ersannen eine raffinierte Strategie. Sie wollten versuchen, den Zentralbankrat zu einer Anhebung des weniger wichtigen, aber exponierteren Diskontsatzes zu überreden; sie hofften, die Wirkung dieser Bekanntmachung würde den Druck seitens der Distriktbankpräsidenten auf den Offenmarktausschuß zurücknehmen, den weit wichtigeren Zins für die Fed Funds zu erhöhen.

Greenspan hatte einiges an Missionsarbeit zu leisten, um die zögernden Mitglieder des Zentralbankrats zu überreden.

Am Abend des 5. August, einem Freitag, nahm Johnson an einer Feier mit Parade zu Ehren Jim Bakers in der Marines-Kaserne der amerikanischen Hauptstadt teil. Jim Baker, der selbst Offizier bei den Marines gewesen war, trat von seinem Amt als Finanzminister zurück, um den Wahlkampf seines alten Freundes George Bush, der damals Vizepräsident war, zu organisieren. Obwohl die Republikaner Bush die Nominierung nach seinen Siegen bei den Vorwahlen zugesagt hatten, schien seine Kampagne in Schwierigkeiten zu sein. Die Aufmerksamkeit der Nation richtete sich auf den Nationalkonvent der Republikaner, der noch für denselben Monat angesetzt war.

Johnson wandte sich an einen von Bakers Ministerialdirektoren, um ihn wissen zu lassen, daß bei der Fed bange Augenblicke angesagt waren. Es sei nicht klar, was genau sie machen würden, aber das Resultat sei in jedem Fall eine Anhebung des Diskontsatzes.

Ach, du lieber Gott, antwortete der Ministerialdirektor, was sollen wir tun? Wie sollen wir reagieren?

Am Sonntag, dem 7. August, stellte Baker sich vormittags den Fragen der Journalisten in NBCs *Meet the Press*, wo er sagte, seiner Ansicht nach kämen von der Fed keine Signale, daß in Bälde mit einer Anhebung der Leitzinsen zu rechnen sei.

Am Dienstag, dem 9. August, gegen 7 Uhr 30 morgens, schaute Greenspan bei der Kollegin Martha R. Seger vorbei, die – von Reagan ernannt – schon aus Prinzip gegen höhere Zinsen war.[9] Die Notenbankerin aus Michigan hatte sich in der Ära Volcker übergangen gefühlt, wenn nicht gar herumgeschubst, und sie war sich in hohem Maße der Verheerungen bewußt, die frühere Rezessionen in der Industrie ihres Heimatstaates angerichtet hatten.

Greenspan argumentierte, sie müßten erst einmal dafür Sorge tragen, daß die Inflationsrate nicht nur nicht weiter anstieg, sondern auch nicht zu einem späteren Zeitpunkt blitzartig zurückkam, da sie dann unmöglich ohne nennenswerte Zinsanhebungen zu bremsen wäre. Darüber hinaus müßten sie der Öffentlichkeit zeigen, daß es ihnen mit ihrem Kampf gegen die Inflation ernst war. Dies durch eine Anhebung des Diskontsatzes zu demonstrieren, würde nicht nur die Inflationserwartungen dämpfen, sondern auch die Preissteigerungsrate. Er wollte unbedingt einen Konsens.

Seger erklärte sich schließlich einverstanden.

Einige Stunden später stimmte der Zentralbankrat auf einer außerordentlichen Vormittagssitzung dafür, den Diskontsatz um ein halbes Prozent anzuheben. Gegenstimmen gab es keine.

Greenspan wußte, Jim Baker wäre alles andere als erfreut. Bush lag bei den Meinungsumfragen mit sieben Punkten zurück, und die Wirtschaft wurde zunehmend Wahlkampfthema. Greenspan und Baker waren nun seit zwölf Jahren befreundet, und Greenspan schuldete Baker eine Menge – in gewisser Hinsicht ja auch den Posten als Notenbankchef. Außerdem respektierte und bewunderte Greenspan Baker wegen seiner Fertigkeiten im politischen und zwischenmenschlichen Bereich. Er sagte immer wieder, wenn er je ernsthafte juristische Probleme hätte, er würde Baker als Anwalt nehmen, auf der Stelle.

Greenspans Ansicht nach hatte Baker es schlicht verdient, daß man ihm Bescheid sagte, was die Zinsanhebung anging. Er entschloß sich, selbst zu Baker zu gehen, um ihm die Nachricht zu überbringen, bevor man sie bekanntgab.

Im Finanzministerium versuchte Greenspan an jenem Nachmittag, ohne Umschweife zum Thema zu kommen.

Ich bin mir sicher, du hörst das nicht gern, sagte er und blickte Baker dabei in die Augen, aber wir sind übereingekommen, daß der Schritt nötig ist, und wir geben die Zinsanhebung noch binnen dieser Stunde bekannt.

»Du weißt«, sagte der Finanzminister, »daß du mich damit voll hier erwischst.« Er wies dabei auf seinen Bauch.

»Tut mir leid, Jim«, sagte Greenspan.

Baker rastete aus und begann zu schreien – Zeter und Mordio.

Greenspan hielt den Zorn lediglich für gemacht, er schien ihm nicht aus dem Bauch zu kommen, eher eine Zurschaustellung von Bakers schauspielerischem Talent. Seiner Ansicht nach durchschaute er Baker. Womöglich mußte der Finanzminister Bush, seinen politischen Verbündeten oder auch nur der Presse gegenüber sagen können, ihm sei der Kragen geplatzt und er habe Greenspan eine Zigarre verpaßt. Greenspan hatte Bakers geschliffenen verbalen Ausdruck vor geraumer Zeit schon seziert.

Bakers Tobsuchtsanfall dauerte denn auch nur zwanzig Sekunden. »Was soll ich sagen?« fragte er schließlich. Er bat um speziellen Rat, wie er in der Öffentlichkeit darauf reagieren sollte.

Die Anhebung, so Greenspan, sei nicht nur wichtig für die langfristige Stabilität der Wirtschaft, sie sei schlicht nicht zu vermeiden gewesen. Eine Anhebung des Diskontsatzes sei die beste

Möglichkeit, die Öffentlichkeit wissen zu lassen, man sei hinsichtlich einer Inflation auf dem Posten.

Vor Jahren schon hatte Greenspan eine Kardinalregel des institutionellen Überlebens gelernt: Überbringe schlechte Nachrichten selbst. Er glaubte nicht, daß sonst irgend jemand derart heikle Botschaften so zu überbringen vermochte, wie er sie überbracht haben wollte. Es war wichtig, seinem Gegenüber ins Auge zu schauen, die Fakten darzulegen, die bald zutage treten würden, und dabei so direkt wie nur möglich zu sein. Dazu gab es, so hatte der Notenbankchef festgestellt, keine Alternative, wenn ihm an Beziehungen zu Leuten wie Baker auch künftig noch etwas lag. Aber es war nicht nur eine Frage des Überlebens. Die Nachricht persönlich zu überbringen gab ihm überdies Macht – er war nicht nur derjenige, der um die nach wie vor geheime Entscheidung wußte, er war auch zu teilen bereit – was ihre Beziehung weiter festigte.

Um 9 Uhr 45 gab die Fed die Anhebung bekannt.

»Sie gottverdammter Verräter!« schrie Baker alsbald Manuel Johnson an und ritt eine kurze, aber vehemente Attacke. Er scherzte nur, aber er machte sich auch Sorgen.

»Jetzt lassen Sie mich doch erklären«, sagte Johnson. Das Ganze sei im Interesse der Wirtschaft und letztlich damit auch in seinem und Bushs. Sie hätten die Inflation damit im Griff.

»Wahrscheinlich haben Sie recht«, sagte Baker, »aber Ihr Timing ist unter aller Kanone.« Er beruhigte sich wieder. »Ich weiß, ihr Leute habt einen Job zu erledigen, aber das ist einfach lächerlich.«

»Es gibt keine gute Zeit für so etwas«, antwortete Johnson und wies darauf hin, daß es jetzt besser wäre als, sagen wir mal, Ende Oktober, direkt vor der Wahl.

Später am selben Tag gaben Finanzministerium und Weißes Haus eine gemeinsame Erklärung heraus, in der sie ihre Enttäuschung über die Zinsanhebung zum Ausdruck brachten, aber auf der anderen Seite auch ihre Anerkennung für Greenspan und die Fed. Der Sprecher des Weißen Hauses Marlin Fitzwater sagte, es gebe einen »triftigen Grund«[10] für die Anhebung und die Fed leiste gute Arbeit im Kampf gegen die Inflation.

In dieser Woche starb die Ehefrau von Notenbanker Kelley, Ellen, mit der er 34 Jahre verheiratet gewesen war. Jim Baker, sein alter Freund aus Houstoner Tagen, der ihn in die Fed geholt hatte, lud ihn zum Abendessen ein.

Baker und seine Gattin Susan gaben sich während des Essens mitfühlend und herzlich, aber Baker konnte es sich einfach nicht verkneifen, die Anhebung des Diskontsatzes zur Sprache zu bringen. Baker, der mittlerweile in seiner Aufgabe als Manager von Bushs Kampagne voll und ganz aufgegangen war, sagte, die Anhebung gebe ihnen den Rest. Daß er einfach nicht sehe, wieso das nötig war. Obwohl er nicht um Extrawürste bitten wolle, weder für die Regierung, noch für die Republikaner, so hielte er es – verdammt noch mal! – nicht für richtig, jemandem die Zähne einzutreten, weder den Republikanern noch den Demokraten. Und die Fed habe ihnen in die Zähne getreten, schob Baker in seinem freundlichen breiten Dialekt, wenn auch unangenehm eindringlich nach. Er könne sich einfach nicht vorstellen, wie sie ihm das hätten antun können.

Kelley hatte nicht erwartet, derart angeschissen zu werden, schon gar nicht in diesem Augenblick seines Lebens, antwortete aber dennoch. Die Fed habe keineswegs die Absicht, jemanden zu treten. Sie fälle ihre Entscheidungen in dem Bestreben, langfristig etwas für die Wirtschaft zu tun.

Baker stellte klar, daß er das nicht glaube.

Die Sorgen um den Zins legten sich bald, und sowohl Baker als auch Greenspan waren bald ausgesprochen zufrieden. Im November wurde Bush Präsident.

Nachdem er über ein Jahr Vorsitzender gewesen war, begann sich Greenspans Arbeitsstil abzuzeichnen – intellektuelles Engagement, temperiert durch emotionelle Distanz; eine Besessenheit geradezu von Wirtschaftsdaten, temperiert durch steten Zweifel und Unsicherheit, was die Wirkung anging; Indirektheit als Methode, das gewünschte Ziel zu erreichen, temperiert durch eine plötzliche Direktheit und den Wunsch, seinen Willen auch durchzusetzen; und schließlich ein ausgeprägter Respekt für politische Macht.

Greenspan hatte schon früh gelernt, sich anzupassen.[11] Er wurde 1926 in New York City geboren. Seine Eltern Rose und Herbert Greenspan, beide jüdisch, ließen sich scheiden, als Greenspan, ihr einziges Kind, etwa drei Jahre alt war. Er zog mit der Mutter ins Haus ihrer Eltern im Stadtteil Washington Heights in upper Manhattan. Sie arbeitete als Verkäuferin in einem Möbelgeschäft. Er reagierte auf den Streß und die Verwirrung, indem er sich im Baseballsport verlor. Er wurde ein meisterhafter Statistiker und wollte selbst Spieler werden.

Greenspan war acht Jahre alt, als sein Vater Herbert, der im Selbststudium Börsenanalyst geworden war, 1935 ein Buch mit dem Titel *Recovery Ahead* veröffentlichte.[12] Herbert Greenspan prophezeite darin, daß der New Deal im folgenden Jahr für eine Erholung sowohl von Wirtschaft als auch Börse sorgen würde. Greenspans Vater war ein Anhänger des Keynesianismus, eine ökonomische Theorie, die unter anderem die Ansicht vertritt, daß Ausgaben des öffentlichen Sektors eine Erholung der Wirtschaft zu stimulieren vermögen. Anfänglich, 1936, begannen Herbert Greenspans Voraussagen sich zu erfüllen, 1937 jedoch brach der Markt zusammen.

Herbert versah das Exemplar, das er seinem Sohn schenkte, mit einer Inschrift: »Möge dieser mein erster Versuch sich im ständigen Gedanken an dich zu einer endlosen Kette ähnlicher Bemühungen ausweiten, auf daß du in der Zeit deiner Reife zurückblicken und versuchen kannst, den Gedankengang hinter diesen logischen Vorhersagen zu interpretieren, um ein ähnliches eigenes Werk anzugehen. Dein Papa.«

Es war, als hätte der Vater seinem Sohn eine Tendenz zu komplizierter Prosa und Bandwurmsätzen vererbt. Vielleicht sah auch der Sohn den Wert der Verschleierung einer Botschaft, vor allem wenn die eigenen Schlußfolgerungen und Gefühle nicht klar sind oder man sie ohnehin besser für sich behält. Das Resultat beim reifen Alan Greenspan war eine Vorsicht im Ausdruck, die einen wahnsinnig machen konnte, eine Reihe loser Dielen und Einschränkungen in jedem seiner Sätze, die ihm praktisch bei allem, was er sagte, eine Hintertür offen ließen.

Greenspan besuchte die George Washington High School in der West 192nd Street drei Jahre nach Henry Kissinger. Er war ein begeisterter Mathematiker, aber in den meisten anderen Fächern nur Durchschnitt. Seiner großen Liebe zur Musik wegen entschloß er sich, an der Juilliard School of Music – damals noch das Institute of Musical Arts – Klarinette und Klavier zu studieren. Nach zwei Jahren brach er das Studium ab und schloß sich der Henry Jerome Band an, einer Big Band ganz im Stil der vierziger Jahre, die für ihre Bebop-Konzerte nicht nur in New York bekannt war. Er spielte Tenorsaxophon, half aber auch an Klarinette und Flöte aus – und er spielte ausschließlich nach Noten, die Improvisation lag ihm nicht. Wie so viele Musiker dachte auch er daran, Dirigent zu werden, aber vorn zu stehen und ein Orchester zu leiten entsprach irgendwie nicht seiner Art. Auch als Komponist versuchte sich Greenspan, aber heraus kamen dabei nur »verrückte Sachen am Klavier«, aus denen nie wirklich etwas wurde. Gegen Ende seiner Zeit bei der Henry Jerome Band wußte er zwar, daß er ein guter Musiker war – aber er wußte auch, ihm fehlte letztlich das ausschlaggebende Quentchen Talent.

Während seiner Zeit bei der Big Band entdeckte Greenspan sein Talent für Zahlen neu. Während andere junge Musiker tranken, Dope rauchten und die Nächte durchmachten, las er Bücher über Ökonomie und Betriebswirtschaft und wurde schließlich der Buchhalter der Band. Nach einem Jahr auf Tour schrieb er sich an der New York University für ein Studium der Nationalökonomie ein. 1948 machte er seinen Abschluß mit summa cum laude und 1950 dann an der NYU sein Diplom in Nationalökonomie.

Nach dem Studium begann Greenspan an der Columbia University an seinem Doktor zu arbeiten. Er studierte bei Arthur Burns, dessen unerschütterliche Ansichten über die Übel von Haushaltsdefiziten Greenspan nachhaltig beeinflußt haben.

»Was führt zur Inflation?« fragte Burns einmal in einem Seminar seine Studenten. Jeder bekam seine Chance, eine Antwort darauf zu geben, bevor Burns seine eigene enthüllte.

»Übermäßige Staatsausgaben führen zur Inflation«, sagte er. Diese Lektion schrieb Greenspan sich hinter die Ohren. Haushaltsdefizite sorgen für mehr Geld, das hinter einer gleich bleibenden Menge von Waren her ist – ein klassischer Vorbote der Inflation.

Greenspan brach die Arbeit an seiner Dissertation ab, um beim National Industrial Conference Board, dem Spitzenverband amerikanischer Arbeitgeber, zu arbeiten, eine ökonomische Forschungseinrichtung, wo er als Analyst für die Stahlindustrie begann. 1952 heiratete er Joan Mitchell, eine Malerin. Kaum ein Jahr später hatten die beiden erkannt, daß ihre Erwartungen nicht zu vereinbaren waren; sie ließen die Ehe annullieren und blieben Freunde. Es war Mitchell, die ihn mit Ayn Rand bekannt gemacht hatte.

Einmal brachte Greenspan in Rands Zirkel das Argument vor, daß noch nicht einmal seine eigene Existenz über jeden Zweifel hinaus zu beweisen sei. Absolute Sicherheit sei unmöglich. Grade der Wahrscheinlichkeit, das sei alles, womit man rechnen könnte. Nathaniel Branden, einer von Rands Anhängern, gab ihm den Spitznamen »Totengräber«.

Branden schrieb in seinen Memoiren,[13] Greenspan habe seine Existenz schließlich eingestanden. Branden selbst überbrachte die Neuigkeit Rand: »Rate mal, wer existiert?«

»Was?« rief Rand aus. »Du hast es geschafft? Der Totengräber ist zu dem Schluß gekommen, daß er existiert?«

Greenspan war nie ein hundertprozentiger Jünger Rands. Er hatte seinen eigenen Werdegang, seine eigene Identität; deshalb trauten ihm einige der anderen auch nicht so recht über den Weg. Er war ein unermüdlicher Networker, der ständig am Ausbau seiner Beziehungen war. So ging er in New York gern auf Partys. Branden schrieb, daß er und Rand Greenspans Verstand bewunderten, aber zuweilen schien er ihnen zu sehr der gesellschaftliche Aufsteiger, dem viel zu viel an weltlichem Status lag. Für Greenspan war der Kontakt zu anderen von entscheidender Bedeutung, und gesellschaftliche Ereignisse waren ein effizientes Medium, sich auszutauschen – obwohl er sich dort sichtlich nicht wohl fühlte und sich nur zögernd unter die Leute mischte; oft stürzte er sich schnurstracks auf jemanden, den er schon kannte.

1957, nach der Gründung von Townsend-Greenspan, versuchte er einmal festzustellen, wie groß die Lagerbestände von stahlverarbeitenden Unternehmen oder Herstellern waren, um die Stahlproduktion für das kommende Jahr zu prognostizieren. Unter Zuhilfenahme von Daten und Methoden der staatlich überwachten Materialdisposition während des Zweiten Weltkriegs und des Koreakriegs berechnete er den Bestand an Rohmaterial sowie den Verbrauch und kam zu dem Ergebnis, daß die Stahllieferungen höher waren als der Verbrauch. Das bedeutete, daß die Bestände anwuchsen und in absehbarer Zeit weniger produziert werden müßte. Greenspan prognostizierte für 1958 einen starken Rückgang der Stahlproduktion.

Einige seiner Kunden traf diese Prognose wie ein Schock. Der Chef von Republic Steel sagte dem damals 32jährigen Greenspan, es sei ja recht interessant, was er da gemacht habe, aber bei Republic sehe man das ganz anders. 1958 dann, während einer Rezession, ging alles aus dem Leim, und die Stahlproduktion ging um etwa 20 Prozent zurück. Obwohl der Chef von Republic Greenspans Ansicht nicht geteilt hatte, war man vorsichtig gewesen, was den Einkauf von Rohmaterial – Koks und Eisenerz etwa – anbelangte. Es war womöglich Greenspans beste Prognose, und er arbeitete weiter für Republic, bis die Firma Jahre später in einem größeren Konzern aufging. Er lernte, daß schlechte Nachrichten, wenn sie genau sind, nicht weniger wichtig und nützlich sein konnten als gute.

Während er sich in der politischen wie in der Geschäftswelt nach oben arbeitete, entdeckte Greenspan, daß sich das Vermeiden von Konfrontationen auszahlte. Konfrontationen gaben dem Gegner nur Macht an die Hand. Robert Kavesh, ein Freund und ehemaliger Kommilitone Greenspans an der NYU, sah diesen Zug Greenspans besonders deutlich auf dem Tennisplatz. »Er war schon ein fast zu guter Verlierer«, sagte Kavesh. »Manchmal hat man es doch ganz gern, wenn es einen wurmt, daß er verloren hat. Er ärgerte sich nicht. Er duschte einfach und ging wieder zur Arbeit.«[14] Greenspan hatte nie lautstarke Auseinandersetzungen mit Kollegen, überhaupt wurde er nur ganz, ganz selten laut. Sein einziges Rüstzeug waren nüchterne Erklärungen und eine etwas gekünstelte Nonchalance.

Greenspan hatte seit langem schon die Angewohnheit, sich um die politisch Mächtigen zu bemühen. 1974, als er seinen Posten als Vorsitzender von Fords Sachverständigenrat – Council of Economic Advisors – übernahm, hatte er sich rasch eingeschmeichelt, nicht nur als Berater des Präsidenten, sondern auch als dessen Freund, was dem CEA einen Status gab, wie er ihn seit der Ära Kennedy nicht mehr gehabt hatte. Greenspan setzte seine Erfahrungen als Berater von Konzernchefs ein, um sich bei Ford unentbehrlich zu machen. Einmal, bei einem Lunch für die Finanzminister der Welt im Weißen Haus, bemerkte Ford, daß Greenspans Platz leer war.

»Wo ist denn Allen?« fragte der Präsident.

Einer seiner Berater sagte, Greenspan sage gerade vor dem Kongreß aus, und erbot sich, ihn dann zu holen.

»Nein, lassen Sie nur«, antwortete Ford und hörte sich dabei wie ein besorgter Vater an. »Ich möchte nur wissen, wo er ist.« Die Finanzminister reisten nach Hause und erzählten dort, der Präsident der Vereinigten Staaten könne sich noch nicht mal umdrehen, ohne zu wissen, wo Greenspan steckt.

Greenspans zunehmend enge persönliche Beziehung zu Präsident Ford hatte auch eine Schattenseite. Seine Gespräche unter vier Augen mit dem Präsidenten führten zu Reibereien mit Kollegen, weil ihrer Ansicht nach Greenspan damit den traditionellen Entscheidungsprozeß in der Gruppe umging. Manche von ihnen sahen in ihm einen Intriganten, der auch davor nicht zurückschreckte, durchs rückwärtige Fenster des Oval Office zu klettern, nur um mit dem Präsidenten alleine zu sein.

Ende der siebziger Jahre verlieh die New York University Greenspan für eine Sammlung bereits veröffentlichter Schriften schließlich die Doktorwürde.

Greenspan pflegte Beziehungen zu einer ganzen Reihe von

Persönlichkeiten aus der Politik, und jede von ihnen hatte den Eindruck, ihn voll und ganz auf seiner Seite zu haben. »Ich hatte das Gefühl, philosophisch einen Seelenverwandten getroffen zu haben«, schrieb David Stockman, Reagans erster Haushaltschef, 1986 in seinen Memoiren *Der Triumph der Politik*. Greenspans Aufmerksamkeit – seine Bereitschaft, einen Anruf sofort entgegenzunehmen, schon für den nächsten Tag ein Frühstück oder ein privates Treffen zu arrangieren – gab so manchem das Gefühl, eine außergewöhnliche Beziehung mit dem Vorsitzenden zu haben. Er hatte Dutzende solcher Beziehungen.

3 Immer ein offenes Ohr

Nach Bushs Wahl zum Präsidenten hoben Greenspan und der Offenmarktausschuß weiterhin die Raten an, jedes Mal um ¼ Prozent. Anfang 1989 betrug der Zins für Fed Funds schließlich satte 9 Prozent.

»Ich erinnere mich offen gesagt nicht an eine Konjunktur, die – wenigstens an der Oberfläche – ausgewogener ausgesehen hätte als unsere jetzige«,[1] sagte Greenspan zufrieden auf der Sitzung des Offenmarktausschusses vom 8. Februar 1989, mit anderen Worten, während der dritten Woche von Bushs Amtszeit. Angebot und Nachfrage sowie Dienstleistungen hielten sich in einer gesunden Balance. Die Inflationsrate war mit über 4 Prozent noch immer zu hoch, und so sagte er, er rechne mit der Notwendigkeit weiterer Zinsanhebungen, sei aber – in Anbetracht gewisser Differenzen, die im Ausschuß zutage getreten waren – willens zu warten. Er schlug dem Ausschuß vor, nicht sofort zu handeln, sondern sich für eine asymmetrische Direktive in Richtung einer Anhebung auszusprechen, mit anderen Worten, ihm die Befugnis zu erteilen, den Leitzins anzuheben, falls während der kommenden sechs Wochen Daten auftauchten, die auf einen Anstieg der Inflationsrate deuteten.

Wie die Entscheidungen über das Anheben oder Senken des Tagesgeldsatzes selbst machte man auch eine asymmetrische Direktive nicht publik, ebenso wenig wie sie den Vorsitzenden zum Handeln zwang. Die Direktive besagte nur, daß der Ausschuß geschlossen zu einer Anhebung des Zinssatzes neigte und den Vorsitzenden ermächtigte, den Zins während der Zeit zwischen zwei Sitzungen etwas anzuheben – traditionsgemäß um nicht mehr als ¼ Prozent.

Der Kampf gegen die Inflation, so sagte Greenspan, sei verbunden mit ihrer gemeinsamen Glaubwürdigkeit. Und wo er schon dabei war, betätigte er sich gleich als Cheerleader und sagte, ihre Glaubwürdigkeit nehme zu.

»Meiner Ansicht nach ist es ausschlaggebend für die Glaubwürdigkeit dieses Gremiums«, sagte der Vorsitzende, »daß es zu einem Konsens zu kommen versucht.«[2]

»Es wäre ausgesprochen nützlich, wenn wir ein Mittel finden könnten, einander in einer Art und Weise entgegenzukommen, die es uns erlaubt, zu einer Politik zu kommen, mit der wir alle leben können, auch wenn womöglich nicht allen dabei ganz wohl ist in ihrer Haut. Also, damit ist mein Sprüchlein gesagt.«

Nach einer langen Diskussion gewann er mit zehn zu zwei Stimmen. Einige Tage später hob er den Zielsatz für Fed Funds um ¼ Prozent an.

Am 22. Februar sprach Greenspan bei einer Anhörung im Kongreß eine unverblümte Warnung aus. »Wenn sich die Inflation verschlimmert, dann steht uns schneller eine Rezession ins Haus, als Sie sich vorstellen können, und sie wird nicht so schnell wieder vergehen.«[3] Die Verbraucherpreise waren im Januar um 0,6 Prozent gestiegen – das entspricht einem jährlichen Anstieg um mehr als sieben Prozent. Kraft seiner Autorität erhöhte Greenspan tags darauf, am 23. Februar, stillschweigend den Satz für Fed Funds um ein halbes auf 9¾ Prozent – die höchste Anhebung, die er je alleine getätigt hatte. Damit hatte man den höchsten Leitzins seit vier Jahren. Es war ein langer Marsch nach oben gewesen seit dem Crash.

Während der nächsten Monate sah Greenspan bei der Datenanalyse, daß in weiten Geschäftsbereichen die Kaufaufträge für Futures zurückgegangen waren. Das bedeutete, daß die Nachfrage nach Waren im Sinken begriffen war und das Wirtschaftswachstum sich verlangsamte.

Greenspan ließ seine Beziehungen in der New Yorker Geschäftswelt spielen. Einer seiner Kontakte war E. F. »Andy«

Andrews, der neunzehn Jahre lang den Konjunkturbrief der National Association of Purchasing Management – dem Bundesverband für Beschaffungsmanagement – schrieb. Greenspan kannte Andrews noch aus den siebziger Jahren; Andrews hatte Greenspan, der damals noch Privatmann gewesen war, die Konjunkturmeldungen schon einen Tag vor der Veröffentlichung zugänglich gemacht. Aus den Meldungen und seinem persönlichen Kontakt mit Andrews konnte Greenspan Rückschlüsse darauf ziehen, wer in einer ganzen Reihe von Branchen was kaufte und wieviel.

Außerdem rief er die Einkäufer verschiedener Firmen an, darunter auch einige seiner ehemaligen Kunden. Zu seiner besonderen Freude war er nun in der Lage, auch Antworten von den Konkurrenten seiner Kunden zu bekommen, Informationen, die früher tabu für ihn gewesen waren. Diese Konkurrenten überschlugen sich jetzt schier, den Bitten des Notenbankchefs nachzukommen, solange er sich verpflichtete, die Informationen vertraulich zu behandeln.

Ein anderer regelmäßiger Ansprechpartner war Robert P. Parker, 49, Leiter der Abteilung Einkommen, Ausgaben und Vermögen im Bundesamt für Wirtschaftsanalyse im Wirtschaftsministerium, ein Zweig des Statistischen Bundesamts. Er kannte Parker seit achtzehn Jahren, also schon aus seiner Zeit in New York und im Weißen Haus, und sie hatten sich nicht aus den Augen verloren. Parker war seinerzeit aufgefallen, daß Greenspan als einziger privater Prognostiker seinen Kunden monatliche Statistiken über das Bruttosozialprodukt lieferte. Auch war Greenspan der erste gewesen, dem aufgefallen war, daß Häuser, deren Wert Ende der siebziger Jahre in die Höhe geschnellt war, mit großen Gewinnen verkauft wurden und der Profit für Konsumgüter ausgegeben wurde. Das war etwas, dem das Statistische Bundesamt noch nicht einmal nachging, aber die Gewinne und die Ausgaben, zu denen sie führten, sorgten zusätzlich für inflationären Druck.

Außerdem rief Greenspan noch Jack Welch an, den Chef von General Electric. General Electric hatte, wie Greenspan feststellte, seine Finger so gut wie überall drin. Welch versorgte ihn mit den Verkaufszahlen von alltäglichen Verbrauchsgütern – wie Glühbirnen – und Produkten mit Lieferzeiten – wie Maschinen –, die für Greenspan nützlich waren.

Diese endlose Liste von Kontakten auszuholen war eine zeitraubende Angelegenheit, und Greenspan schuf schließlich ein System, bei dem Mitarbeiter seines Stabs offiziell Woche für Woche telefonisch eine lange Liste von Firmen abklapperten, um laufend aktuellste Zahlen zu bekommen.

Nur ein kleiner Bruchteil von Greenspans Informationen erreichte ihn mündlich, obwohl er laufend BBC hörte. Lesen erwies sich als effizienter, und er las regelmäßig Zeitungen und Branchenmagazine wie etwa *Aviation Week*. In dem Versuch, sich den Terminkalender nicht allzu voll zu packen, machte er nur drei, vier Termine am Tag. Den Rest des Tages widmete er dem Studium und der Lektüre.

Als er sich im Frühjahr 1989 die Wirtschaft ansah, war ihm klar, daß die Konjunktur an Tempo verlor, was den Inflationsdruck etwas zurücknahm. Im Vergleich zum Jahresbeginn stellte das eine ziemliche Wende dar. Der Optimismus von nur wenigen Monaten zuvor wich still und leise der Sorge.

Bei der Ausschußsitzung am 16. Mai unternahm man nichts bezüglich der Zinsen, kam aber überein, daß Greenspan den Zielsatz womöglich zwischen den Sitzungen in Eigenregie würde zurücknehmen müssen. Am 5. Juni 1989, nach der Veröffentlichung düsterer Zahlen vom Arbeitsmarkt, ließ Greenspan den Ausschuß wissen, daß er den Tagesgeldsatz effektiv auf etwa 9½ Prozent senken würde. Ob es der richtige Schritt sei, wisse er nicht. »Könnten wir tatsächlich hundertprozentig in die Zukunft sehen, dann wäre das hier ein einfacher Job«, sagte er, »aber offensichtlich können wir das nicht.«[4]

Bis zur Sitzung am 6. Juli 1989 war klargeworden, daß die Konjunktur noch schwächer geworden war.

»Ich denke, das Schlimmste, was uns im Hinblick auf unsere Zinspolitik passieren kann«, sagte Greenspan, »ist, daß man zu der Ansicht gelangen könnte, wir senkten zu schnell und auf eine Art und Weise, die womöglich Anlaß zu Inflationserwartungen gibt.«[5] Er schlug eine weitere kleine Senkung des Tagesgeldsatzes um ¼ Prozent vor, und der Ausschuß stimmte dem mit elf zu einer Stimme zu.

Am Sonntag, den 13. August, spannte Greenspan auf Nantucket aus, der kleinen Insel vor Massachusetts, wo er Gast bei Senator John Heinz, dem republikanischen Senator aus Pennsylvania, und dessen Frau Teresa war. Der Erbe des Heinz-Ketchup-Vermögens besaß einen perfekten Zufluchtsort mit kühler Brise und Meeresblick. Heinz hatte Anfang der achtziger Jahre in Greenspans Sozialversicherungsausschuß gesessen und für den im Konsens erreichten Kompromiß gestimmt.

Greenspan machte den Fernseher an, um die vormittäglichen Talk-Shows durchzugehen. Richard G. Darman, der Leiter von Bushs Haushaltsabteilung, den *Newsweek* erst kürzlich den »brillantesten Kopf und gerissensten Politiker der Regierung«[6] genannt hatte, war bei NBCs *Meet the Press* zu Gast. Greenspan hatte Darman neun Monate zuvor, als Bush dessen Ernennung bekanntgegeben hatte, angerufen. »Als Ihre Ernennung auf der Kippe stand, da habe ich dran gedacht, meine Karten für die Antrittsrede [des Präsidenten] zu zerreißen«,[7] hatte Greenspan ihm geschmeichelt und dabei durchblicken lassen, daß er Darmans Rolle in einer Regierung Bush mit für die wichtigste hielt.

Darman war Jim Bakers rechte Hand im Weißen Haus gewesen und später dann, als Baker Finanzminister wurde, sein Stellvertreter. Es gab in der Regierung Bush keinen fähigeren Kopf. Greenspan hatte die letzten Monate über auf Darman eingewirkt, für einen Bundeshaushalt zu sorgen, der das inflationär wachsende Haushaltsdefizit in den Griff bekam. Darman dagegen hatte auf einen niedrigeren Leitzins gedrängt, um der Konjunktur auf die Sprünge zu helfen.

Als man in *Meet the Press* auf die Fed zu sprechen kam, sagte Darman, er fürchte, die Fed habe »die Schraube womöglich etwas zu sehr angezogen«, und schob dann nach: »Falls wir eine

Rezession bekommen, dann meiner Ansicht nach, weil sie irrigerweise zu vorsichtig war.«[8]

»Was?« rief Greenspan in Richtung des Fernsehers. Was sollte das denn? Öffentliche Keile von den Topleuten um den Präsidenten konnten nur das Gegenteil von dem bewirken, woran ihnen gelegen war, da es die Notenbank zwang, die Zinssenkung hinauszuzögern, um ihre Unabhängigkeit zu demonstrieren. Darüber hinaus mußte die Zinspolitik der Fed glaubwürdig sein. Die Märkte mußten in einem bestimmten Tagesgeldsatz den besten für die jeweilige Konjunktur sehen und nicht einen, der auf politischen Druck hin künstlich niedrig angesetzt war.

Darman hatte jedoch erst angefangen mit seiner Kritik an der Fed. Er überschwemmte Greenspan mit Memos und Faxen. Der Kern seiner Argumentation war, die Fed handhabe die Geldversorgung völlig falsch.

Technisch gesehen, hebt und senkt die Fed einen Zins, indem sie die inländische Geldmenge entweder vergrößert oder verknappt. Dies bewirkt man durch An- oder Verkauf von Staatsanleihen in sogenannten Offenmarktgeschäften. Seit Jahren schon tobte in akademischen und politischen Kreisen eine Diskussion darüber, ob diese Geldmenge überhaupt noch akkurat zu messen sei. Wieviel Geld war auf dem Markt? Bargeld, Bankeinlagen, Girokonten, Geldmarktfonds? Die Ökonomen wußten es nicht genau. Immer mehr Leute gaben ihr Geld in offene Investmentfonds, was es praktisch unmöglich machte, die Geldmenge zu verfolgen und zu messen.

Greenspans Meinung nach wurde Darmans Denken von einigen schlimm veralteten Ansichten bestimmt. Die Fed könne das Geldvolumen doch noch nicht einmal akkurat messen, geschweige denn kontrollieren. Die Politik der Fed definiere sich letztlich zusehends dadurch, sich auf bestimmte Zinsen einzuschießen, auch wenn man die Zahlen des Geldmarktes zu manipulieren versuche.

Darman war darüber hinaus der Ansicht, Greenspan handle der Psychologie des Geldes zuwider. Eine öffentliche Bekanntgabe, daß man die Zinsen zu senken beabsichtige, gäbe der Konjunktur den benötigten Schub. Als Topberater des Weißen Hauses hatte Darman die politische Kraft von Reagans Optimismus gesehen. Beharrliche Hoffnungserklärungen des Präsidenten hatten für einen unglaublichen Rückhalt bei der Bevölkerung gesorgt und damit für den nötigen Schwung. Darman wollte Greenspan in derselben Funktion für die Wirtschaft sehen.

Greenspans Ansicht nach grenzte das an Albernheit. In gewisser Hinsicht war dem Notenbankchef ein Zuviel an unkontrollierter Hoffnung noch nicht einmal recht. Es war psychologisch genau das, was private Haushalte, Wirtschaft und Staat zu den Einkaufs- und Investitionsorgien veranlaßte, die es so schwer machten, für ein vernünftiges und anhaltendes Wirtschaftswachstum zu sorgen. Greenspan wollte eine Wirtschaft, in der sämtliche Marktteilnehmer von einer gesunden Zuversicht erfüllt waren, und dazu gehörte ein festes Vertrauen darauf, daß die Fed die Inflation auf Dauer sicher im Griff hat.

Aber Darman war nicht nur ein ausgesprochen heller Kopf, er hatte auch Einfluß beim Präsidenten und bei Jim Baker, der mittlerweile Außenminister war, aber sein Portefeuille als politischer Chefberater des neuen Präsidenten behalten hatte. So ließ sich denn Greenspan auf eine behutsame Debatte mit Darman ein. Er äußerte sich dabei nie so mißfällig, wie er es gern getan hätte, sondern war stets bereit, das Seminar fortzuführen, und verwickelte den Haushaltschef in eine Reihe technischer Diskussionen. Seine Methode war simpel: zuhören, den Mann ausreden lassen, für alles offen sein, sich nur keine Feinde machen – und dann seine eigene Entscheidung treffen.

Darman für sein Teil hatte das Gefühl, Greenspan sei ein typisches politisches Wesen, das auf den Druck der Öffentlichkeit reagieren würde. Seht euch die Resultate an, sagte er anderen, als er bemerkte, daß Greenspan den Tagesgeldsatz weiterhin langsam zurücknahm.

Am Freitag, dem 13. Oktober, brach der Dow Jones um 190 Punkte ein, fast 7 Prozent, der größte Absturz seit dem Crash von 1987. Johnson, der Vize im Zentralbankrat, hätte es gern gesehen, wenn Greenspan sich einverstanden erklärte, die Öffentlichkeit wissen zu lassen, daß die Fed am Montag für die nötige Liquidität sorgen würde, um einen neuen Börsencrash abzufangen. 1987 hatte die Fed erst nach dem Montag-Crash Liquidität zugesagt. Diesmal sollte die Erklärung als Präventivmaßnahme erfolgen.

Greenspan wollte damit noch warten.

Johnson leitete den Krisenausschuß der Fed. Überzeugt, daß er recht hatte, nahm er die Angelegenheit selbst in die Hand und spielte *New York Times* und *Washington Post* die Meldung zu, die Fed sei – wie beim Crash 1987 – bereit, die Liquidität zu garantieren. Die Sonntagsblätter, die noch vor dem weltweiten Öffnen der Märkte erschienen, zitierten auf der Titelseite einen Vertreter der Notenbank, der nicht genannt werden wolle. »Fed bereit, Angst der Märkte mit Cash abzukühlen« lautete die Schlagzeile der *Post*. Die *Times* schrieb »Federal Reserve will Märkte mit Cash versorgen«.[9]

Greenspan sagte Johnson, daß dies ein Fehler, ja eine völlige Fehleinschätzung gewesen sei. Der Rückgang des Aktienmarkts sei so drastisch auch wieder nicht, und schließlich habe man nur einen beschränkten Vorrat an Munition. Man schießt doch nicht einfach ins Blaue, sagte er. Die gezielte Indiskretion deute eher auf Panik als auf einen kühlen Kopf. Greenspan wollte die Fed mit Distanz und Vorsicht geleitet sehen. Die Märkte müßten selbst ihren natürlichen Ausgleich finden. Bei der Liquiditätsgarantie gehe es darum, den freien Geldfluß des Systems zu gewährleisten. Die Information, die Johnson der Presse zugespielt habe, erwecke den Eindruck, die Zentralbank unternehme Schritte zur Stützung des Aktienmarkts – und genau das wolle der Vorsitzende nicht tun. Wichtig sei, daß die Fed vernünftig und nüchtern blieb.

Bei einem Konferenzgespräch des Offenmarktausschusses am Montagmorgen sagte Greenspan, die gezielten Indiskretionen vom Wochenende seien nicht autorisiert gewesen. Corrigan verurteilte sie lautstark als »amateurhaft«.[10]

Greenspan drängte zur Zurückhaltung. Er wies darauf hin,

daß man womöglich einige technische Anpassungen vornehmen würde, die jedoch praktisch bedeutungslos seien. »Ich denke, daß sich offizielle Verlautbarungen zu unserer Politik noch ein paar Tage aufschieben lassen, bis die ganze Geschichte sich wieder beruhigt hat und wir mit einiger Sicherheit wissen, wo wir stehen«, sagte er.[11]

Nichtsdestoweniger sahen sich Greenspan und die für die Offenmarktgeschäfte der Fed zuständigen Leute gezwungen, dem System mehr Geld zuzuführen. Das sollte jedoch so diskret wie möglich vonstatten gehen, um damit keine erneute Zinssenkung zu signalisieren; praktisch gesehen entsprach der Schritt jedoch einer Zinssenkung von einem Viertelpunkt.

Der Dow Jones schloß an dem Tag mit einem Plus von 90 Punkten.

Greenspan sagte nichts, was Johnsons eigenmächtigen Schritt anbelangte, noch unternahm er etwas. Der Schaden war angerichtet. Ein Zornesausbruch würde seiner Absicht konträr laufen, einfach Gras über die Geschichte wachsen zu lassen.

Während sich die Konjunktur weiterhin träge dahinschleppte, senkte der FOMC den Zinssatz noch zwei weitere Male um ¼ Prozent, so daß die Fed Funds schließlich bei 8¼ Prozent standen.

Das erste Jahr der Präsidentschaft Bush verhieß nichts Gutes für die Wirtschaft.

Außerdem wurde zunehmend deutlich, daß der Kollaps von nahezu einem Drittel der Bausparkassen (Savings & Loans) im Land ein weiterer schwerer Schlag für die Wirtschaft war. Spekulative Immobiliengeschäfte und Investitionen auf dem potentiell ertragsträchtigen Junk-Bond-Markt hatten zu den Pleiten geführt.

Savings and Loans (S&Ls)[12], auch als »Sparvereinigungen« bezeichnet und ursprünglich von den Bürgern kleiner Städte zur kurzfristigen Finanzierungshilfe von Eigenheimen eingerichtet, waren Anfang der dreißiger Jahre, während der Wirtschaftskrise also, durch Bundesgesetz von Grund auf umstrukturiert worden. Von da an konnten diese Bausparkassen auch Festzinshypotheken über 15, 20 und schließlich 30 Jahre vergeben, vorausgesetzt der Hauseigentümer wohnte innerhalb eines 50-Meilen-Radius um die jeweilige Filiale. Außerdem waren diese Kassen von nun an beim Bund versichert, das heißt das Risiko trug der Staat. Eine Veränderung der ökonomischen Landschaft führte jedoch irgendwann dazu, daß so eine Kasse in dem Augenblick, wo kurzfristige Zinsen über den Zinssatz hinaus stiegen, den sie für ihre Investments kassierte, Geld zu verlieren begann.

Um die S&Ls nun anderen Investments gegenüber wettbewerbsfähiger zu machen, ließ man in den sechziger, siebziger und achtziger Jahren der Reihe nach viele der zahlreichen strengen Restriktionen wegfallen, mit denen man sie bei der Umstrukturierung belegt hatte. So begannen die S&Ls schließlich in andere als private Immobilien und darüber hinaus in Junk Bonds zu investieren – und da die Einlagen bei einer S&L durch den Bund versichert waren, konnten Investoren ohne nennenswertes Risiko auf hohe Erträge spekulieren. Es kam zu großangelegten Betrugsmanövern, als einzelne Investoren über die S&Ls hochriskante Unternehmungen mit einem aberwitzigen Anteil an Fremdkapital durchführten – bis zu 100 investierten Dollar auf je drei Dollar, die die S&L tatsächlich an Einlagen besaß. Und so begannen diese aufgeblähten S&Ls reihenweise ihrer ungeheuren Liquiditätsprobleme wegen pleite zu gehen.

William Seidman, der Chef der Resolution Trust Corporation (RTC) – der staatlichen Organisation, die in dieser Auflösungsphase die Vermögenswerte bankrotter S&Ls verwaltete – sagte über die Kassen: »Gauner und hoch pokernde Spekulanten hatten das perfekte Vehikel zur Selbstbereicherung gefunden.

Wir haben den Leuten derart perverse Anreize geboten, daß ich selbst, würde man mich bitten, die S&L-Bande vor Gericht zu verteidigen, bei meiner Verteidigung von der Provozierung einer strafbaren Handlung sprechen würde«,[13] sagte er. Die Rettungsmaßnahmen des Staates sollten den Steuerzahler um die hundert Milliarden Dollar kosten.

Greenspan hatte ein Problem. 1984, also fünf Jahre zuvor, hatte eine New Yorker Anwaltskanzlei ihn als privaten Berater angeheuert – um eine Beurteilung der Lincoln Savings and Loan Association und deren Inhaber Charles H. Keating vorzunehmen. Keating war seither zum Aushängeschild für die Exzesse der S&Ls geworden, vom Betrug bis hin zu Schmiergeldern an die Politik. Man erwartete, daß der Bund allein für die Übernahme von Keatings S&L zwei Milliarden Dollar würde hinlegen müssen.

Bei Townsend-Greenspan hatte Greenspan 1985 ein siebenseitiges Gutachten für die Regulierungsbehörde des Bundes verfaßt, in dem es hieß, daß Lincoln unter Keatings Führung »sich zu einem finanziell starken Institut entwickelt hatte, das keinerlei vorhersehbare Risiken«[14] erkennen lasse. Er hatte damals empfohlen, der Lincoln Savings & Loan eine Steuerbefreiung einzuräumen, die es der Kasse ermöglichen würde, »neue und vielversprechende Direktinvestitionen« in Unternehmungen anzugehen, bei denen mit höheren Erträgen zu rechnen sei. Dies stand ganz im Einklang mit seiner Ansicht, daß Investitionsbeschränkungen für S&Ls, die mit Festzinshypotheken mit einer Laufzeit von 30 Jahren belastet waren, nicht funktionieren konnten, da die Kassen ihren Einlegern kurzfristige Zinsen zahlen mußten, die starken Schwankungen unterworfen waren. Die Aufsichtsbehörde hatte Keating nicht befreit. Jetzt ermittelte man gegen John McCain, den Republikaner aus Arizona, und vier weitere Senatoren, die als »The Keating Five« bekannt wurden, weil sie Keating geholfen hatten, der ihnen dafür wiederum große Summen für ihren Wahlkampf gegeben hatte. McCain führte Greenspans positive Beurteilung als einen der Gründe an, aus denen er sich entschlossen hatte, Keating bei der Regulierungsbehörde unter die Arme zu greifen.

Greenspan reagierte mal peinlich berührt, mal offen, mal auf den Schlips getreten. Ungewöhnlich für ihn, gewährte er sowohl der *Washington Post* als auch der *New York Times* offizielle Interviews. »Selbstverständlich ist es mir peinlich, nicht vorausgesehen zu haben, was da tatsächlich gelaufen ist«, sagte er der

Times. »Ich habe mich geirrt, was Lincoln angeht. Ich habe mich geirrt in bezug darauf, was die schließlich machen würden und die Probleme, für die sie letztendlich sorgen würden.«[15] Gleichzeitig brachte er seinen Unmut darüber zum Ausdruck, daß die Senatoren seine Gutachten von 1985 als Begründung dafür heranziehen sollten, Keating 1987 zu helfen. »Wie in aller Welt kann jemand ein Gutachten, das ich Anfang 1985 gemacht habe, mehr als zwei Jahre später zu seiner Rechtfertigung heranziehen?« fragte Greenspan. »Nicht einer hat bei mir angerufen und gefragt: ›Sind Sie immer noch dieser Meinung?‹ Das ist fast so schlimm, als würde einer hergehen und sagen: ›Ich habe da eben einen Bericht von vor zwei Jahren gelesen, laut dem Vereinigte Gimmicks eine Aktie ist, die man unbedingt kaufen muß.‹ Das hat doch weder Hand noch Fuß.«

Das Thema Greenspan und Keating war jedoch bald vom Tisch.

Insgeheim war Greenspan davon überzeugt, er hätte alles noch mal so gemacht wie 1985, hätte er dieselben Informationen gehabt. Als er sich Keatings Bilanzen noch mal vornahm, hielt er sie nach wie vor für ziemlich beeindruckend und finanziell gesund. Keating hatte sich damals noch nichts zuschulden kommen lassen, oder falls doch, so war es aus den Bilanzen nicht zu ersehen. Greenspan hatte einfach nicht vorhergesehen, daß Keating sich als Gauner entpuppen sollte.

»Hören Sie, Sie brauchen keine Briefe zu schreiben, wenn Sie was auf dem Herzen haben«, sagte Greenspan zu Senator Connie Mack, dem Republikaner aus Florida, der gerade neu in den Bankenausschuß gekommen war. »Rufen Sie einfach an, und wir reden drüber.« Mack, 50, dessen berühmter Großvater gleichen Namens Eigner und Manager eines Baseballvereins war, der Philadelphia Athletics, war selbst Banker. Er hatte jüngst einen gemeinsamen Brief einiger republikanischer Senatoren an Greenspan unterschrieben, in dem sie sich über den Zins beschwerten. Greenspan machte Mack klar, daß er ihm jederzeit zur Verfügung stünde. Als es schließlich zu einem Gespräch kam, sagte Greenspan: »Warum machen wir nicht einfach aus, uns öfter mal zu unterhalten?«

Es dauerte nicht lange, und Mack sprach mit Greenspan praktisch, wann immer er wollte, und die beiden trafen sich mehrere Male im Jahr zum Frühstück oder zum Lunch. Mack fand Greenspans Art – *Ich bin da ganz auf Ihrer Seite* – beruhigend und seine Bereitschaft, zuzuhören und mit ihm über die Wirtschaft zu reden, schier grenzenlos.

Greenspan selbst ging es dabei beileibe nicht nur um die Hege und Pflege des Bankenausschusses. Er stand jedem Mitglied des Senats zur Verfügung, das daran interessiert schien oder das er interessant fand. Derlei private Telefonate oder Lunches waren eine wichtige Informationsquelle. Er konnte dann die kleinen Teilchen, die er bei diesen Treffs oder seinen zahlreichen Auftritten bei kleineren gesellschaftlichen Anlässen aufschnappte, hernehmen und, fast wie ein professioneller Agent, zu einem Mosaik zusammensetzen, einem Bild, das ihm sagte, aus welcher Richtung der politische Wind wehte.

Greenspan ging zu Lunches beim Business Council, einem Zusammenschluß von führenden Persönlichkeiten aus der Wirtschaft, und hörte sich an, was die Chefs von Amerikas größten Konzernen zu sagen hatten. Sobald diese Leute sahen, daß er nicht hausieren ging mit dem, was er dort hörte, oder ihnen seine eigenen Schlußfolgerungen aufzudrängen versuchte, sondern einfach nur zuhören wollte, trugen sie ihm ihre Sorgen ebenso vor wie die guten Neuigkeiten. Greenspan war fest davon überzeugt, daß er von Leuten, die kamen, um ihn reden zu hören, so gut wie immer mehr erfuhr als diese von ihm.

»Ich weiß, daß man, will man etwas wirklich erledigt sehen, am besten hergeht und mit dem Betreffenden unter vier Augen spricht, auf keinen Fall öffentlich«, sagte er einmal – privat, nicht öffentlich.

4 Pleiten, Banken und ein Krieg

Am 2. August 1990 marschierte der irakische Präsident Saddam Hussein im benachbarten Kuweit ein und besetzte es.[1] Präsident Bush erklärte: »Das kann nicht angehen«, und es sah ganz so aus, als stünde die Nation kurz vor dem Krieg.

Greenspan hatte sich genügend mit den wirtschaftlichen Fakten des Vietnamkriegs befaßt, um zu wissen, daß es Monate oder noch länger dauert, um Kräfte und Material für einen Krieg in einem fernen Kontinent zusammenzuziehen. Er beriet sich mit seinem langjährigen Freund, Verteidigungsminister Dick Cheney, der in Fords Weißem Haus Stabschef gewesen war. Trotz des Säbelgerassels sei der Krieg zeitlich zwar noch fern, aber irgendwann doch wahrscheinlich, sagte Cheney, womit er Greenspan im Prinzip eine streng geheime Zusammenfassung der Lage gab. Das schwerwiegendste Problem sei die Exponiertheit der ersten kleinen Welle amerikanischer Soldaten, die man in den Nahen Osten entsandt hatte. Saddams Kräfte könnten sie leicht aufreiben.

Greenspan rief am 21. August 1990 den Offenmarktausschuß zusammen, zu einer Zeit ganz unglaublicher Spannungen, Unsicherheit und Spekulationen über einen militärischen Schlag. Zudem trieb die Nahostkrise die Ölpreise hoch.

»Die Wahrscheinlichkeit eines Krieges im Nahen Osten steht 50 zu 50«, sagte Greenspan und verfeinerte damit die streng geheime Einschätzung, eine der besten, die damals überhaupt jemandem zur Verfügung stand. »Wir schaffen da ziemlich massive taktische Offensivwaffen hinüber«, fügte er hinzu. Die Chancen, daß Saddam einen Rückzieher machen würde, waren gering. Eine ernste Frage war die Exponiertheit der riesigen Ölfelder der Saudis gleich nebenan. Dann machte er sich an eine präzise geographische Darstellung der Ölregion. Einige der saudischen Ölfelder lagen ausgesprochen günstig für »ein paar flinke Kamikazeüberfälle, für die sich schon einige irakische Piloten gemeldet haben«,[2] sagte er, wiederum unter Zuhilfenahme hochsensibler und streng geheimer Nachrichten.

»Es ist extrem unwahrscheinlich, daß irgend etwas passiert, bevor wir nicht in Stellung gegangen sind. Und davon sind wir wegen der Vorlaufzeit, die es dauert, Material und Mannschaften zu bewegen, noch weit entfernt.«

Bezüglich der laufenden Verhandlungen zwischen der Regierung Bush und den führenden Demokraten im Kongreß was einen möglichen Kompromiß zum Abbau des Bundeshaushaltsdefizits anbelangte, sagte Greenspan: »Wir haben in gewissem Sinne ökonomisch-politische Unruhen hinsichtlich unseres politischen Wegs. In einem solchem Umfeld ist es von entscheidender Bedeutung, innerhalb des ökonomischen Systems einen soliden Anker zu haben. Der Bundeshaushalt, so viel ist klar, ist kein solcher, es muß also die Zentralbank sein.« Pedantisch schob er nach: »Wir müssen der Anker sein!«

Unter den gegebenen Umständen drängte er zu einer bescheideneren Sicht dessen, was sie erreichen könnten. »Ich glaube nicht, daß es in unserer Macht steht, für einen Boom zu sorgen oder eine Rezession zu verhindern«, sagte er. »Ich würde sagen, die vielleicht größte positive Kraft, die wir in dieser speziellen unruhigen Lage beisteuern könnten, besteht darin, nicht zu handeln, sondern vielmehr der Öffentlichkeit einen gewissen Grad an Stabilität zu vermitteln«, fügte er zur Abrundung seines Plädoyers gegen einen Zinsschritt in diesem Augenblick hinzu. Er schlug eine asymmetrische Direktive in Richtung einer Lockerung vor, um anzudeuten, daß der Offenmarktausschuß, auch wenn er den Zinssatz nicht sofort nach unten bewege, doch in diese Richtung tendiere.

Die Ausschußmitglieder standen zwar grundsätzlich hinter Greenspans Vorschlag, aber die Meinungen dabei gingen weit auseinander.[3] Einige der Bankpräsidenten wollten die Zinsen geringfügig gesenkt sehen – dies könnte für einen psychologischen Schub sorgen, für Vertrauen darauf, es werde tatsächlich etwas gegen eine Rezession getan.

»Ich glaube nicht, daß ich bei unseren Sitzungen, die ja nun schon ein paar Jahre zurückgehen, allzu oft um Ihre unbedingte Unterstützung gebeten habe«, sagte Greenspan. »Ich bin nicht der Ansicht, daß Menschen gegen ihre Prinzipien handeln sollten.«

»Aber«, so fuhr er fort, »wenn Sie nur irgendeine Möglichkeit sehen – das hier ist die Art Sitzung, bei der es hilfreich wäre, hätten wir einen möglichst großen Konsens.«[4]

Er gewann die Abstimmung ohne Gegenstimmen.

September schließlich sah es ganz so aus, als wären die Regierung Bush und die Demokraten im Kongreß hinsichtlich des Haushalts zu einer Einigung gekommen, die das Haushaltsdefizit im Verlauf von fünf Jahren um 500 Milliarden Dollar abbauen würde.

»Da sind eine Menge *reale Geschichten* drin«, sagte Greenspan dem Offenmarktausschuß am 2. Oktober 1990 billigend im Hinblick auf den bevorstehenden Haushaltsdeal. Auch wenn die Zahlen die unvermeidlichen Spiegelfechtereien enthielten, sagte er, die Einigung sei doch so bedeutsam, daß »wir einen Mechanismus für eine gewisse Entspannung finden müssen«.[5] Er schlug »ein Einvernehmen darüber vor, daß wir, falls der Haushaltsentwurf verabschiedet wird, um ein Viertelprozent nach unten gehen«. Es war ungewöhnlich, eine Senkung des Zinssatzes von einer Abstimmung über den Bundeshaushalt abhängig zu machen, aber die Auswirkungen einer echten Einigung zum Haushalt konnten durchaus das ihre tun. Weniger defizitäre Ausgaben des öffentlichen Sektors würden die Inflationserwartungen reduzieren, was wiederum dazu führen würde, daß Käufer von Anleihen sich mit niedrigeren Zinsen zufriedengeben würden. Niedrigere langfristige Zinssätze würden es Unternehmen wie Verbrauchern ermöglichen, sich Geld zu günstigeren Bedingungen zu leihen.

Einer der Bankpräsidenten hielt es für einen schlechten Präzedenzfall, einen Zinsschritt direkt an politische Entwicklungen zu knüpfen.

»Ich sehe nicht, wie war darum herumkommen, auf eine echte Einigung hinsichtlich des Haushalts zu reagieren«, erwiderte Greenspan. Eine solche Einigung würde eine wesentliche Senkung der öffentlichen Ausgaben bedeuten, was auf der anderen Seite wieder als Konjunkturbremse wirken würde.

Einige sprachen sich für den Vorschlag des Vorsitzenden aus. Martha Seger, eine Zentralbankrätin, von der man wußte, daß sie grundsätzlich für niedrigere Zinsen war, befürwortete eine sofortige Senkung um ¼ Prozent,[6] dem eine weitere Senkung von ¼ Prozent folgen sollte – »als Belohnung für die Jungs auf dem Hügel, ein Budget zustande zu bringen«.[7]

Einige brachten neben ihrer Opposition auch ihre Überraschung zum Ausdruck, und einige waren schlicht dagegen. »Es ist kein guter Präzedenzfall, eine Verbindung zur Finanzpolitik zu schaffen«, sagte Wayne Angell aus Kansas, der ebenfalls im Zentralbankrat saß, hinsichtlich des Budgetdeals. »Ich kann eine solche Politik nicht gutheißen.«[8] Anderen Ausschußmitgliedern war schlicht nicht wohl dabei; ihrer Ansicht nach war der Inflationsdruck zu hoch für eine Senkung, während wieder andere der Forderung Luft machten, die Fed solle, falls sie sich für eine Senkung entschied, dafür sorgen, diesen Schritt öffentlich mit der Konjunktur in Verbindung bringen und nicht mit der Einigung über den Haushalt.

Greenspan blieb fest. »Ich«, so sagte er, »würde asymmetrisch in Richtung einer Senkung empfehlen, ausgehend von der Annahme, daß es, falls der Budgetentwurf in beiden Häusern durchkommt, am Dienstag oder am Mittwochmorgen zu einer Senkung von einem Viertelprozent kommt.«[9] Für danach wollte er eine Neigung zu einer weiteren Senkung, obwohl außer der anfänglichen Rücknahme um ¼ Prozent nichts unternommen werden sollte, ohne vorher per Konferenzschaltung die anderen Ausschußmitglieder zu konsultieren.

Corrigan mahnte den Vorsitzenden zur Vorsicht. »Meiner

Ansicht nach ist der Vorschlag von einigen hier ausgesprochen weise, in Ihren Erklärungen der Öffentlichkeit gegenüber den Schritt nicht mit einem Haushaltsbeschluß in Verbindung zu bringen, weil es unangebracht wäre. Je mehr ich darüber nachdenke, desto mehr denke ich, daß das peinlich wäre.«[10]

»Stimmt«, pflichtete Greenspan ihm bei, »ich würde sagen, die Einigung auf einen Haushalt wäre an sich kein relevanter Anlaß für einen Zinsschritt, wäre da nicht die Tatsache einer schwachen Konjunktur.« Er blieb fest. »Falls der Haushalt im Kongreß durchkommt, würde ich dazu neigen, die Senkung durchzuführen.«

Mit sieben zu vier Stimmen gewann Greenspan relativ knapp.

Später im Oktober, nach ausgedehnten Debatten, verabschiedete der Kongreß schließlich eine etwas abgeänderte Version des 500-Milliarden-Pakets, um das man das Defizit zu reduzieren gedachte. Diese Version enthielt mehr Steuererhöhungen, darunter einen Sprung beim Höchstsatz der Einkommensteuer von 28 auf 31 Prozent. Das zu unterschreiben, würde allerdings Präsident Bush in arge Verlegenheit bringen, weil es gegen sein Wahlkampfversprechen von 1988 – sein berühmtes: »Sperren Sie die Ohren auf: Keine weiteren Steuern« – verstieß.

Innerhalb der Regierung brach eine hitzige Debatte aus.[11] Bushs eher politisch orientierte Berater führten ins Feld, eine Unterzeichnung der Vorlage mit den sichtbaren Steuererhöhungen wäre ein Verrat all der Konservativen, die gegen höhere Steuern waren; er setze damit seine Chancen für eine Wiederwahl 1992 aufs Spiel.

Für Dick Darman war die Unterzeichnung des Deals die einzig verantwortungsbewußte Handlungsweise, so ungebremst wie das Haushaltsdefizit stieg.

Eine weitere Schlüsselfigur der Regierung Bush, Finanzminister Nicholas Brady, war da ganz seiner Meinung. Brady, ein alter Freund Bushs, der Jim Baker 1988 als Finanzminister abgelöst hatte, erinnerte die Leute gern daran, daß er in Yale Mannschaftskapitän des Squashteams gewesen war – obwohl er nur als siebtbester Spieler in einem achtköpfigen Team gegolten hatte. Aber das Team hatte die nationalen Meisterschaften gewonnen, und Brady verwies gern auf seine Führungsrolle als Beleg dafür, daß er wußte, wie man Resultate erzielt.

Man hatte ihm als Finanzminister von Anfang an genau auf die Finger gesehen und seine Leistung heftig kritisiert. Darman hatte Brady einen »Dummkopf« genannt, der an keiner amerikanischen Universität auch nur einen Einführungskurs in Ökonomie bestehen würde. Er hielt Brady für den womöglich schwächsten Finanzminister in der Geschichte der USA. Aber ungeachtet seines Kalibers als Finanzminister, Brady stand Bush sehr nahe.

Schon angesichts der zunehmenden militärischen Vorbereitungen vor dem Hintergrund der Krise im Persischen Golf, so Brady, müsse die Regierung zeigen, daß eine Einigung möglich sei. Das wesentliche Argument für eine Absegnung des Haushaltsdeals war jedoch, daß sie sich für Brady bei seinem Versuch, Greenspan zu einer Zinssenkung zu bewegen, als Munition einsetzen ließ. Ein niedrigerer Zins bedeutete geringere Kosten für neue Kredite; darüber hinaus ermöglichte er Unternehmen wie Verbrauchern die Umschuldung von Hypotheken und Verpflichtungen zu einem günstigeren Zins. Da Hausbesitzer die Möglichkeit der Umschuldung zunehmend als Quelle für einen Verbraucherkredit in Anspruch nahmen, wären sie in der Lage, mehr Autos, Haushaltsgeräte, Möbel und eine ganze Palette anderer Konsumgüter zu kaufen. Das würde der trägen Konjunktur auf die Sprünge helfen.

Eine gesundende Konjunktur, so Brady, sei unabdingbar für die Wiederwahl des Präsidenten.

Bush unterschrieb die Übereinkunft schließlich, sagte jedoch später öffentlich, es gebe darin einiges, was ihn »würgen« lasse.

Als der Haushalt schließlich verabschiedet wurde, ordnete Greenspan am 29. Oktober die viertelprozentige Senkung des Zielsatzes für Fed Funds an.

Zwei Wochen später, bei der Sitzung vom 13. November 1990, sah sich der Offenmarktausschuß mit Anzeichen für einen noch weit größeren Abwärtstrend in der Konjunktur konfrontiert. Greenspan konzentrierte sich nach wie vor auf die Inflationsrate, die im Oktober immer noch hoch gewesen und erst kürzlich ins Stocken geraten war. »Langsam, aber sicher können wir daran zu glauben beginnen, daß die Inflationsbremse zieht«, sagte er. Gleichzeitig jedoch sagte er: »Mir ist ausgesprochen klar, daß, falls wir den Eindruck erwecken, wir reagierten seitens der Zentralbank viel zu rasch auf all die anderen Signale für eine Zinssenkung, das Risiko, daß uns das System zusammenbricht, gefährlich groß wird.«[12] Er empfahl eine Senkung um lediglich ¼ Prozent, und auch das, so sagte er, hätte nur zögerlich vonstatten zu gehen. Bei der Abstimmung hatte er die ungeteilte Zustimmung des FOMC.

Greenspan sah sich noch vor einem anderen Problem, das womöglich größer, wenn auch nicht ganz so öffentlich war. Die Banken der Nation, das Fundament des Kreditwesens, steckten bis über den Hals in Schwierigkeiten. Notleidend gewordene finanzielle Engagements, vor allem auf dem Immobilienmarkt und in Lateinamerika, forderten ihren Tribut. Einige der größten Geschäftsbanken standen kurz vor dem Bankrott. Der Umfang des Problems war ein bestens gehütetes Geheimnis der Bundesbank, der hier eine regulierende Funktion zukam. Aber es waren nicht nur die Banken. Auch einer ganzen Reihe großer Investmentfirmen und Versicherungsgesellschaften stand das Wasser bis zum Hals. Greenspan war so besorgt, daß er jeden Tag um sechs Uhr morgens aufstand, um sich im Fernsehen die Finanznachrichten der letzten Nacht anzusehen. Er war zutiefst beunruhigt, es könnte zu einem Kollaps der Finanzmärkte kommen. Das ganze war ausgesprochen beunruhigend. »Der Herbst 90 war der Tiefpunkt!« sollte er später erklären.

Gerald Corrigan, der die Entwicklung von seinem getäfelten Büro bei der New Yorker Fed aus verfolgte, sah alle Anzeichen dafür, daß sich da eine wirtschaftliche Katastrophe zusammenbraute, nicht nur für das gesamte Finanzsystem, sondern auch für die Nation.

Die Citibank, die noch sechs Jahre zuvor die größte, stärkste und mächtigste Bank der Welt gewesen war, stand dem Kollaps am nächsten.[13] Die Federal Deposit Insurance Corporation (FDIC), die Bundeseinlagenversicherung also, nahm die Citibank unter die Lupe und gab ihr auf ihrer Beurteilungsskala eine Vier. Eine Fünf war die schlechteste Note und bezeichnete die totale Insolvenz. Unter der Leitung von John S. Reed, einem Manager und Genie in Sachen Problemlösung, hatte die Bank gewaltig expandiert. Jetzt waren die Aktien aufgrund notleidender Immobilien- und Auslandsanleihen auf einen neuen Tiefpunkt gefallen. Corrigan arrangierte eine Krisensitzung mit Reed und informierte Greenspan über seinen Plan.

Greenspan, der es nicht besser wissen wollte als Corrigan, gab sein stillschweigendes Einverständnis dazu.

Am Tag vor Thanksgiving 1990 traf Corrigan sich mit Reed. Sie gerieten in einen heftigen Streit um die wahrscheinliche Größe der Verluste der Citibank. Reed bestand darauf, daß die Verluste der Bank insgesamt nur zwei bis drei Milliarden Dollar betrugen.

»Gott verdammt noch mal!« rief Corrigan, es seien fünf, sechs Milliarden, und Reed sollte sich besser schon mal damit abfinden. Corrigan rechnete, daß der Citibank etwa sechs Monate blieben, um fünf Milliarden Dollar Kapital aufzutreiben, andernfalls würde sie untergehen. Fünf Milliarden Dollar aufzutreiben, das war damals etwas schier Unerhörtes; es war praktisch unmöglich.

Als er aus dem Treffen mit Corrigan kam, schien Reed über eine psychologische Schwelle zu treten, er schien zu kapieren, daß er die Trümmer wieder würde zusammensetzen müssen. Hey, sagte er sich, der Mann ist schon eine ganze Zeit im Geschäft, und er hat eine Menge Banken mit Problemen gesehen. Vielleicht weiß er ja mehr als du. Reed erkannte, daß Corrigan wahrscheinlich Recht hatte und die Citibank mehr Hilfe brauchen würde, als er gedacht hatte.

Fürst Alwaleed bin Talal, ein extravaganter junger Saudi von enormem Reichtum, der bereits eine beträchtliche Menge an Citibank-Aktien besaß, war bereit, weitere 1,2 Milliarden Dollar zu investieren. Das würde ihm insgesamt 14 Prozent der Anteile an der Citibank geben; außerdem machte es ihn zum mit Abstand größten Einzelaktionär der Bank.

Corrigan flog nach Saudi Arabien zu einem geheimen Treff mit dem Fürsten. Während einer zweistündigen Sitzung der beiden, legte er ihm die Regeln dar. Der Prinz müsse verstehen, daß er nur passiver Anleger sei. Er müßte sich mit einer ganzen Reihe von Restriktionen einverstanden erklären. So dürfte er weder versuchen, das Management zu beeinflussen noch die Bank oder den Vorstand zu übernehmen. Aus Entscheidungen über Dividenden, Anleihen oder Krediten der Bank müßte er sich heraus halten. Corrigan machte unmißverständlich klar, daß er Zuwiderhandlungen nicht dulden würde, und als Präsident der New Yorker Fed würde er erfahren, falls es zu solchen kam.

Reed ließ eine 600seitige Vereinbarung aufsetzen, in der er seine Pläne umriß, das Ergebnis der Bank zu verbessern und die Kosten drastisch zu senken. Er gab ein Exemplar der Fed, die zusammen mit der FDIC und der Bankenaufsichtsbehörde als Aufseher und de facto auch als Board agierte, während Reed die Bank zu retten versuchte. Schließlich gelang es Reed, die Bank wieder auf Vordermann zu bringen.

Von entscheidender Bedeutung für die Rettungsaktion, das wußten Greenspan wie Corrigan, war es, den kurzfristigen Fed-Funds-Zins zu senken – was zu einer Senkung weiterer kurzfristiger Zinsen führen würde. Das würde vielen Banken ermöglichen, sich Geld zu niedrigeren Zinsen zu leihen, was zu einer größeren Spanne zwischen kurzfristigen Zinsen und den langfristigen Zinsen führen würde, zu denen die Banken bereits Darlehen an Kundschaft vergeben hatten. Das wiederum bedeutete für die Banken mehr Profit, der der Schlüssel zur Rettung des Bankgewerbes und zum Aufbau von Bankkapital war. Aber es würde ein langer Weg zurück werden. Der schlechte Zustand der Banken hatte zu einer Kreditverknappung geführt, das heißt die Banken waren entweder nicht bereit oder nicht in der Lage, genügend Kredite zu vergeben, um die Nachfrage zu befriedigen. Firmen, die Darlehen brauchten, um zu wachsen, taten sich immer schwerer, diese auch zu bekommen, und das wiederum hing wie ein Bleigewicht an der Konjunktur.

Über die Probleme mit den Banken hinaus hatte unabhängig davon der Kollaps der Savings & Loan Associations den Immobilienmarkt belastet. Greenspan saß im Aufsichtsrat der Resolution Trust Corporation, der staatlichen Behörde, die eigens dazu geschaffen worden war, die insolventen S&Ls und deren Immobilien loszuwerden. Er billigte und unterstützte schließlich die Bemühungen, einen großen Block an Immobilien überall im Land – im Wert von Milliarden – abzustoßen, um dem Immobilienmarkt einen Impuls zu geben. Es mußte einfach zu wesentlichen Immobilienverkäufen kommen, um den Markt wieder anzukurbeln und die Preise nach oben zu prügeln. Das wiederum bedeutete zunächst einmal Schnäppchenpreise, bei denen viele, die hier einstiegen, ein Vermögen machten.

Der größte Käufer von RTC-Aktiva war Joe Robert, ein Unternehmer aus Washington, D.C. Er gab etwa acht Milliarden Dollar aus und machte dabei einen Profit von drei Milliarden. Es war eine praktische Anwendung altmodischer kapitalistischer Prinzipien im Gelddschungel à la Ayn Rand. Wie Greenspan bei einem privaten Meeting sagte: »Wir haben uns bemüht, die Gier einiger Leute in der Branche zu wecken, die einstiegen, als sie sahen, daß ihre Konkurrenten große Profite machten, und die haben praktisch unseren ganzen Bestand ausgeräumt.« Der Immobilienmarkt begann sich zu erholen.

Die Probleme mit Banken und S&Ls und auch die Kreditverknappung, das wußte Greenspan, sollten nicht so schnell wieder vergehen. Das dauerte womöglich Jahre. So konzentrierte er sich denn in der Hauptsache auf die Konjunktur, die jetzt wieder auf eine Rezession zusteuerte, wenn man nicht gar schon mitten drin war. Bei der Sitzung des Offenmarktausschusses vom 18. Dezember 1990 erkannte Greenspan das an. Die Immobilienpreise waren ebenso im Keller wie die Umsätze des Einzelhandels.

»Aber Rezessionen gehen immer auch wieder vorbei«, sagte er fast kalt. Sie würden vermutlich die Zinsen etwas zurücknehmen müssen. Aber nur leicht. Seine Sorge: »Unser Erfolg wird unsere kühnsten Träume übersteigen ... Ich denke, wir sollten auch auf die Tatsache gefaßt sein, daß wir es womöglich oder eher noch wahrscheinlich übertreiben.«[14] Zögernd empfahl er eine weitere Zinssenkung um ¼ auf 7 Prozent. Er gewann einstimmig.

5 Eine schöne Bekehrung

»Wir befinden uns konjunkturell im Abschwung, wenn nicht gar in einer Rezession«, sagte Präsident Bush in einem Fernsehinterview am 2. Januar 1991. »In einigen Bereichen haben wir eine deutliche Rezession.«[1] Eine der gefürchtetsten politischen Nachrichten für einen Präsidenten, sowohl was die Übermittlung als auch die Lösung angeht. Die Aussicht auf einen Krieg im Persischen Golf erhöhte die Ungewißheit noch.

Kaum eine Woche später, am 8. Januar 1991, senkte Greenspan, im Einklang mit der vom FOMC gebilligten asymmetrischen Direktive, den Zielsatz für Tagesgeld um ¼ Prozent. Bei dem Konferenzgespräch des Offenmarktausschusses tags darauf machte er seinen Schritt bekannt. Die Sachverständigen der Fed räumten bei diesem Gespräch ein, daß Greenspan seine Entscheidung auf der Basis unvollständiger Daten zu fällen hatte; die Probleme, die sich aus der schwierigen Analyse saisonal bedingter Schemata zum Jahresende ergaben, hätten es ihm auch nicht leichter gemacht.

Nachdem ein halbes Dutzend Ausschußmitglieder zu Wort gekommen war, sagte Roger Guffey, der Präsident der Fed in Kansas City, auch er mache sich Sorgen, was die Daten anginge. Was er dann sagte, hörte sich fast wie eine Herausforderung an: »Mir scheinen die Informationen doch recht dürftig, um auf ihrer Basis eine finanzpolitische Entscheidung zu fällen. Aber abgesehen davon scheint mir so ziemlich alles, was heute morgen hier von den verschiedenen Teilnehmern zu hören war, auf Ungewißheiten zu basieren. Und ich finde, wir sollten unsere Politik nicht auf der Basis von Ungewißheiten machen. Ich hoffe also, wir halten in nächster Zukunft erst einmal still.«[2]

Greenspan fragte nur: »Sonst noch Kommentare oder Fragen?«

Greenspan bat seinen Freund, Verteidigungsminister Dick Cheney, um eine Warnung, bevor man im Golf in die Offensive ging – wegen der möglichen Auswirkungen auf die Ölpreise und die Wirtschaft ganz allgemein. Am 16. Januar, dem Tag, an dem die Luftangriffe beginnen sollten, rief Cheney Greenspan zu einem streng geheimen Briefing. Die Aussichten, Saddams Truppen aus Kuweit zu vertreiben, stünden gut, sagte Cheney, aber es brauche dazu wochenlange Bombenflüge rund um die Uhr und schließlich, einige Wochen oder Monate darauf, die unvermeidliche Bodenoffensive. Sie sähen sich vor einer Zeit enormer Unsicherheit und internationaler Instabilität.

Greenspan blieb an dem Abend, an dem die Bombenangriffe begannen, in seinem Büro. Er war sich nicht sicher, wie die Finanzmärkte reagieren würden. Als CNN gegen 19 Uhr die ersten Luftangriffe übertrug, sah er zu, wie Öl- und andere Preise wie wild auszuschlagen begannen.

Am 1. Februar, der Luftkrieg dauerte bereits seit zwei Wochen, entschloß Greenspan sich zu einer Zinssenkung um ½ Prozent. Die Wirtschaft, die jetzt ganz offensichtlich in einer Rezession steckte, brauchte massive Hilfe.

Als er später am selben Tag für eine Konferenzschaltung sorgte, um die Mitglieder des Offenmarktausschusses über die zweite Zinssenkung zu informieren, drückten einige der Bankpräsidenten ihr mildes Mißfallen darüber aus, daß Greenspan sie nicht zu Rate gezogen hatte.

»Ich weiß nicht, ob das für Sie eine Verfahrensfrage ist oder nicht«, sagte Tom Melzer, Präsident der Fed von St. Louis, hinsichtlich der Zinssenkung. »Sollte das nicht ein Schritt sein, über den der Offenmarktausschuß bestimmt?«[3]

Greenspan antwortete, die Direktive, die man ihm gegeben hätte, habe ihm genug Spielraum gelassen für seinen Schritt.

Bill Syron, der Präsident der Fed in Boston, stellte sich hinter Greenspans Schritt, fragte aber, ob der Vorsitzende nicht vielleicht doch lieber eine offizielle Abstimmung im Ausschuß durchführen solle, damit es nicht den Anschein hätte, er handle ohne Konsens. Die *New York Times* hatte am 11. Januar behauptet, Greenspan wolle eine Zinssenkung, aber die Bankpräsidenten – eine »Gruppe von Dissidenten«[4] – stünden ihm dabei im Weg. Syron wollte Greenspan die Möglichkeit einer Abstimmung geben, bei der die Präsidenten sich hinter seine Entscheidung stellten, damit es nicht so aussah, als stünde er völlig allein.

Greenspan lehnte ab; er sagte, eine offizielle Abstimmung könnte auf den Märkten den Eindruck erwecken, die Fed versuche ein stärkeres Signal zu geben, als das in Wirklichkeit der Fall war. Obwohl die Senkung um ½ Prozent ziemlich deftig war, hätte eine offizielle Abstimmung im Offenmarktausschuß – möglicherweise gar mit der Anweisung, es hätten sich alle in Washington zu treffen – eine größere Wirkung als ein stiller Schritt des Vorsitzenden in eigener Regie.

Bei der Vollversammlung des Offenmarktausschusses am 5. Februar in Washington vier Tage später bestimmte Greenspan eine Reihe von Ökonomen der Fed für eine Projektgruppe,[5] die feststellen sollte, inwieweit er unter einer asymmetrischen Direktive handeln könnte, ohne die anderen Ausschußmitglieder zu konsultieren. Nach einer kurzen Diskussion wurde die Angelegenheit mit keinem Wort mehr erwähnt. Als er dem Ausschuß zum Ende der Sitzung vorschlug, die Zinsen zu belassen, wie sie waren, ihm aber eine weitere asymmetrische Direktive in Richtung einer Senkung zu geben – was ihm genau den Spielraum geben würde, den er zuvor gehabt hatte –, stellte sich der Ausschuß einstimmig hinter ihn.

Am 26. März, bei der nächsten Sitzung des Offenmarktausschusses, legte die Projektgruppe ihre Ergebnisse vor.[6] Ihr Vorschlag lief auf eine »verstärkte Konsultation« hinaus. Greenspan sollte die Ausschußmitglieder vor einem beabsichtigten Schritt benachrichtigen, was ihnen die Möglichkeit gäbe, diesen Schritt zuvor – telefonisch – zu diskutieren. Einige der Mitglieder äußerten Bedenken hinsichtlich der Unklarheit sowohl des Begriffs »verstärkte Konsultation« als auch der Umstände, die eine solche nötig machten. Trotz dieser Verschwommenheit war das Thema, inwieweit der Vorsitzende nun zwischen zwei Sitzungen entscheiden durfte, damit anscheinend vom Tisch.

Einige der Ausschußmitglieder jedoch gingen mit ihren Klagen zu den Medien. So hörte Manuel Johnson, der seinen Posten als Vize im Vorjahr verlassen hatte und zu einer privaten internationalen Consulting-Firma gegangen war, daß das *Wall Street Journal* eine große Titelstory in Vorbereitung hätte. Diese sollte aufzeigen, daß die militanteren Bankpräsidenten Greenspan ausgebremst und bei einer Gelegenheit sogar besiegt und gezwungen hätten, eine Zinssenkung aufzuschieben.

Johnson sprach mit einigen seiner ehemaligen Kollegen. Einige murrten, was Greenspan anbelangte, und äußerten ihm gegenüber größere Bedenken als dem Notenbankchef gegenüber oder auf den Sitzungen des FOMC. Johnson hielt den Artikel damit für bestätigt. Seiner Ansicht nach hatten seine Firma und seine internationale Kundschaft einen Anspruch darauf, von dem Knüller schon vor Erscheinen des Artikels im *Wall Street Journal* zu erfahren. Johnson schrieb in seinem Newsletter vom 2. April, die Fed befinde sich »in einem nie dagewesen Zustand der Handlungsunfähigkeit« und fügte hinzu: »Hinter dem gegenwärtigen politischen Patt stehen in erster Linie einige heftige Konfrontationen zwischen dem Notenbankchef und Mitgliedern des FOMC um seinen Ermessensspielraum beim Tagesgeldzins.«[7]

Greenspans Stil – die schier totale Bereitschaft, anderen aufgeschlossen, respektvoll und mit endloser Geduld zuzuhören – war wohl eher dazu angetan, potentiellen Konfrontationen den Wind aus den Segeln zu nehmen. Nichtsdestoweniger war das Quentchen Unzufriedenheit damit ruchbar geworden. *The Wall Street Journal* brachte schließlich am 4. April einen kurzen Artikel unter dem Titel »Streit in der Fed um Greenspans Befugnisse entbrannt«;[8] die Bankpräsidenten, so hieß es darin, hätten gegen die Zinssenkungen rebelliert, die Greenspan in eigenem Ermessen durchgeführt hatte.

Tags darauf brachte das *Journal* seine lange Titelstory unter der Schlagzeile: »Die neue Fed: Einzug der Demokratie in die Notenbank beschneidet Macht ihres Chefs«.[9] Man zitierte Greenspan, der angeblich gesagt hatte, es bliebe sich relativ gleich, ob man Zinserhöhungen nun beschleunige oder um einige Wochen hinausschiebe, um sich erst die Meinungen anderer anzuhören. Was vielmehr zähle, sei die kumulative Wirkung einer bestimmten nachhaltigen Richtung in der Zinspolitik. »Mit Durchführungsverordnungen ist die Fed nicht effektiv zu führen.«

Greenspan beschwerte sich privat sowohl beim *Wall Street Journal* als auch bei Johnson, der schließlich zu dem Schluß kam, daß er die Intensität der Debatte ernsthaft überschätzt hatte. Während der nächsten paar Tage jedoch nahm der Wirbel um die Geschichte noch zu. Es erschienen weitere Artikel – in der *New York Times*, der *Washington Post* und dem *Wall Street Journal* –,[10] die alle davon ausgingen, man habe Greenspan die Flügel gestutzt und er führe in seinem Bemühen, die Zinsen weiter zu senken, einen verbitterten internen Kampf. Einigen aus dem Offenmarktausschuß war ganz offensichtlich nicht wohl bei Greenspans Absichten, wenn sie nicht gar unzufrieden damit waren.

Wayne Angell, ein Zentralbankrat aus Kansas, der sich regelmäßig am Sonntagnachmittag mit Greenspan zu einem Tennismatch traf, machte sich Gedanken über den – womöglich übertriebenen – Eifer, mit dem Greenspan während des ersten Quartals 1991 auf eine Zinssenkung gedrängt hatte. Angell, ein kleiner rauflustiger Banker und Farmer, der kein Blatt vor den Mund nahm, war in Sorge, ob die Zinssenkungen in rascher Folge nicht vielleicht damit zu tun hatten, ob Präsident Bush Greenspan auf weitere vier Jahre zum Notenbankchef ernennen würde. Greenspans erste Amtszeit lief am 11. August aus, und Angells Ansicht nach spielte die Regierung Bush ein ebenso ungehöriges wie gefährliches Spiel, ihm die Wiederernennung in Aussicht zu stellen und unterschwellig Zinssenkungen damit zu verknüpfen.

Am 10. April brachte das *Wall Street Journal* einen Artikel, der den Sprecher des Weißen Hauses zitierte, Greenspan habe »gute Arbeit«[11] geleistet, daß Bush jedoch noch keine Entscheidung gefällt hätte, was seine Wiederernennung anging – ach ja, und übrigens, der Präsident und sein Sachverständigenrat hätten gern einen niedrigeren Zins.

Am Tag nach dem Artikel im *Journal* führte Angell ein langes Telefonat mit Greenspan. Angell stand voll hinter Greenspan, aber er hielt es für wichtig, sowohl im Offenmarktausschuß als auch im Zentralbankrat häufiger kollegiale Diskussionen zu führen. Er hielt es für wichtig, noch sorgfältiger zuzuhören und noch mehr auf einen Konsens hin zu wirken.

Greenspan sagte Angell, sie müßten sich entscheiden, ob sie den Zins noch weiter senken sollten, betonte aber, er sei sich nicht sicher und den Meinungen der anderen gegenüber aufgeschlossen.

Auch Angell sagte, er sei sich über das weitere Vorgehen noch nicht im klaren.

Am nächsten Tag, dem 12. April,[12] sorgte Greenspan schon früh, so gegen halb neun, für eine Konferenzschaltung des FOMC.

Angell war überrascht.

»Ich wünsche allen einen guten Morgen«, sagte Greenspan. Der Verbraucherpreisindex für März sollte noch diesen Vormittag an die Öffentlichkeit gehen, und der war um ein Beträchtliches abgerutscht – der erste Rückgang seit fünf Jahren. Das bedeutete nichts anderes, als daß der Inflationsdruck noch weiter zurückging. »Das wird wahrscheinlich die Erwartungen zementieren«, sagte er, »die in dieser Phase allenthalben dahin gehen, wir seien dabei, für weitere Zinserleichterungen zu sorgen.«

»Vor vierundzwanzig Stunden noch«, sagte der Vorsitzende, »hätte ich es, ganz offen gesagt, vorgezogen, gar nichts zu tun. Aber wir befinden uns in dieser Phase potentiell in einer Situation, in der, falls wir keinen Zinsschritt tun, die Märkte zusammenbrechen könnten.« Es gebe Anzeichen dafür, daß das Wirtschaftswachstum gar noch weiter zurückgehe, und der Markt erwarte einfach eine Maßnahme seitens der Fed. Mit dem Unterlassen eines solchen, so glaubte Greenspan, riskierten sie eine Vertrauenskrise an den Renten- und Aktienmärkten.

Angell staunte nicht schlecht über die Veränderung und mehr noch über die Heftigkeit, mit der Greenspan betonte, das Unterlassen einer weiteren Zinssenkung könnte ein derartiges Risiko nach sich ziehen. Aber er wartete ab, bis er das Wort haben würde.

Sie könnten entweder nichts tun, fuhr Greenspan fort, oder sie könnten seinem Vorschlag folgen – eine Senkung des Diskontsatzes um ½ Prozent und eine Zurücknahme des Tagesgeldsatzes um ¼ Prozent. »Ich bin neugierig, einige Meinungen dazu zu hören«, sagte er. Dann gab er Corrigan, seinem Vize, das Wort.

»Ich für mein Teil«, sagte Corrigan, »wäre für eine Senkung des Diskontsatzes um einen halben Punkt und eine Senkung des Tagesgeldsatzes um einen Viertelpunkt.«

Wie ein Uhrwerk, dachte Angell.

Als nächstes sprachen sich drei weitere Fed-Präsidenten voll und ganz für den Vorschlag aus. Peng, peng, peng – im Gleichschritt. Mit einem Mal sah es ganz so aus, als würden sie überfahren. Fünf Stimmen für eine Zinssenkung, und das obwohl Greenspan noch am Tag zuvor von Offenheit und Zuhören gesprochen hatte.

»Ich finde es ausgesprochen interessant, was ich da höre«, sagte Angell, als er an der Reihe war. Er ging es langsam an. »Ich schätze, ich werde mich wohl für Vorsicht aussprechen und würde es vorziehen, keine Schritte zu unternehmen«, sagte er. Er wies darauf hin, daß man die Zinssenkungen der letzten sechs Monate doch in Erwartung eben jenes Rückgangs beim Verbraucherpreisindex vorgenommen hatte, den sie jetzt erlebten. Jetzt bei der Bekanntgabe des Index die Zinsen wieder zu senken, darin sehe er nicht nur keinen rechten Sinn, er finde es sogar etwas beunruhigend. »Mag sein«, sagte er, »daß ich mit dieser Ansicht ja tatsächlich in der Minderheit bin.«

Einige der Bankpräsidenten und Zentralbankräte fielen auf der Stelle ein; sie pflichteten Angell bei und drückten ebenfalls

Vorbehalte aus. Es hörte sich ganz so an, als bekäme Greenspan nicht mehr als die ersten fünf Stimmen zusammen. Angell staunte noch mehr.

»Nun denn, meine Herren«, sagte Greenspan schließlich, »was ich in dieser speziellen Phase heraus höre, ist eine geteilte Ansicht, eventuell Bereitschaft, vielleicht einen Viertelpunkt nach unten zu gehen.« Anstatt seine peinliche Position noch mal zusammenzufassen oder eine Abstimmung zu verlangen, die er womöglich verlor, vertagte Greenspan die Sitzung einfach, bat aber die Mitglieder des Zentralbankrats dranzubleiben.

Als er die Notenbanker dann allein an der Leitung hatte, setzte er sich nachdrücklich für eine Senkung des Diskontsatzes ein.

Angell glaubte seinen Ohren nicht zu trauen. Er sagte, seiner Ansicht nach hätte doch wohl auch eine Senkung des Diskontsatzes keine Unterstützung gefunden. Die anderen im Rat pflichteten Angell bei.

Hinterher dachte Angell, Greenspan habe einen entscheidenden Fehler gemacht. Daß er während der Konferenzschaltung des Offenmarktausschusses nicht gleich hatte abstimmen lassen, was die Entscheidung öffentlich gemacht hätte, erhöhte nur den Verdacht, die Fed sei eine ferne, von der Welt abgeschlossene Priestergemeinschaft, die den Aktienmarkt zu stützen und die Anlagen der Reichen zu schützen versuche – genau die Art Argument, die William Greider 1987 in seinem Bestseller über Volckers Fed *Secrets of the Temple*[13] vorgebracht hatte. Darüber hinaus schrieb das Gesetz der Fed vor, über jede »Maßnahme« sowie »die Begründung dieser Maßnahme« Bericht zu führen und diesen jährlich dem Kongreß vorzulegen. Daß man einen Vorschlag des Vorsitzenden ablehnte, verdiente nun sicherlich festgehalten zu werden, aber im Jahresbericht 1991 der Fed an den Kongreß fand sich noch nicht einmal ein Kurzbericht über dieses Gespräch.

Einige der anderen Zentralbankräte sahen in der Konferenz vom 12. April mehr eine informelle Unterhaltung als eine offizielle Sitzung des FOMC; außerdem hatte Greenspan grundsätzlich etwas gegen offizielle Abstimmungen bei Konferenzschaltungen. Aber Greenspan erkannte, daß es womöglich ein Fehler gewesen war, auf einen einzelnen Rückgang des Verbraucherpreisindex gleich derart impulsiv – mit einer Zinssenkung – zu reagieren.

Was das besonders heikle Thema anging, ob ein Zusammenhang zwischen Greenspans Bemühungen um niedrigere Zinsen und der bevorstehenden Entscheidung um seine Wiederernennung bestand, kam Angell zu dem Schluß, daß er zuviel Respekt für Greenspan hatte, um so etwas auch nur in Betracht zu ziehen. Aber er wußte natürlich, daß die Versuchung eines Kuhhandels immer gegeben war.

Angell war im Offenmarktausschuß nicht selten ein extremer Verfechter des knappen Gelds. Er hatte keine Angst davor, anderer Meinung als die Mehrheit zu sein, ja er genoß es gerade zu, anders zu sein als die anderen und eine »polare Rolle«, wie er es nannte, zu spielen. Seiner Ansicht nach erweiterten seine Positionen die Debatte innerhalb des FOMC und gaben Greenspan mehr Bewegungsfreiheit. Auf der anderen Seite hatte Angell das Gefühl, im FOMC größeren Einfluß zu haben, wenn er sich Greenspans Mehrheit anschloß, als wenn er anderer Meinung war. Wenn er im Sinne der Mehrheit stimmte, so dachte Angell, so lag das daran, daß Greenspan einen Konsens hatte schaffen können, der breit genug war, um Platz für seine Ansichten zu bieten.

Während ihrer regelmäßigen Tennismatches unterhielten Greenspan und Angell sich nicht selten übers Geschäft, auch wenn ihre Diskussionen nie sehr lang waren. Greenspan sah Angell als geradlinigen Menschen – ein bißchen schrullig vielleicht, aber einer, der einen weder täuschte noch Ausflüchte machte. Einmal, Greenspans Wiederernennung hing noch in der Luft, saßen die beiden in Greenspans privatem Tennisclub vor den Toren Washingtons an einem Tisch und kamen einmal mehr ins Gespräch.

»Alan«, sagte Angell, »ich wollte dir mal sagen, wie stolz ich bin, in Greenspans Zentralbankrat zu sitzen. Ich weiß, du bist hinsichtlich dessen, was ich für richtig halte, genau das richtige Instrument.«

»Ich möchte nichts tun, was deine Chance auf eine Wiederernennung mindern könnte. Ich möchte überhaupt nichts tun, was dir die Arbeit in dieser Phase erschwert.«

Ganz subtil wurden hier die ersten Wagen zu einer Burg um den Vorsitzenden aufgefahren.

Am 18. April brachte die *Washington Post*[14] auf der Titelseite einen Artikel, der mit Corrigan aus New York, Lee Hoskins aus Cleveland und Robert Black aus Richmond gleich drei Fed-Präsidenten zitierte, die öffentlich in Abrede stellten, daß es je so etwas wie eine Revolte gegen Greenspan gegeben hätte. Sie alle bestanden darauf, Greenspans Autorität sei völlig intakt.

Kaum zwei Wochen später, am 30. April, senkte Greenspan in Eigenregie den Zins um ¼ Prozent auf 5¾ Prozent. Er berief eine Konferenzschaltung des FOMC ein, um seine Maßnahme zu erklären. Der Verkauf von Kraftfahrzeugen, sagte er, sei nach wie vor nicht hoch genug, dasselbe gelte für den Verbrauch der privaten Haushalte. Und auch einige andere ökonomische Indikatoren seien im Keller. »Meines Erachtens läßt der Inflationsdruck beträchtlich nach«,[15] sagte er. Nicht einer zweifelte daran oder legte Widerspruch ein.

Er hatte mehr getan, als sich durchzusetzen. Für alle innerhalb der Fed hatte er sich bewiesen.

»Hören Sie, wir müssen wegen Greenspan zu einer Entscheidung kommen«,[16] sagte Michael J. Boskin Ende Juni seinen Kollegen im Weißen Haus. Boskin war der Vorsitzende von Präsident Bushs Sachverständigenrat zur Beurteilung der gesamtwirtschaftlichen Entwicklung – die Position, die Greenspan unter Ford innegehabt hatte. »Bestätigen wir ihn? Ernennen wir einen anderen? Es hat immer eine Wirkung auf die Märkte, ob der Vorsitzende der Fed wieder ernannt wird oder nicht.« Die Entscheidung, ob man Greenspan wiederernennen sollte, dümpelte nun schon seit Monaten vor sich hin, und Greenspans Amtszeit lief in sechs Wochen aus.

Die parteiinternen Querelen und Revierkämpfe innerhalb der Regierung Bush hatten einen Punkt erreicht, an dem Finanzminister Brady und John Sununu, Bushs Stabschef, noch nicht einmal mehr miteinander sprachen. Stolz wie sie beide waren, ging keiner von beiden ins Büro des anderen, um sich zu diesem Thema zu beraten. Boskin rief schließlich die wichtigsten Leute im Old Executive Office Building zusammen, gleich neben dem Weißen Haus. Brady, Darman, Sununu und Boskin hatten eine lange, hitzige Sitzung. Keinem wollte eine brauchbare Alternative einfallen. Sowohl eine vielzitierte Umfrage unter New Yorker Gelddisponenten im April als auch eine Umfrage des *Wall Street Journal* unter Entscheidungsträgern aus dem Finanzwesen im Mai hatte ergeben, daß 75 Prozent der Leute an der Wall Street für eine Bestätigung Greenspans in seinem Amt waren.

Greenspan selbst war sich ziemlich sicher, daß Brady auf der Suche nach einer Alternative war; er wollte jemand anderen auf dem Posten des Notenbankchefs sehen. Normalerweise ein geduldiger Mensch, war Greenspan zunehmend beunruhigt und beschloß, falls er nicht bald eine Antwort bekam, unter Umgehung Bradys zu Jim Baker zu gehen, der nun Außenminister war.

Bushs Sachverständige einigten sich auf eine Reihe von Fragen zur Wirtschaft, die Brady Greenspan stellen sollte. Nachdem Monate nichts passiert war, traf der Finanzminister sich nun endlich mit dem Notenbankchef zu einem Gespräch.

Greenspan beantwortete Bradys Fragen, indem er ihm seine Schätzung vorlegte, wie die Konjunktur während des nächsten Jahres oder der nächsten anderthalb Jahre aussehen könnte. Er gab ihm einen, wie er meinte, recht pessimistischen Ausblick, obwohl er andeutete, daß das Wachstum seiner Ansicht nach wieder zunehmen würde. Er kam nicht darauf, daß da ein Einstellungsgespräch geführt wurde. Er hatte seine eigenen Beziehungen zu Bush und Baker, und er wußte, daß Baker großen Einfluß hatte, insbesondere in politischen Angelegenheiten. Und was war schon politischer als die Konjunktur? Greenspan glaubte nicht, daß seine Zukunft in Bradys Händen lag, und er hatte nicht die Absicht, mit ihm zu verhandeln. Er sah, daß der Finanzminister ihm im Austausch für die Wiederernennung das greifbare Versprechen auf bestimmte Zinssätze zu entlocken versuchte.

Brady nahm Greenspans Äußerungen praktisch als Garantie dafür, daß er gar noch schneller auf niedrigere Zinsen hinarbeiten würde, wenn man ihn als Vorsitzenden bestätigte – eine gute Nachricht, mit der er denn auch sofort zum Präsidenten und dessen Berater ging. Bushs Berater waren etwas skeptisch, daß Brady all das erreicht haben sollte, was er da sagte. »Brady ist der falsche Mann, diesen Deal unter Dach und Fach zu bringen«, sagte einer von ihnen.

Greenspan selbst war der Ansicht, seine wirtschaftliche Prognose vorgetragen zu haben, sonst nichts.

Am 30. Juni ging Greenspan hinüber ins Weiße Haus und traf sich mit Bush und seinen Wirtschaftssachverständigen im Oval Office. Es war der erste Besuch des Vorsitzenden beim Präsidenten seit sechs Monaten.

Was können wir denn nun konjunkturell erwarten? fragte jemand.

Die Konjunktur erhole sich besser, als er anfänglich gedacht habe, antwortete Greenspan. »Ich glaube zwar nicht, was mein Stab mir da sagt«, schob der Vorsitzende nach, »aber wir könnten übers nächste Quartal ein Wachstum von 4, 4½ bis 5 Prozent haben. Ich kann das nicht glauben.« Greenspan wußte, daß die zugrundeliegenden Daten nicht verläßlich waren. Man steckte einfach nicht genug Ressourcen in die Prognose des allgemeinen Wirtschaftswachstums, und so traute er den Zahlen, die man ihm vorgelegt hatte, nicht. Die Lage verbesserte sich, aber nicht annähernd so schnell, wie einige der Prognosen vorausgesagt hatten. Alles in allem aber bahnte sich eine Erholung an. Er hielt die anderen an, nicht weiterzugeben, was er gesagt hatte, und fügte hinzu, daß sie letztlich sowieso nichts tun konnten. Fürs Weiße Haus waren das gute Nachrichten. Den Golfkrieg hatte man im März gewonnen, Bushs Rückhalt bei der Bevölkerung war in den Himmel geklettert, und jetzt sah es ganz so aus, als hätte man sich im Jahr vor der Wahl auch noch ein Wirtschaftswachstum gesichert – wenn schon nicht in der Höhe, wie Greenspan gesagt hatte, so doch um den Dreh. Effektiv lautete die Message an Bush: Lass die Finger vom Steuer, repariere nicht, was nicht kaputt ist.

Am Mittwoch, dem 10. Juli, kurz vor 18 Uhr zitierte Bush die Presse in den Briefing Room des Weißen Hauses; er hatte Greenspan an seiner Seite.

»Nur um den Tag mit einer sehr wichtigen Bekanntgabe zu krönen«, begann Bush, »möchte ich sagen, daß ich die Absicht habe, den Senat so bald wie möglich schriftlich von meiner Absicht in Kenntnis zu setzen, den Vorsitzenden Greenspan in seinem Amt als Präsident der Zentralbank zu bestätigen.«

»Es ist mir eine große Freude«, fuhr Bush fort, »einen Schritt nach vorn zu tun, und das eine ganze Weile vor Ablauf der ersten Amtszeit.«[17]

»Eine ganze Weile« war leicht übertrieben; Greenspans Amtszeit war in vier Wochen vorbei, und Bushs Entscheidung kam ausgesprochen knapp.

»Es ist ein Job, der mit großem Druck verbunden ist«, sagte Bush. »Er hat ausgezeichnete Arbeit geleistet.«

»Ich danke Ihnen vielmals, Mr. President«, sagte Greenspan, als er aufs Podium trat. »Ich freue mich auf weitere vier Jahre.

Es ist mir wirklich eine Ehre, mit Ihnen arbeiten zu dürfen«, sagte er dem Präsidenten.

Auf die Frage nach der Rezession sagte Greenspan: »Meiner Ansicht nach nehmen von Woche zu Woche die Anzeichen zu, daß wir die Talsohle hinter uns haben und die Konjunktur sich wieder nach oben zu bewegen beginnt. Wir wissen immer noch nicht, wie schnell die Erholung vonstatten gehen wird oder wie stark sie ist, aber ich denke, wir können in diesem Stadium getrost davon ausgehen, daß wir den Abwärtstrend hinter uns haben und die Aussichten sich weiterhin verbessern.«

»Mr. President, hat der Vorsitzende Greenspan sich mit den Zinssenkungen zu Beginn des Jahres nicht praktisch seinen Job gesichert?« fragte einer der Reporter Bush.

»Nein«, antwortete Bush. »Sein Job war nie gefährdet. Die Fed ist eine unabhängige – manchmal eine sehr unabhängige – Organisation dort drüben, und er hat dieses wichtige Gremium so zu führen, wie er es für richtig hält.«

In Beantwortung einer anderen Frage sagte Bush: »Ich habe von Zeit zu Zeit mein Interesse an niedrigeren Zinsen zum Ausdruck gebracht, und ich kann nicht sagen, daß es bei der Sichtweise dieses Problems nie zu Differenzen gekommen ist. Meiner Ansicht nach sind die Zinsen so niedrig als möglich zu halten, ohne daß die Inflation außer Kontrolle gerät, um unser Land wachsen zu sehen. Und ich freue mich, daß der Vorsitzende Greenspan in einem weiteren Sinne diese Ziele teilt.«

»Sehen Sie Anzeichen für eine neue Inflation?« fragte ein anderer Reporter.

»Bisher nicht«, sagte Greenspan.

»Das heißt nicht, daß wir uns keine Gedanken darüber zu machen brauchen, daß nicht irgendwann wieder welche aufflakkern«, sagte Greenspan ganz typisch, »aber wenn man sich den Zustand der jetzigen Daten gründlich ansieht, gibt einem das ein gewisses Vertrauen darauf, daß wir die Inflation in diesem Stadium gut im Griff haben.«

»Was wollen Sie in Ihrer nächsten Amtszeit anders machen?« stellte jemand die letzte Frage der Pressekonferenz.

»Ich habe keine Ahnung«, sagte Greenspan.

Zwei Tage später schrieb die *New York Times* in einem Leitartikel mit dem Titel »Mehr Rückgrat für Mr. Greenspan«, es stelle sich die Frage, »warum die Wiederernennung – die kaum einen Monat vor Ablauf von Mr. Greenspans Amtszeit erfolgte – so verspätet und widerstrebend kam. Der Schluß drängt sich auf, daß das Weiße Haus hoffte, den Vorsitzenden zu einer Zinssenkung nötigen zu können, als vorübergehende Spritze für die Konjunktur ...«

»Mr. Greenspan versteht sein Geschäft«, schloß der Leitartikel, »aber es bleiben Zweifel an seiner Unabhängigkeit.«[18]

Sechs Tage später, am 16. Juli, sprach Greenspan vor dem Kongreß. »Wir befinden uns in diesem Stadium auf dem besten Wege, tatsächlich die Ziele zu erreichen, die wir uns gesteckt haben: eine stabile Erholung mit der Arbeitslosenquote langfristig auf dem tiefsten haltbaren Stand, mit einem langfristigen Wachstum von maximal haltbarem Tempo oder nahe daran, und das, ohne die Kontrolle über die Inflation zu verlieren.«[19] Er gab zu verstehen, daß die gegenwärtige Politik der Fed »in wachsamem Abwarten« bestehe, und implizierte damit, daß er die Zinsen in nächster Zeit nicht zu bewegen gedachte.

In gewissem Sinne sagte Greenspan damit, die Fed habe ihre Arbeit getan, die Rezession sei vorbei und die Prognosen prophezeiten der Wirtschaft ein solides Wachstum von 3 Prozent oder darüber für den Rest von 1991 bis hinein in das nächste Jahr.

Gegen Ende seiner Aussage legte Greenspan ein gutes Wort für Bush ein. »Er ist ausgesprochen kenntnisreich in diesen Fragen«, sagte Greenspan. »Oft denkt man, man sagt ihm etwas Neues, und er hat es schon zehnmal gehört, und er weiß oft weit mehr über gewisse Themen als man selbst.«

Ein Artikel auf der ersten Seite des Wirtschaftsteils der *New York Times* sah sehr deutlich, was Greenspan zu erreichen versuchte: »Mr. Greenspans Prognose sowie der ganze Ton seines Kommentars könnten kaum süßer klingen in den Ohren eines Präsidenten, der sich eben für die Wahlen 1992 zu rüsten beginnt.«

Während der nächsten fünf Monate ging die Konjunktur in den Keller. Die Ausgaben – der Wirtschaft wie auch die der privaten Haushalte – waren auf einem Tiefstand, und die Arbeitslosenquote ging rapide hoch. Am 28. Oktober sagte Greenspan dem Publikum einer Industriellentagung in Rhode Island, daß »die Konjunktur sich nach vorn« bewege, »aber mit einem Gegenwind von 100 km/h im Gesicht«.[20] Er ließ seine Frustration darüber durchblicken, daß die Zinssenkungen das Steuer nicht hatten herumreißen können. Er deutete an, die Kreditknappheit – die Banken waren nach wie vor in Schwierigkeiten und gewährten nur zögernd neue Darlehen – hätte die Erholung zum Stocken gebracht. Der Dow Jones zog an diesem Tag leicht an, da die Märkte eine Zinssenkung zu erwarten begannen.

»Ich denke, es ist Zeit, die Glocke zu läuten«, sagte Gerald Corrigan zu Greenspan während einer Kaffeepause der FOMC-Sitzung vom 2. Dezember 1991. Den ganzen Vormittag hatte Corrigan den anderen im Offenmarktausschuß zugehört und sich dabei gedacht, daß mit einer weiteren Routinesenkung wahrscheinlich nicht viel zu erreichen sei. Greenspan schien nach wie vor nur an Zinssenkungen von einem Viertelprozent zu denken, die sich summieren sollten. Als Präsident der New Yorker Fed saß Corrigan nicht im Zentralbankrat und hatte somit technisch gesehen nichts zu sagen, wenn es um den Diskontsatz ging, aber er empfahl Greenspan, den Zentralbankrat zu überreden, endlich etwas zu tun und den Satz merklich zu senken, vielleicht um ein ganzes Prozent. Die Bekanntmachung würde der Öffentlichkeit die dringend benötigte Message geben.

David Mullins, der Johnson vier Monate zuvor als Vize im Zentralbankrat abgelöst hatte, wandte sich einige Minuten später an Greenspan und drängte ebenfalls auf eine beträchtliche Senkung des Diskontsatzes. Mullins, 45, ein ehemaliger Professor an der Wirtschaftswissenschaftlichen Fakultät der Harvard University, stand Nick Brady besonders nahe. Er hatte dem Ausschuß, der den Börsencrash von 1987 untersuchte, als einer der Topsachverständigen zur Seite gestanden und war dann Ministerialdirektor in Bradys Finanzministerium geworden. Er war der erste, den Bush ernannt hatte.

Obwohl Mullins weder Bushs noch Bradys Mann bei der Fed sein wollte, hatte er nichtsdestoweniger einige Monate lang auf eine spürbare Zinssenkung gedrängt; er argumentierte, daß beim gegenwärtig mauen konjunkturellen Klima nun wirklich kein Risiko bestand, eine Inflation zu schüren. Er sah sich Greenspans Führungsstil sorgfältig an. Der Notenbankpräsident führte am liebsten, indem er die Meinungen anderer im Offenmarktausschuß oder Zentralbankrat unterstützte, übernahm oder wenigstens zu übernehmen schien. So respektvoll wie Greenspan sich gab, so wie er jedem seine Meinung ließ, konnte er bei den entscheidenden Beschlüssen letztlich immer wieder einen weitgehenden Konsens auf sich vereinen. Tun wir doch einen großen Schritt, sagte Mullins jetzt. Die kurzfristigen Zinsen – sowohl der Tagesgeld- als auch der Diskontsatz – könnten bedenkenlos unter die Inflationsrate gesenkt werden. Das würde bedeuten, daß Wirtschaft wie Verbraucher auf einen effektiven Zins von unter Null kommen würden, was wiederum eine gewaltige Konjunkturspritze wäre. Greenspan hatte sich geweigert, aber wo nun auch Corrigan drängte, begann der Vorsitzende die Angelegenheit ernsthafter in Betracht ziehen. Sowohl der Vize des FOMC als auch der des Zentralbankrats sagten im wesentlichen dasselbe. Und, so sah Greenspan, es war etwas dran, an dem was sie sagten; außerdem war es wichtig, den Konsens zu wahren – selbst wenn er sich um die Vorschläge anderer bildete.

Der Zentralbankrat konnte den Diskontsatz nur ändern, wenn wenigstens einer der zwölf Distrikt-Feds dies verlangte. Kurz nach der Sitzung am 2. Dezember rief Corrigan den Vorstand der New Yorker Fed zusammen und sprach die Leute auf eine große Zinssenkung hin an. Er achtete sorgfältig darauf zu betonen, er wolle, auch wenn er nicht die geringste Ahnung habe, wie der Zentralbankrat darauf reagieren würde, etwas Unkonventionelles auf den Tisch legen – ein richtiges Statement. Einige stimmten erst für eine kleine Routinesenkung, bei einer zweiten Abstimmung jedoch bekam er von seinem Vorstand ein Gesuch um ein ganzes Prozent.

Corrigan informierte Greenspan über das Gesuch der New Yorker Fed. Greenspan befand sich gerade in Chicago, wo er und der Präsident der dortigen Fed ein ähnliches Gespräch führten. Kurz darauf gab auch die Chicagoer Fed das Gesuch um eine Senkung von einem ganzen Punkt ein.

Greenspan wußte, daß er einiges an Überzeugungsarbeit zu leisten hätte, um den Zentralbankrat zum Mitziehen zu bewegen. Er wußte, daß die Märkte von Tag zu Tag schwächer wurden und eine drastische Zinssenkung – die noch zwei Monate zuvor undenkbar gewesen wäre – höchstwahrscheinlich kein erneutes Inflationsrisiko barg. Aber er wollte Einstimmigkeit oder wenigstens eine klare Mehrheit dafür. Er sprach mit sämtlichen Räten, um sie um Unterstützung anzugehen.

Am 19. Dezember 1991 stimmte der Zentralbankrat mit sechs zu einer Stimme dafür, den Diskontsatz um ein ganzes Prozent auf 3½ Prozent zu senken – der Tiefststand seit 1964. Die einsame Gegenstimme gehörte Angell.[21]

Die Ankündigung sorgte für großes Aufsehen sowohl an der Wall Street als auch im Weißen Haus. Die *Washington Post* zitierte Scott Pardee, den Chairman eines New Yorker Effektenhauses: »Das ist wie ›Ein fröhliches Weihnachten und ein glückliches neues Jahr von der Fed‹.«[22] Bush gab eine Erklärung heraus, in der er den Schritt der Fed begrüßte, und tags darauf ging Greenspan ins Weiße Haus, wo Bush und seine Ökonomen ausgesprochen zufrieden waren.

Einige Tage darauf brachte das *Wall Street Journal* auf der Titelseite einen langen Artikel über die kühne neue Fed, der die Metapher mit dem Glückwunsch noch erweiterte: »Es war eine weihnachtliche Bekehrung, die der von Ebenezer Scrooge gleichkam«,[23] begann der Bericht. Greenspan war dabei der geizige Alte aus Charles Dickens' Weihnachtsgeschichte, der seine Kollegen führte, sich aber durchaus von Zeit zu Zeit führen ließ. Mullins wurde als Held dargestellt, als derjenige, der »die intellektuelle Vorarbeit« für die einprozentige Zinssenkung geleistet habe. Die Senkung, so hieß es in dem Artikel, gebe verschuldeten Firmen und Hausbesitzern die Möglichkeit zur Umschuldung. Optimistisch prognostizierte man, daß der Verbraucher damit zu Milliarden von Dollar kam – »so rasch und sicher wie durch eine Steuersenkung«.

Am Tag nach Weihnachten, am 26. Dezember, traf Greenspan sich wieder mit Bush.

Im Verlauf des Jahres 1991 hatte der Offenmarktausschuß auch den Tagesgeldzins in zehn Einzelschritten von 7 auf 4 Prozent gesenkt – ein sicheres Zeichen dafür, daß die Wirtschaft in Schwierigkeiten war.

6 Machtwechsel im Weißen Haus

Greenspan hoffte, daß Bush 1992 wiedergewählt werden würde.[1] Als Bürger war es sein gutes Recht, seine politischen Präferenzen zu haben, als Notenbankpräsident jedoch durfte er sich politisch nicht engagieren. Das war eine heikle Situation. Wenn er sich mit dem Präsidenten traf, sagte er ihm indirekt seine Unterstützung zu. Haushaltschef Darman, der bei mehreren dieser Sitzungen zugegen war, hoffte, Greenspans offensichtliche Neigungen ausnutzen und ihn überreden zu können, die Zinsen weiter und schneller zu senken.

Darman war mehr und mehr der Überzeugung, daß Greenspan die Geldmenge völlig falsch verwaltete. Außerdem war er der Ansicht, daß Greenspan sich irrte, wenn er darauf bestand, die Wirtschaft könne nicht stärker wachsen als etwa 2½ Prozent im Jahr, ohne daß es wieder zu einer Inflation kommen würde. Er hatte seine Tabellen und sein Harvard-Studium, um seine Argumente zu untermauern. Es gibt da ein unveränderliches Gesetz, eine mathematische Formel, was das Verhältnis von Wirtschaftswachstum und Inflation zur Geldmenge angeht.

Greenspan stellte diese Formel keineswegs in Abrede, nur war die wesentliche Variable, die Umlaufgeschwindigkeit – die Häufigkeit, mit der in einer Volkswirtschaft das Geld den Besitzer wechselt –, aus einer Reihe von Gründen, die von den meisten Ökonomen anerkannt waren, nicht mehr akkurat zu berechnen. Aus diesem Grund setzte die Bundesbank ja auch im wesentlichen nur den Zielsatz für die Fed Funds fest und versuchte erst gar nicht, direkt auf die Geldmenge zu wirken. Greenspan wiederholte Darman gegenüber seine Ansicht, daß die Fed nun schon seit Jahren nicht mehr in der Lage sei, die Geldmenge zu kontrollieren oder auch nur akkurat zu messen. Die Ansicht, daß dies möglich sei, war seiner Ansicht nach völlig veraltet.

Darman jedoch beharrte auf seiner Meinung; er war überzeugt, daß Greenspan als Superman der Inflationsbekämpfung in die Geschichte eingehen wollte, und das um fast jeden Preis, inklusive einer Wiederwahl Bushs. Er überschwemmte Greenspan mit Memos und Faxen, in denen er ihn drängte, die Zinsen zu senken.

Nach mehrjährigem Sparring hatte Darman Greenspans Halsstarrigkeit schließlich langsam, aber sicher persönlich genommen. Er begann Mitarbeitern zu sagen, der Vorsitzende ähnele dem Charakter, den Woody Allen in seinen Filmen spielt – einem Mann von gewissem Intellekt, der jedoch letztlich durch und durch unsicher war. Greenspan führe nicht. Darman wollte ihn endlich aufstehen und erklären sehen: Ich senke die Zinsen. Eure Bundesbank steht zu euch. Ich lasse das Land nicht hängen.

Darman fand es außerdem merkwürdig, daß Greenspan behauptete, er telefoniere fast täglich mit seiner Mutter und besuche sie einmal die Woche per Shuttleflug nach New York. Für Darman war das nicht normal; immer wieder verwies er sarkastisch auf die Parallelen zu Norman Bates, dem von seiner Mutter besessenen Mörder in Hitchcocks *Psycho*. Wir wissen noch nicht mal, ob es diese Mutter überhaupt gibt, scherzte Darman. Wie auch immer, er deutete an, daß Greenspans Mutter wohl eine merkwürdige, ja unnatürliche Macht über ihren Sohn haben müsse, während er und die Regierung davon zu wenig zu haben schienen.

Darman wollte keine Ruhe geben. Er führte Greenspan gegenüber an, daß der Notenbankpräsident eine zentrale Figur bei dem aufgelegten Schwindel sei, mit dem man am Rückhalt und Optimismus der Nation baue. Greenspan habe geradezu eine Verpflichtung, die Zinsen zu senken – vielleicht nur für zwei, drei Monate, als Ausdruck seines Vertrauens auf die Wirtschaft, auf Bush, auf Amerika. Für Greenspan berge diese Maßnahme so gut wie kein Risiko, sagte Darman. Ginge der Vorsitzende her und erklärte: »Wir haben Vertrauen in die Wachstumskraft der Wirtschaft«, und handelte dann entsprechend, dann würde sie auch wachsen.

Greenspan hörte zu, rührte sich aber nicht. Er war einfach anderer Meinung als Darman. So funktioniere die Wirtschaft schlicht und ergreifend nicht.

Darman begann in der Stadt herumzuerzählen, Greenspan sei für die Rezession von 1990–91 verantwortlich – oder wenigstens trage er, wie der Haushaltschef es ausdrückte, zwischen fünfzig und achtzig Prozent der Schuld.

Finanzminister Brady begann da, wo Darman aufhörte. Würde die Geldmenge richtig verwaltet, dann wären die Zinsen bedeutend niedriger. Er wollte, daß die Fed den Zielsatz für Tagesgeld senkte, der jetzt bei vier Prozent stand, und zwar auf ein Prozent oder gar noch darunter. Die Inflation habe man unter Kontrolle, der Staat kürze die Ausgaben des öffentlichen Sektors und die Fed sollte weiterhin Geld fließen lassen.

Brady betrachtete niedrigere Zinsen als eine Art Versicherungspolice. Wieso überschwemmen Sie den Markt nicht mit Geld? Die Nachteile sind zu vernachlässigen. Falls sich eine Inflation bemerkbar mache, könne die Fed die Zinsschraube ja wieder anziehen. Brady warnte Greenspan: Sie kommen da noch in eine Sackgasse, aus der Sie nicht mehr herauskommen, und dann sind Sie mit einer Zinssenkung hinten und vorn zu spät dran. Dann macht Ihnen die Konjunktur eine Bauchlandung, und es wird drastische Zinssenkungen brauchen, um ihr wieder auf die Sprünge zu helfen.

Greenspan entgegnete, er sehe da ganz andere Risiken. Hätten sie eine Inflation erst mal losgetreten, dann wäre der Geist aus der Flasche, und es würde Monate oder länger dauern, ihn wieder in den Griff zu bekommen. Die Wirtschaft müsse von selbst wieder zu Kräften kommen. Die Fed könne das nicht veranlassen – vielleicht künstlich für einige Monate, aber im Vergleich zum Risiko wäre der Nutzen viel zu gering.

Brady, der es bis zum Chef von Dillon, Read & Company gebracht hatte, sei vermutlich ein solider Kenner des Marktes gewesen, das gestand Greenspan großzügig ein. Er verfüge über ein unterschwelliges Wissen, das ihn die Märkte richtig beurteilen und entsprechend handeln ließ. Nicht von ungefähr lautete Bradys Refrain: »Ich spüre es in den Knochen.« Aber wenn er sein Wissen in Worte zu fassen versuchte, dann konnte sich das schon mal nach einem rechten Wortsalat anhören. Vielleicht, so Greenspans Schluß, sei sein Wissen eben nicht auf einer verbalen Ebene verfügbar. Wie auch immer, ökonomisch hätten Bradys Äußerungen weder Hand noch Fuß.

»Hören Sie, Nick«, sagte Greenspan schließlich, »beklagen Sie sich nicht bei mir. Rufen Sie die anderen vom Zentralbankrat an. Ich habe nichts dagegen.«

So hängte sich Brady denn an die Strippe. Er rief Zentralbankrat Kelley an, Jim Bakers alten Freund. Die Fed solle die Zinsen aggressiver zurücknehmen, drängte er ihn. »Vielen Dank, Nick«, sagte Kelley. »Ich weiß Ihren Anruf zu schätzen. Es ist nett von Ihnen, daß Sie sich die Zeit nehmen, mit uns zu reden, und wir werden das gewiß in unsere Überlegungen mit einbeziehen.« Punkt und *good-bye*.

Einige aus dem Zentralbankrat erwähnten Greenspan gegenüber, daß Brady sie angerufen hatte. Wenn Brady so weiter machte, dachte Greenspan bei sich, dann sorgte er womöglich noch dafür, daß sie bei der nächsten Abstimmung die Zinsen *erhöhten*! Das Problem des Finanzministers war einfach, daß ihm das nicht klar wurde – und daß er einfach nicht wußte, wie die Wirtschaft wirklich funktionierte.

Im März 1992 hatte Greenspan die Zinsen seit drei Monaten nicht mehr gesenkt, und Brady sagte schließlich sein wöchentliches Frühstück oder den Lunch mit ihm ab. »Der hört nur auf einen, wenn man ihn ausschließt«, sagte Brady einmal bei einer Diskussion im Weißen Haus. Er ging mit Darman darin konform, daß Greenspan ein politisches Wesen sei, das man manipulieren könne, wenn es sich ausgeschlossen fühle. Er kam bald zu dem Schluß, daß er noch weitergehen und die Statusangst ausnutzen müsse, die er bei Greenspan zu sehen meinte, seine

Besorgtheit um seinen gesellschaftlichen Stand. Entsprechend brach er jeden privaten Kontakt mit Greenspan ab – keine Partys mehr, keine Diners. »Zack! Peng! Stopp!« sagte Brady. »Der hört nur dann wirklich auf einen, wenn man ihn zum Außenseiter macht.«

Als Finanzminister war Brady Bushs ranghöchster Sprecher, was die Wirtschaft anging. Er gestattete weder Darman noch einem der anderen weniger hochrangigen Leute regelmäßige Treffs mit Greenspan. Kam gar nicht in Frage, daß er dieses wichtige Revier an Darman abtrat, den er zwar für brillant, aber für unreif und aufgeblasen hielt. Bushs Hausökonomen waren untereinander so zerstritten, daß Bush Greenspan selbst übernehmen mußte. So begann der Präsident im Frühjahr, sich mit dem Notenbankchef zu treffen, um sich für seine Sache stark zu machen.

»Ich möchte nicht auf die Fed einprügeln«, sagte Bush bei einem dieser Treffen. Der Präsident, der selbst am College – Yale – Volkswirtschaft im Hauptfach gehabt hatte, sagte, er habe von Leuten aus der Industrie gehört, die Bundesbank solle unbedingt die Geldmenge erhöhen. Eine ganze Reihe von Leuten hielten das für ein Problem. »Wie soll ich das Ihrer Ansicht nach sehen?« fragte Bush.

»Wir sind manchmal nicht weniger besorgt und frustriert als Sie«, antwortete Greenspan. Die Zinsen befanden sich auf einem historischen Tiefstand, und normalerweise hätte die Geldmenge weit über dem Niveau stehen sollen, auf dem sie zu dieser Zeit stand. Wegen des Zusammenbruchs der Savings & Loan-Kassen und anderer technischer Probleme, so gestand Greenspan ein, stehe die Fed mit der Geldmenge im Clinch. »Wir tun uns nicht mehr so leicht, die Geldmenge zu kontrollieren wie früher einmal.«

Der Präsident sagte, er wollte nur verstehen, was genau die Fed nun eigentlich tat.

Es war keine Diskussion unter Gegnern gewesen, und Greenspan verließ sie einigermaßen erleichtert. Seiner Ansicht nach hatte Bush ein legitimes Recht darauf zu wissen, was vor sich ging. Der Vorsitzende hatte große Freude daran, mit Bush persönlich zu tun zu haben. Obwohl sich der Collegeabschluß in Volkswirtschaft bei ihren Diskussionen nicht unbedingt bemerkbar machte, fand Greenspan Bush dennoch »nicht unkundig«, wie er sich vorsichtig ausdrückte.

Ronald Reagan hatte während Greenspans ersten achtzehn Monaten bei der Fed derlei nie wissen wollen.

Am 23. Juni sagte Präsident Bush in einem Interview mit der *New York Times*: »Ich sähe es gern, wenn der Leitzins weiter herunterginge.«[2]

Bei der Sitzung des FOMC eine Woche darauf erwähnte nur eines der Ausschußmitglieder Bushs Bemerkung, und das war Lawrence Lindsey, ein ehemaliger Professor der Volkswirtschaft an der Harvard University, den Bush selbst ernannt hatte. Er sagte, sie schmecke ihm nicht.[3]

Greenspan sagte gar nichts über die öffentliche Äußerung, ging aber extra vorsichtig vor.[4] Er nahm zur Kenntnis, daß die ausgedehnten Diskussionen über die Wirtschaft im Ausschuß ausgesprochen konfus waren und gestand seine eigene Verwirrung durchaus ein. Die düsteren Daten der letzten Wochen könnten sich als »falsch« erweisen, merkte er an. Aber da sie die Zinsen seit dem Mai 1989 doch nun bereits zweiundzwanzigmal gesenkt hatten, »was doch wenigstens ein Rekord sein muß«, könnte die Wirtschaft irgendwann wieder eine »deutliche Resonanz« zeigen.

Der Vorsitzende schlug »eine leicht asymmetrische Direktive in Richtung auf eine Senkung« vor, wie er sich ausdrückte, »aber unter der Bedingung, daß es vor einem eventuellen Schritt zu einem Konferenzgespräch kommt, um das Warum zu erklären«. Er war außerordentlich vorsichtig. »Ich weiß nicht, ob ich damit für alle hier spreche; ich habe den starken Verdacht, daß dem wahrscheinlich nicht so ist. Aber nachdem ich hin und her überlegt habe, in dem Versuch dahinterzukommen, wo die zentrale Tendenz liegen könnte – mit der man die größte Zahl von Ansichten und Bedenken in diesem Ausschuß unter einen Hut bekäme –, nun, das ist so ziemlich, was dabei herausgekommen ist.« Der Offenmarktausschuß stimmte seinem Vorschlag mit 10 zu 2 Stimmen zu.

Tags darauf, am 2. Juli, gab das Arbeitsministerium die Arbeitslosenzahlen bekannt. Die Arbeitslosenrate war von 7,2 Prozent auf 7,8 Prozent gestiegen, ein alarmierend scharfer Anstieg. Der Zentralbankrat stimmte auf der Stelle ohne Gegenstimmen für eine halbprozentige Senkung des Diskontsatzes.[5] Greenspan berief ein Konferenzgespräch des Offenmarktausschusses ein, um gleich noch eine halbprozentige Senkung des Tagesgeldsatzes vorzuschlagen.[6] Niemand hatte etwas dagegen.

Am 4. September senkte Greenspan den Zielsatz für die Fed Funds noch mal um ¼ Prozent – zwei Monate vor den Wahlen.[7] Dieser Schritt brachte den Tagesgeldsatz auf 3 Prozent, den Tiefststand seit zwanzig Jahren. Die übliche Medizin wirkte schlicht nicht. Die extreme Rücknahme auf 3 Prozent, bei einer Inflationsrate von ebenfalls um die 3 Prozent, bedeutete, daß der effektive Zins praktisch bei null Prozent lag. In gewisser Hinsicht war es eine kühne Entscheidung, die Wirtschaft mit einem Elektroschock zu beleben.

Am 6. Oktober brachte das *Wall Street Journal*[8] auf der Titelseite einen Artikel, in dem es hieß, daß man die Zinssenkungen der letzten beiden Jahre im wesentlichen Mullins, dem Vize im Zentralbankrat, verdanke. Neben der zum Markenzeichen gewordenen Schwarzweißradierung von Mullins, der mit seiner Brille etwas von einem Gelehrten hatte, zitierte das Blatt einen ungenannten Regierungsvertreter, der über den Stellvertretenden Notenbankchef sagte: »Er ist wie die Welle, die auf die Küste prallt. Pausenlos hämmert er auf Greenspan ein.«

Der Offenmarktausschuß kam an jenem Tag zusammen. Die Wirtschaft war im Wachsen begriffen, aber in einem nicht gerade atemberaubenden Tempo, und wie es künftig um das Wachstum bestellt war, lag im ungewissen.

Mullins versuchte vorsichtig, für eine Zinssenkung zu argumentieren; er sagte, er erwarte für die kommenden Wochen schlechte Zahlen. »Wahrscheinlich sehen wir uns mit triftigen

Gründen für eine Zinssenkung konfrontiert«,[9] sagte er. »Eigentlich, so meine ich, sind die Gründe jetzt schon recht überzeugend. Timing und Ausführung sind freilich schwierig.«

»Es dürfte dies eine der schwierigsten Perioden für zinspolitische Entscheidungen sein, derer ich mich entsinne«,[10] sagte Greenspan, nachdem die anderen zu Wort gekommen waren. »Wir sehen uns hier vor einem recht heiklen Problem. Ich bin mir – wie Sie alle hier – bewußt, daß jeder von uns eine Senkung erwartet, was den Schritt zu einer sich selbst erfüllenden Prophezeiung macht. Obwohl derzeit viel für eine Zinssenkung spricht, neige ich weit mehr dazu, noch ein Weilchen abzuwarten.« Er schlug eine asymmetrische Direktive in Richtung einer Senkung vor in dem Wissen, daß der Ausschuß in unmittelbarer Zukunft um eine Zinssenkung wahrscheinlich nicht umhinkommen würde.

»Ich sage das ohne große Überzeugung, weil jeder, der in diesem Stadium sich tatsächlich einbildet, er wüßte, was die Wirtschaft macht oder wie eine geeignete Politik aussehen sollte, meiner Ansicht nach unter leichten Wahnvorstellungen leidet.

Ich wollte, wir könnten uns den Luxus leisten, uns zurückzulehnen und bis nach der Wahl nichts zu tun, wie das so üblich ist. Ich glaube nicht, daß wir uns diesen Luxus leisten können. Ich glaube jedoch nicht, daß die Märkte unsere bisherigen Maßnahmen als politisch motiviert sahen. Es gibt ganz offensichtlich Leute, die so etwas behaupten, aber ich glaube nicht, daß wir uns diesbezüglich vor einem ernsten Problem sehen. Ich würde das also erst gar nicht in Betracht ziehen.« Wenn die Konjunktur nicht wieder auf die Beine komme, dann würden sie sich sowieso für eine Senkung entscheiden müssen.

»Lassen Sie mich nur etwas sagen, worauf wir unser Augenmerk meiner Ansicht nach konzentrieren müssen«, fügte Greenspan hinzu, nachdem er alle gehört hatte. »Das hier wird in jedem Fall sehr knapp, und ich möchte hier nicht den Eindruck erwecken, ich sei hundertprozentig überzeugt von dem, was ich mache. Ich möchte sichergehen, daß der Ausschuß nicht zu einer Entscheidung kommt, die sich lediglich einer Ansicht fügt, weil ich es verlangt habe, schließlich haben wir hier alle reihum zu verstehen gegeben, daß dies eine extrem schwierige Periode ist. Ich möchte sichergehen, daß es zu einer Entscheidung kommt, die im wesentlichen eher die Meinung des Ausschusses ist als bloße Nachgiebigkeit gegenüber der Meinung des Vorsitzenden.«

»Normalerweise«, schob er nach, »würde ich so etwas nie sagen!«

Die Ausschußmitglieder lachten.

»Ich möchte von meinen Notizen ablesen, um sicherzugehen, daß ich jedermanns Meinung und Prioritäten richtig verstanden habe. Ich werde jeden von Ihnen entsprechend befragen.«

Greenspan kam schließlich zu der Welle, die angeblich pausenlos auf seine Küste einhämmerte. »Zentralbankrat Mullins?« fragte er.

»Ich meine, es spricht einiges für eine Senkung«, begann Mullins, »aber ich …«

»Aber«, unterbrach ihn Greenspan, »das ist hier nicht die Frage.«

Mullins sagte, er würde sich Greenspans Vorschlag einer asymmetrischen Direktive anschließen.

»Daß im Augenblick einiges für eine Senkung spricht, steht außer Frage«, fuhr Greenspan fort, »aber wie sehen Ihre Prioritäten aus?«

Er ließ es Mullins zweimal sagen: Er würde sich dem Vorsitzenden anschließen.

Greenspan erklärte schließlich: »Damit haben wir eine Mehrheit für asymmetrisch in Richtung Senkung, wie ich es von vornherein verlangt habe.« Dann rief er zur Abstimmung auf, und die von ihm vorgeschlagene Direktive bekam acht Stimmen, darunter die von Mullins. Vier waren dagegen. Die Küste hatte obsiegt.

»Okay«, sagte Greenspan. »Dann gehen wir essen.«

Vier Tage später, am 10. Oktober, besuchte Greenspan das Herbsttreffen des Business Council in The Homestead, einem abgelegenen Kurhotel bei Hot Springs, Virginia. Obwohl die Fed traditionell im Monat vor einer Präsidentschaftswahl nichts unternahm, verwarf er den Gedanken, daß sie sich nur aus Angst davor zurückhalten sollten, es könnte der Eindruck entstehen, man beuge sich dem Druck der Regierung Bush.

»Es wäre dies unverantwortlich von uns«, sagte Greenspan. »ich möchte betonen, daß wir als Zentralbank die Konjunktur weiter beobachten und auswerten, so wie wir es immer tun, und nicht davor zurückschrecken, falls wir sie für nötig halten, geeignete Schritte zu tun, nur weil eine Wahl und ein Wahlkampf im Gange sind.«[11]

Er senkte die Zinsen jedoch nicht.

Am Dienstag, dem 3. November 1993, dem Tag der Wahl, schlug der Gouverneur von Arkansas, Bill Clinton, Bush mit nur 43 Prozent der Volksstimmen. Bush bekam 38 und der texanische Milliardär Ross Perot 19 Prozent. Sämtliche Meinungsumfragen und der Großteil der Analysen zeigten, daß das Hauptanliegen der Wähler die Wirtschaft gewesen war. Clinton hatte Maßnahmen des Weißen Hauses versprochen.[12] Bush schien nicht mehr am Puls der Zeit.

Greenspan fand das tragisch. Bush, der seiner Ansicht nach einwandfreie Arbeit geleistet hatte, was die dringlichsten politischen Fragen der Nation anging – die Konfrontation mit der Sowjetunion und deren Zusammenbruch, vom Golfkrieg ganz zu schweigen –, hätte die Wiederwahl verdient gehabt. Natürlich, so dachte Greenspan, war es genau dasselbe, was Winston Churchill passiert war, den man nach dem Sieg im Zweiten Weltkrieg aus dem Amt geworfen hatte.

David Mullins' Ansicht nach hatte Bushs Niederlage viel damit zu tun, daß es die Regierung versäumt hatte, sich um den Trümmerhaufen aus den achtziger Jahren zu kümmern, den Bush von Reagan geerbt hatte. Er hatte eine Liste von zehn negativen wirtschaftlichen Faktoren zusammengestellt, mit denen Bush sich bei seiner Amtsübernahme 1989 konfrontiert sah:

1. jede Menge Staatsschulden – das Bundeshaushaltsdefizit sowie Staats- und regionale Defizite;

2. die hohe Verschuldung von Wirtschaft und privaten Haushalten;

3. der Bau zu vieler Geschäftsimmobilien;

4. der so genannte Junk-Bond-Kollaps;

5. die Kürzungen im Verteidigungshaushalt nach dem Zusammenbruch der Sowjetunion;

6. ein von den Demokraten kontrollierter Kongreß, der Bush nicht viel Bewegungsfreiheit ließ;

7. die Umstrukturierung der amerikanischen Wirtschaft und Entlassungen;

8. die wirtschaftlichen Schwierigkeiten Japans;

9. die Abnahme der Exporte;

10. eine nicht gerade entgegenkommende Bundesbank.

Mullins hatte rückblickend das Gefühl, Bush hätte die schlechte wirtschaftliche Situation schon früh in seiner Amtszeit bekanntgeben sollen, eventuell mit einem Appell an die Nation, in der er zur Zusammenarbeit aufrief. Er hätte den politischen Schlag anfangs noch wegstecken können und darüber hinaus von vornherein keine zu hohen Erwartungen aufkommen lassen. Aber Bush hatte auf keinen Fall irgend etwas tun wollen, was irgendwie nach einer Kritik an seinem politischen Paten Ronald Reagan hätte aussehen können. Darüber hinaus glaubte Mullins, daß Brady sich im Herbst 1991 den wirtschaftlichen Problemen nicht effektiv gestellt hatte. Brady hatte durchaus erkannt, daß es langfristige Probleme gab, aber er wollte lieber die Zähne zusammenbeißen und das durchstehen, als in aller Öffentlichkeit anzuerkennen, daß eine Zeit der Anpassung und des langsameren Wachstums angezeigt sei. Dieses Versäumnis, die Situation zu erklären – sowohl dem Präsidenten als auch der Öffentlichkeit –, war Mullins' Ansicht nach eines von Bradys größten Versäumnissen als Finanzminister. Mullins' Überzeugung nach hatte die enge persönliche Beziehung zwischen Bush und Brady es dem Finanzminister erspart, den Präsidenten mit logischen oder politisch brauchbaren Argumenten zu überzeugen.

Und so war in gewisser Hinsicht Bradys Philosophie – Hoffnung und Optimismus als Arznei – die von Bush geworden. Im Lauf der Zeit war die Arznei dann zur Krankheit geworden. Das Ergebnis war eine Politik, die die Wirtschaft gewähren ließ, was so mancher Wähler als Gleichgültigkeit deutete.

Bush und Brady hatten es versäumt, ihr eigenes Überleben zu organisieren; Greenspan andererseits war dies gelungen.

Als der designierte Präsident Clinton Greenspan am 3. Dezember zu einem Besuch bei sich in Little Rock, Arkansas, einlud, stürzte der Fed-Vorsitzende sich auf diese Chance.[13] Als die beiden sich auf dem Sitz des Gouverneurs unter vier Augen unterhielten, war Greenspan ziemlich begeistert von der neuen jungen Nummer eins im Land. Clinton war völlig konzentriert, als hätte er keine andere Sorge auf der Welt und unbegrenzt Zeit. Sie streiften eine ganze Reihe von Themen, von der Außenpolitik bis hin zum Bildungswesen, und Greenspan sah, daß Clintons Ruf als Politik-Junkie völlig gerechtfertigt war. Nach allem, was Greenspan sehen konnte, schien der designierte Präsident nicht nur engagiert, sondern auch total in Anspruch genommen. Er sah eine Chance, etwas Nachhilfe in Volkswirtschaft zu geben. Die kurzfristigen Zinsen, die die Fed kontrolliere, so sagte er, stünden bei 3 Prozent und damit praktisch so tief, wie sie in der gegenwärtigen Konjunktur nur sinken könnten. Aber man könne sie dort belassen.

Die langfristigen Zinsen – zehnjährig und darüber hinaus – lagen, und das war ungewöhnlich, um 3 bis 4 Prozent höher als die der kurzfristigen Fed Funds, nämlich bei 7 Prozent. Die Differenz zwischen den kurzfristigen Zinsen und den langfristigen, setzte Greenspan seinen Vortrag fort, sei eine Inflationsprämie, ein Aufgeld, das man aus einem ganz einfachen Grund bezahle. Die Verleiher langfristiger Gelder erwarteten, daß das Defizit im Bundeshaushalt weiterhin wachsen und schließlich explodieren würde. Sie hätten guten Grund dazu, bedenke man die zweistellige Inflationsrate der späten siebziger Jahre und die expandierenden Haushaltsdefizite unter Reagan. Sie verlangten dieses

Aufgeld in Erwartung einer neuen Inflation. Die Dollars, die sie investiert hätten, würden in der nahen und ferneren Zukunft immer weniger wert sein.

Womöglich könnte kein einzelnes ökonomisches Ereignis mehr für die Wirtschaft tun, für die Unternehmen wie für die Gesellschaft als Ganzes, als eine Senkung der langfristigen Zinsen. Die Fed kontrolliere diese jedoch nicht. Glaubwürdige Schritte jedoch in Richtung einer Reduzierung des Bundeshaushaltsdefizits würden ein Sinken der langfristigen Zinsen erzwingen, wenn die Märkte sich langsam von den Inflationserwartungen wegbewegten. Dann würden auch die Kosten für Geschäftskredite, Hypotheken und Verbraucherkredite nach unten gehen. Clinton war so aufrichtig und aufmerksam, so voller Fragen und Ideen, daß Greenspan fortfuhr. Wenn man den Märkten glaubhaft versichern könne, daß man es mit einer Reduzierung des Haushaltsdefizits ernst meine, so sagte er, würde das ein Sinken der Zinsen nach sich ziehen und sich womöglich für die Wirtschaft auch sonst in so mancher Hinsicht auszahlen.

Greenspan umriß einen Plan für die Erholung der Wirtschaft. Niedrigere langfristige Zinsen würden zu einer neuen Nachfrage nach Hypotheken führen, Umschuldungen zu günstigeren Zinsen und mehr Verbraucherdarlehen. Dies würde wiederum zu höheren Ausgaben der privaten Haushalte führen, und die Wirtschaft würde wieder expandieren.

In dem Maß, in dem Inflationserwartungen und langfristige Zinsen zurückgingen, würden Anleger auch weniger auf dem Rentenmarkt verdienen, was sie zurück auf den Aktienmarkt treiben würde. Der Aktienmarkt würde sich wieder erholen – ein zusätzlicher Gewinn.

Die Verschuldung des Bundes sei derart hoch, so Greenspan, von ihrer wachsenden Unbeständigkeit ganz zu schweigen, daß höhere Ausgaben des öffentlichen Sektors, um – ganz im Einklang mit Keynes' traditionellem Modell – für Arbeitsplätze zu sorgen, einfach nicht mehr wirkten. Dagegen könne ein Wirtschaftswachstum, das auf einem Abbau des Defizits basiere, sogar für Arbeitsplätze sorgen – ein sehr wichtiges drittes Plus.

Greenspan merkte an, daß die Konjunktur zwar auf dem Weg der Besserung sei, aber kein Mensch sagen könne, ob sich das halten würde. Wie das in der Vergangenheit schon passiert sei, sagte er unverblümt, könne die Wirtschaft bereits in der Erholungsphase wieder eine Bauchlandung erleben. Die langfristigen Zinsen herunterzubekommen und sie mit einem starken Programm zum Abbau des Haushaltsdefizits untenzuhalten könne nicht nur für ein nachhaltiges und steileres Wirtschaftswachstum sorgen, und das über die konservativen Schätzungen, die in Regierungskreisen oder privat kursierten, hinaus.

Dieses außerordentliche Gespräch dauerte zweieinhalb Stunden. Greenspan hatte nicht beabsichtigt, zum Mittagessen zu bleiben, aber er blieb. Vom ersten Augenblick an spürte er eine gewisse akademische Atmosphäre, die ihm zusagte. Seiner Ansicht nach war Clinton fast schon ein Intellektueller mit einer Neigung, vor allem aber auch mit einer Bereitschaft, über abstrakte Ideen zu sprechen. Er unterschied sich damit ganz und gar von den vier republikanischen Präsidenten, die Greenspan bis dahin aus nächster Nähe kannte: Nixon, Ford, Reagan und Bush. Der Notenbankchef verließ das Treffen mit dem Gedanken: Entweder denkt dieser Bursche in vieler Hinsicht genauso wie ich, oder er ist das raffinierteste Chamäleon, das mir je untergekommen ist. Ersteres wäre ein Kompliment, dachte Greenspan. Und letzteres… Donnerwetter, wenn der Bursche mich zum Narren halten kann, dann hat er wirklich was drauf.

So beeindruckend Clintons Fähigkeit, konzeptuell zu denken, auch war, so fragte Greenspan sich doch, ob er nicht womöglich zu nachdenklich war – ob er nicht vielleicht zuviel über beide Seiten der großen Fragen der Zeit wußte. War es möglich, daß der neue Präsident ein Zauderer war, durch endlose Zweifel und innere Debatten handlungsunfähig, ein Hamlet?

Auf der fünfstündigen Rückreise nach Washington versuchte Greenspan einzuordnen, was er da beobachtet hatte. Clinton war ein Politiker und ein notorischer Schmeichler bei Plaudereien. Hatte er da eine Schau abgezogen? Das, so dachte Greenspan, wäre nun wirklich beeindruckend. Falls es eine Schau für ihn gewesen war, dann war sie bemerkenswert. Nein, so sein Schluß, er war offen und aufrichtig gewesen. Clinton war, was Greenspan einen »intellektuellen Pragmatiker« nannte. Er hatte den Begriff zwar nicht gern, weil er etwas negativ belegt war, aber es wollte ihm kein anderer einfallen, der auf Clinton zugetroffen hätte. Er paßte einfach; und er paßte auch auf Greenspan selbst. Teil von Clintons Wahlversprechen war es gewesen, die Reichen stärker zu besteuern, ein Verstoß gegen das republikanische Credo an sich. Aber andererseits wirkten sich Steuererhöhungen positiv auf Haushaltsdefizite aus – und diese Defizite, so dachte Greenspan, stellten eine derartige Bedrohung für die Zukunft der Wirtschaft dar, daß es sich durchaus lohnen könne, sich hinter Clintons Vorschlag zu stellen.

Eines der wesentlichen Paradoxe des Augenblicks, so erkannte Greenspan, bestand darin, daß Reagan, als er für diese immensen Haushaltsdefizite sorgte, praktisch von der Zeit geborgt hatte, die nun die Ära Clinton wurde. Clinton würde für diese Schulden in seiner Ära aufkommen müssen, indem er irgendwie die Zinsen dafür aufbrachte. Die Ironie bestand nun darin, daß Clinton wahrscheinlich nicht gewählt worden wäre, hätte Reagan nicht für diese immensen Defizite gesorgt. Reagan hatte Bill Clinton sein größtes Problem vermacht, aber er hatte ihm auch die Gelegenheit gegeben, Präsident zu werden.

Clinton auf der anderen Seite war froh, daß Greenspan ihm nicht mit dem typischen Republikaner-Anliegen gekommen war, doch bitte ja nicht die Steuern der Reichen zu erhöhen.

»Wir können miteinander ins Geschäft kommen«, sagte Clinton nach dem Treffen mit Greenspan seinem designierten Vize Al Gore.

7 Der Greenspan-Plan

Der designierte Präsident Clinton machte Thomas »Mack« McLarty, einen Kindergartenfreund in Hope, Arkansas, zu seinem Stabschef im Weißen Haus. McLarty, 46, der kultivierte kleine Konzernchef von Arkla, einem Erdgaskonzern in seinem heimatlichen Arkansas, verdankte seinen Erfolg der intensiven Pflege persönlicher Beziehungen. Rasch galt er als die rechte Hand des neuen Präsidenten. Mullins, auch er aus Arkansas, kannte McLarty noch vom High-School-Football her. Mullins' Vater war zur gleichen Zeit Präsident der University of Arkansas gewesen, als McLarty Präsident der Studentenvertretung gewesen war.

Greenspan bat Mullins, ein privates Abendessen zu dritt im Metropolitan Club zu arrangieren. Der Club in downtown Washington verbot seinen Mitgliedern – ganz in der Tradition der Alten Welt – sowohl das Mitbringen von Arbeitsunterlagen in den großen Speisesaal als auch das Abwickeln von Geschäften bei Tisch. Greenspan war dort Mitglied.

Mullins freute sich, als Mittler zwischen den beiden mächtigen Spielern fungieren zu können. Offensichtlich sah Greenspan sich in einer etwas prekären Lage und hatte Angst, bei einem Demokraten als neuem Präsidenten außen vor zu bleiben. Bei Tisch fiel Mullins auf, daß Greenspan gegen sein Image als konservativer Intellektueller anzuspielen versuchte. Der Notenbankchef drehte den Charme auf und kehrte den Dampfplauderer raus. Hillary Rodham Clinton, die Gattin des Präsidenten, sollte einem Reformprogramm des Gesundheitswesens vorsitzen, und Greenspan sagte, es wäre ihm eine große Freude, sich mit ihr über das Thema unterhalten zu können. Er lud McLarty ein, vor den Boards der Distrikt-Feds zu sprechen, wenn diese nach Washington kämen. In diesen Vorständen saßen einige der renommiertesten Geschäftsleute Amerikas.

Greenspans eigentliche Bezugsperson bei der neuen Regierung sollte Lloyd Bentsen werden, der ehemalige texanische Senator, der nun Clintons Finanzminister war. Sie waren gute Freunde und spielten regelmäßig Tennis miteinander.[1] Greenspan fand, der aristokratische, ledergesichtige Bentsen habe mit seinen 71 Jahren selbst etwas von einem Präsidenten. Bentsen hatte George Bush 1970 bei den Senatswahlen geschlagen und war dann bei den Präsidentschaftswahlen 1988 erfolglos als Vize des Demokraten Michael Dukakis angetreten.

Obwohl er parteipolitisch Demokrat war, hatte Bentsen den Finanzausschuß des Senats geleitet, eine Position, die mit einiger Macht verbunden ist, und galt in Steuer- und Gelddingen als konservativ. In Greenspans Augen war er republikanischer als Nick Brady.

Bentsen arrangierte für Donnerstag, den 28. Januar, den achten Tag der neuen Regierung, ein Treffen zwischen Greenspan und Clinton. Greenspan sagte dem Präsidenten, es wäre gefährlich, sich nicht gleich dem Haushaltsdefizit zu widmen. Das Problem würde nicht auf der Stelle, also während der nächsten paar Jahre, ins Auge springen, da im Augenblick Kürzungen im Verteidigungshaushalt das Aufblähen des Defizits verschleierten. Nach 1996 jedoch, so zeigten die Daten – so überzeugend, wie Zahlen das nur vermochten –, käme es hinsichtlich des Defizits und der Zinsen an der Staatsschuld zum Knall.

»Sie können das Problem nicht unbegrenzt hinausschieben«, warnte Greenspan. Für den Fall, daß man nichts unternähme, sagte er eine »finanzielle Katastrophe« voraus. Clinton stellte klar, daß er die Message erhalten habe.

Greenspans Ansicht nach mußten Clinton und sein Team gerade erfahren, daß der Wahlkampf um die Präsidentschaft um einiges einfacher war als der Job im Weißen Haus selbst. Im

Wahlkampf brauchte man das Problem nur zu identifizieren – das war wie Übungsschläge beim Golf, ohne Ball. Da machte jeder eine gute Figur. Regieren jedoch mußte man in der richtigen Welt, und es war weit schwieriger mit einem Ball auf dem Tee. Bentsen wirkte auf den Präsidenten ein, sich um eine persönliche Vertrauensbeziehung mit Greenspan zu bemühen und hinsichtlich so kritischer Fragen wie dem Abbau des Haushaltsdefizits seine Meinung zu hören. Er unterstrich zudem Clinton gegenüber die Bedeutung eines solchen Budgetabbaus als Katalysator für eine Senkung der langfristigen Zinsen.

Was Bentsen anbelangte, so ging Greenspan noch weiter. Er drängte die neue Regierung, sich beim Bundeshaushalt hinsichtlich des Abbaus der Staatsschuld ehrgeizige Ziele zu stecken. Am 5. Februar schickte der Sachverständigenrat des Weißen Hauses Clinton ein 15seitiges Memo, in dem die Haushaltsoptionen und Greenspans Analyse zusammengefaßt waren.

Darin stand unter anderem: »Greenspan glaubt, daß ein erheblicher Abbau des Defizits (in einer Höhe von mindestens $130 Milliarden) zu Veränderungen bei den Zinsen führen wird«, die die Ausfälle, die der Wirtschaft durch niedrigere Ausgaben des öffentlichen Sektors entstehen, »mehr als ausgleichen«. Was nichts anderes bedeutete, als daß die langfristigen Zinsen sinken würden, wäre die Reduzierung der Staatsschuld nur groß genug, um auf den Märkten glaubwürdig zu sein, und nicht etwa, daß Greenspan den Tagesgeldsatz senken würde.

Auf seinem Exemplar hatte Bentsen in bezug auf Greenspan mit Bleistift vermerkt: »Er drängt auf 140 oder mehr.« Das hieß, Greenspan hielt einen Abbau des Defizits um 140 Milliarden Dollar über die nächsten vier Jahre (1997) für glaubwürdiger als nur 130 Milliarden. Aus der Anmerkung sprach die Vertrautheit der beiden, denn sie war Ergebnis eines vertraulichen, höchst privaten Gesprächs. In gewissem Sinne benutzten Bentsen und Greenspan einander. Bentsen sah in Greenspans Ansicht, sich beim Abbau des Defizits ein bestimmtes Ziel zu setzen, eine potente Waffe, die sich nahtlos in die Überlegungen der Regierung Clinton fügte. Greenspan dagegen würde ein nennenswerter Abbau des Haushaltsdefizits immens die Arbeit erleichtern, da ein niedrigeres Defizit aller Wahrscheinlichkeit nach auch die effektive Inflation senkte. Bentsen – und vielleicht auch Clinton – konnten Greenspan beim Kampf gegen die Inflation zur Hand gehen.

Greenspan hatte keine Bedenken, daß Präsident oder Kongreß das Haushaltsdefizit derart abbauen könnten, daß es gleich zum wirtschaftlichen Chaos käme. Ihm fielen Paul Volckers Worte ein, der einmal gesagt hatte, daß noch keiner nachts wach gelegen hätte aus Angst, der Kongreß könne es beim Abbau des Defizits übertreiben.

Bentsen und das gesamte Spitzenteam von Clintons Wirtschaftssachverständigen empfahlen schließlich die 140 Milliarden Dollar als Ziel. Einige der populistischeren unter Clintons politischen Beratern wie etwas James Carville und Paul Begala, die von Greenspans indirekter Rolle als Ghostwriter nichts wußten, hielten einen derart massiven Abbau für viel zu groß und setzten sich nachhaltig für weniger – vielleicht nur fünf Milliarden weniger – ein. Aber es war gerade so, als sei dieses Ziel, diese 140 Milliarden Dollar – in die auch Ausgabenkürzungen und, um der höheren Staatseinnahmen willen, Steuererhöhungen einkalkuliert waren –, wie die Zehn Gebote in Tafeln gehauen, so daß Clinton sie denn auch übernahm. Bentsen sagte Präsident Clinton, daß man effektiv zu einem »Gentlemen's Agreement« mit Greenspan gekommen sei.

Als Clinton am 17. Februar bei seiner ersten Ansprache zur Lage der Nation bei einer gemeinsamen Sitzung der beiden Häuser des Kongresses seine Pläne für die Wirtschaft enthüllte, war auch Greenspan dabei, in der Galerie, Platz A6 – direkt zwischen Hillary Clinton und Tipper Gore, der Frau des Vize-Präsidenten. Wann immer die Fernsehkameras mit einem Schwenk die Reaktionen einzufangen versuchten, sah ihn die ganze Nation. Die First Lady hatte ihn eingeladen, während der Rede mit ihr in ihrer Box zu sitzen, und Greenspan hatte akzeptiert – mit der Begründung, daß er ihr laut Protokoll die Einladung nicht abschlagen könne.

Während Clinton sprach, applaudierte Greenspan steif. Seiner Ansicht nach hatte das Weiße Haus ihm da eine enorme Macht eingeräumt, da er, falls es ihm einfallen sollte, Clintons Wirtschaftsplan zu kritisieren, beträchtlichen Schaden anrichten oder ihn gar zunichte machen konnte. Seiner Ansicht nach hatte man ihn ein ganzes Stück auf der Machtleiter nach oben gehievt. Aber andererseits war der massive Abbau des Budgetdefizits ja zum Teil sein ureigener Plan, also wieso sollte er ihn abschießen wollen.

Greenspan sollte zwei Tage später bezüglich des Plans vor dem Kongreß aussagen. Um sicherzugehen, soliden Boden unter den Füßen zu haben, befragte er die Mitglieder des Offenmarktausschusses; er wollte sich vergewissern, daß auch nicht die kleinste Differenz zwischen seinen Ansichten und denen der anderen im Ausschuß bestand. Am 19. Februar sagte Greenspan in seiner Aussage vor dem Bankenausschuß, Clintons Plan sei »ernst zu nehmen« und »glaubwürdig« – ein Eintreten für den Präsidenten, das Schlagzeilen machte.[2]

Greenspan war der Überzeugung, Clinton habe das Problem des festgefahrenen Haushaltsdefizits tatsächlich gelöst. Er konnte das zwar nicht öffentlich sagen, aber seiner Ansicht nach zeugte das Vorgehen des Präsidenten von einer gehörigen Portion politischen Muts. Bill Clinton bezog da eine Position, die ihm die Gegnerschaft einiger Leute in der eigenen Partei einbringen würde. Greenspans Ansicht nach verdiente der Mann, falls es in einer so verrückten Stadt wie Washington so etwas wie Gerechtigkeit gab, höchstes Lob.

Für Greenspan waren die letzten vier Monate bemerkenswert gewesen. Sein Einfluß auf den neuen demokratischen Präsidenten war positiv und real – ein Maß an Einfluß, an das er noch nicht einmal zu denken gewagt hätte während der mehr als fünf Jahre, die er unter Reagan und Bush Notenbankchef gewesen war.

Es dauerte keine Woche, und die langfristigen Zinsen begannen zu sinken, und Clinton sagte in einer Rede: »Erst gestern sanken aufgrund des gestiegenen Vertrauens in unseren Plan am

Rentenmarkt die Zinsen für langfristige Anleihen auf ihren tiefsten Stand seit sechzehn Jahren.«[3] Der Marktzins für 30jährige Anleihen war unter sieben Prozent gefallen.

Bentsen war begeistert. Er schnappte sich Greenspan und löcherte ihn mit Fragen zu den Prognosen und Hochrechnungen des Vorsitzenden bezüglich des Rentenmarkts. Der Marktzins für langfristige Anleihen war zum Talisman für die Regierung Clinton geworden.

Am 10. März saß Greenspan in seinem Büro am Schreibtisch und starrte auf einen Computermonitor. Gleich daneben stand auf einer Plakette in Umkehrung von Harry Trumans Motto: »The Buck Starts Here« – »Der Dollar beginnt hier«.

Er überflog die Zusammenfassung auf dem Bildschirm. Der Tagesgeldsatz lag bei 2 15/16 Prozent, nur knapp unter dem von der Fed veranschlagten Ziel. Geringfügige Abweichungen ließen sich auf dem Markt nicht vermeiden, und ein Sechzehntelprozent tiefer bedeutete nichts anderes, als daß der Markt ruhig war. Mit einem Antippen der A-Taste auf seinem Computer blätterte Greenspan weiter und sah sich den Markt für Schatzwechsel an; die Nachfrage für Schatzwechsel hatte leicht angezogen. Er schaltete auf eine Auflistung des Dow Jones, die im Minutentakt aufgefrischt wurde; er war um 4,31 Punkte gesunken. Er tippte weitere Tasten an, die ihn durch die Fremdwährungsmärkte – Yen, Pfund, Deutsche Mark – führten, alle fünfzehn Minuten auf den neuesten Stand gebracht; sämtliche Tagesdaten bis zurück in den Januar standen auf Abruf bereit.

Dann sah sich der Notenbankchef die Beziehung zwischen dem Britischen Pfund und der D-Mark an, stets ein wichtiger Hinweis darauf, wie es auf den europäischen Märkten aussah. Er rief die Warenbörse ab und sah sich die aktuellen Goldpreise an; dann ging er weiter nach London zum Eurodollar und ging die Zinsen für kurzfristige Papiere – drei, sechs, zwölf Monate – durch. Er checkte weitere wichtige internationale Zinssätze und wandte sich dann den Ölpreisen zu.

Alles in allem rief Greenspan an seinem Computer mit der

A-Taste um die 50 Diagramme auf. Er hatte den Computer nicht selbst eingerichtet, aber er hatte dafür gesorgt, daß die Informationen, die er brauchte, mit einem Tastendruck abzurufen waren. Es war ein ruhiger Tag, und so checkte er die Kursdiagramme nur etwa alle halbe Stunde. Er sah sie sich regelmäßig an, weil er, wie er gern sagte, nie sicher sein konnte, daß nicht doch etwas *nicht* passierte.

Greenspan hatte das Gefühl, daß es zunehmend zu seiner Aufgabe gehörte, das Unerwartete vorauszuahnen. Und er war in zunehmendem Maße davon überzeugt, daß das Unerwartete auch eintreffen würde, in der einen oder anderen Form. Er wußte, was zunächst unmöglich schien, war oft genau das, was passierte, und so war die Beschäftigung mit dem Unvorstellbaren unabdingbarer Bestandteil seines Jobs.

Seiner Lesart der Geschichte der fünfziger und sechziger Jahre zufolge war es der Fed damals gelungen, eine relativ expansionistische Niedrigzinspolitik durchzuhalten, die der Wirtschaft ohne nennenswerte Inflation zu Wachstum verhalf. Es herrschte fast schon die Annahme, das System würde es nicht zulassen, daß die Inflation Fuß faßte. Entsprechend lagen die wichtigen langfristigen Zinsen, die für Wirtschaft und Verbraucher entscheidend waren, bescheiden bis tief. Die Kosten des Vietnamkriegs sorgten schließlich für Risse im System, und Ende der siebziger Jahre begannen die Defizite schließlich zu explodieren. Greenspan erinnerte sich an einen Zeitraum im Jahre 1979, in dem die langfristigen Zinsen um unglaubliche fünf Prozent gestiegen waren. Das war die Amok laufende Inflation, gegen die sein Vorgänger Paul Volcker angegangen war.

Zu den anhaltenden Rückständen dieser ungehemmten Inflation gehörte, daß jetzt die Inflationserwartung – etwas, was es vor Vietnam noch nicht einmal gegeben hatte – anscheinend zum integralen Bestandteil des System geworden war. Eine Folge davon war eine Psychologie der Inflation, die – wenigstens anfänglich – wichtiger war als die Inflation selbst. Es brauchte nur im entferntesten so auszusehen, als sei eine Inflation im Anzug, als sei die Fed nicht auf der Hut, schon schossen die langfristigen Zinsen nach oben. Wie Greenspan Clinton und seinen Beratern gesagt hatte, bestand der Trick jedes erfolgreichen Wirtschaftsplanes darin, diese langfristigen Zinsen niedrig zu halten.

Natürlich war es einfacher, die eigentliche Inflation niedrig zu halten, wenn es einem gelang, die Inflationserwartung der Wirtschaft zu dämpfen. Und in gewissem Sinne gingen Präsident und Kongreß mit ihren Sparmaßnahmen der Fed beim Kampf gegen die Inflation zur Hand.

Dies bedeutete, den Renten-, also den Anleihemarkt zu bedienen, und das nicht zu knapp. Industrie und Staat hatten Schulden in Billionenhöhe in Anleihen, Geld, das sie zu festen Zinssätzen auf bestimmte Zeit geborgt hatten. Die Obligationäre – die Käufer dieser Anleihen – profitierten, wenn die Zinssätze fielen, weil dann der Wert ihrer Anleihen stieg. Greenspan war jedoch überzeugt davon, Clinton und dem Kongreß verständlich gemacht zu haben, daß ihr Handeln letztlich allen, der Wirtschaft allgemein und auch der Bevölkerung, zugute kam. Wenn sie alles richtig machten und die Inflation nachhaltig im Griff hätten, würden letztlich sowohl die Obligationäre als auch die Leute mit den Lohntüten davon profitieren. Die Verzerrungen im Bereich der Einkommen, zu denen es während der achtziger Jahre gekommen war, als die Reichen immer reicher und die Armen immer ärmer geworden waren, würden sich seiner Ansicht nach umkehren.

Am Abend des 19. April 1993 erklärte Greenspan einige Punkte dieses historischen Abrisses in einer Rede vor dem Economic Club of New York. »Bedauerlicherweise«, sagte er auf Seite zwölf seiner – etwas langatmigen – Rede, »bestimmt die exzessive Inflation der siebziger Jahre noch heute die Inflationserwartungen.« Die breite Kluft zwischen den kurzfristigen Zinsen und den langfristigen – die Inflationsprämie – »reflektiert die tief sitzende Besorgnis der Anleger, daß die Inflation zum Ende der Dekade und darüber hinaus beträchtlich an Tempo gewinnt.« Er sagte, er glaube nicht, daß es zu einer Inflation kommen würde, weil die Banken und die Leute, die Geld verliehen, noch immer dabei seien, sich vom Beginn der Dekade zu erholen, mit anderen Worten, es sei zum gegenwärtigen Zeitpunkt unwahrscheinlich, daß die wirtschaftliche Expansion außer Kontrolle gerate und die Konjunktur sich zu überhitzen begänne. Aber, so mahnte er: »Wir müssen sehr aufpassen, uns nicht von der gegenwärtigen Ruhe bei den Inflationsanzeichen hypnotisieren zu lassen.« Nur zehn Tage früher hatte sich gezeigt, daß der Verbraucherpreisindex für den Vormonat gerade mal um ein Zehntelprozent gestiegen war, und das bedeutete, man hatte keine Probleme mit der Inflation.

»Der Kampf gegen die Inflation während der letzten zehn Jahre hat ganz offensichtlich seinen Tribut gefordert. Es wäre eine Narretei, diese beträchtliche Leistung dadurch zu vergeuden, die Kontrolle über die inflationären Kräfte, die in Zukunft auftauchen könnten, zu verlieren.«

Und falls es jemand noch nicht kapiert haben sollte, sagte er noch: »Die Zentralbank einer Gesellschaft ist selten populär.«[4]

Am 13. Mai gab das Arbeitsministerium den Verbraucherpreisindex für April bekannt.[5] Er war um 0,4 Prozent nach oben gesprungen – ein unerwarteter Anstieg, der die Schatten einer Inflation vorauswarf. Greenspan war beunruhigt. Was war da los?

Falls Greenspan sich gezwungen sähe, den Leitzins zu erhöhen, schoß er damit womöglich Clintons Plan zum Abbau des Haushaltsdefizits ab, der gerade ohne Unterstützung der Republikaner durch den Kongreß hinkte.

Seit Mitte 1989 hatte Greenspan – wenigstens theoretisch – das Gefühl gehabt, kontrollieren zu können, was in der Wirtschaft passierte. Seine Zahlen und Prognosen mochten nicht immer zutreffend gewesen sein, erwartete Trends hatten etwas danebengelegen, aber es war nie zu besonderen Überraschungen gekommen. Nach den Keynesianischen Modellen der sechziger Jahre gab es keine Koexistenz von wirtschaftlicher Schwäche und Inflation. Die siebziger Jahre hatten diesem Konstrukt den Garaus gemacht. 1974, Greenspan war damals Fords Chefökonom gewesen, war der Verbraucherpreisindex um 12 Prozent gestiegen, während die Wirtschaft in die Rezession abgerutscht war. Und dann, 1979 und 1980, hatte die Stagflation – das Zusammentreffen von Inflation und Null- bzw. negativem Wachstum – wieder zugeschlagen, der Verbraucherpreisindex war um mehr als 12 Prozent gestiegen, während die Wirtschaft so gut wie zum Stillstand gekommen war.

Jetzt rief der Vorsitzende drei der Topleute unter seinen Mitarbeitern in sein Büro. Sie sähen sich mit einer Situation konfrontiert, sagte er ihnen, die seiner Ansicht nach in gewisser Hinsicht Galileis Problem glich. Galilei, der berühmte italienische Physiker, Mathematiker und Astronom des 17. Jahrhunderts, hatte auf seiner Ansicht bestanden, die Erde drehe sich um die Sonne, und das trotz des überkommenen Wissens, nach dem die Erde das Zentrum des Universums war.

Greenspan sagte, man beobachte im Augenblick in der Wirtschaft Dinge, die es eigentlich nicht geben durfte. Entweder wären ihre Messungen falsch, oder sie maßen die falschen Sachverhalte, oder aber die alten Modelle reichten einfach nicht aus, um zu erklären, womit sie sich hier konfrontiert sahen. Wie auch immer, sie müßten eine Erklärung finden; keine Erklärung dafür zu finden ginge einfach nicht an. Obwohl es sich möglicherweise nur um eine vorübergehende Aberration oder das Resultat falscher saisonaler Zahlen handele, so sagte Greenspan, müßten sie doch die Möglichkeit in Betracht ziehen, daß da neue Kräfte am Wirken seien. Nehmen wir mal an, sagte er, in zwei Monaten hätte sich die Inflationsrate weiter erhöht. »Worin könnte die Ursache für unseren Irrtum bestehen? Was stimmt an der Struktur unserer Analyse nicht, an unserem theoretischen Gebäude, was davon bietet eine Erklärung? Mit anderen Worten, ich verlange von Ihnen nicht, mir ein Konzept für Prognosen zu erstellen. Ich bitte Sie um das Gegenteil.« Krempeln wir doch mal alles um und stellen alles in Frage.

Die Daten wiesen darauf hin, daß einige Firmen, insbesondere kleine Unternehmen, die keinen großen Gesellschaften gehörten – mit anderen Worten die Familienklitschen dieser Welt –, eigene Ressourcen heranzogen, um zu wachsen, anstatt sich dafür

Geld zu leihen. Dies wich ab vom klassischen Umfeld einer Inflation. Eine Inflation sei für gewöhnlich das Ergebnis einer steigenden Nachfrage nach Krediten und Anleihen, da Unternehmen ihr Wachstum durch Borgen zu finanzieren versuchten. Wenn also die Inflationsrate anstieg, ohne daß die Nachfrage nach Krediten und Anleihen zunahm, sagte Greenspan, dann sei das eine Art »unbefleckte Empfängnis«. Es wäre das erste Mal, daß es in einer Zeit mit einer derart niedrigen Nachfrage nach Krediten zu einer nennenswerten Inflation komme. Gingen sie womöglich von einer Prämisse aus, die sie nicht identifiziert hatten, fragte er. Die Lage sei ebenso rätselhaft wie gefährlich. Es könnte bedeuten, daß die Wirtschaft außer Kontrolle geraten und langfristig in noch weit schlechterer Verfassung sei, als er und sie sich das vorgestellt hatten.

Die harte Realität sei die, daß sie für die Wirtschaft verantwortlich seien und nicht etwa dafür, die Daten in den Griff zu bekommen. Wenn sie die falsche Entscheidung träfen, so wäre das ein nicht wiedergutzumachender Fehler.

Greenspan und sein Team schalteten auf Krisenmodus. Es war, als hätte die CIA plötzlich festgestellt, die Russen hätten eine Geheimwaffe zur Unterminierung des amerikanischen Militärs. Die Topleute der Fed diskutierten fieberhaft ihre Ideen zur Psychologie der Inflation und welche Faktoren möglicherweise für den unerklärlichen Anstieg verantwortlich waren. Die Researchabteilung der Fed begann, ihre ungeheure Fülle an Statistiken spielen zu lassen; man begann, Prognosen auszuspucken, in die einige der widersprüchlichen Daten eingearbeitet waren. Man bediente sich eines großen Computermodells, das noch nicht einmal sonderlich gute Prognosen lieferte, aber dennoch ganz nützlich war, wenn es um das Aufzeigen konsistenter, logischer Korrelationen zwischen allen Elementen der Wirtschaft ging. Greenspan delegierte darüber hinaus eine Reihe von Spezialisten der Fed zur Spurensuche ab, ob da nicht irgend etwas im Gange sein könne, worauf man bei der Fed einfach noch nicht gekommen sei. Nicht eine der Erklärungen befriedigte ihn.

Am Dienstag, dem 18. Mai, berief Greenspan um neun Uhr morgens eine Ausschußsitzung ein.

»Ich denke, Sie sind sich alle darüber im klaren, daß das, was hier heute vor sich geht, draußen auf beträchtliches Interesse stößt«,[6] sagte er. Die Einsätze seien hoch. Die Erwartungen der Öffentlichkeit wie der Medien, die Fed könne womöglich die Zinsen anheben, seien geradezu greifbar. Er ermahnte alle dringend, nichts davon verlauten zu lassen, verbat sich vor allem gezielte Indiskretionen der Presse gegenüber. »Lassen Sie uns vorsichtig sein, dann können wir, so denke ich, die cleveren Bemühungen so mancher unserer Freunde bei den Medien draußen abwehren, die versuchen werden, bezüglich der Ergebnisse dieser Sitzung ihre Schlüsse zu ziehen.«

Er faßte die Ergebnisse einer Tagung der führenden Banker der Welt in der Schweiz zusammen, auf der er gerade gewesen war. »Viele von den Europäern waren ziemlich gedämpfter Stimmung, es herrscht eine unterschwellige Angst vor einer schleichenden Erosion des Systems«,[7] sagte er. »Sogar bei den Briten wirkt die Munterkeit zunehmend hohl.« Auch die Wirtschaft Europas stand unter Druck.

Als er sich den verwirrenden Inflationssignalen der amerikanischen Wirtschaft zuwandte, machte Greenspan seinen Sorgen Luft – einen langen Absatz seiner Rede nach dem anderen.[8] Das Anziehen der Stahlpreise ergebe nicht den geringsten Sinn. Womöglich, so spekulierte er, hätte die leichte Zunahme der Bemühungen, die amerikanische Industrie vor Importen zu schützen, die Stahlhersteller ermutigt, ihre Preise zu erhöhen. Was immer dahinterstecke, Greenspans Ansicht nach war es praktisch unmöglich, eine Inflation in der gegebenen wirtschaftlichen Situation im Keim zu ersticken. »Ich würde sagen, die Geschichte lehrt uns, die Chancen dafür stehen gleich null, es sei denn, wir heben den Zins um zwei, drei oder gar vier Prozent.« Weiter sagte er: »Aber ich will Ihnen auch sagen, daß wir in diesem Stadium praktisch an den Grenzen unseres theoretischen Wissens darüber operieren, wie der Inflationsprozeß nun eigentlich tatsächlich geht.«

Einer der Notenbankpräsidenten wies darauf hin, daß die jüngste Schlechtwetterwelle ein Faktor sein könne.[9] Ja, schon, kam es von anderen, aber nur hinsichtlich der Preise für Gemüse und Obst.

Die Ausschußmitglieder ergingen sich in Worten wie »Ungewißheit«, »ein Rätsel«, »verwirrt«, »beunruhigend«, »unbehaglich«, »ausgesprochen beunruhigend«. Ein alter Hase erinnerte sich, wie gut man doch in den siebziger Jahren gewesen sei, als es darum ging, eine plausible Erklärung für die Inflation zu finden, und dann hätte man zu lange gewartet, um schließlich mit einer himmelhohen Inflation dazustehen. Ein anderer behauptete, Clintons Vorlage zur Reform des Gesundheitswesens, die gerade unter Aufsicht von Hillary Clinton entstehe, könne nur zu einer Inflation führen. Einer bemerkte, mit einer sofortigen Erhöhung des Tagesgeldsatzes brächte man womöglich Clintons Bemühungen um einen Abbau des Defizits und Sparmaßen im Bundeshaushalt zu Fall. Das wußte Greenspan selbst nur zu gut. Ein anderer sprach von der vagen Möglichkeit einer neuen Rezession.

Wayne Angell sagte, sie müßten den Zins noch in dieser Sitzung erhöhen. »Je länger wir in dieser Lage tatenlos zusehen, desto kräftiger werden wir den Zins anheben müssen, und die langfristigen Zinsen werden entsprechend mitziehen.« Er hielt eine leidenschaftliche Rede und sagte dann, eine Erhöhung sei unumgänglich. »Nicht daß mir viel dran gelegen wäre!« erklärte er, als er fertig war, um sich über seinen hitzigen Vortrag selbst lustig zu machen. Die anderen lachten.[10]

David Mullins warf ein, je schneller sie den Zins anheben würden, desto besser. Wenn die Fed nichts gegen die wachsende Inflation tue, würden auch die langfristigen Zinsen hochgehen.[11]

Nach einer Kaffeepause sagte Greenspan seinen Kollegen, er spüre einen gewissen Pessimismus gegenüber der Fähigkeit des politischen Systems, Probleme wie das Haushaltsdefizit lösen zu können.[12] Er sagte, er hätte sich die Gesamtsituation durch den Kopf gehen lassen, hin und her überlegt. In Anbetracht sämtlicher Alternativen schlage er vor, sich auf eine asymmetrische

Direktive mit Tendenz zu einer Anhebung des Zinses zu entscheiden. Die Direktive solle in sechs Wochen publik gemacht werden, wenn eine Zusammenfassung der Sitzungsergebnisse an die Öffentlichkeit ginge.

»In Anbetracht der Bedeutung dieses Schritts trage ich mich ganz gewiß nicht mit der Absicht, diese Direktive umzusetzen, ohne vorher in vollem Umfang mit dem Ausschuß hier zu Rate zu gehen.«

Er versprach ihnen ein Konferenzgespräch.

Corrigan sagte, es sei wichtig, die Manövrierfähigkeit des Vorsitzenden zu gewährleisten. Die Direktive mit Tendenz zur Erhöhung, so meinte er, würde der Öffentlichkeit zeigen, daß die Fed ein waches Auge auf die Inflation hätte. »Ich denke, das läßt uns als Institution besser dastehen«, sagte er. »Mit anderen Worten, es signalisiert, daß wir dem gegenüber, was da passiert ist, nicht unsensibel gewesen sind.«

Mullins pflichtete ihm bei: »Wir können nur gut aussehen.«

Greenspan trat dazwischen. »Ich denke, wir sollten erst versuchen, Mittel und Wege zu finden, die uns da zu differenzieren erlauben, wie unsere Politik aussehen soll, dann können wir diskutieren, wie wir nach außen dastehen wollen.« Es handle sich dabei um zwei verschiedene Probleme, merkte er mit sanftem Nachdruck an. »Und so wie ich das beurteilen kann, denke ich, sind die meisten von uns dazu bereit.«

Als reihum alle zu Wort kamen, sprachen sich drei der Ausschußmitglieder, darunter Angell, für eine sofortige Erhöhung aus, noch am selben Tag. Mullins, möglicherweise eine vierte Stimme für eine sofortige Erhöhung, sagte denn auch: »Ich hätte nichts dagegen, sofort zu erhöhen.« Einige der anderen sprachen sich gegen eine sofortige Erhöhung aus.

Der Vorsitzende sah sich damit vor einem stark gespaltenem Ausschuß. Es ging nicht an, daß er es dabei beließ. Während seiner Jahre im Vorsitz hatte er en détail gehört, wie Bill Miller, Jimmy Carters erster Notenbankchef, seinen Ausschuß hatte abstimmen lassen, wie sie gerade wollten, ohne große Führung oder Einflußnahme seitens des Vorsitzenden. Seiner Ansicht nach zeugte ein solches Verfahren nicht nur von Schwäche, es war auch ineffizient.

Greenspan erinnerte sie noch einmal daran, daß sie den Zins seit 1989 nicht mehr angehoben hatten. »Der Ausschuß wird im Rampenlicht stehen«, sagte er. »Es ist ungemein wichtig für uns, jetzt so eng wie nur möglich zusammenzustehen.« Er pochte auf ihre gemeinsame Philosophie. »Ich denke, es wäre ausgesprochen tragisch, würde hier der Eindruck erweckt, eine Gruppe mit so außergewöhnlichen Fähigkeiten ... sei in Auflösung begriffen.

Falls wir je an den Punkt kommen, an dem dieser Ausschuß entweder in Auflösung begriffen ist oder auch nur den Eindruck erweckt, er könnte in Auflösung begriffen sein, es gäbe keine andere Einrichtung in unserem Land, die uns ersetzen könnte.«

»Es ist von entscheidender Wichtigkeit, daß wir uns als Gruppe stark machen und Mittel und Wege zu finden versuchen, unsere Differenzen unter einen Hut zu bringen«,[13] sagte er. Er erinnerte sie daran, daß er sie darum nur zwei-, dreimal in der Vergangenheit gebeten hatte. Seiner Lesart der Situation nach bräuchte es einen Konsens für eine Direktive, die ihm die Möglichkeit gab, den Zins noch vor der nächsten Sitzung in Eigenregie zu erhöhen, aber er versprach ihnen noch einmal eine Telefonkonferenz, bevor es dazu kam. Er fügte hinzu, er hoffe, daß das Konferenzgespräch nicht nötig sein würde und daß die Zahlen, die im Laufe der nächsten sechs Wochen hereinkämen, »gütig« wären – aber die Chancen dafür, so sagte er, stünden »schlechter als 50 zu 50«.

Greenspan glaubte zu wissen, wie jeder einzelne im Offenmarktausschuß abstimmen würde. »Ich könnte die Abstimmung selbst vornehmen, wenn ich müßte, und wette, ich würde drei- von viermal den Nagel auf den Kopf treffen!« Dann bat er sie, im Sinne seiner Empfehlung abzustimmen.

Er gewann mit zehn zu zwei Stimmen; nur Angell und Boehne, der Fed-Präsident aus Philadelphia, waren dagegen.

Sechs Tage später stach das *Wall Street Journal* die Konkurrenz mit einer Insiderstory aus, in der es ganz richtig hieß, »die

Leiter der Federal Reserve stimmten tendenziell für eine Anhebung des kurzfristigen Zinses«.[14] Die *New York Times* schrieb, daß Clintons Weißes Haus »einen solchen Schritt als Kriegserklärung sehen würde. Und es würde wahrscheinlich schwere Geschütze gegen Mr. Greenspan auffahren.«[15]

Das Letzte, was Greenspan wollte, war ein Krieg zwischen der Fed und dem Weißen Haus; einen solchen galt es zu vermeiden, und das so gut wie um jeden Preis. Er sprach mit David Gergen, der lange Zeit Kommunikationsberater der republikanischen Präsidenten Nixon und Reagan gewesen und gerade – in eben dieser Funktion – auch zu Clintons Stab im Weißen Haus gestoßen war. Greenspan war seit Jahren mit Gergen befreundet; er gehörte zu seinem Netz von Beziehungen in der Hauptstadt. Gergen drängte den Notenbankchef, Clinton ein paar aufmunternde Worte zu sagen. Die Meinungsumfragen zeigten, daß Clintons Rückhalt beim Volk gerade mal bei 36 Prozent lag, tiefer als bei irgendeinem anderen Präsidenten während der ersten vier Monate seiner Amtszeit. Greenspan mußte Clinton Mut zusprechen, damit der seinen Plan zum Abbau des Haushaltsdefizits auch tatsächlich durchzog.

So ging Greenspan denn am Mittwoch, den 9. Juni, ins Weiße Haus, um mit dem Präsidenten zu sprechen. Der Vorsitzende war guter Dinge. Der neueste Verbraucherpreisindex, der tags darauf fällig war, dürfte aller Erwartung nach nur einen Anstieg von einem Zehntelprozent aufweisen, was seiner Ansicht nach bedeutete, daß man die Inflation wieder völlig im Griff hatte. Man hatte also Grund zum Aufatmen. Die langfristigen Aussichten, so sagte er dem Präsidenten, seien die besten und ausgewogensten seit vierzig Jahren. Darüber hinaus bestätigte er, daß ihn der Offenmarktausschuß ermächtigt hatte, die Zinsen anzuheben.

»Wenn ich tatsächlich etwas unternehme, dann wird das sehr milde ausfallen«, versicherte er Clinton. Ein leichtes Anheben der Zinsen würde den Märkten signalisieren, daß die Fed die Situation völlig im Griff hatte. Zudem bestehe die Wahrscheinlichkeit, daß die langfristigen Zinsen sinken würden.

Clinton sprach auch diesmal wieder mit solchem Scharfsinn,

solcher Leidenschaft über seine Pläne zur Reduzierung des Defizits, daß Greenspan einmal mehr zu dem Schluß kam, der Präsident müßte der beste Schauspieler der Welt sein, falls seine Aussagen nicht aufrichtig gemeint waren.

Am Freitag, den 11. Juni, bat man die Sprecherin des Weißen Hauses Dee Dee Myers bei einer Pressekonferenz um einen Kommentar zum Verbraucherpreisindex.

»Es ist offensichtlich eine gute Nachricht«, sagte sie. »Die Erzeugerpreise sind im Mai nicht nach oben gegangen, die Inflation war gleich null. Wir denken, daß das die langfristigen Zinsen untenhält.

Wir werden weiterhin alle Anstrengungen unternehmen, den Wirtschaftsplan des Präsidenten im Kongreß durchzubringen. Wir denken, daß der Abbau des Defizits, den dieser Plan enthält, mit geholfen hat, die Zinsen nach unten zu drücken. Und wir denken, daß der Plan, falls wir ihn durchbringen, dafür sorgen wird, daß sie dort bleiben.«[16]

Halleluja, sagte sich Greenspan, als er Myers' Bemerkungen las. Die Welt hatte sich in der Tat verändert. Er konnte nur staunen, wie nachhaltig seine wirtschaftspolitischen Lektionen auf die neue Regierung wirkten. Er hatte eine Menge Zeit darauf verwendet, ihr zu erklären, die Politik der Fed habe nichts Geheimnisvolles, sie ziehe sie nicht aus dem Hut. Die Ziele der Fed und der Regierung, so hatte er den Leuten erklärt, deckten sich hundertprozentig – ein Maximum an haltbarem Wirtschaftswachstum und die Reparatur des Systems. Er hatte der Regierung sogar angeboten, falls sie bessere Ideen hätte, wie das zu erreichen sei, dann wolle er die unbedingt hören. Aber falls die langfristigen Zinsen jetzt wieder nach oben gehen sollten, dann würde der Wohnungsmarkt in die Brüche gehen und die ganze Substanz der wirtschaftlichen Erholung wäre dahin. Das, so glaubte er, wäre womöglich noch schlimmer als eine Rezession.

Das ist der interessanteste Kommentar, den ich gelesen habe, seit ich hier bin, bemerkte Greenspan gegenüber dem demokratischen New Yorker Senator Daniel Patrick Moynihan.

Moynihan hatte in der *Washington Post*[17] vom Sonntag, den 6. Juni, einen langen, etwas gelehrten Artikel über das Baumol'sche Kostenkrankheitsmodell – nach William J. Baumol von der New York University – veröffentlicht. Laut Professor Baumol landen Arbeitsplätze, bei denen die Produktivität im Lauf der Zeit nicht nennenswert zu steigern ist, früher oder später beim Staat. Moynihan führte unter anderen die Polizei an, die Post, die Müllabfuhr und die darstellenden Künste; sie seien Gebiete, die einst ausschließlich in privater Hand gewesen wären, jetzt aber auf Staatsgelder angewiesen seien, weil es ihnen nicht gelungen wäre, die Produktivität zu steigern. Zu Greenspans Amüsement hatte Moynihan ein Streichquartett von Mozart als Beispiel dafür angeführt, daß sich die Produktivität in einigen Bereichen schlicht nicht steigern lasse. 1793 hätte es zu einem Quartett von Mozart vier Musiker gebraucht, vier Streichinstrumente und etwa fünfunddreißig Minuten Zeit, und 1993 sei das immer noch so.

Wenn gemeinnützige Unternehmen ihre Produktivität nicht mehr zu steigern vermochten und auf dem freien Markt verloren waren, übernahm der Staat sie, um sie weiter aufrechtzuerhalten, was jedoch gleichzeitig seine Verpflichtungen erhöhte.

Moynihan und Greenspan machten sich beide Sorgen, Hillary Clintons jüngste Initiative zur Reform des Gesundheitswesens könnte den Beweis dafür erbringen. Greenspan war ausgesprochen beunruhigt, was die Gesundheitsreform und ihre möglichen Konsequenzen für das Bundesdefizit anbelangte. Je mehr Ansprüche gestellt würden, desto höher wären die Ausgaben. Er war ausgesprochen froh zu sehen, daß Moynihan einige dieser Bedenken teilte. Greenspan hielt Moynihans Artikel für ziemlich gescheit, und er spürte eine gewisse Seelenverwandtschaft mit dem gelehrten Senator aus New York. Er war sich außerdem darüber im klaren, daß Moynihan als Vorsitzender des Finanzausschusses im Senat jedem Plan Clintons zum Abbau des Defizits kritisch gegenüberstehen würde, und wollte deshalb die Verbindung zu ihm nicht abreißen lassen.

Bis Juli schließlich war Greenspan klar geworden, daß die früheren Zahlen zur Inflation ein falsches Signal gesetzt hatten.

Bei der Sitzung des Offenmarktausschusses am 7. Juli war einer der wesentlichen Tagespunkte die gezielte Indiskretion gegenüber dem *Wall Street Journal*, was ihre letzte Entscheidung anging, und noch konkreter das Durchsickern ihres exakten Abstimmungsergebnisses gegenüber dem Fernsehsender CNBC. Greenspan merkte an, daß die Berichterstattung sich geändert habe, daß Reporter aggressiver vorgingen und nicht selten in Wirtschaftsfragen Bescheid wüßten.[18] 1975–76 sei er Fords Wirtschaftsberater gewesen sei, erzählte der Vorsitzende seinem Ausschuß: »Da konnte man denen irgendwelchen Mumpitz vorsetzen, und sie waren im großen und ganzen zufrieden damit. Das hat sich eindeutig ganz drastisch geändert.« Er bat sich Disziplin aus. Sollte es zu einer weiteren Indiskretion kommen, so würde er von jedem einzelnen im Raum eine freiwillige eidesstattliche Erklärung verlangen, nicht mit Reportern gesprochen zu haben.

»Denken Sie einfach daran, daß es da mal eine Organisation mit dem Beinamen ›Die Klempner‹ gegeben hat«, ermahnte er sie in Erinnerung an die berüchtigte Gruppe in Nixons Weißem Haus, die bei ihrem Versuch Lecks zu stopfen schließlich als Einbrecherteam im Watergate Hotel landete, »und das letzte, was wir bei der Zentralbank brauchen, ist ein 1993er Aufguß davon.«[19]

Kurz darauf schlugen einige demokratische Senatoren Clinton öffentlich vor, seinen Fünfjahresplan bezüglich des Defizits fallenzulassen. Das war genau die Message, die man nicht brauchen konnte, dachte Greenspan, und am 20. Juli sagte er vor dem Bankenausschuß des Senats mit ungewöhnlicher Deutlichkeit aus. »Wenn Sie auch nur den Eindruck erwecken, Sie würden davon abrücken, so meine ich, daß die Märkte entsprechend reagieren würden, nämlich negativ.«[20]

Clinton waren letztlich die Hände gebunden. Er blieb bei seinem Plan zur Reduzierung des Defizits, obwohl Bentsen einen

Versuch seitens der populistischen Berater abschlagen mußte, weitere Streichungen vorzunehmen.

Im August war Clintons Plan zum Abbau des Defizits durch den Kongreß gekommen, wenn auch mit den denkbar knappsten Ergebnissen[21] – 218 zu 216 im Repräsentantenhaus und 51 zu 50 im Senat, wo Vizepräsident Gores Stimme für die Entscheidung gesorgt hatte. Nicht ein einziger Republikaner hatte für den Plan gestimmt, der das Defizit im Lauf der nächsten vier Jahre um 500 Milliarden Dollar reduzieren würde, zum einen durch Steuererhöhungen, zum anderen durch Kürzungen bei den Ausgaben des Bundes. Der einzige Republikaner, der zu dem Plan gestanden hatte, hieß Alan Greenspan.

Im September saß Greenspan über den jüngsten amtlichen Statistiken. Er las sich im brandneuen Monatsbericht des Wirtschaftsministeriums fest, einem elfseitigen Papier mit dem Titel »Aktuelle Industrieberichte, Herstellerlieferungen, Bestände und Auftragslage«.[22] Eigentlich gab man den mit Tabellen und diagrammen vollgepfropten Bericht am 2. September heraus, aber der Notenbankchef bekam sein Exemplar immer wenigstens einen Tag früher.

Neuaufträge für Industriegüter hatten im Juli, dem letzten Monat, für den Daten zu haben waren, um 2,1 Prozent tiefer gelegen. Beim Durchgehen der Datenkolonnen fielen Greenspan zwei besonders große Zahlen – drastische Erhöhungen gegenüber dem Juli des Vorjahres – auf. Bei Computern und Büromaschinen lagen die Aufträge um 21,6 Prozent höher, bei Kommunikationsgerätschaften um 19,8 Prozent. Von einigen erklärbaren Ausreißern abgesehen – Schiffbau und Panzer (461 Prozent) – waren das die größten Zahlen unter Hunderten von aufgeführten Posten. Und das fiel ihm nun schon seit Monaten auf. Es bedeutete nichts anderes, als daß Unternehmen und ihre Betriebsleiter Milliarden Dollar mehr für High-Tech-Geräte ausgaben. Warum?

Er wußte aus seiner Zeit als Geschäftsmann in New York, daß derartige Ausgabenschübe normalerweise eine Zeit des wirtschaftlichen Aufschwungs einleiteten. Nur hatte der Aufschwung in den Vereinigten Staaten schon vor zwei Jahren begonnen, und somit müßten derlei Kapitalausgaben bereits wieder im Abnehmen begriffen sein. Diese Ausgaben würden nicht Monat für Monat anhalten, wenn da nicht etwas passierte, wenn also die Unternehmen nicht nennenswerte Erträge aus ihren großen Investitionen bekämen oder in allernächster Zukunft mit solchen rechneten. Aber warum war dem so?

Aus seinem Studium der Theorien Einsteins wußte Greenspan um die Bedeutung der Feststellung von Diskrepanzen – leichte Krümmungen, die Verlangsamung der Zeit, daß Licht sowohl aus Wellen als auch aus Partikeln bestand.

Es sah ganz danach aus, als sei die Diskrepanz in diesem Fall ein höheres Produktivitätswachstum – eine höhere Produktionsleistung pro Arbeitsstunde. Aber das war nur eine Theorie, und Greenspan wußte, daß die sich schon mit den Zahlen des kommenden Monats in Luft auflösen könnte.

Er sah sich die Arbeitslosenstatistiken aus dem Arbeitsministerium genauer an, die am 3. September herausgekommen waren.[23] Für den letzten Monat, also August, war die Arbeitslosenquote auf 6,7 Prozent gesunken. Im letzten Jahr hatten über zwei Millionen Menschen mehr einen Arbeitsplatz gefunden, und verglichen mit den Zahlen aus der Rezession von 1991–1992 arbeiteten sie eine halbe Stunde länger die Woche.

Als nächstes sah er sich die Produktivitätsstatistiken aus dem Arbeitsministerium an; diese maßen die Veränderungen hinsichtlich der Produktionsleistung je Arbeitsstunde für das zweite Quartal 1993.[24] Am 9. September herausgegeben, zeigte der Bericht des Ministeriums, daß die Produktionsleistung im Unternehmenssektor im zweiten Quartal 1993 um ein Prozent abgenommen hatte – also um dieselbe Quote wie im ersten Quartal.

Irgend etwas stimmte da nicht.[25] Höhere Investitionen in High-Tech, mehr Arbeitnehmer, mehr Stunden und eine *geringere* Produktivität? Die Preise stiegen nicht allzu sehr, und die Profite der Unternehmen nahmen zu. Ein Unternehmen konnte unmöglich die Preise relativ stabil halten, mit einer weniger effizienten Belegschaft operieren und auch noch mehr verdienen. Es war mathematisch ein Ding der Unmöglichkeit.

Bei der Sitzung des FOMC am 23. September sagte Greenspan, die Frage nach der Zinspolitik sei diesmal recht einfach zu beantworten. Sie bräuchten den Leitzins weder anzuheben noch zu senken. Alle waren sich einig. Trotzdem mache ihm etwas zu schaffen – eben jene statistische Grundlage ihrer Entscheidungen.

»Irgend etwas stimmt nicht mit den Zahlen, die wir da vor uns haben«, sagte er.

»Also, ich weiß nicht, was da im statistischen System vor sich geht, aber ich bin so gut wie sicher, daß draußen in der wirklichen Welt sich der Gedanke, wir könnten es bei einer Wirtschaft, die im Wachstum begriffen ist, mit einer abnehmenden Produktionsleistung zu tun haben, mit meinem Verständnis der wirklichen Welt einfach nicht vereinbaren läßt.«

Er begann die Zahlen auseinanderzunehmen. »Irgend etwas stimmt mit dem Datensystem nicht ... die Zahlen lassen sich einfach nicht miteinander vereinbaren.«

Greenspan ließ die Angelegenheit schließlich auf sich beruhen, und der Offenmarktausschuß sprach sich einstimmig für eine Beibehaltung des Zinssatzes aus. Trotzdem war er sich sicher, daß da irgendwo irgend etwas fehlte. Der »Aktuelle Unternehmensbericht«[26] aus dem Amt für Arbeitsstatistik, einer seiner Favoriten unter den Monatsschriften, wies darauf hin, daß die Bestände nennenswert zurückgingen, während die Wirtschaft wuchs, was wiederum darauf hindeutete, daß die neue Computertechnologie kurzfristige Aufträge erlaubte. Anstatt Produkte auf Wochen oder Monate im voraus zu lagern, konnten Unternehmen bis ins Detail verfolgen, was gebraucht wurde und binnen weniger Tage ordern. Darüber hinaus führte der dadurch entstehende Wettbewerbsdruck zu besseren Qualitätskontrollen.

Bei der Sitzung des Offenmarktausschusses am 16. November sagte Greenspan: »Ich denke, dahingehend argumentieren zu können, daß unser Missing link bei alledem die Lagerhaltungspolitik ist.«[27] Das Ergebnis seien qualitativ hochwertigere Produkte. »Das frühzeitige Ausmachen von Mängeln in einem bestimmten Produkt oder einem bestimmten Element des Herstellungsprozesses bedeutet, daß sie schneller zu beheben sind. Mit anderen Worten, man produziert nicht zwei Monate lang Zeug, das irgendeine kleine Macke hat. Bei kurzfristigen Bestellungen hat man drei Tage. Also verliert man weder an Qualität noch an Produktivität.«

Ein Gutteil dieser Argumentation war freilich theoretisch und vorläufig, das wußte er. Er bemerkte die Diskrepanzen, aber er war noch weit davon entfernt zu erklären, was sie bedeuteten – wenn sie überhaupt was zu bedeuten hatten.

Kurz vor Weihnachten, am 21. Dezember, traf sich der Offenmarktausschuß wieder. Angell und Lindsey wollten auf der Stelle den Leitsatz angehoben sehen, und einige der anderen Notenbankpräsidenten neigten ebenfalls dazu. David Mullins sagte, die Arbeitslosigkeitsrate sei während der letzten 18 Monate um über ein Prozent gefallen, das Gesamtwachstum der Wirtschaft hätte während der letzten drei Monate bei sehr hohen fünf Prozent gelegen.

»Kurz gesagt«, meinte er, »die Welt hat sich verändert. Der Tagesgeldsatz nicht.«[28] Er sagte, er sei gegen eine sofortige Anhebung des Satzes, aber er müsse in nächster Zukunft etwas nach oben gehen.

Greenspan merkte an, wie bemerkenswert es doch sei, daß ganze zwei Prozent des Wirtschaftswachstums allein auf den Verkauf von Kraftfahrzeugen zurückzuführen seien. Dennoch gewinne der Aufschwung an Tempo und schiene von Dauer. »All dies bringt mich zu demselben Schluß, zu dem einige von Ihnen bereits gekommen sind, daß die Zeit des Entgegenkommens vorbei sein muß.«[29]

Angell schob Mullins ein Briefchen zu: »Wir haben gewonnen.«

Greenspan sagte, daß sie den Zins irgendwann im kommenden Jahr wahrscheinlich würden anheben müssen. »Wann fangen wir an? Ich sehe keinen triftigen Grund, damit schon heute anzufangen.« Er empfahl eine unveränderte Politik und gewann die Abstimmung mit zehn zu zwei Stimmen. Angell und Lindsey waren dagegen.

»Wir haben noch einen zusätzlichen Punkt auf der Tagesordnung«,[30] sagte Greenspan nach der Abstimmung. Seit Jahren schon hatte man die Sitzungen des Offenmarktausschusses insgeheim auf Band aufgezeichnet und ein wörtliches Protokoll darüber geführt. Die Existenz dieser Abschriften hatte man nicht nur vor der Öffentlichkeit geheimgehalten, sondern auch vor dem Kongreß, ja selbst vor einigen Mitgliedern des FOMC selbst. Greenspan behauptete, selbst erst vor einem Jahr davon erfahren zu haben. Wie die Mitglieder wußten, hatte er die Existenz dieses Systems wie der Abschriften selbst zwei Monate zuvor dem Bankenausschuß mitgeteilt. Der Vorsitzende des Bankenausschusses Henry B. Gonzalez, ein populistischer Demokrat alter Schule aus Texas, hatte einen Kreuzzug begonnen, die Bänder zu bekommen.

Der Offenmarktausschuß hatte die Angelegenheit stundenlang diskutiert und am 15. Oktober sogar ein halbstündiges Konferenzgespräch diesbezüglich geführt. Gonzalez wollte nun Abschrift und Aufnahme jener Diskussion. Er behauptete, der Offenmarktausschuß habe sich verschworen, die Bänder zu verstecken.

»Es besteht ein tiefsitzender Argwohn gegenüber dieser Institution«, sagte Greenspan. »Das ist bedauerlich, aber ich schätze, das liegt in der Natur unseres Tuns.« Die Angelegenheit würde nicht so schnell ad acta zu legen sein. Er schlug deshalb vor, einem leitenden Mitglied von Gonzalez' Ausschuß zu gestatten, der Fed einen Besuch abzustatten, um sich das Band ihrer Debatte vom 15. Oktober anzuhören. Er hatte es sich selbst angehört, und von einer Verschwörung konnte keine Rede sein. »Es gibt da einige Sätze, die – aus dem Kontext genommen – leicht zum Problem werden könnten«, sagte er. Er wollte gewährleisten, daß bei der Sitzung auch ein führender Republikaner mit von der Partie wäre, damit nichts in grober Weise aus dem Kontext genommen werden könne.

Trotzdem war Greenspan bei dem Gedanken nicht ganz wohl in seiner Haut. So etwas konnte womöglich einreißen. Er wußte jedoch auch, daß ein Versäumnis, die Aufnahme dieser einen Sitzung herauszugeben, womöglich nur die Bemühungen verstärkte, sie zur Herausgabe aller Bänder zu zwingen und jede ihrer Debatten, jedes ihrer Worte an die Öffentlichkeit zu ziehen. Das einzige Gegenmittel war, eben jenes eine Band herauszugeben, um zu beweisen, daß man nichts zu verstecken hatte.

Nach langem Hin und Her stimmte der Ausschuß zu. Mitarbeiter des Bankenausschusses hörten sich das Band an, und die Wellen glätteten sich wieder. Die Fed erklärte sich bereit, künftig leicht bearbeitete Versionen der Abschriften sämtlicher Ausschußsitzungen herauszugeben – mit einer Verzögerung von fünf Jahren.

Es dauerte nicht lange, und der Vorsitzende sah, daß die bessere Versorgung von Öffentlichkeit und Märkten mit Informationen über die Fed und ihre Zinsentscheidungen der Zentralbank und ihrer Arbeit nicht nur mehr Aufmerksamkeit einbrachte, es gab ihm selbst auch mehr Macht an die Hand. Man hatte in der Fed immer schon einen Tempel mit wichtigen Geheimnissen gesehen. Einige davon zu enthüllen zog unter anderem die Presse an, und dies wiederum verlieh ihren Entscheidungen mehr Gewicht. Je aufmerksamer man draußen im Land den Leitzins verfolgte, desto mehr nahm bei einer wachsenden Zahl von Amerikanern seine Bedeutung als entscheidender Indikator für den Zustand der Wirtschaft zu.

8 Ende der Schonzeit

Anfang 1994 offenbarten sich Greenspan einige subtile und einige weniger subtile Zeichen einer großangelegten wirtschaftlichen Expansion. Die Banken waren gerettet. Die Kreditbedingungen lockerten sich, und Unternehmen bekamen wieder Darlehen. Das System war wieder »flüssig«, wie er gern sagte. Eine hohe Inflationsrate war nirgendwo zu entdecken, aber er vermutete sie um die nächste Ecke. Dessen war er sich fast sicher.

Seit Jahren diskutierte man in den Medien und andernorts die Möglichkeit, die Fed könne für eine sogenannte weiche Landung sorgen, man mit anderen Worten Präventivmaßnahmen ergreifen, also die Zinsen schon einige Monate vor dem Ansteigen der Inflationsrate erhöhen. Das würde die Spitze des kommenden Booms kappen, ihn damit entschärfen, die Wirtschaft stabilisieren und eine Inflation ebenso verhindern wie auf der anderen Seite eine Rezession.

Gewissenhaft folgte Greenspan der Diskussion dieser Theorie. Es bestand kein Zweifel daran, daß das Anheben und Senken der Zinsen verzögert wirkte, daß diese Wirkung auf die Wirtschaft erst ein Jahr oder noch später eintrat. Milton Friedman, der Volkswirtschaftler und Nobelpreisträger, hatte die extreme Position eingenommen, die Zentralbank liege immer um 180 Grad falsch – womit er sagen wollte, daß sie die Zinsen zu spät anhob, wenn die Konjunktur sich bereits nach unten zu entwickeln begann, oder sie senkte, wenn die Konjunktur sich bereits wieder zu erholen begann. Er behauptete, die durchschnittliche Verzögerung betrage etwa einen halben Konjunkturzyklus.

Greenspans Meinung nach lag Friedman nicht ganz richtig,

aber es deutete so einiges darauf hin, daß die Fed gut daran täte, immer einen Schritt voraus zu sein. Die Zinsen müßten schon in Erwartung einer tatsächlichen Inflation angehoben werden. Aber zu welchem Zeitpunkt? Und um wieviel? Eine effektive frühzeitige Maßnahme konnte die Expansion verlängern. Die wilden Ausschläge nach oben zu verhindern könnte auch die Abstürze verhindern eliminieren. Nicht nur wäre eine weiche Landung im Vorfeld gut für die Wirtschaft, sie würde auch einen Teil der gesellschaftlichen Unruhe ausschalten, die eine Rezession mit sich brachte. Dies war jedoch alles Theorie, die bislang nicht erprobt war. Frühere Versuche einer weichen Landung waren fehlgeschlagen, darunter auch die Anstrengungen der Fed von 1988.

Greenspan war bereit, es zu versuchen. Wenn die weiche Landung gelang, dann sah er keinerlei Nachteile für die Wirtschaft. Normalerweise, so glaubte er, hatte jede Maßnahme einen Preis, eine Schattenseite, selbst wenn sie von Erfolg gekrönt war. Diese nicht. Aber wenn sie versagte, dann behinderte sie, erstickte womöglich sogar die wirtschaftliche Erholung – und das war ein großes Risiko. Da das Konzept noch nicht erprobt war und auf keiner volkswirtschaftlichen Theorie basierte, erkannte Greenspan die eminenten Risiken sehr wohl. Für ihn war das, als würde man sagen: Springen wir doch aus dem 60. Stock und landen auf den Beinen.

Am 21. Januar 1994 ging Greenspan ins Weiße Haus, um sich mit Präsident Clinton und seinem Sachverständigenrat zu treffen;[1] er wollte sie wissen lassen, daß Zinsanhebungen wahrscheinlich waren. »Wir stehen da vor einem Dilemma, und darüber sollten Sie sich im klaren sein«, sagte der Notenbankchef. »Wir haben noch keine Entscheidung getroffen, aber unsere Alternativen sind, wir setzen uns hin und warten ab und müssen dann höchstwahrscheinlich die kurzfristigen Zinsen stärker anheben. Oder wir nehmen jetzt einige kleinere Anhebungen vor.«

»Es ist wohl klar«, sagte der Präsident, »daß ich die Zinsen gern weiterhin unten sehen würde, ich verstehe aber, daß Sie womöglich nicht anders können.«

Finanzminister Bentsen sah, daß der Präsident zögerte. Er hatte Clinton noch nie derart schlucken sehen.

»Wir haben schon lange keinen Schritt mehr getan«, sagte Greenspan und nahm damit Bezug auf die etwa fünfzehn Monate, die die Tagesgelder nun schon bei drei Prozent waren. »Wir müssen fast schon zeigen, daß wir etwas tun können, daß wir zu einem Schritt bereit sind.«

»Augenblick mal!« warf Vize Gore ein. »Was ist mit der Möglichkeit, daß Sie für neue Unsicherheit sorgen?« Historisch gesehen handelte die Fed stufenweise, in einer Reihe von kleinen Schritten. Gore führte an, daß 1988–89 die Zinserhöhungen bei den Fed Funds in einem Dutzend kleiner Schritte von etwa 6½ Prozent auf fast 10 Prozent nach oben gegangen seien. Mit dieser Erwartung auf dem Markt bestehe doch die Möglichkeit, daß man die langfristigen Zinsen wieder nach oben trieb und das Gegenteil einer weichen Landung bekam.

Ein interessantes Argument, sagte Greenspan, aber die langfristigen Zinsen seien der Inflationserwartung wegen so hoch gewesen, gegen die die Regierung Clinton jedoch mit ihrem Plan zum Abbau des Defizits anging. Selbst wenn die langfristigen Zinsen anfänglich hochgingen, so glaube er nicht, daß sie oben bleiben würden.

Clinton und seine Berater mußten sich nun einer womöglich grundlegenden Veränderung ihrer Beziehungen zu Greenspan stellen. Politik war oft eine Frage der Seite, die man wählte. Auf welcher Seite stand Greenspan denn nun?

Was das betrifft, so war es schwer, genau zu sagen, wo Clinton selbst stand. Es wäre schwierig gewesen, die Wirtschaftspolitik des Präsidenten mit einem Etikett zu versehen. Er neigte dazu, sich wie ein Liberaler zu äußern, vor allem, wenn er sich hinter die Gesundheitsreform seiner Frau Hillary stellte. Aber seine tatsächlichen Maßnahmen bis dahin waren eine Mischung gewesen. Der Begriff, der Clinton selbst gefiel, war »New Democrat«, was jemanden bezeichnete, der für die Wirtschaft war, sich dabei aber auch Gedanken über die Mittelklasse und die Armen machte. Aber zu seiner Politik gehörten auch der vielzitierte Abbau des Budgetdefizits, der Rentenmarkt, eine republikanische, ja geradezu Eisenhowersche Haltung gegenüber dem Freihandel, die Greenspan näherstand, als Clinton eingestanden hätte.

Verkörpert wurde diese Mischung durch Robert E. Rubin, dem ehemaligen Chef von Goldman, Sachs & Co., der ersten Adresse unter den New Yorker Investmentbanken, der nun im Weißen Haus Direktor des Nationalen Wirtschaftsrats (National Economic Council) war, des Gremiums, das Clinton selbst geschaffen hatte, um die Wirtschaftspolitik der Regierung zu koordinieren.

Rubin, ein schmächtiger Mann mit sanften Augen und einem leisen, zuweilen fast schüchternen Auftreten, war märchenhaft reich, trug aber billige Anzüge und wäre leicht mit einer Bürokraft zu verwechseln gewesen. Im Hochofen des nervenaufreibenden Arbitrage-Geschäfts an der Wall Street gestählt, hatte der 55jährige Rubin dem Präsidenten geraten, Greenspan noch stärker an sich zu binden. Womöglich einer der sorgfältigsten Zuhörer auf dem Planeten, hatte Rubin eine starke Beziehung zu Clinton aufgebaut, und er bekräftigte Greenspans und Bentsens Argumentation, daß der erste Punkt einer wirtschaftlichen Tagesordnung der Abbau des Haushaltsdefizits zu sein hätte. Rubin hatte dem Präsidenten darüber hinaus klarmachen können, daß die Regierung sich selbst zu Fall bringen würde, wenn sie den Eindruck erweckte, wirtschafts- und Wall-Street-feindlich zu sein. Eine der Folgen war gewesen, daß es für weite Kreise so aussah, als hätte die Regierung Clinton sich da einen Plan zum Abbau des Haushaltsdefizits gemacht, der von den Finanzmärkten abhängig war.

Wie Greenspan glaubte auch Rubin, daß nichts mit absoluter Sicherheit zu wissen sei – daß alles »probabilistisch« sei, wie er gerne sagte. Egal wie gut die Information ist, die man hat, wie gut das Urteil sein mag, es kann sich trotzdem als falsch erweisen. Er brachte dazu gern das Beispiel eines Kollegen aus einem anderen Investmenthaus, der ihn seinerzeit bei Goldman, Sachs & Co. angerufen hatte, um ihn wissen zu lassen, er hätte da einen

Übernahmedeal an der Hand, bei dem einfach nichts schiefgehen könne.

Ich bin gerade dabei, Unmengen von Aktien der Firma zu kaufen, die aufgekauft werden soll, erzählte der Banker.

Wahrscheinlich hast du recht, sagte ihm Rubin. Ich halte das auch für sehr gut, aber es gibt nichts, was nicht schiefgehen könnte, alles ist »probabilistisch«.

Ach was, sagte der andere Banker. Dabei können wir nicht verlieren.

Rubin kaufte die Aktie ebenfalls, tonnenweise, aber nicht so viel, daß ein potentieller Verlust seine Firma versenken würde. Der andere Banker war da nicht so vorsichtig. Als der Deal dann tatsächlich den Bach runterging, verlor Rubin eine Menge von Goldmans Geld, blieb aber noch zwanzig Jahre im Haus und übernahm schließlich sogar die Leitung. Der andere Banker verlor seinen Job. Seitdem erinnerte Rubin die Leute oft und gerne daran, daß aufgrund von Dingen, die man einfach nicht vorhersehen kann, selbst die verlockendsten Deals schiefgehen können. Natürlich sei es nötig, Risiken einzugehen, aber es sei dabei wichtig, seine eigene Fehlbarkeit nicht zu übersehen.

Angesichts der bevorstehenden Zinserhöhungen drängte Rubin Clinton, sich jegliche öffentliche Kritik an der Zentralbank zu verkneifen. Erstens, so sagte er, würde Kritik nichts bewirken. Die Fed hänge mit geradezu religiösem Eifer an ihrer Unabhängigkeit, und jeder Versuch, sie zu beeinflussen, könne sich als kontraproduktiv erweisen. Die Notenbanker würden also nicht zuhören, mit anderen Worten an den kurzfristigen Zinsen würde sich nichts ändern. Die Finanzmärkte dagegen würden sehr wohl zuhören und hinter derlei Kritik politische Motive vermuten. In dem Augenblick aber, wo die Märkte mißtrauisch würden, was die Motivation der Regierung anginge, würden sofort die langfristigen Zinsen nach oben gehen. Wenn die Regierung davon absähe, die Notenbank zu kritisieren, so würde sie nicht nur ihre eigene Glaubwürdigkeit zementieren, sondern auch die der Fed.

Bentsen führte dem Präsidenten gegenüber ins Feld, es sei

besser für die Fed, ihren Schritt jetzt – also 1994 – zu tun. Angesichts der einjährigen Verzögerung, was die Wirkung angehe, würde die Konjunkturbremse erst 1995 ziehen; 1996 dann ginge es wieder nach oben. Würde die Fed jedoch warten, und die Zinsen erst 1995 anheben, dann greife die Konjunkturbremse erst...

Noch bevor Bentsen das »1996« heraus bekam, war dem Präsidenten schon alles klar.

Sowohl die Geschichte als auch die Erfahrung, davon war Greenspan fest überzeugt, hatten gezeigt, daß es, falls sie die Zinsen jetzt nicht anhoben, irgendwann, 1995 oder 1996, zu einer Rezession kommen würde. Daß sich Clinton ausgerechnet 1996 zur Wiederwahl stellen würde, machte es dem Notenbankchef leichter, seinen geplanten Versuch einer weichen Landung zu verkaufen. Er würde vom Wirtschaftswachstum 1994 etwas wegnehmen – mit anderen Worten die Spitze des erwarteten exzessiven Wachstumsbooms kappen – und für 1995 und 1996 aufsparen, das heißt, falls es funktionierte. Außerdem wollte er den Märkten die Botschaft zukommen lassen, die Fed würde nie wieder die ungehemmte Inflation der siebziger Jahre zulassen.

Das in die Tat umzusetzen hatte eine Menge mit Timing zu tun, das wiederum mit ökonomischen Prognosen verbunden war – eine unpräzise Wissenschaft, die nichts von der mathematischen Gewißheit hatte, die Greenspan so schätzte. Es gab jedoch keine Alternative zur Prognose, in die immerhin eine gewisse Menge von Daten einflossen. Es hatte nichts mit Schätzungen oder gar Wahrsagerei zu tun, aber die Prognostiker, er selbst nicht ausgenommen, lagen eben immer wieder mal falsch.

Am 31. Januar erschien Greenspan vor dem Gemeinsamen Wirtschaftsausschuß von Senat und Repräsentantenhaus. Bei dieser Gelegenheit sagte er aus, daß die Zinspolitik der Fed »das Entgegenkommen nicht überziehen« dürfe und »die Sätze für kurzfristige Zinsen anomal niedrig«[2] seien. Solange es keine längere Konjunkturschwäche gäbe, sagte er, »müssen wir sie auf einen neutraleren Platz bewegen«. So indirekt und etwas verschleiert sie auch sein mochte, so glaubte Greenspan doch, daß seine Aussage klarstellte, daß man die Zinsen anzuheben gedachte. Fünf Jahre waren vergangen seit der letzten Anhebung, und er wollte weder den Kongreß noch die Öffentlichkeit und schon gar nicht die Märkte überraschen. Je mehr er darüber nachdachte, desto überzeugter war er, die Trommeln laut und deutlich zu schlagen, was die Warnung anging. Trotzdem reagierte man kaum. Wo blieb die Parade, fragte er sich. Es war bemerkenswert. Da kam es ihm vor, als würde er herumlaufen und auf einen Kochtopf eintrommeln – »He, ihr da, wir wollen die Zinsen anheben!« – und trotzdem kam so gut wie keine Reaktion.

Am Freitag, dem 4. Februar, traf sich der Offenmarktausschuß.

Während er sich die Wirtschaftsberichte aus den verschiedenen Bundesbankbezirken anhörte, sah Greenspan, daß seine Kollegen völlig gespalten waren. Da man den Zins nun schon so lange nicht mehr heraufgesetzt hatte, würde es um einiges länger dauern, um zu einem Konsens zu kommen. Nur hatte er nicht allzu viele Daten, an denen sich sein Schluß festmachen ließ.

»Wir befinden uns an dem Punkt, an dem wir mit unseren Schritten beginnen müssen«,[3] sagte er. »Wir haben den Zins fünf Jahre nicht mehr angehoben, was an sich schon fast unvorstellbar ist.«

»Die Annahme, die Inflation gebe Ruhe, wird langsam, aber sicher etwas fadenscheinig«, fuhr er fort und schloß dann: »Ich möchte bei dieser Sitzung meine Präferenz vorlegen, den Zins um ¼ Prozent anzuheben.«

Einer der Notenbankpräsidenten sprach sich für eine Erhebung um ½ Prozent aus.

Greenspan erwiderte, daß er sich das auch überlegt hätte. »Aber ich denke, es könnte hilfreich sein, auf dem Markt für die Ahnung zu sorgen, daß wir den Zins noch weiter anheben, weil das die Spekulationen auf dem Aktienmarkt dämpfen wird; zu diesem Zeitpunkt auf dem Markt Erwartungen zu wecken, wir gingen womöglich weiter nach oben, und den Zins dann baldig tatsächlich in vernünftigem Umfang anzuheben, könnte eine sehr nützliche Wirkung haben.« Einfach gesagt: »Wenn wir ein Damoklesschwert über den Markt zu hängen vermögen, dann können wir verhindern, daß er uns ausbricht.«

Ein anderer Bankpräsident sagte, auch er neige eher zu einer Anhebung von ½ Prozent.

»Nun«, antwortete Greenspan, »ich beobachte die Märkte nun schon recht lange, und ich möchte Ihnen sagen, daß wir, wenn wir heute um ½ Prozent nach oben gehen, mit der hohen Wahrscheinlichkeit rechnen müssen, die Märkte anzuknacksen. Ich denke, das wäre ein ausgesprochen unkluges Vorgehen ... Zu diesem Zeitpunkt über ¼ Prozent hinauszugehen wäre meiner Ansicht nach ein grober Fehler.« Die Ankündigung einer Zinserhöhung würde einen wirklich großen Schritt darstellen. »Sehen Sie«, sagte er, »egal, wie wir es messen wollen, der Aktienmarkt steht in diesem Stadium auf einem sehr hohen Niveau.«[4] Der Dow stand fast bei 4000, ein Rekord.

Je mehr Ausschußmitglieder sich äußerten, desto klarer sah Greenspan, daß sich eine Fraktion gebildet hatte, die ½ Prozent vorziehen würde. Als er in die Sitzung gekommen war, hatte er gedacht, er müßte womöglich hart kämpfen, um überhaupt eine Erhöhung durchzubekommen. Er hatte keine Zeit gehabt, den ganzen Ausschuß vorab zu befragen und die Stimmen zu organisieren. Jetzt verteidigte er ¼ Prozent mit der Begründung, das sei genug; das hatte er nicht erwartet. Er würde das Blatt noch mal gründlich mischen müssen. Ihm schien die Kontrolle zu entgleiten.

»Wissen Sie«, sagte Greenspan schließlich, »mir liegt selten an etwas so viel, und ich dränge den Ausschuß nur ausgesprochen selten.

Würden wir jetzt um ½ Prozent erhöhen, dazu der Ankündigungseffekt und der Schock, ich sage Ihnen, diese Märkte würden nicht stillhalten.«[5] Dann ging er in die vollen und sagte: »Ich bin nun schon seit 1948 im Wirtschaftsprognosengeschäft, und ich bin seit 1948 an der Wall Street, und ich sage Ihnen, ich habe ein Ziehen in der Magengrube.« Er merkte an, daß er in der Vergangenheit auf seine Instinkte gehört habe und daß sie recht gehabt hätten.

Bei diesem Schmerz im Magen handelte es sich um ein physisches Gespür, das Greenspan schon viele Male gehabt hatte. Er glaubte ein tieferes Verständnis des Themas zu haben – ein ungeheures Wissen im Kopf, dazu ein komplettes Wertsystem –, als er im Augenblick verbal zum Ausdruck zu bringen vermochte. Wann immer er drauf und dran war, etwas zu sagen, was nicht stimmte, spürte er das, noch bevor er sich intellektuell des Problems bewußt war. Es war dieses physische Gefühl, dieses Gespür im Magen, das ihn davon abhielt, gefährliche oder absurde Erklärungen abzugeben, die dann womöglich auf den Titelseiten landen würden. Zuweilen, so hatte er festgestellt, spürte sein Körper eine Gefahr noch vor seinem Kopf. So etwa, wenn er die Straße langging und ein Auto daherkam, und sein Körper noch vor seinem Kopf wußte, daß er ihm ausweichen müßte.

»Ich sage Ihnen«, fuhr der Vorsitzende fort, »und ich habe mir diese Märkte angesehen, für so etwas ist jetzt nicht die richtige Zeit ... *Ich bitte Sie darum, das nicht zu tun.*«

Sie könnten in nächster Zukunft einige Sprünge um ½ Prozent vornehmen, sagte er, wenn die Märkte sich an das gewöhnt hätten, was da geschah. Und er war noch nicht fertig.

»Außerdem würde es mir Sorgen machen, wenn der Ausschuß sich hier nicht einig wäre, da wir in diesem Stadium als Ausschuß Dinge tun müssen, die dem Rest der Welt nicht gefallen werden ... Falls wir den Eindruck erwecken, in einem so wichtigen Punkt uneins zu sein, so riskieren wir, denke ich, einige ernsthafte Probleme für diese Organisation.«

Zwei der Bankpräsidenten meldeten ihre Zweifel an seinen Worten an und baten um eine Zusicherung, sozusagen als Kompromiß, daß der Ausschuß noch vor der nächsten offiziellen Sitzung ein Konferenzgespräch einberufen würde. Dies implizierte, daß der FOMC dann den Zins um ein weiteres Viertelprozent anheben könnte.

Greenspan wurde böse. »Ich sitze diesem Ausschuß jetzt sechs

Jahre vor. Ich hoffe doch, ich habe genügend Glaubwürdigkeit, um zu wissen, wann ein Anruf angebracht ist.«

»Aber wir werden angerufen?« insistierte Lindsey.

»Ja«, antwortete Greenspan.

»Ich finde, es würdigt den Prozeß herab«, sagte William McDonough, der Präsident der New Yorker Fed, der Corrigans Platz eingenommen hatte, »und den Ausschuß an sich, dem Vorsitzenden zu sagen: ›Ich stimme in Ihrem Sinne, aber wir wollen angerufen werden.‹«

Greenspan ging aufs Ganze. »Ich bitte nicht oft darum, daß wir zusammenzubleiben versuchen«, sagte er. »Nach allem, was ich die letzten beiden Tage so gehört habe, sehe ich keine nennenswerten Differenzen innerhalb des Ausschusses hinsichtlich Sinn und Zweck dessen, was wir hier tun. Ich bitte Sie also darum, falls wir können, einstimmig zu handeln. Es ist eine starke Botschaft an die verschiedenen Gruppen, mit denen wir es zu tun haben – wenn wir zusammenstehen. Wenn der Beschluß nicht einstimmig ausfällt, so denke ich, schaffen wir uns dadurch ein Problem, und ich weiß nicht, wie das ausgehen wird. Ich bitte wirklich nur selten darum, das wissen Sie.« Ihm wurde klar, daß er sie im Prinzip um ein Vertrauensvotum bat. Er bat um eine namentliche Abstimmung über seinen Vorschlag, den Zins um ¼ Prozent zu erhöhen.

John LaWare, ein noch von Reagan ernanntes Ausschußmitglied, fand die Warnung des Vorsitzenden ernüchternd – sie sollte ihm noch Jahre im Gedächtnis bleiben.

Die Abstimmung fiel einstimmig zu Greenspans Gunsten aus.

»Ich danke Ihnen dafür«, sagte Greenspan dem Ausschuß. Soweit er sich erinnern konnte, war dies das erste Mal, daß er ihnen so offen dankbar gewesen war. »Ich denke, wir werden rückblikkend, wenn wir während des nächsten Jahres darauf zurückschauen, was wir hier gemacht haben, sehen, daß es die richtige Entscheidung war.«

Sie kamen überein, daß die Fed zum ersten Mal in ihrer Geschichte eine Anhebung des Tagesgeldsatzes öffentlich bekannt geben würde. Keine verdeckten Schritte mehr, die nur Fehldeutungen ausgesetzt waren. Greenspan hatte das Gefühl, man hätte nur unnötig Geheimnisse geschaffen und daß es besser sei, mit der Öffentlichkeit wie den Märkten offen zu sein.

Später am Tag, als man die Zinserhöhung um ¼ Prozent bekannt gab, fiel der Dow Jones fast um 100 Punkte auf 3871. Es war der größte Absturz an einem einzigen Tag seit zwei Jahren.

Drei Wochen später, während einer Konferenzschaltung des FOMC am 28. Februar, brachte Greenspan seinen Stolz auf ihre Entscheidung zum Ausdruck. »Ich denke, wir haben einer beginnenden Aktienspekulation das Rückgrat gebrochen«,[6] sagte er und merkte an, sie hätten außerdem eine Blase auf dem Rentenmarkt zum Platzen gebracht.

Am 22. März stimmte der Ausschuß dafür, den Leitzins um ein weiteres Viertelprozent zu erhöhen, am 18. April dann gleich noch einmal.[7]

Bei der Ausschußsitzung am 17. Mai sprach Greenspan noch einmal an, was er als »finanzielle Blase«[8] bezeichnete, wobei er anmerkte, daß die Konjunktur wahrscheinlich kräftiger sei, als sie alle vermutet hätten.

»Ich denke, wir haben immer noch eine riesige Blase, wir haben sie noch nicht vollends eliminiert. Nichtsdestoweniger haben wir, wie ich sagen würde, zu diesem Zeitpunkt die Fähigkeit, höher zu gehen als gewöhnlich, ohne das Risiko einzugehen, daß das System Sprünge bekommt.

Das Risiko, der Konjunktur zu diesem Zeitpunkt das Rückgrat zu brechen«, sagte er, »dürfte ziemlich gering sein.« Er empfahl eine Anhebung von einem halben Prozent und bekam ein einstimmiges Votum dafür.

Insgeheim war Greenspan alles andere als zuversichtlich. Soviel er wußte, hatte man noch nie eine weiche Landung zustande gebracht. Er hielt sich an das Bild von einem, der aus dem 60. Stock sprang und auf den Füßen aufzukommen hoffte. Wie auch immer, er hatte das Gefühl sie tasteten sich – oder stürzten sie? – durch einen Nebel.

Der Präsident im Weißen Haus wurde zunehmend nervös. War das nötig? Ging Greenspan zu weit? Wußte er denn überhaupt, was er tat?

Rubin und Bentsen bestanden darauf, es sei alles in Ordnung.

Clinton wurde immer wütender. Wann immer er wegen der steigenden Zinsen in die Luft ging, und das war nicht selten der Fall, warteten seine Sachverständigen, bis er Dampf abgelassen hatte, und baten ihn dann inständig, seine Nöte weiterhin für sich zu behalten und damit auf keinen Fall aus dem Oval Office zu gehen. Jeder vernünftige Zentralbankrat würde irgendwann den Fuß vom Gas nehmen müssen, erklärten sie ihm. Die niedrigen Zinsen für Tagesgeld hatten die Wirtschaft aufgepumpt; die Zinsen mußten einfach nach oben gehen, um für etwas Abkühlung zu sorgen. Alle auf der historischen Entwicklung basierenden ökonomischen Modelle zeigten, daß es ein oberes Limit gab, was das Wachstum anging. Um das ganze zu komplizieren, glaubten die Volkswirtschaftler – und die jüngste amerikanische Wirtschaftsgeschichte hatte es gezeigt –, daß es ein Level sogenannter Vollbeschäftigung gibt. Es gibt ein Limit, wie tief die Arbeitslosigkeitsrate sinken kann, ohne eine Inflation auszulösen, und dieses liegt, davon geht man aus, bei sechs bis sieben Prozent. Dieses untere Limit bezeichnet man mit dem Kürzel NAIRU – für Non-accelerating Inflation Rate of Unemployment – oder als inflationsstabile Arbeitslosigkeitsrate. Die Arbeitslosigkeitsrate hatte in diesem Jahr bei über 6 Prozent begonnen und setzte ihren Abwärtstrend fort.

Selbst Rubin bestand darauf, daß es eine optimale Wachstumsrate bei Vollbeschäftigung gab.

Der Präsident war skeptisch, ja außer sich. Dann hätten sie also nicht nur das Problem einer zu hohen Wachstumsrate, es hätten auch noch zu viele Leute Arbeit! Das sei doch lächerlich, schnaubte er.

Rubins Ansicht nach hatte der Präsident die richtige Wahl getroffen mit seinem Wirtschaftsplan, der den Abbau des Defizits und finanzpolitische Disziplin vorsah. Als Demokrat würde sich Clinton weit schwerer tun, bei Wirtschaft und Wall Street

Glaubwürdigkeit zu finden als ein Republikaner. Es gab da zähe Vorbehalte gegen die Demokraten, die einerseits hohe Steuern kassierten, auf der anderen Seite das Geld zum Fenster hinauswarfen; es war also von entscheidender Bedeutung, für eine Vertrauensbasis zu sorgen, und dazu war es nötig, sich an den Plan zu halten. Das würde dauern, da es während der letzten zwölf Jahre republikanischer Regierung so etwas wie finanzielle Disziplin so gut wie nicht gegeben hatte. Alles in allem sei es die Rolle der Fed, diese Disziplin schaffen zu helfen. Der Präsident müsse Greenspan seine Arbeit machen lassen.

Einmal, Greenspan hatte einen Termin beim Präsidenten, waren Clinton und sein Ökonomenteam schon vorab im Oval Office versammelt. Während sie auf den Notenbankchef warteten, hatte der Präsident begonnen, den Vorsitzenden zu imitieren. Mit tiefer, düsterer Stimme machte er nach, wie Greenspan eine Attacke gegen die Inflation ritt. Inflation! Inflation war alles. Inflation war das Zentrum des Universums. Inflation! Inflation! Es war eine ziemlich gute Karikatur, und seine Berater hielten sich den Bauch vor Lachen. Einer vergewisserte sich nervös, ob die Türen des schalldichten Oval Office auch tatsächlich geschlossen waren, damit der Vorsitzende sie nicht hörte.

Jetzt kamen keine Witze mehr über Greenspan aus dem Oval Office.

Schlimmer noch, der Anleihemarkt war im Eimer. Die langfristigen Zinsen schossen nach oben und hoben die Gewinne aus dem Plan zum Abbau des Defizits von 1993 wieder auf. Wo war der Witz, fragte der Präsident.

Mortimer B. Zuckerman, der reiche Immobilienmakler, Eigentümer und Herausgeber des Magazins *U.S. News & World Report*, ließ eine Kampagne gegen Greenspans Zinserhöhungen vom Stapel und nannte sie dabei einen unnötigen Würgegriff für die Konjunktur. In der Kolumne, die er für sein Magazin schrieb, schlug Zuckerman Woche für Woche die Trommel und mokierte sich über eingebildete »Inflationserwartungen« und Greenspans »delphische Äußerungen«.[9] In Zuckermans Augen hatte der Zentralbankchef nicht verstanden, »daß eine ungeheure Zunahme an Produktivität und Effizienz die amerikanische Wirtschaft umstrukturiert und die Aussichten für eine Inflation grundlegend verändert hatte«. Nach einer Reihe dieser kritischen Kolumnen lief Zuckerman Greenspan schließlich mal über den Weg.

»Was wissen Sie über Geldpolitik, was ich nicht weiß?« fragte Greenspan abschätzig.

Zuckerman sagte ihm, er unterhalte sich regelmäßig mit Leuten in der *richtigen* Wirtschaft, in einer ganzen Reihe von Unternehmen – größtenteils seinen eigenen.

Mit wie vielen, meinen Sie, unterhalte ich mich? erkundigte sich Greenspan und erwähnte die organisierten Bemühungen quer durch die zwölf Bundesbankbezirke, Informationen einzuholen – von Hunderten von Quellen.

Zuckerman lud Greenspan ein, vor dem Redaktionsausschuß von *U.S. News* zu sprechen. Er hielt Greenspans Ausführungen über die Wirtschaft für das Brillanteste, was er je gehört hatte – was ihn aber nicht davon abhielt, weiter auf ihn einzudreschen.

9 Clintons Neue

Sehen Sie zu, daß Sie Demokraten in die Fed bekommen, wies Präsident Clinton seine Wirtschaftsberater an. Der ganze Zentralbankrat bestand aus Leuten, die Reagan und Bush ernannt hatten. Jetzt jedoch trat Vize David Mullins zurück, um wieder etwas Geld zu verdienen, und Zentralbankrat Angells Amtszeit war abgelaufen. Clinton konnte demnach zwei Leute in den siebenköpfigen Ausschuß setzen, seine ersten Ernennungen für die Fed. So wie die Zinsen stiegen, wollte er, daß Finanzministerium und Weißes Haus sich damit beeilten. Ihre Anweisungen lauteten nicht gerade, Greenspan zu versenken, aber der Präsident wollte definitiv ein Gegengewicht in der Fed.

Man machte sich also auf die Suche nach zwei Volkswirtschaftlern, zwei Demokraten, die Clintons Wirtschaftspolitik gegenüber wenigstens grundsätzlich positiv eingestellt waren. Rubin suchte Alan Blinder auf, den Vize von Clintons Sachverständigenrat, einen seiner Verbündeten im Weißen Haus.

Wären Sie gern Vize im Zentralbankrat? fragte Rubin.

Blinder war der Stolz der wirtschaftswissenschaftlichen Fakultät von Princeton und Autor zahlreicher Bücher über Volkswirtschaft, die sowohl ihres Gehalts als auch ihrer Klarheit wegen geschätzt waren. Mehr als ein Jahr zuvor hatte er dem damaligen designierten Präsidenten Clinton eine – Rubins Ansicht nach – kritische Einführung in die Volkswirtschaft gegeben. Blinder, 48, ein hochgewachsener, schlanker Akademiker mit angehender Glatze und dicker Brille, verfügte über die etwas beunruhigende Gelehrsamkeit so vieler Professoren, hatte aber Humor genug zu wissen, wie trocken und pedantisch die Ökonomie sein konnte.

In einem mit Diagrammen und theoretischer Volkswirtschaft gespickten Vortrag[1] hatte Blinder argumentiert, daß ein aggressiver Plan zum Abbau des Defizits zu einer Senkung der langfristigen Zinsen führen könnte – der Schlüssel zu einer kräftigen Konjunktur – und zu einer Anhebung des Lebensstandards ganz allgemein. Als Clinton die Implikationen von Blinders Worten zu dämmern begannen, lief der designierte Präsident rot an und erklärte in einem kritischen Augenblick der Selbsterkenntnis: »Wollen Sie damit sagen, daß der Erfolg des Programms und meine Wiederwahl von der Bundesbank und einem Haufen gottverdammter Broker abhängt?« Die beunruhigende Antwort lautete ja.

Blinder stand mit einem Bein im traditionellen Mainstream-Liberalismus, der auch die unterste Sprosse der sozialen Leiter nicht ganz vergaß, aber er war ein Demokrat, der auf die Klassenkampfrhetorik verzichtete, die Rubin nicht haben konnte. Rubins Ansicht verfügte Blinder in etwa über genau den richtigen Mix.

Blinder hatte es früher abgelehnt, einer der sieben Zentralbankräte zu werden, jetzt jedoch überlegte er sich Rubins Angebot gut. Der Job bei der Bundesbank bedeutete einen Schritt die Washingtoner Hackordnung hinauf. Ein gewöhnlicher Zentralbankrat gehörte auf die C-Liste, er war politisch und gesellschaftlich anonym – genauso wie Blinder in seiner augenblicklichen Position im Weißen Haus auch. Als Vize der Fed jedoch käme er auf die B-Liste. Als er überlegte, ob er den Job annehmen solle, gestand Blinder sich ein, daß er eine sehr menschliche Schwäche hatte, die er mit vielen in Washington teilte – das Statusdenken.

Blinder dachte sich, daß der Posten als Vize ihm nicht nur einen Platz an der Tafel verschaffen würde, sondern auch ein Mitspracherecht beim großen Spiel um den Zins. Zu seinem Job beim wirtschaftlichen Sachverständigenrat gehörte es, Greenspan einen Tag vor Herausgabe der verschiedenen Statistiken aus den Arbeits- und Wirtschaftsministerien anzurufen. Er konnte nur staunen, wie Greenspan in den Zahlen schwelgte und immer wieder Fragen stellte, für die er erst in Diagrammen und Tabellen nachsehen mußte. Greenspan und er wären dann Nummer eins und zwei in einem der wichtigsten Gremien der wichtigsten Regierung der Welt. Etwa einen Tag später sagte Blinder Rubin zu.

Als Greenspan erfuhr, daß Blinder als neuer Vize dazu käme, bat er Mullins, wie das die Sorgfalt gebot, um einen Hintergrundbericht über ihn; das hieß, er hatte Blinders bisherige Veröffentlichungen und Äußerungen durchzugehen. Nur damit wir keine Überraschungen erleben, sagte der Vorsitzende.

Mullins vergrub sich in den Kolumnen, die Blinder für *BusinessWeek* geschrieben hatte, in alten Artikeln und Büchern. Blinder, so stellte sich heraus, hatte Volcker wegen seines zu harten Vorgehens gegen die Inflation kritisiert; einmal hatte er gesagt, die amerikanische Wirtschaft sei schließlich kein vietnamesisches Dorf, das man dem Erdboden gleichmachen müsse, um es zu retten. In seinem 1987 erschienenen Buch *Hard Heads, Soft Hearts* schrieb Blinder, was die Übel der Inflation angehe, herrsche viel zuviel Hysterie. Eine Inflation habe eher etwas von einem Schnupfen als einer ernsthaften Krankheit, und wegen eines Schnupfens verschreibe man schließlich keine Lobotomie.

Einige Tage später kam Mullins mit besorgtem Blick zu Greenspan.

»Perfekt ist es nicht«, sagte er.

Greenspan verzog das Gesicht.

»Keine Bange«, sagte Mullins, »ist schließlich nicht so, als wäre er Kommunist oder was. Es ist nur, daß er in seinen frühen Veröffentlichungen eine sichtlich weiche Haltung gegenüber der Inflation an den Tag legt.« Er erstattete ihm einen detaillierten Bericht.

»Als Kommunist wäre er mir lieber gewesen«, kam Greenspans Bonmot.

Vor seinem Einstieg bei der Fed hatte Blinder einige vielversprechende Gespräche mit dem Vorsitzenden geführt. Greenspan hatte durchblicken lassen, der Zentralbankrat sei knapp an Arbeitskräften und er sei dort willkommen. Der Vorsitzende gab ihm eine ausgesprochen offene Einschätzung der Stärken und Schwächen der anderen Mitglieder im Rat.

In der Zeit nach seiner Ernennung verfolgte Blinder aufmerksam seine Presse. Anfänglich war die Berichterstattung schmeichelnd. Obwohl ein Artikel in der *New York Times*[2] Blinder als »Taube« in Sachen Inflation charakterisierte, »die in der Inflation kein Problem sieht«, hieß es in den meisten anderen Artikeln, wie etwa dem von Associated Press[3] am Tage seiner Bestätigung durch den Senat, daß die Ernennung »ihn in die Warteschleife« für den Posten als Vorsitzenden der Fed schieben könnte. Andere Artikel[4] kürten Blinder gleich zum »wahrscheinlichen Nachfolger« Greenspans, und ein Artikel im *Investor's Business Daily*[5] enthielt gar die forsche Prognose vom Chefökonomen eines großen Hauses aus der Wall Street: »Es wird sich um Blinder eine neue Koalition bilden. Ich denke, dies ist der Anfang vom Ende für Greenspan.« Da Blinder seit über zwölf Jahren der erste demokratische Neuzugang im Zentralbankrat war, nahm die Presse es als gegeben, daß er mit dem Republikaner Greenspan um den Vorsitz wetteifern würde; schließlich lief Greenspans Amtszeit im März 1996 aus.

Blinder wußte, daß noch nie ein Vize den Posten des Vorsitzenden bekommen hatte. Als die Presse ihn als Greenspans Erben zu bezeichnen begann, sagte er möglichst wenig, um nicht noch Öl ins Feuer zu gießen, aber er tat auch praktisch nichts, um es zu löschen. Greenspan gegenüber berührte er die Berichterstattung in der Presse nicht, und der Vorsitzende, der sie genauso verfolgt hatte, sprach das Thema von sich aus nicht an.

Am Morgen des 27. Juni, am Tag nach seiner offiziellen Bestätigung im Senat also, trafen Blinder und seine Frau Madeline im Gebäude der Fed an der Constitution Avenue ein. Greenspan schwor Blinder als Stellvertretenden Vorsitzenden ein, und Fotografen schossen Bilder des neuen Führungsgespanns. Nachdem die Zeremonie vorbei war, sagte der Vorsitzende, er habe für Blinder, zwei andere Mitglieder des Zentralbankrates und einige Mitarbeiter der Fed einen Lunch arrangiert – um dann einfach zu gehen. *Good-bye.*

Blinder wußte nicht so recht, was er davon halten sollte, aber seiner Frau schien der kühle Empfang nichts Gutes zu verheißen. Wenn der Vorsitzende schon am ersten Tag, im ersten Augenblick nicht schnell genug wegkommen konnte. Was könnte dies bedeuten?

Einige Tage vor Blinders zweiter FOMC-Sitzung am 16. August rief Greenspans Sekretärin ihn an, um ihm zu sagen, daß der Vorsitzende auf dem Weg zu ihm sei.

Gleich darauf tauchte Greenspan bei ihm auf. »Die Geschichte«, sagte der Vorsitzende und meinte damit die allgemeine konjunkturelle Lage, »beginnt sich zu erhitzen.« Er machte Blinder klar, daß er am nächsten Vormittag den Tagesgeldsatz um ein ½ Prozent anzuheben gedachte.

Blinder sagte, daß er ¼ Prozent für ausreichend halte. Es entspreche der üblichen Erhöhung, und er sehe keinen Grund, darüber hinauszugehen, wo die Fed den Satz doch bereits seit Jahresbeginn viermal angehoben hatte.

Greenspan war da anderer Meinung. Die Konjunktur laufe sich heiß. Der Vorsitzende wies ganz unmißverständlich darauf hin, daß diesmal mehr als die übliche Anhebung vonnöten sei.

Blinder machte sich weniger Sorgen um die einzelnen Zinserhöhungen als darum, wo die Fed mit dieser Reihe von Anhebungen landen würde. Wo sollte das hinführen? Wieviel war genug? Was wäre das Zeichen dafür aufzuhören? Blinder war ja dafür, die Inflation untenzuhalten, aber er machte sich Sorgen, daß die Fed womöglich auf einen Overkill zuhielt – einen Crash anstatt einer weichen Landung.

Der Offenmarktausschuß begleitete seine Zinsentscheidungen nur ungern mit klaren Aussagen, das wußte Blinder. Wortlos – was implizierte, die Zinsentscheidung spreche für sich – war in der Welt der Zentralbank ideal. Blinder jedoch war der Ansicht, die Fed müsse erklären, weshalb sie den Zins gleich um ein ½ Prozent anhob. Er fragte Greenspan, ob es denn, für den Fall, daß die halbprozentige Erhöhung sich nicht vermeiden ließ, nicht vielleicht möglich wäre, eine Erklärung mit dem Tenor abzugeben, daß die Fed nach der Anhebung erst einmal aussetzen würde als Hinweis darauf, daß in nächster Zukunft nicht mit weiteren Anhebungen zu rechnen sei?

Eine Erklärung, sagte Greenspan, sei möglich.

Blinder merkte darauf an, er halte eine Erklärung für erforderlich, falls der Ausschuß geschlossen für eine halbprozentige Anhebung stimme.

Nach einer 15minütigen Debatte erklärte Greenspan sich einverstanden und ging. Er hatte Blinder eine Erklärung irgendeiner Art versprochen, und Blinder gab dem Vorsitzenden dafür seine Stimme.

Greenspan wußte, Blinder hatte ihm damit im wesentlichen ein Ultimatum gestellt. Ultimaten waren bei der Fed nicht sehr hilfreich.

Hinsichtlich des zweiten freien Platzes im Zentralbankrat entschied Clinton sich für Janet Yellen, 47, eine grauhaarige Professorin mit einem Doktor aus Yale, die Volkswirtschaft in Harvard und Berkeley, der University of California, unterrichtet hatte. Sie hatte in den siebziger Jahren als Ökonomin bei der Fed gearbeitet und zahlreiche Veröffentlichungen hinter sich. Gegenwärtig war sie Professorin an der wirtschaftswissenschaftlichen Fakultät der University of California in Berkeley. Yellen war eine vehemente Befürworterin niedriger Arbeitslosigkeitsraten, die dem Land ihrer Ansicht nach gut taten und für die Benachteiligten sinnvoller waren als jede Maßnahme seitens des Staats. Einige Tage vor der Sitzung des Offenmarktausschusses am 16. August vereidigte man sie.

Zu dieser Sitzung trafen sich Greenspan, die alten Ausschußmitglieder sowie Blinder und Yellen im Konferenzraum der Fed im ersten Stock. Über eine Stunde lang leitete Greenspan eine Diskussion über die Lage der Wirtschaft. Notenbankpräsidenten und Zentralbankräte sprachen über die wirtschaftliche Leistung, wie sie sich ihnen bot, von heiß über durchwachsen bis kalt, je nach den zuweilen sehr deutlichen geographischen Unterschieden. Blinder sagte, seiner Meinung könne man die Arbeitslosigkeitsrate ruhig noch etwas sinken lassen, ohne eine Inflation zu riskieren. »Ich möchte nur gesagt haben, daß 6,3 Prozent Arbeitslosigkeit meiner Ansicht nach nicht das vom FOMC angestrebte Niveau sein sollte«, sagte er. »Ich bin ganz entschieden der Ansicht, wir sollten eine niedrigere Arbeitslosigkeitsrate anstreben.«[6]

Yellen sagte, sie sei da genau seiner Meinung; sie halte es für möglich »sogar noch ein paar Zehntel mehr von der Arbeitslosigkeitsrate wegzuhobeln, ohne ein nennenswertes Anwachsen der Inflation zu riskieren.«[7]

»Dann lassen Sie mich anfangen«,[8] sagte Greenspan, nachdem jeder zu Wort gekommen war. Als er sich wie gewohnt an sein konjunkturelles Resümee machte, verwies der Vorsitzende einmal mehr auf seinen nachhaltigen Argwohn gegenüber den Zahlen zum Wirtschaftswachstum, die dem Ausschuß vorlagen. Jüngste Zahlen deuteten darauf hin, daß die Produktivität – im Sinne der Warenmenge, die ein Arbeiter pro Stunde produziert – gesunken war, und Greenspan wollte das immer noch nicht glauben. »Die Wahrscheinlichkeit, daß in der realen Welt die Produktivität zurückgegangen sein soll, halte ich für absolut unglaubwürdig«, sagte er. Profite seien gestiegen, aber nicht die Preise. Eine Zunahme der Produktivität war für Greenspan die mathematisch einzig mögliche Erklärung für die gestiegenen Profite, die die Präsidenten der Bundesbankbezirke meldeten.

»Eine Statistik, über die wir nicht sehr oft sprechen«, schob Greenspan nach, »ist die außerordentliche Zunahme an Unternehmensgründungen.« Bei der Gründung neuer Unternehmen verzeichne man einen »ziemlich scharfen Aufschwung«, ein Ereignis, das nicht mit einer Konjunktur vereinbar sei, die ihren Höchststand bereits überschritten habe und bereits im Abschwung begriffen sei. Eine scharfe Zunahme bei Geschäftsgründungen zeige, daß die Wirtschaft wohl kaum an Dampf verliere, wie einige angeführt hätten.

Diese ganze Situation machte Greenspan nervös. »Es kommt wirklich Bewegung in die Kiste«, sagte er.

»Ich denke, wir haben hinsichtlich unserer Politik daraus den Schluß zu ziehen, daß zu irgendeinem Zeitpunkt eindeutig eine weitere Anhebung erforderlich ist«, sagte er. Der voluminöse Wirtschaftsbericht seines Stabes, der für jede Sitzung des Ausschusses vorbereitet wurde, ging von der Schätzung aus, daß die Fed den Zins schließlich um einen ganzen Prozentpunkt würde anheben müssen. Greenspan sagte, er wisse nicht, ob das die richtige Zahl sei, aber ½ Prozent »genügt vielleicht, wenn wir es gleich machen«. Wenn sie auf der Stelle um ½ Prozent erhöhten, sagte der Vorsitzende, dann stünden die Chancen besser als 50 zu 50, vor Jahresende den Zins nicht noch weiter erhöhen zu müssen.

»Ich bin etwas besorgt, daß ¼ Prozent nur zu einer Diskussion darüber führen würde, wann der zweite Schritt kommt«, fuhr Greenspan fort. Er bot seine persönliche Einschätzung der Reaktion des Marktes auf eine Anhebung um einen halben Punkt: »Meine eigene Sicht – ich bin etwas ausführlicher als gewöhnlich, ich hoffe, Sie sehen mir das nach – meine eigene Sicht geht dahin, daß es mir sehr wichtig scheint, falls wir um ein ½ Prozent erhöhen, auf keinen Fall den Eindruck zu erwecken, wir sähen größere Beschleunigungen voraus und daß es sich hierbei nur um den Anfang einer langen Reihe von halbprozentigen Anhebungen handelt ... Ich denke, wir müssen sehr vorsichtig sein, nicht diesen Eindruck zu erwecken. Die einzige realistische Art und Weise, dies zu vermeiden, besteht darin, die eine oder andere Erklärung herauszugeben.« Diese könnte die Absicht der Fed verdeutlichen, »eine Weile still zu halten, ohne daß wir uns dadurch die Hände binden, was nicht angehen kann«.

Erfreut darüber, daß Greenspan sich an ihre Vereinbarung hielt, dachte Blinder, es bestünde damit eine gute Chance, daß dies die letzte nötige Zinsanhebung sei.

»Je mehr ich mir dies als potentielles politisches Paket vor Augen halte, desto weniger gefallen mir die Alternativen«, schloß der Notenbankpräsident.

»Ich möchte nur noch einen Augenblick, um zu betonen, daß es sich dabei auch tatsächlich um ein Paket handelt«, sagte Blinder kurz, nachdem der Vorsitzende fertig war. »Zusammen mit einem derart aussagekräftigen Statement unterstütze ich den

Vorschlag des Vorsitzenden nicht nur, ich unterstütze ihn mit Begeisterung.« Und nur für den Fall, daß es keiner mitbekommen haben sollte, fügte er hinzu: »Ohne würde ich das nicht.«

Greenspan verlas einen Entwurf der vorgeschlagenen Erklärung, in der es vage hieß, die Fed erachte diese Anhebung für ausreichend – »wenigstens für einige Zeit«. Das konnte Monate heißen oder auch bis Jahresende, aber der Vorsitzende wußte, daß es auch genau vier Minuten und siebenunddreißig Sekunden heißen konnte – wenn nicht gar weniger. Mit anderen Worten, die Erklärung besagte so gut wie nichts.

Greenspan rief zur Abstimmung über die Erhöhung um ½ Prozent auf, die von der Erklärung begleitet werden sollte.

Yellen war einigermaßen überrascht. Obwohl ein Teil der Diskussion vom üblichen »auf der einen Seite, auf der anderen Seite« geprägt und die Differenzen zwischen einigen der Notenbanker ganz offensichtlich waren, bestand im Ausschuß offensichtlich keine Bereitschaft, mit einer erhöhten Inflationsrate zu leben, so unglaublich aggressiv wie man den Zins anhob. Sie hatte aus verläßlichen Quellen gehört, daß die Zinserhöhungen Präsident Clinton alles andere als genehm waren, und jetzt saß sie hier, gerade von Clinton ernannt, in ihrer ersten Sitzung des FOMC, und man verlangte von ihr eine Erhöhung um ein halbes Prozent. Es gab bereits elf Stimmen für den Vorschlag des Vorsitzenden. Da sie als Neuling den untersten Rang einnahm, war sie auch die letzte, die ihre Stimme abgab.

Ja, sagte sie, was die Sache einstimmig machte. Die Anhebung könnte der Expansion noch etwas Zeit verschaffen, lautete ihre Begründung.

Nach der Sitzung gratulierte Greenspan Blinder und sagte ihm, er hätte sich sein Gehalt verdient.

Die Anhebung des Zinses sorgte für eine Erholung sowohl am Aktien- als auch am Rentenmarkt, wo die Trader die halbprozentige Erhöhung der Fed als starke Offensive gegen die Inflation werteten. Sie verärgerte einige der Demokraten im Kongreß und andere, die der Ansicht waren, man riskiere mit der Zinsanhebung einen scharfen Abschwung der Konjunktur.

Fast die gesamte Berichterstattung der Medien konzentrierte sich auf die Anhebung um ½ Prozent, und kaum einer erwähnte die Erklärung der Fed hinsichtlich ihrer Absicht, Zinsbewegungen »wenigstens für einige Zeit« zu vermeiden.[9]

Man war einer Konfrontation aus dem Weg gegangen. Blinder war mit dem Ergebnis zufrieden, aber er erkannte auch, daß Greenspan die absolute Kontrolle hatte.

Kaum zwei Wochen später besuchte das Gros der Notenbanker das alljährliche Retreat der Federal Reserve von Kansas City in Jackson Hole, Wyoming. Die Tagung am Fuße der Grand Tetons war eine dringend benötigte Erholung vom sumpfigen Augustwetter der Bundeshauptstadt. Neben akademischen Volkswirtschaftlern, Politikern und Journalisten besuchten Zentralbanker aus aller Welt vormittags die Seminare und erfreuten sich nachmittags an der Natur.

Das übergeordnete Thema der Tagung war der Abbau der Arbeitslosigkeit, und Blinder sah sich zum Ende der Konferenz am Samstag, den 27. August, um einige abschließende Bemerkungen gebeten.

Er hatte bereits auf der Konferenz von Jackson Hole gesprochen, aber damals als Akademiker, der nicht durch Gebräuche und Verantwortlichkeiten der Zentralbank gebunden war. Er machte gleich am Anfang seiner 20minütigen Ansprache klar, daß er den Unterschied sehr wohl verstand. »Es ist völlig klar, daß es zur Rolle meines neuen Jobs gehört, nichts zu sagen – und schon gar nichts Interessantes«,[10] scherzte er.

In einem weiteren Versuch, witzig zu sein, geistreichelte Blinder, er sei hocherfreut, die anderen Teilnehmer ernsthaft über einen Abbau der Arbeitslosigkeit sprechen zu sehen, anstatt sie zu vergrößern. Bewußt induzierte Rezessionen, mit denen die Zentralbank das Wirtschaftswachstum in den Griff zu bekommen und einer Inflation entgegenzuwirken versuchte, ließen die Arbeitslosenquote traditionsgemäß in den Himmel schießen. Nicht alle lachten.

Dann führte Blinder an, die Fed konzentriere sich womöglich

zu sehr auf Inflationsbekämpfung und Preisstabilität. Sollte die Bundesbank nicht mit gleicher Heftigkeit auf das Ziel einer maximalen Beschäftigung hinarbeiten – ein Ziel das doch in den jüngsten Bundesbankgesetzen ausdrücklich mit eingebracht war? »Die Zentralbank *hat* beim Abbau der Arbeitslosigkeit eine Rolle zu spielen«, sagte er.

Tags darauf las Blinder zu seinem Entsetzen auf Seite 26 der *New York Times*[11], er sei mit seiner Rede »öffentlich aus dem Glied getreten«, was den größten Teil seiner Kollegen anging, und seine Bemerkungen »enthüllten eine intellektuelle Spaltung« der Fed. Am Montag, den 29. August, stürzte die *Times*[12] sich mit einem Artikel auf der ersten Seite des Wirtschaftsteils auf das Thema. »Spaltung über die Rolle der Fed; Zusammenstöße, nachdem Vize Schaffung von Arbeitsplätzen zum weiteren Ziel erklärt«. Der Artikel zeichnete einen scharfen Kontrast zwischen Blinder und Greenspan, der erst jüngst seine Ansicht bekräftigt hatte, der Kampf gegen die Inflation sei das vorrangige Ziel der Fed.

Blinder sah das folgendermaßen: Man hatte ihn gebeten, die abschließende Rede eines Seminars mit dem Motto »Abbau der Arbeitslosigkeit« zu halten. Worüber also hätte er sonst sprechen sollen?

Das Gesetz zu Vollbeschäftigung und ausgeglichenem Wachstum von 1978, nach seinen Befürwortern in der Legislative Humphrey-Hawkins Act genannt, gab der Fed den Auftrag, ihr Bestes zu tun, um eine maximale Beschäftigung zu erreichen, und Blinder war der Ansicht, nichts weiter getan zu haben, als diese Verantwortung ins Licht der Öffentlichkeit zu rücken. Ein Artikel in der *New York Times*[13] war da anderer Meinung; Arbeitsplätze mehr zu gewichten als die Inflation, so hieß es da, das sei, »als stecke man den Zentralbankern Nadeln in die Augen«.

Greenspan fuhr kommentarlos in den Urlaub und ließ Blinder im Wind der Medien zappeln, die die Situation schließlich mit dem Beinamen »L'affaire Blinder« versahen. Es folgte ein faustdicker Stapel von Artikeln über eine Spaltung der Fed. Robert J. Samuelson erklärte in seiner Kolumne in *Newsweek*[14],

Blinder sei nicht nur weich in seiner Haltung gegenüber der Inflation, eine Todsünde für einen Zentralbanker, es fehle ihm obendrein auch noch an »den moralischen und intellektuellen Qualitäten, die zur Leitung der Fed nötig« seien.

Ein schlichtes Wort, ein Satz des Vorsitzenden an einige der wichtigeren Fed-Reporter, selbst eine inoffizielle Bemerkung dahingehend, daß es sich bei der ganzen Angelegenheit um einen Teil der üblichen Debatte über die Politik der Fed gehandelt habe, hätte Blinders Ansicht nach der Raserei ein Ende machen können. Also sah er hinter Greenspans Schweigen eine Absicht. Aus dem einen oder anderen Grund wollte Greenspan ihn zappeln sehen.

Blinder ging mit dem Problem jedoch nicht direkt zu Greenspan, als ihm klar wurde, daß sich für den Vorsitzenden dies alles glaubwürdig, ja geradezu perfekt in Abrede stellen ließ. Greenspan hatte die Kontroverse schließlich nicht losgetreten, und ganz sicher konnte man ihn nicht für die Presse verantwortlich machen. Betteln wollte Blinder jedoch nicht. Seiner Ansicht nach nahm der »Vorsitzende, der sich nicht äußern wollte« ein Eigenleben an. Blinder glaubte, Greenspan manipuliere die Presse. Sein Schweigen war nicht weniger abträglich, wenn nicht gar abträglicher als irgendwelche negativen Kommentare, die er hätte machen können. Keiner, so glaubte Blinder, habe auch nur eine Ahnung, wie geschickt Greenspan im Spiel der politischen Insider Washingtons war, bekam er doch den subtilen, aber tödlichen Stachel des Notenbankchefs am eigenen Leibe zu spüren.

Obwohl er es nie öffentlich sagte, hielt Greenspan Blinders Rede intellektuell für etwas verschwommen und sah in ihr eine unnötige Provokation.

Für den 8. September hatte Blinder eine Rede in einem Hotel in downtown Washington auf dem Terminkalender. Hinterher erwarteten ihn Dutzende von Reportern und Kameras. Blinder sah, daß er die Wahl hatte, sich entweder wie ein Footballspieler aufzuführen oder wie ein zivilisierter Mensch einige Fragen zu beantworten. Also blieb er stehen und beantwortete die Fragen, wobei er die angebliche philosophische Kluft zwischen ihm und dem Notenbankchef herabspielte.

Tags darauf berichtete die *New York Times*[15], Blinder habe eine »außerordentliche« Pressekonferenz abgehalten. Verflucht noch mal, sagte er sich. Es sah ganz so aus, als spiele er sich in den Vordergrund, als gebe er an. Notenbanker hielten keine Pressekonferenzen ab. Hätte man ihn nicht von Anfang an als möglichen Herausforderer Greenspans für 1996 gehandelt, so glaubte Blinder, hätte sich der Presserummel um ihn längst wieder gelegt. Immer wieder betonte er, mit dem Weißen Haus auch nicht ein einziges Mal über diese Möglichkeit gesprochen zu haben, und er schien verletzt, seine Beziehung zu Greenspan darunter leiden zu sehen. Nichtsdestoweniger weigerte sich Blinder, die Tür vor der Möglichkeit zu verschließen, selbst der nächste Chef der Notenbank zu werden.

Bei einem Gespräch mit dem *Wall Street Journal*[16] fragte man ihn, ob er denn Greenspans Nachfolger werden wolle. »Soviel denke ich darüber nicht nach«, sagte er, was darauf schließen ließ, daß er wenigstens hin und wieder darüber nachdachte. »Es wäre eine phantastische Gelegenheit, falls sie sich bietet. Fürs erste«, fuhr er vielsagend fort, »hat die Fed einen guten Vorsitzenden. Die Stelle ist also nicht frei.«

Bei der nächsten Sitzung des FOMC sechs Wochen später, am 27. September, zollte Greenspan der Formulierung »wenigstens für einige Zeit« aus ihrer Erklärung zum letzten Zinsschritt Tribut und sagte, es müßte schon gewichtige Hinweise geben, um jetzt einen Schritt zu tun. Seiner Ansicht nach gebe es die nicht, aber bei der nächsten Sitzung müßten sie womöglich um ein weiteres ½ Prozent nach oben gehen.

In den Tagen vor der nächsten Sitzung am 15. November hatte Blinder den Eindruck, die Konjunktur sehe kräftiger aus – zu kräftig. Von den Märkten drang ein Tosen herauf, das nichts anderes bedeutete, als daß die Fed mit ihrer Erklärung abzuwarten einen Bock geschossen hatte und nun hinten dran war. Prognostiker begannen vorherzusagen, daß die Fed im laufenden Zyklus – der Tagesgeldsatz stand jetzt bei 4¾ Prozent – schließlich auf 8 Prozent gehen würde, wenn nicht noch höher. Blinder wußte, daß die Fed handeln mußte, hielt die Prognose von 8 Prozent beim Tagesgeld jedoch für lächerlich.

Greenspan bat wieder einmal, ihn sprechen zu können. Als der Vorsitzende in Blinders Büro kam, sagte er, er würde gern eine dramatische Geste machen, um zu zeigen, daß die Fed nicht hinterherhinke – er wolle denen da draußen so richtig die Zähne zeigen.

Blinder war ganz seiner Meinung; er sagte, die Konjunktur laufe davon und sie müßten unbedingt etwas tun. Er sagte Greenspan, er würde nicht die geringsten Schwierigkeiten haben, bei der kommenden Sitzung die Anhebung von ½ Prozent durchzusetzen, die Greenspan auf der Septembersitzung vorgeschlagen hatte.

Greenspan wollte gleich eine Anhebung um ein ¾ Prozent.

Blinder war etwas überrascht. Er war selbst bereits zu dem Schluß gekommen, daß sie letztlich um ein ¾ Prozent hochgehen müßten, aber er hielt es für klug, das schrittweise zu tun.

Greenspan wollte alles auf einen Schlag. Er führte keine spezifischen Daten an, sondern konzentrierte sich statt dessen auf sein Gefühl, laut dem der Topf am Überkochen und ein ¾ Prozent die einzige Möglichkeit für die Fed war, die Märkte wieder um einen Schritt zu überholen.

Es war eine große Enttäuschung. Blinder war besorgt, daß eine Anhebung von einem ¾ Prozent das Vertrauen auf den Märkten zerschlagen und sich auch auf den Rest der Wirtschaft negativ auswirken könnte, vor allem auf die Leute, die gerade mit dem Kauf eines Hauses befaßt waren.

Greenspan blieb fest.

Hm, hm, machte Blinder schließlich unverbindlich – eine Art unausgesprochenes »Ich weiß nicht…« Er ließ dem Vorsitzenden gegenüber nicht durchblicken, ob er mitzuziehen gedachte.

Blinder und Yellen berieten über die interne Prognose der Fed, die vor der Sitzung unter den Mitgliedern des Offenmarktausschusses verteilt worden war. Sie ging davon aus, daß die Fed im Verlauf der nächsten paar Sitzungen um 1½ Prozent erhöhen müßte. Bedachte man die 1¾ Prozent, die man in diesem Jahr bereits nach oben gegangen war, ergab das insgesamt eine Anhebung von erstaunlichen 3¼ Prozent innerhalb eines einzigen Jahres. Sowohl Blinder als auch Yellen hielten das für viel zuviel. Bedachte man die Verzögerung von einem Jahr, was die Wirkung anging, dann bedeutete das, daß die Konjunkturbremse so richtig erst 1996, also im Wahljahr, zog. Sie beschlossen, beide bei der Sitzung des FOMC am 15. November den Mund aufzumachen.

Blinder ließ von seinen Mitarbeitern ein Modell über die potentiellen Wirkungen der Zinsänderungen auf die Gesamtwirtschaft aufstellen. Die Zinssenkungen, die die Fed dem System 1991 und 1992 in starken Dosen verordnet hatte, hätten ihre maximalen Auswirkungen 1993 und 1994 und würden dann, dem komplexen mathematischen Modell des Stabs nach, dahinwelken. 1994 brachte – laut Modell – der Stimulus durch die Zinserleichterungen von 1991–92 ein zusätzliches Wachstum von 1½ Prozent. 1996 jedoch hätten die Auswirkungen der Politik von 1991–92 – und die zusätzlichen 1½ Prozent Wachstum, die sie gebracht hatten – das System durchlaufen und schieden damit wieder aus.

Wenn die Fed darüber hinaus bis Anfang nächsten Jahres den Zins um 3¼ Prozent anhob, so würde das – laut Modell – das Wirtschaftswachstum 1995 um ein Prozent mindern.

Entsprechend wären die vereinten Auswirkungen ihrer Zinspolitik von 1994 bis 1996 horrend. Spätestens 1996 müßten sie bei der nationalen Wachstumsrate mit einem Einbruch von insgesamt 2½ Prozent rechnen. Das war eine gewaltige Zahl. Die Wirtschaft war im vergangenen Jahr nur um 3¼ Prozent gewachsen. Handelte sie entsprechend der internen Prognosen, könnte die Fed die Wirtschaft zum Stillstand bringen.

»Was mir nun am meisten Sorgen macht«[17], sagte Yellen bei der Sitzung des Offenmarktausschusses im November, »ist, daß die hier angenommene Anhebung um weitere 1½ Prozent das beträchtliche Risiko eines konjunkturellen Rückgangs mit sich bringt, das sich 1996 verstärken wird. Es besteht das reale Risiko einer harten, statt einer weichen Landung, für den Fall, daß wir zu ungeduldig sind und des Guten zuviel tun.« Obwohl sie für ein Anheben des Zinssatzes sei, sagte sie, wäre die Erhöhung um 1½ Prozent während der nächsten Monate womöglich ein Overkill. Mehr als einmal betonte sie, daß sich das 1996 mit einer harten Landung bemerkbar machen würde.

Blinder wies darauf hin, daß die vom Stab für die nächsten Monate prognostizierte Erhöhung des Tagesgeldsatzes um weitere 1½ Prozent eine weitere Prognose enthalte – nämlich daß diese Erhöhung so gut wie keinerlei Wirkung auf die langfristigen Zinsen hätte. Eine Wirkung auf die langfristigen Zinsen sei nicht auszuschließen, sagte er. Unmöglich sei sie jedenfalls nicht. »Ich denke, es gehört eine gehörige Portion Mumm zu einer solchen Prognose«, sagte er sarkastisch. »Ich spreche den Mitarbeitern für diese Portion Mumm mein Lob aus, denn ich für mein Teil habe sie nicht.« Er brauchte zehn Minuten, um sein eigenes Modell zu präsentieren; er zeigte auf, daß die in der Prognose genannte Höhe der Anhebung einem Einbruch von 2½ Prozent im nationalen Wirtschaftswachstum von 1994 bis 1996 entsprechen würde. Was sie da vorhätten, sei kein Pappenstiel. »Es ist eine sehr starke Arznei«, sagte er, die ausreiche, selbst eine Konjunktur von beträchtlichem Schwung zum Stillstand zu bringen. »Sie ist deshalb nicht leichtfertig zu verschreiben.«

»Ich muß sagen, die Diskussion von heute morgen ist eine der besten, die ich an diesem Tisch seit geraumer Zeit gehört habe«[18], sagte Greenspan, als die anderen fertig waren. Er sagte, er würde über die Ausführungen von Blinder und Yellen nicht hinweggehen.

»Ich denke, wir hinken hinterher«, fügte er nach einer kurzen Einschätzung der Wirtschaft hinzu. »Ich denke, es wäre von beträchtlichem Wert, für eine kleine Überraschung zu sorgen.«

Dann merkte der Vorsitzende an, daß die Märkte bereits mit einer Zinserhöhung von mehr als dem halben Prozent rechneten, die einige aus dem Ausschuß wollten – und daß die Fed diesen Erwartungen weit voraus sein müsse. »Ich denke also, daß wir in dieser Phase sehr vorsichtig sein und sicher sein müssen, den allgemeinen Erwartungen voraus zu sein. Ich denke, wir erreichen das mit ¾ Prozent.«

Um seine starke Überzeugung zu unterstreichen, fügte der Vorsitzende hinzu: »Ich muß Ihnen sagen, daß mich ½ Prozent etwas nervös macht. Nein, ich nehme das zurück. Es macht mich ausgesprochen nervös, und ich neige ganz und gar nicht dazu, in diese Richtung zu gehen.« Mit anderen Worten, wer immer gegen ihn stimmte, der war für einen ausgesprochen nervösen Notenbankchef.

»Ich fürchte, daß wir, wenn wir heute um einen Dreiviertelpunkt erhöhen anstatt um einen halben Punkt, womöglich mit dem Übersteuern beginnen«[19], sagte Blinder. Er erinnerte den Ausschuß daran, daß die »Greenspan-Fed den Tagesgeldsatz auch nicht ein einziges Mal um ein ¾ Prozent bewegt hat, weder nach oben, noch nach unten. Nicht ein einziges Mal. Wenn diese Fed sich geirrt hat, dann eher weil sie zu vorsichtig war... Ich habe das immer für eine gute Idee gehalten.«

»Meiner Ansicht nach könnten wir den Löwen auf dem Rentenmarkt genausogut gleich rohes Fleisch vorwerfen«, fuhr Blinder fort. »Sie werden es verschlingen und nach mehr schreien. Eine Zentralbank, die um ¼, ¼, ¼, ½, ½, ¾ nach oben geht, macht auf einen Beobachter von außen nicht den Eindruck, als würde sie aufhören. Ich denke, wir zementieren damit nur die ohnehin schon starken Erwartungen, daß wir nicht aufhören werden.«

»Ich persönlich neige sehr stark zu ½ Prozent«, schloß Blinder. »Ich habe lange darüber nachgedacht, ob ich dafür stimmen soll oder nicht, und ich bin erst gestern abend zu einem Schluß gekommen. Ich habe mich entschlossen, nicht dagegen zu stimmen... Ich halte es für besser, angesichts der Kritik, die wir für diesen Schritt zu hören bekommen werden, eine vereinte Federal Reserve zu zeigen.« Blinder würde der Zinserhöhung zustimmen, machte jedoch klar, daß er sich vehement dagegen sträuben würde, die Zinsen bei der nächsten Sitzung gleich noch einmal zu erhöhen.

»Okay«, sagte Greenspan gleich nach Blinders langer Ansprache über seinen inneren Kampf. »Ich schlage also vor, um ¾ Prozent zu erhöhen.«

Alle zwölf Mitglieder stimmten mit ja.

Blinder hatte sich hinter den Vorsitzenden gestellt, weil er die Kraft seiner Gegenstimme nicht auf etwas verschwenden wollte, was eher als taktischer Disput zu werten war. Hinsichtlich der meßbaren Wirkung auf die Wirtschaft war der effektive Unterschied zwischen ½ und ¾ Prozent ziemlich klein. Blinders Hauptsorge galt der Richtung, die sie in den kommenden Monaten einschlagen würden.

Er wußte außerdem, daß es bei der Fed die Tradition gab, daß sich die Mitglieder hinter den Vorsitzenden stellten, solange ihnen nicht wirklich unwohl – schrecklich unwohl – dabei war. Im besonderen Maße gilt dies für den Stellvertretenden Vorsitzenden. Soweit Blinder wußte, konnte sich bei der Fed niemand daran erinnern, wann ein Vize sich das letzte Mal nicht dem Willen des Vorsitzenden gebeugt hatte, wenn überhaupt.

Und letztlich war Blinder klar, daß es noch zu weiteren Diskussionen kommen würde, wenn es darum ging, wann die Fed mit den Zinserhöhungen aufhören solle – und diese Debatten wären dann wichtiger als die jetzige. Wenn er seine Kanonenkugel jetzt schon verschoß, wäre sie verschwendet – da er an der Entscheidung sowieso nichts ändern konnte. Er wäre völlig grundlos ins eigene Schwert gefallen.

Blinder kam aus einem akademischen Umfeld; er war es gewöhnt, seinem Gewissen zu folgen. Aber eine Entscheidung allein auf der Basis seiner Überzeugungen und ökonomischer Schlußfolgerungen, so hatte er erkannt, hatte bei der Fed keinen Sinn.

Greenspan machte seine Runden als Redner bei Organisationen aus der Wirtschaft, unter anderem auch beim Business Council.

Wir können die Preise nicht anheben, sagte ihm ein Unternehmenschef nach dem anderen. Viele hatten es versucht und waren von der Konkurrenz unterlaufen worden.

Was soll das heißen, Sie haben Probleme, fragte Greenspan eine Gruppe an seinem Tisch. Die Gewinnspannen wurden doch größer. Hören Sie auf zu jammern.

Die Firmenchefs erklärten, ihre Konkurrenten würden in neue Technologien investieren, ihre Kosten senken, dann mit den Preisen heruntergehen und sich größere Marktanteile schnappen.

Greenspan tippte einmal mehr auf den Zuwachs an Produktivität. In der realen Welt ging die Produktivität – die Produktionsleistung eines Arbeiters pro Stunde – offensichtlich rapide nach oben. Nur verhinderten die Methoden, sie zu messen, ganz zu schweigen von den überkommenen Gewohnheiten der Ökonomen, die auf jahrelanges Datensammeln bestanden, bevor sie auch nur zu einem vorläufigen Schluß kommen wollten, daß die Welt von einer potentiell phänomenalen Veränderung etwas erfahren sollte.

10 Löscharbeiten

Am 25. Dezember, Weihnachten, traf sich Greenspan mit Guillermo Ortiz Martinet, dem mexikanischen Finanzminister, und Lawrence H. Summers, dem 40jährigen Staatssekretär für Internationale Angelegenheiten aus dem amerikanischen Wirtschaftsministerium. Summers, ein promovierter Volkswirtschaftler, der bereits im fast schon zarten Alter von 28 Jahren einen Lehrstuhl an der Harvard University bekommen hatte, wollte sichergehen, daß die Fed und ihr Chef an den wichtigeren der wirtschaftlichen Initiativen der Regierung Clinton teilhatten, damit sie dann auch an den Resultaten interessiert waren.

Mexiko befand sich in einer ernsten Krise, und die Regierung hatte einige Tage zuvor beschlossen, den Peso abzuwerten. Das Land hatte einen wirtschaftlichen Wachstumsschub hinter sich, den man zu einem Gutteil ausländischen, vor allem amerikanischen Investoren verdankte. Jetzt waren sowohl das Vertrauen in die Währung als auch in Mexikos Anlagepotential ins Bodenlose gestürzt; dem Land gingen praktisch die Dollars aus. Es bestanden starke Zweifel an der Solvenz Mexikos.

Die Welle ausländischer Investitionen in Mexiko Anfang der neunziger Jahre war größtenteils auf die hohen Erträge für Anleihen zurückzuführen. Investoren kassierten in Mexiko um die zwölf Prozent für kurzfristige Schuldverschreibungen – ein Mehrfaches dessen, was an solchen Papieren in den Vereinigten Staaten zu verdienen war. Über erfahrene Häuser an der Wall Street und amerikanische Investmentfonds floß reichlich Kapital in das Land jenseits des Rio Grande. Anfang 1994 jedoch dämpfte die politische Instabilität – ein Aufstand in der Provinz

Chiapas und die Ermordung zweier Oppositionspolitiker – die Begeisterung der internationalen Investoren; man kehrte Mexiko den Rücken zu, und das Geld floß wieder ab.

Die Reaktion der mexikanischen Behörden auf die Situation hatte Greenspan in seinem Glauben an eine Geldpolitik der kleinen Schritte und eine aggressive Inflationsbekämpfung bestärkt. Die mexikanischen Behörden hatten es nämlich zunächst versäumt, die Zinsen anzuheben, offensichtlich wollten sie keine Rezession riskieren, und mußten später dann um so drastischer an der Zinsschraube drehen, was mit zur gegenwärtigen Krise beigetragen hatte.

Jetzt wollte die mexikanische Regierung finanzielle Unterstützung in Form eines beträchtlichen Anleihepakets; dann, so dachte man, wären wieder alle glücklich und zufrieden.

Greenspan gefiel der Gedanke gar nicht. Mit Anleihen oder Garantien seitens der Vereinigten Staaten riskierte man einen »Moral Hazard« – wie man im Ökonomenjargon die Rettung von Anlegern, die mit riskanten Investitionen auf die Nase gefallen sind, bezeichnet; eine solche Rettungsmaßnahme förderte nur die Erwartung, man würde sie auch das nächste Mal »heraushauen«. Er war der festen Überzeugung, daß der Staat Investoren auf dem freien Markt nicht vor Risiken schützen sollte. Gleichzeitig bewunderte er die Art und Weise, wie die inflationsgebeutelte, höchst instabile und starre staatlich kontrollierte Wirtschaft Mexikos sich während des vergangen Jahrzehnts in Richtung einer freien Marktwirtschaft entwickelt hatte. Mexiko war zum Aushängeschild für die jungen Volkswirtschaften der dritten Welt geworden – ein Modell, das man anderen vorhielt und dem Dutzende anderer Länder folgten. Und hier lag mit das Problem. Mexikos Bankrott könnte – wenigstens vorübergehend – den Bankrott des Modells der freien Marktwirtschaft bedeuten, an denen den USA so viel lag. Eine Diskreditierung des Modells hätte womöglich tiefgreifendere Auswirkungen auf die Weltwirtschaft als alles, was in Mexiko selbst passieren mochte, und zog womöglich anderen Entwicklungsländern den Boden unter den Füßen weg. Darüber hinaus hatten Computer und

Kommunikationsnetze für die Globalisierung der Finanzwelt gesorgt. Geld floß seither im Nu über Grenzen. Eine Katastrophe in Mexiko konnte zu einer weltweiten Epidemie führen, noch bevor sich ihre volle Wirkung kalkulieren ließ.

Die amerikanische Bundesbank hätte natürlich Verbindlichkeiten und Darlehen von US-Banken garantieren können, aber eine derartige Einmischung schied für Greenspan von vornherein als völlig unangebracht aus. Es ging nicht an, daß der Staat amerikanische Anleger bei so hoch riskanten Investitionen absicherte.

Während der ersten beiden Jahre der Regierung Clinton hatte Greenspan mit Bob Rubin gearbeitet, kannte ihn jedoch nicht sonderlich gut. Jetzt berief Rubin, der kurz davor stand, Bentsens Nachfolge als Finanzminister anzutreten, im Finanzministerium eine temporäre Krisenkonferenz zur Lage in Mexiko ein, die sich Anfang 1995 noch zu verschlimmern begann. Rubin lud dazu Greenspan und den ebenso freimütigen wie willensstarken 53jährigen Ted Truman ein, der seit 1977 Chef der Abteilung Internationale Finanzen bei der Fed war.

Greenspan fühlte sich unmittelbar angezogen von der Art, wie die Debatte im Finanzministerium lief. Summers präsentierte sämtliche Argumente für ein finanzielles Hilfspaket an Mexiko, dann führte er eine ganze Reihe von Gründen an, die gegen eine Hilfe sprachen.

Rubins Fragen zeigten, daß er sich der Unsicherheit der Lage in hohem Maße bewußt war. Während sich die Gruppe auf eine Entscheidung zuzubewegen schien, bestand Rubin darauf, stets die drei, manchmal auch zehn Gründe darzulegen, warum gerade diese Vorgehensweise keine gute Idee war. Allen voran stand das Argument, man könnte die amerikanische Hilfe als Rettung amerikanischer Investoren in Mexiko sehen; das würde womöglich die alte Leier vom »too big to fail« wiederbeleben – mit anderen Worten, Mexiko sei zu wichtig, um scheitern zu dürfen. Kaum war den anderen wohler bei dem Gedanken, keine Hilfe zu leisten, da kehrte Rubin wieder zu den Argumenten für eine Unterstützung zurück. Heftiger Widerspruch war erwünscht;

man forderte geradezu dazu auf. Weder Rubin noch Summers schienen ihre eigenen Ansichten verkaufen zu wollen; sie versuchten einfach eine Lösung zu finden. Es war dieser Entscheidungsprozeß in der Gruppe, der Greenspan ausgesprochen zusagte, als er sich immer wieder in die Diskussion einschaltete.

Rubin ließ nicht locker, bestand auf systematischem Denken hinsichtlich ihrer Entscheidungen und der relativen Wahrscheinlichkeit, mit der die verschiedenen Optionen Erfolg haben könnten oder nicht.

Schließlich wies die erdrückende Beweislage denn doch darauf hin, daß die Situation die eine oder andere Form von direkter Hilfe seitens der Vereinigten Staaten verlangte. Das Risiko für die Wirtschaft – die der Welt im allgemeinen und der USA im besonderen – war nicht zu leugnen, und ein Hilfspaket von einigen zehn Milliarden Dollar in Krediten zu strengen Bedingungen und hohen Zinsen wäre eine kleine Investition, wenn es um die Stabilität der Weltwirtschaft ging.

Greenspan sagte, ein Hilfspaket sei »das geringste der Übel«, die zur Wahl stünden. Wir müssen was tun. Aber falls sie Kredite zur Verfügung stellten, sagte er, dann nur nach der Grundregel, daß man erst zu kalkulieren versuchte, wieviel wohl gebraucht würde – um dann draufzusatteln. Es war das gleiche Prinzip, daß der ehemalige Vorsitzende der Vereinigten Stabschefs General Colin Powell 1991 im Golfkrieg angewandt hatte. Laut Powells Doktrin einer überwältigenden militärischen Überlegenheit schickte man mehr als genügend Truppen los, um den Erfolg zu garantieren. Wenn es bei der Krise um eine fremde Staatsschuld ging, gab es zwar keine absolute Erfolgsgarantie, aber Greenspan hatte eine Verfeinerung des Prinzips parat: Geben wir ihnen genug, um die Wahrscheinlichkeit eines Scheiterns unter die eigene Toleranzgrenze zu reduzieren. Wenn sie es versuchten und scheiterten, dann wäre das eine schreckliche Message, nicht nur an die amerikanischen Finanzmärkte, in bezug auf die Fähigkeit der US-Regierung, Einfluß auf den Ausgang einer internationalen Finanzkrise zu nehmen.

Zu allem Überfluß kam auch noch Ortiz nach Washington

und erklärte Greenspan und den Leuten vom Finanzministerium, er – als Finanzminister – habe nicht die geringste Ahnung, was er machen solle, womit er letztlich nichts anderes sagte als: Es ist nicht unser Problem, sondern eures.

Rubin war überzeugt, es bestünde die Möglichkeit einer »systematischen Wirkung«, wie er es nannte, womit er sagen wollte, daß eine wirtschaftliche Kernschmelze in Mexiko eine Kaskade internationaler Finanzkrisen lostreten würde, deren Ende nicht vorauszusehen war. Er wollte Greenspan auf seiner Seite wissen.

Am 11. Januar 1995 legte Rubin im Weißen Haus den Amtseid als Finanzminister ab. Danach schlug er dem Präsidenten vor, die Regierung solle den Kongreß um ein Hilfspaket von etwa 25 Milliarden Dollar Kredit für die Mexikaner angehen. Einige von Clintons politischen Beratern, darunter auch Stabschef Leon Panetta, wiesen darauf hin, daß es den Präsidenten die Wiederwahl kosten könne, wenn die Vereinigten Staaten Mexiko auf Clintons Gesuch hin 25 Milliarden Dollar liehen und man das Geld nicht zurückbekäme.

Der Präsident stellte eine Reihe von Fragen. Falls Mexiko finanziell kollabiere, wann würde man wissen, daß der Zusammenbruch unvermeidlich wäre? Hätten sie Tage oder Wochen, um etwas zu tun?

Rubin und Summers erklärten, man würde die 25 Milliarden nicht auf einmal vergeben, sondern in Raten. Bei der ersten Rate handele es sich um gerade mal drei Milliarden, und sie hätten einen gewissen – wenn auch schwachen – Trost, daß man dann erst einmal sehen könne, ob die Finanzmärkte das Paket glaubwürdig fänden, bevor sie einen weiteren Teil der 25 Milliarden verliehen.

Rubin wies darauf hin, daß Märkte psychologische Wesen seien, und wenn die internationalen Finanzmärkte zu dem Schluß kämen, das Paket reiche aus, um in Mexiko sinnvoll zu wirken, dann käme auch das Geld internationaler Anleger zurück in das Land. Geld allein würde die Probleme Mexikos ohnehin nicht notwendigerweise lösen. Das Land müsse die Glaubwürdigkeit seines eigenen Volkes und der internationalen Investorengemeinde zurückgewinnen.

Rubin und Summers stellten klar, daß die Buße für ein Scheitern die Belohnung im Erfolgsfall bei weitem übersteigen würde. Falls sie nach Greenspans Doktrin handelten und mehr gaben, als sie für nötig hielten, dann hoben sie das Preisschild noch an. So schlug man denn vor, der Präsident solle den Kongreß bitten, 40 Milliarden Dollar an garantierten Krediten für Mexiko bereitzustellen. Um das Ergebnis auch tatsächlich zu beeinflussen, mußte man einfach bereit sein, eine ordentliche Summe auf den Tisch zu legen. Niemand hatte jemals etwas in ähnlicher Größenordnung gemacht.

Und dann gab es da noch einen weiteren Faktor. Ted Truman, der Chef der internationalen Abteilung der Notenbank, hatte ein Papier verfaßt, laut dem ein Kollaps Mexikos derart schlimme Auswirkungen hätte, daß er einen Rückgang – um zwei Prozent – des jährlichen Wirtschaftswachstums der Vereinigten Staaten zur Folge hätte. Eine schlicht schwindelerregende Zahl. Niemand brauchte Clinton daran zu erinnern, welche enormen politischen Folgen ein derartiger Rückgang hätte – und das ausgerechnet in dem Jahr, in dem er zur Wiederwahl antrat.

»Nach all dem ethischen Kleinkram«, sagte Clinton mit Bezug auf die anhaltenden Untersuchungen von Sonderermittler Kenneth W. Starr zur Whitewater-Affäre, »mache ich das, weil ich es für richtig halte, auch wenn wir die Wahl verlieren.« Er schien die Entscheidung nachgerade zu genießen. »Ich könnte nachts nicht mehr schlafen, würde ich es nicht tun.«

Er fügte hinzu, daß er das nur machen könne, weil Mexiko ein unmittelbarer Nachbar der Vereinigten Staaten sei. Bestünde das Problem in Indien oder einem anderen Land, dann wäre er einfach nicht in der Lage dazu.

Während seines ersten Jahres als Präsident hatte Clinton die umstrittene Nordamerikanische Freihandelszone (NAFTA) durchgeboxt, die dem Handel mit Mexiko die Tür geöffnet hatte. Er hatte eine Menge politisches Kapital in den Freihandel investiert, und er hatte nicht die Absicht, Mexiko ins wirtschaftliche Chaos stürzen zu lassen. So stimmte er dem Gesuch um die 40 Milliarden Dollar zu. Dann rief er die beiden führenden Leute im Kongreß, den Mehrheitsführer im Senat, Bob Dole, und den Sprecher des Repräsentantenhauses, Newt Gingrich, zu sich ins Weiße Haus, um sie über die Krise und seinen 40-Milliarden-Antrag zu informieren. Sowohl Dole als auch Gingrich, beide Republikaner, sagten ihm ihre Unterstützung zu.

Kurz darauf probten die Republikaner in Senat und Repräsentantenhaus den Aufstand. Sie hatten nicht Absicht, eine derartige Summe in ein fremdes Land zu pumpen.

Gingrich bat Greenspan, Rush Limbaugh anzurufen, den beliebten konservativen Talker aus dem Radio; er sollte ihm erklären, worum es ging, um ihn für den mexikanischen Kredit zu gewinnen. Limbaugh, der, wollte man den Einschaltquoten glauben, zwanzig Millionen Hörer hatte, setzte Gingrich arg zu. Er hatte einen Mordsspaß daran, den Sprecher abwechselnd anzuprangern und durch den Kakao zu ziehen – wie konnte man sich nur hinter Clintons Plan stellen, vierzig Milliarden Steuerdollars über den Rio Grande zu werfen!

Greenspan sah das so: Wenn jemanden seine Ansichten interessierten, dann würde er sie ihm eben sagen. Er erreichte Limbaugh telefonisch und sagte ihm, Newt hätte ihn um den Anruf gebeten. Dann legte er ihm in etwa zehn Minuten die Argumente dar. Er wolle ihn nicht zu sehr drängen, er wolle nur sicherstellen, daß Limbaugh sich über die möglichen Konsequenzen im klaren war.

Am Donnerstag, dem 12. Januar, ging Greenspan mit Rubin ins Weiße Haus, um die Presse über die Hintergründe des 40-Millarden-Dollar-Hilfspakets zu informieren. Man hatte im Presseraum des Weißen Hauses die Kameralichter ausgeschaltet und zur Bedingung gemacht, sie lediglich als »Entscheidungsträger« zu identifizieren.

Greenspan war die skeptischen Fragen des im Weißen Haus akkreditierten Pressekorps nicht gewöhnt; das Verhör schien ihn etwas nervös zu machen.

Am 13. Januar begleitete Greenspan Rubin auf den Capitol

Hill, um sich für die 40-Milliarden-Anleihe stark zu machen. Dazu gehörte auch ein zweistündiger Treff mit 100 Angehörigen der Legislative.

Trotz Unterstützung durch die führenden Leute sowohl der Republikaner als auch der Demokraten im Kongreß war bald klar, daß die Bitte um 40 Milliarden Dollar nicht durchkommen würde. Womit der Plan in eine gefährliche Sackgasse geraten war; nun hing Mexiko wirklich in den Seilen.

Einer der Senatoren aus dem Bankenausschuß, den Greenspan sich warmgehalten hatte, war der Republikaner Robert Bennett, ein Zwei-Meter-Mann aus Utah, der 1992 gewählt worden war. Als Senatsneuling und Angehöriger der Minderheit sah Bennett sich im allgemeinen ignoriert. Aber er ging zu den Anhörungen im Bankenausschuß, und er machte etwas ganz Ungewöhnliches – er blieb über die Eröffnungserklärungen hinaus, hörte zu, befragte eingehend die Sachverständigen und lernte dazu. Greenspan hatte ihn darauf regelmäßig zum Frühstück unter vier Augen in die Fed eingeladen. Bennett war ein millionenschwerer Unternehmer; er hatte erst eine Firma gehabt, die Audiodiscs für sprechendes Spielzeug produzierte, und dann eine, die Tagesplaner und Organizer herstellte.

Der Mehrheitsführer im Senat Dole betraute Bennett schließlich damit, sich einen Ausweg aus der Mexiko-Krise einfallen zu lassen. Bennett verbrachte das Wochenende über Büchern und Papieren. Am Sonntag lud er den ehemaligen Notenbanker Wayne Angell zu sich nach Hause ein. Angell, der Dole inoffiziell in Wirtschaftsfragen beriet, war inzwischen Chefökonom des New Yorker Investmenthauses Bear, Steams & Co. Er sagte Bennett, es gebe nur eine Alternative, und das sei der Währungsausgleichsfonds – Exchange Stabilization Fund (ESF) –, den man vor sechzig Jahren eingerichtet hatte, um dem Finanzministerium die Möglichkeit zu geben, im Notfall eine Währung zu stabilisieren. In diesem Fonds lagen etwa 30 Milliarden Dollar, und das Finanzministerium hatte die alleinige Verfügungsgewalt. War das Finanzministerium bereit, ein solches Risiko einzugehen?

Bennett rief Greenspan an, um ihm die Situation zu erklären.

»Das geht nicht so einfach«, sagte Greenspan. »Wayne irrt sich da.«

Bennett sagte, es gehöre etwas Rückgrat dazu, sicher, aber schließlich hätte der Kongreß all die Jahre sowohl den Fonds als auch die Mittel dafür bewilligt. »Wozu also sollten wir die Zustimmung des Kongresses brauchen?«

»Weil der Kongreß, falls wir das ohne seine Zustimmung machen«, erklärte Greenspan geduldig, »uns gewaltig aufs Dach steigen wird. Es geht einfach nicht.«

»Was passiert denn, wenn Sie's doch machen«, erwiderte Bennett, »und der Kongreß hält still?«

Es entstand eine lange Pause. »Das würde gehen«, sagte Greenspan, »wenn Sie garantieren könnten, daß der Kongreß tatsächlich stillhält.«

Am Montag, den 16. Januar, dem Feiertag zum Gedenken an den Geburtstag von Martin Luther King Jr., erreichte Bennett schließlich Dole.

»Wir können das ohne Abstimmung regeln«, sagte Bennett und erklärte Dole, was es mit dem Währungsausgleichsfonds auf sich hatte. Der Kongreß müsse nur stillhalten – wenn auch nicht buchstäblich, denn um Reden und Attacken käme man nicht herum. Als Mehrheitsführer jedoch konnte Dole garantieren, daß es nicht zur Abstimmung kam.

»Rufen Sie Rubin an«, sagte Dole.

»Auf keinen Fall«, sagte Rubin, als Bennett ihn erreichte. »Kommt nicht in Frage, vergessen Sie's, sprechen Sie noch nicht mal darüber. Das ist völlig ausgeschlossen.« Es wäre nichts anderes als ein Versuch, den Kongreß zu umgehen; der würde, falls ihn das wurmte, womöglich die Mittel sperren oder das Gesetz ändern.

Bennett sagte, Greenspan halte es für machbar, solange der Kongreß nichts unternähme.

»Na«, sagte Rubin, »dann werde ich mal mit Alan reden.«

Während der nächsten paar Wochen hatten Dole und der Sprecher des Repräsentantenhauses Newt Gingrich einige der

Gouverneure der an Mexiko angrenzenden US-Bundesstaaten in Gingrichs Büro. Der neue Gouverneur von Texas, George W. Bush, sagte es am deutlichsten. Die Wirtschaft an der Grenze würde total den Bach runtergehen, sagte er. Ihr Leute müßt einfach etwas tun.

Dole rief Clinton an, und am folgenden Tag, dem 31. Januar, gab die Bundesregierung bekannt, man würde 20 Milliarden aus dem Fonds nehmen. Ein Aufschrei ging durch die Reihen der Republikaner im Kongreß – die Regierung Clinton versuchte, den Kongreß zu umgehen!

Rubins Einschätzung nach jedoch würde den republikanischen Gegnern die lautstarke Kritik an der Regierung genügen, weil sie letztlich nicht den Schneid hatten, tatsächlich gegen das Hilfspaket anzugehen. Die Kritiker machten sich ganz offensichtlich Sorgen, man könnte ihnen, für den Fall daß auf ihre Blockade hin der Teufel los war, die Schuld dafür geben.

Rubin rief Bennett an.

»Senator«, sagte der Finanzminister, »wir haben zwei Wochen gebraucht, um dahinterzukommen, aber Sie hatten recht.«

Das Finanzministerium lieh der mexikanischen Regierung schließlich 12,5 Milliarden Dollar, worauf sich die Wirtschaft Mexikos erholte und stabilisierte.[1] Die Zinsen für den Hilfskredit waren so hoch, daß Mexiko die Gesamtschuld schon früh zurückzahlte – und gleich auf einen Schlag. Greenspan sah in dem Vorfall die erste Krise der neuen internationalen Finanzordnung.

Vor der Sitzung des Offenmarktausschusses am 1. Februar 1995 kam Greenspan wie gewöhnlich noch einmal privat bei einigen Ausschußmitgliedern vorbei. Er sagte Blinder, er beabsichtige, den Leitzins um ½ Prozent zu erhöhen.

Blinder hatte sich seit November längst eingestanden, daß die Anhebung um ¾ Prozent jenes Monats wahrscheinlich eine gute Idee gewesen war. Den Daten nach, die jetzt zur Verfügung standen, war seine Opposition ein Fehler gewesen. Trotzdem war er jetzt der Ansicht, eine weitere Erhöhung um ½ Prozent gehe einfach zu weit. In weniger als einem Jahr hatten sie die Zinsen um 2½ Prozent angehoben, und es war einfach an der Zeit abzuwarten – mal sehen, ob das nicht genug Rizinusöl war, um seine Wirkung zu tun.

Nach einer kurzen Besprechung ging Greenspan, ohne von Blinder eine Zusicherung erhalten zu haben, daß er ihm seine Stimme geben würde.

Greenspan sagte auch Yellen, daß er zu einer halbprozentigen Anhebung neige. Wie schon Blinder hielt auch sie das für keine gute Idee. Die Konjunktur schien ihrer Ansicht nach ohnehin langsam kürzer zu treten; auch sie legte sich nicht fest, was ihre Unterstützung anging.

Yellen hatte mittlerweile einige Sitzungen des FOMC hinter sich, und sie hatte den Eindruck, im Sitzungssaal jedesmal dieselbe Leier zu hören: Die Konjunktur ist heiß, wir müssen die Zinsen anheben. Mein Gott, dachte sie, was ein Glück, daß sie sich nur alle sechs Wochen und nicht wöchentlich trafen, sonst würde der Zins in den Himmel steigen. Sie war nahe dran loszuschreien: Leute, so was wirkt doch nicht morgen! Eine Zinsanhebung braucht ein Jahr oder länger, um sich wirklich auszuwirken.

Yellen und Blinder gingen miteinander zu Rate. Vielleicht sollten sie sich dagegen aussprechen und Greenspan Paroli bieten, um dem Overkill ein Ende zu machen. Ehe sie sich's versähen, hätten sie eine Rezession, die sie mit ihrem Stillhalten mitverschuldet hätten. Sie sprachen mit Larry Lindsey aus dem Zentralbankrat, dem auch nicht wohl in seiner Haut war hinsichtlich dieser inoffiziell vorgeschlagenen Erhöhung um ½ Prozent. Auch Lindsey dachte daran, dagegen zu stimmen, aber als Greenspan bei ihm auf den Busch klopfen kam, ließ er sich überzeugen.

Blinder und Yellen setzten ihre Diskussion fort. Vielleicht war es ja wirklich Zeit. Es wäre ein richtiges Statement. Als die einzigen von Clinton ernannten Ausschußmitglieder war ihnen klar, daß man einen Widerspruch nur von ihnen beiden allenthalben als politisch motiviert sehen würde, zumal ein Jahr vor den Präsidentschaftswahlen – trotzdem spielten sie weiter mit dem Gedanken.

Bei der Sitzung am 1. Februar machte Greenspan sich für die Erhöhung um ½ Prozent stark.[2] Er könne nicht mit Sicherheit sagen, daß es die letzte Erhöhung in der gegenwärtigen Anhebungsphase wäre, aber seiner Ansicht nach sei man nahe dran. Der Rentenmarkt signalisiere, daß er von einer erhöhten Inflation und weiteren Zinsanhebungen ausginge, und der Offenmarktausschuß hinke nach wie vor hinterher. Und wenn man hinten dran sei, dann müsse man einen Sprung machen, um die Lücke wenn irgendwie möglich zu schließen. Inflationserwartungen nährten sich von sich selbst. Eine Anhebung der Zinsen könne diese Erwartungen in Grenzen halten, und sie würden sich allmählich zerstreuen.

Als es schließlich zur Abstimmung kam, folgten neben Lindsey auch Blinder und Yellen Greenspans Empfehlung. Das Ergebnis war einstimmig. Damit hatte sich der Zielsatz für Tagesgeld innerhalb eines Jahres verdoppelt – von 3 auf 6 Prozent.

Blinder ließ sich nicht gern überfahren. Bei einer Rede in Richmond, Virginia, zwei Wochen später erklärte er, die Präventivstrategie, die Zinsen anzuheben, um einem anstehenden Boom die Spitze zu nehmen, lege nahe, daß die Zentralbank auf der anderen Seite auch bereit sein müsse, die Zinsen wieder präventiv zu senken, noch bevor die Konjunktur wieder abflauen könne. Ansprachen zur Zinspolitik waren traditionell eher Sache des Notenbankchefs, und Blinder wußte, daß die Offenheit, mit der er sich zur Zinspolitik der Fed äußerte, Greenspan irritieren würde. Und genau das hatte er vor.

Über das Personal der Fed kam Blinder zu Ohren, daß Greenspan nicht sehr glücklich darüber war. Wie immer schwieg der Notenbankchef sich jedoch aus.

In einer vorbereiteten Erklärung vor dem Bankenausschuß des Senats einige Tage darauf am 22. Februar sagte Greenspan[3], der Schritt der Fed diene dazu, einem »Inflationsdruck zu wehren, der aus den Daten noch nicht zu ersehen« sei. Er fuhr fort: »Entsprechend könnte ein Zeitpunkt eintreten, zu dem wir trotz gegenteiliger Verbraucherpreisdaten unsere Politik nicht verändern oder den Zins gar zurücknehmen.«

Es war das erste Mal gewesen, daß der Notenbankchef öffentlich über eine solche Strategie sprach. Blinder war begeistert, als einige Marktanalysten durchblicken ließen, er hätte Greenspan zu dieser Aussage genötigt, obwohl es nicht das erste Mal war, daß Greenspan die potentielle Notwendigkeit einer präventiven Zinssenkung zur Sprache brachte. Aber eben nur im Rahmen der Fed-Sitzungen. Daß Greenspan die Möglichkeit einer präventiven Zinssenkung öffentlich angesprochen hatte, war für Blinder ein stillschweigendes Eingeständnis, die Fed habe sich beim Anheben der Zinsen diesmal vergaloppiert.

Darüber hinaus war Blinder der Ansicht, Greenspans Bemerkungen in der Öffentlichkeit hätten der verknappenden Wirkung ihrer halbprozentigen Erhöhung auf die Geldmenge – die Blinder nicht für richtig gehalten hatte – praktisch den Biß genommen. Im unmittelbaren Gefolge von Greenspans Bemerkungen hinsichtlich der Möglichkeit einer präventiven Zinssenkung waren die Zinsen für langfristige Anleihen gesunken. Greenspans Rede hatte dem Markt versichert, die Fed würde nicht zu sehr auf die Konjunkturbremse treten. Obwohl Blinder mit dem Notenbankchef für eine Zinsanhebung gestimmt hatte, war – nach Greenspans Erklärung vor dem Senat – der Nettoeffekt für die Wirtschaft letztlich fast so, als hätten sie die Zinsen gar nicht erhöht.

Um auch den letzten Rest an Inflationserwartungen aus der Wirtschaft zu wringen, war es Greenspans Ansicht nach des öfteren nötig, den Zins gleich noch mal anzuheben, also die Schraube um eine weitere Drehung anzuziehen, um sicherzugehen, daß man auch weit genug gegangen war. Das war zwar nicht in jeder Anhebungsphase nötig, aber im Augenblick schien ihm Handlungsbedarf zu bestehen.

In den Monaten nach Februar begannen die Fed Daten zu erreichen, die auf eine beträchtliche Dämpfung der Konjunktur schließen ließen. Blinder sprach gleich mehrere Male bei Greenspan vor und bat ihn inständig, die Zinsen wieder zu senken. Manchmal wäre Greenspans Reaktion eines Buddha würdig gewesen; er hörte zu, kaum daß er ein Wort sagte; dann wieder ließ er sich auf eine Diskussion ein. Alles in allem, so fand Blinder, zeigte der Vorsitzende beträchtliche Sympathien für sein Begehr, von der Konjunkturbremse zu gehen, aber letztlich stellte er klar, daß er nichts überstürzen wolle.

Greenspans Ansicht nach waren Präventivmaßnahmen wichtiger, wenn es um die Verknappung der Geldmenge ging, um die Inflation im Griff zu behalten. Ein Versäumnis, die Zinsen früh genug zu senken, war ohne große Probleme zu korrigieren; ließ man jedoch zu, daß der Inflationsdruck sich aufbaute, ohne präventiv dazwischenzugehen, dann konnte das, wenn ihnen nichts anderes übrigblieb, als die Zinsen plötzlich und scharf anzuheben, den Unterschied bedeuten zwischen wirtschaftlicher Prosperität und einer relativ strengen, von der Fed selbst verschuldeten Rezession. Er erinnerte sich da noch zu gut an die Ära Volcker, als die Fed die kurzfristigen Raten bis auf 19 Prozent hochschrauben hatte müssen, um der Inflation schließlich den Hahn abzudrehen.

Im Sommer 1995 schließlich war Greenspan durchaus zufrieden. Die Inflation war nach wie vor unter Kontrolle; die Konjunktur ganz allgemein verlor etwas an Schwung. Womöglich funktionierte das mit der sanften Landung ja – eine Zurücknahme des Tempos ohne Rezession. Sollte es tatsächlich möglich sein? Er hätte es nicht sagen können. In der Vergangenheit jedenfalls war ein Rückgang der Konjunktur nicht selten zur Rezession geworden.

Am Mittwoch, den 7. Juni 1995, beantwortete Greenspan bei einem für ihn ganz ungewöhnlichen Auftritt anläßlich einer Tagung internationaler Banker in Seattle die Fragen von Reportern. Bei seinem Versuch, den Mittelweg zu finden zwischen seinen eigenen Zweifeln und dem Wunsch der Medien, etwas über die Zukunft zu erfahren, hatte er sowohl gute als auch schlechte Nachrichten.

Was die guten Nachrichten anging, sagte er: »Ich sehe keine Probleme, die mir wirklich zu schaffen machen.«[4]

Was die potentiell schlechten Nachrichten anging, sagte er: »Infolge der trägen konjunkturellen Aussichten ist, wie einige meiner Kollegen bereits angedeutet haben, die Wahrscheinlichkeit einer Rezession näher gerückt, was aber zu erwarten war.«

Das Resultat waren widersprüchliche Schlagzeilen:

»Greenspan sieht Möglichkeit einer Rezession« – *The New York Times*.

»Greenspans Schluß: Rezession unwahrscheinlich« – *The Washington Post*.[5]

Greenspan lachte über die abweichende Auslegung. Er nannte so etwas »konstruktive Zweideutigkeit«. Da ihm nichts an ungeplanten Schlagzeilen lag, hielt er die Pressekonferenz also durchaus für einen Erfolg.

Am Sonntag darauf hatte der Stabschef des Weißen Hauses Leon Panetta einen Auftritt in *Meet the Press*, bei dem man ihn fragte, ob die Bundesbank den Zins zurücknehmen solle.

»Tja«, sagte Panetta, »es wäre schön, das Maß an Kooperation zu bekommen, das nötig ist, um wieder Schwung in die Konjunktur zu bekommen.«[6] Die Wachstumsrate dümpelte bei mageren zwei Prozent.

Auf die Frage, ob er damit der Fed den Daumen aufs Auge zu drücken versuche, die Zinsen zu senken, antwortete Panetta mit seinem übereifrigen Grinsen: »Nennt man das so?«

Finanzminister Bob Rubin war außer sich. Die Regierung hatte sich so diszipliniert verhalten und alles getan, um öffentlichen oder privaten Druck auf Greenspan zu vermeiden. Zu der sanften Landung kam es deshalb, weil Regierung und Greenspan es nicht zuließen, daß die Konjunktur außer Kontrolle geriet. Es war keine Wissenschaft, das wußte Rubin, aber er glaubte, daß Greenspan eine ganze Reihe ausgesprochen fundierter Entscheidungen fällte – die besten, die zu bekommen waren. Druck aus dem Weißen Haus, die Zinsen zu senken, konnte die gegenteilige Wirkung haben und eine Zinssenkung sogar verhindern.

Darüber hinaus gebärdete sich Panetta, Clintons ehemaliger Haushaltschef, viel zu oft, als wäre er der wirtschaftspolitische Sprecher – um die Leute wissen zu lassen, er sei der Chef. Es stand jedoch im Prinzip dem Finanzminister – also Rubin – zu, mit Kommentaren zur Wirtschaft an die Öffentlichkeit zu gehen.

So rügte Rubin denn auch Panetta sofort öffentlich und schob eine Beteuerung, ja fast schon eine Entschuldigung an Greenspan nach. In bezug auf Panetta sagte Rubin in seiner öffentlichen Erklärung: »Ich kann Ihnen versichern, daß seine Kommentare nicht als Signal zu einer Wende zu verstehen sind. Unsere Politik hinsichtlich der Zentralbank war vom ersten Tag unserer Amtsübernahme an konsequent – kein Kommentar.«[7] Er fügte sogar hinzu, daß Panettas Antworten »unüberlegt« gewesen seien.

Präsident Clinton schien mit Rubin konform zu gehen. Es hatte ganz den Anschein, als wäre Panetta vorübergehend in Ungnade gefallen – eine ungewohnte Situation für den Stabschef des Weißen Hauses, der schließlich im Namen des Präsidenten die Exekutive zu leiten hat. Rubin und andere wußten natürlich, daß Clinton in gewisser Hinsicht ganz Panettas Meinung war, aber in politischer Hinsicht und was die öffentliche Meinung anging, war Clintons Verhältnis zu Greenspan und der Zentralbank wichtiger als seine Beziehung zu seinem Stabschef.

Lassen Sie die mal machen, das war es im wesentlichen, was Rubin dem Präsidenten gesagt hatte, denken Sie an die weiche Landung und die langfristigen Zinsen – mit denen Unternehmen Expansion und wirtschaftliches Wachstum finanzieren. Der Rentenmarkt war dabei, sich wieder zu erholen, und die langfristigen Zinsen waren seit dem Herbst um ganze 1½ Prozent gesunken. Ihre Politik zahlte sich aus.

Greenspan nahm Panettas Bemerkungen als billigen und wirkungslosen Schlag unter die Gürtellinie. Rubin sah es genau richtig, und das nicht ihrer wachsenden Freundschaft wegen, sondern weil Rubin verstand, daß es im eigenen Interesse des Präsidenten lag, sich nicht in die Politik der Zentralbank einzumischen. Interessant fand Greenspan, daß seine Beziehungen zur Regierung so gut waren, daß das Weiße Haus sich mehr Sorgen darüber machte, wie Panettas Bemerkungen in der Öffentlichkeit ankamen, als Greenspan selbst.

Zwei Wochen später, bei einer Rede vor dem New Yorker Economic Club, hinterließ Greenspan abermals widersprüchliche Eindrücke.

»Greenspan zweifelt an einer Zinssenkung« – *The New York Times.*

»Greenspans Fed deutet mögliche Zinssenkung an« – *The Washington Post.*[8]

Jetzt bot sich Greenspan die Gelegenheit einer Feinabstimmung. Nachdem man zwischen 1994 und Anfang 1995 den Zins von 3 auf 6 Prozent angehoben hatte, sah er, daß er womöglich etwas zu weit gegangen war, wenn auch nur geringfügig. Um die Konjunktur für die weiche Landung vorzubereiten, mußte man jetzt etwas gegensteuern und den Zins leicht senken. Am Donnerstag, den 6. Juli 1995, empfahl Greenspan eine Zinssenkung um ¼ Prozent.[9] Würde es dazu kommen, wäre es die erste Senkung in fast drei Jahren und die erste seit Clintons Einzug ins Weiße Haus.

Yellen war sich ganz sicher, daß sie übers Ziel hinausgeschossen waren. Sie wies darauf hin, daß die Daten seit der letzten Sitzung überwiegend negativ seien. So zäh, wie das Wachstum vorangehe, könne sie sich durchaus vorstellen, daß die Situation in eine Rezession umschlüge. Womöglich würden sie weitere Zinssenkungen vornehmen müssen, sagte sie.

Es gab nur eine offizielle Gegenstimme. Thomas H. Hoenig, Präsident der Fed in Kansas City, wollte keine Zinssenkung, weil er der Ansicht war, die Wirtschaft brauche keine Hilfe und lege von selbst wieder zu.

Als man die Zinssenkung bekanntgab, sprang der Dow Jones um 48 Punkte nach oben auf 4664 Punkte – ein neuer Rekord.

Sowohl Greenspan als auch Rubin machten sich Sorgen über die außergewöhnliche Stärke des Aktienmarkts. Während des Sommers berief Rubin im Finanzministerium ein Meeting von leitenden Leuten aus Finanzministerium und Bundesbank ein. Er wollte die Frage diskutiert sehen, warum der Aktienmarkt auf einem derartigen Höhenflug war. Ebenfalls anwesend waren

Greenspan und einige Fachleute der Fed. Zunächst kam man zu dem Schluß, daß der Zuwachs an Einnahmen und Profiten der Unternehmen auf das Ausbreiten des Kapitalismus im Ausland – also in Rußland, Osteuropa und Lateinamerika – zurückzuführen sei.

Greenspan war skeptisch; er wollte wissen, wieviel US-Konzerne im Ausland verdienten. Er bat Steven A. Sharpe, einen promovierten Spezialisten der Fed, der sich mit Unternehmensprofiten befaßte, noch weiter zu gehen; er solle sehen, ob er nicht ein ökonomisches Modell entwickeln könne, mit dem sich die hohen Aktienkurse nicht nur verfolgen, sondern auch erklären ließen.

»Es ist von entscheidender Bedeutung zu erfahren, was mit den Profiten los ist«, sagte der Notenbankchef. Gesunde Profite wiesen im allgemeinen auf eine gesunde Wirtschaft. Rechtzeitig zu erkennen, wann die Profite zurückgingen, sei unabdingbar, um konjunkturelle Wendepunkte ausmachen zu können.

Felix Rohatyn, womöglich der bekannteste Investmentbanker New Yorks, hatte die ersten zweieinhalb Jahre von Clintons Amtszeit genau verfolgt. Er war ein glühender Demokrat und freimütiger Liberaler, der kurz als Finanzminister Clintons gehandelt wurde. Und er war davon überzeugt, daß der Präsident kein Gesamtbild der Wirtschaft bekam. Rohatyn, 67, geschäftsführender Gesellschafter bei Lazard Frères Co., war der Enkel eines Mitglieds der Wiener Börse und während des Zweiten Weltkriegs in die Vereinigten Staaten emigriert. Er pflegte ein europäisches Auftreten, verfügte über gesellschaftlichen Schliff und obendrein eine gewinnende Persönlichkeit. Darüber hinaus pflegte der Mann mit der dicken Brille weitverzweigte Verbindungen zu internationalen Investmentbankern. In den siebziger Jahren hatte der Gouverneur von New York ihn zum Chef der Municipal Assistance Corporation ernannt, einer Körperschaft, die die Stadt New York aus der finanziellen Misere führen sollte; sie hatte New York schließlich mit der Ausgabe von Anleihen vor dem sicheren Bankrott gerettet.

Rohatyn kannte Konzernchefs, die ihre Unternehmen völlig umgekrempelt hatten, und er vertrat leidenschaftlich die Ansicht, daß die amerikanische Wirtschaft rascher wachsen könne als um die 2½ Prozent jährlich, bei denen das alte Modell die Inflationsgrenze ansetzte. Er hatte sowohl für das *Wall Street Journal* als auch die *New York Review of Books* Artikel zum Thema geschrieben.[10] Er sprach mit Erskine Bowles, dem Stellvertretenden Stabschef im Weißen Haus, der früher Investmentbanker in North Carolina gewesen war. Bowles, der mit dem Präsidenten Golf spielte, drängte Clinton, mit Rohatyn und einer Gruppe von Konzernchefs zu sprechen, bevor er in den Sommerurlaub ging.

Die Gruppe, die sich darauf im Oval Office zusammenfand, umfaßte unter anderen Rohatyn und fünf Konzernchefs – Paul Allaire (Xerox), Dana Mead (Teneco), George David (United Technologies), Bernhard Schwartz (Loral) und Paul O'Neil (Alcoa).

Mit dabei waren außerdem Bowles, Laura Tyson, die neue Chefin des National Economic Council im Weißen Haus, und Finanzminister Rubin.

Der Präsident führte den Vorsitz, während ein Konzerngewaltiger nach dem anderen die Umgestaltung seines Betriebs zu schildern begann. Was die Wirtschaft anging, so lautete die Message bei allen gleich: Greenspan würde sie bremsen, ohne daß die Notwendigkeit bestehe. Eine höhere Wachstumsrate ohne Inflation sei durchaus möglich. Die überkommene Weisheit gelte nicht für die neue Wirtschaft, die da im Entstehen begriffen sei, eine Wirtschaft, die von Konzernen dominiert würde, die schlanker und besser organisiert seien.

Rohatyn sagte, er sei sich da hundertprozentig sicher. Er glaube, daß Märkte zuweilen nicht funktionierten und daß der Staat dann intervenieren müsse, um für die nötige Effizienz zu sorgen. Die niedrige Wachstumsrate sei nicht genug, um für die sozialen und öffentlichen Investitionen zu sorgen, die das Land brauche. Es böte sich jetzt die Gelegenheit für eine neue, wachstumsorientierte Politik.

Rohatyn verließ das Meeting mit dem Eindruck, der Präsident, Bowles und Tyson stünden dem aufgeschlossen gegenüber.

Rubin hatte schweigend dabeigesessen, zugehört und sich Notizen gemacht.

Rohatyn und seine Frau Elizabeth besaßen zwei benachbarte Wochenendhäuser in Southamptom auf Long Island, New York. Greenspan und seine Lebensgefährtin, die NBC-Korrespondentin Andrea Mitchell, kamen in diesem Sommer übers Wochenende zu einem Besuch.

»Ich habe gehört, Sie hätten keine Angst vor der Inflation«, sagte Greenspan zu Rohatyn bei einem Spaziergang im Garten.

Das nicht, sagte Rohatyn nachdrücklich, er glaube nur einfach nicht, daß die Wirtschaft nicht rascher als 2½ Prozent im Jahr wachsen könne, ohne daß es zu einer Inflation komme.

Okay, sagte Greenspan unverbindlich.

Tyson merkte unterdessen im Weißen Haus, daß der Präsident von Rohatyns Sichtweise sichtlich angetan war. Das war doch mal eine ökonomische Theorie, die weder pessimistisch noch langweilig war. Bei all den Ökonomen, die Clinton zu sagen versuchten, was unmöglich war, freute sich der Präsident, endlich jemanden zu haben, der ihm sagte, was ging. Es schien fast, als wolle er sagen: Schafft mir diese Volkswirtschaftler aus den Augen!

Einige seiner politischen Berater wiesen Clinton darauf hin, daß Greenspan geradezu gefährlich unabhängig sei. Denken Sie dran, wie er's mit Bush gemacht hat; der macht es mit Ihnen genauso, warnte man ihn. Und jetzt kam Rohatyn daher und sagte: Wir haben eine ganz neue Welt. Tysons Ansicht nach hatte Clinton mit Rohatyn das ökonomische Gegenstück zu seinem damaligen politischen Chefstrategen Dick Morris gefunden, einem Mann, der überquoll vor neuen Ideen und Plänen, jemandem, der die Wünsche des Präsidenten in die Tat umsetzen konnte. Jemand, der nicht mit einem Korsett altbackener

Methoden und Theorien herumlief. In Clinton schien sich der liberale Aktivist zu regen, der lange nicht mehr zum Zug gekommen war.

Am 30. November veröffentlichte Rohatyn einen Kommentar im Wall Street Journal, in dem er behauptete, ein inflationsstabiles Wachstum mit höheren Zuwachsraten sei greifbar nah.[11] Er nahm sowohl den republikanischen Kongreß als auch den demokratischen Präsidenten ins Gebet. »Ihre größte Sünde besteht darin, die gegenwärtigen Wachstumsraten in den Vereinigten Staaten zwar zu akzeptieren, aber implizit zu verurteilen.«

Greenspan war nach wie vor zuversichtlich. Die wirtschaftliche Expansion hielt sich fünf oder sechs Monate länger als üblicherweise, ein zarter Hinweis darauf, daß die weiche Landung sich womöglich doch bewerkstelligen ließ. Es würde jedoch noch weitere sechs Monate dauern, um das mit Sicherheit sagen zu können. Er war immer noch davon überzeugt, daß die weiche Landung nur eine Theorie sei, aber es gab Augenblicke, da war er stolz, daß sie sie womöglich nun doch zuwege gebracht hätten. Etwas überschwenglich verglich er die Theorie mit Albert Einsteins Relativitätstheorie, die das Verständnis von Universum, Licht, Materie und Energie revolutioniert hatte. So hatte Einstein zum Beispiel die Hypothese aufgestellt, daß Lichtstrahlen gekrümmt werden könnten, aber es hatte Jahre wissenschaftlicher Forschung gebraucht, um zu beweisen, daß er recht gehabt hatte.

Greenspan hatte einmal einen von Einsteins Originalaufsätzen zur Relativität aus dem Jahre 1905 gelesen. Greenspan hielt sich selbst für einen ganz ordentlichen Mathematiker, der auch komplexere Aufgaben – Integral- und Differentialrechnungen – zu lösen vermochte, was er denn auch zuweilen zum Spaß oder zur Entspannung tat. Er mochte zehn, fünfzehn Seiten gelesen haben, als ihm klar wurde, daß es weiterer Studien, womöglich der Lektüre von vier Büchern bedurfte, um den nächsten Schritt zu verstehen.

Als Modell für Entdeckungen fand er Einsteins Werk jedoch

weiterhin faszinierend. Das führte zu seiner sorgfältigen, ja akribischen Beobachtung ökonomischer Daten, zum Zerpflücken aller Größen, um festzustellen, was da in Veränderung begriffen war.

Der Vorsitzende der Fed hatte aber noch ein anderes Problem. Er hatte sich immer wieder ermahnt, nicht mit einer weiteren Amtszeit zu rechnen. Immerhin war er zweimal von republikanischen Präsidenten ernannt worden – 1987 von Reagan und 1991 von Bush. Ein demokratischer Präsident wollte mit Sicherheit seinen eigenen Notenbankchef. Es war also nicht sehr wahrscheinlich, daß man ihm eine weitere Chance gab.

Noch im November 1995 hatte niemand im Weißen Haus oder sonstwo in der Regierung seine Wiederernennung zur Sprache gebracht, und das trotz des ständigen Dialogs. Und Greenspan selbst hatte sie natürlich auch nicht erwähnt. Noch fünf Monate, und seine Amtszeit wäre vorbei. Er trug zuweilen modische Zweireiher, aß nur Gemüse zum Lunch und wirkte im allgemeinen fit und einsatzbereit. Und er wartete.

In der Zwischenzeit pflegte der Vorsitzende, wie schon vom ersten Tag an, seine Washingtoner Connections – Partys, private Mittag- und Abendessen, Tennismatches, alles in allem ein unablässiger Strom von privatem, inoffiziellem Klatsch, Plaudereien und höfischen Intrigen. Für die einen war das ein häßlicher Zug der Bundeshauptstadt, für andere hatte es durchaus seinen Reiz. Für Greenspan galt beides. Nichtsdestoweniger war es ein nützliches Mittel der politischen Aufklärung. Wann immer das Thema seiner Zukunft zur Sprache kam, pflegte er eine etwas gekünstelte Nonchalance: Er hätte doch acht gute Jahre gehabt. Falls Clinton ihn noch mal haben wolle, so würde er annehmen. Wenn nicht, dann solle ihm das auch recht sein. Er gab sich alle Mühe, sich nichts anmerken zu lassen, weder Eifer noch Kummer. Er zuckte die Achseln. Er lächelte. Er fühlte sich wohl in seiner Haut; er war auf der Höhe seiner Kompetenz. Trotzdem war die Message klar – er stand zur Verfügung. Er brachte seine Bewunderung für Präsidenten zum Ausdruck, die das politisch Unerwartete machten.

Greenspan erinnerte sich gleich mehreren Leuten gegenüber an eine Geschichte über die Bedeutung der Unabhängigkeit, die klarmachen sollte, wie sehr er diese selbst schätzte. Etwa 25 Jahre früher, seine Consultingfirma Townsend-Greenspan lief ausgezeichnet, versuchte der Chef einer großen Brokerfirma sie zu kaufen. Er zögerte zu verkaufen. Der Chef der Brokerfirma schrieb einen Preis auf einen Zettel, steckte diesen in einen Umschlag und reichte ihn Greenspan mit den Worten: Nehmen Sie den mit nach Hause, machen Sie ihn auf und lassen Sie es sich übers Wochenende durch den Kopf gehen. Zu hause öffnete Greenspan den Umschlag. Es war ein Traumangebot, sehr hoch, sehr verlockend. Später dann bekam Greenspan Magenschmerzen, die sich nicht wieder legten. Tags darauf waren sie immer noch da. Sie wollten einfach nicht mehr vergehen. Er schloß daraus, daß es sich um ein Signal handelte – der Körper wußte etwas noch vor dem Kopf. Ihm wurde klar, daß er mit seinem Geschäft auch seine Unabhängigkeit verkaufte. Er lehnte das Angebot ab.

Am 19. Dezember 1995 kam der Offenmarktausschuß zusammen, zum letzten Mal in diesem Jahr.[12] Greenspan schlug eine weitere Zinssenkung vor, um ¼ Prozent, was den Tagesgeldsatz auf 5½ Prozent gesenkt hätte. Blinder und Yellen waren hundertprozentig dafür. Obwohl einige der Bankpräsidenten nur sehr widerstrebend mitzogen, kam die Senkung um ¼ Prozent einstimmig durch. Viele Marktanalysten nannten die Senkung eine Überraschung. Andere nannten es ein weiteres Weihnachtsgeschenk der Fed.

Was für ein Jahr für Greenspan. In vieler Hinsicht hatte er die Konjunktur genau dort, wo er sie haben wollte. Die Inflationsrate war niedrig, sie hatte dieses Jahr unter 3 Prozent gelegen. Die Arbeitslosigkeit war mit etwa 5 ½ Prozent ebenfalls niedrig; darüber hinaus hatte man im Lauf des Jahres 1,8 Millionen neue Arbeitsplätze geschaffen. Nach einem Wachstum von 3½ Prozent im Vorjahr lag das jährliche Wachstum nun bei mageren 1½ Prozent. Zu einer Rezession war es nicht gekommen. Greenspan hatte seine Zusage gehalten. Die Analyse, die er Clinton im Dezember 1992 vorgelegt hatte, traf zu. Der Segen, den er vorausgesagt hatte, lag auf der Hand. Dadurch, daß man die Inflation unten gehalten und das Haushaltsdefizit abgebaut hatte, lagen die mittel- und langfristigen Zinsen – die für Unternehmen, Eigenheimkäufer und Konsumenten relevanten Sätze – zwischen 2 und 2½ Prozent unter dem Niveau vom Anfang des Jahres. Die Kurse für Anleihen, die sich entgegengesetzt zur Höhe der Zinsen bewegen, waren erheblich gestiegen, der Aktienmarkt lag um 35 Prozent höher mit einem Dow Jones bei 5117 Punkten – das beste Börsenjahr seit zwanzig Jahren.

Er stand zur Verfügung.

11 Eine Frage der Interpretation

Alan Blinder und seine Frau Madeline flogen nach Weihnachten zum Strandurlaub nach Acapulco. In Mexiko konnte Blinder, den Blick aufs Meer gerichtet, entscheiden, ob er noch einmal Vize werden wollte, wenn seine Amtszeit Anfang 1996 auslief. Die Entscheidung kam ihn hart an. Nach kaum zwei Jahren bei der Fed war er zutiefst frustriert.

Blinder glaubte dahintergekommen zu sein, was ihn so irritierte. Greenspan ließ nicht das geringste Risiko zu. Wenn auch nur eine zwei- oder dreiprozentige Wahrscheinlichkeit bestand, daß etwas eintreten könne – wie etwa daß Blinder sein Nachfolger werden oder Blinders Stern aufgehen könnte –, so brachte Greenspan diese Wahrscheinlichkeit rasch auf Null. Die meisten Menschen tolerieren ein gewisses Risiko. Greenspan merzte auch noch den Anflug der Wahrscheinlichkeit aus. Und aus eben diesem Grund, so glaubte Blinder, hatte Greenspan ihm so oft und so überaus geschickt das Messer in den Rücken gestoßen. Und es gab nicht einen Fingerabdruck darauf.

Blinder kam zu dem Schluß, daß er gehen sollte. Da er nicht länger als nötig der scheidende Vize sein wollte, legte er alles so knapp wie nur möglich an und sagte dem Weißen Haus erst zwei Wochen vor Ablauf seiner Amtszeit Bescheid. Greenspan beschloß er – eine kleine Rache – überhaupt nichts zu sagen. Sollte der Notenbankchef, so dachte sich Blinder, es aus der Zeitung erfahren. Immerhin hatte Greenspan ihm ja auch nie wirklich etwas gesagt, ihn nie so eingeweiht, wie Blinder sich das erhofft hatte. Nicht daß Blinder nicht gesehen hätte, wie kindisch das war. Am 17. Januar stand die Nachricht über seinen Rücktritt in den Zeitungen.[1]

Greenspan sagte diesbezüglich gar nichts zu Blinder, saß aber einer kleinen Abschiedsfeier für seinen scheidenden Vize vor.

Wissen Sie, sagte Greenspan bei der Feier wohlwollend, mir kommt es fast so vor, es wären Sie gerade erst zu uns gekommen. Es war schön, sie bei uns zu haben.

Ha ha, dachte Blinder, der zutiefst verdrossen daneben stand.

Es sei ihm, so fuhr Greenspan fort, ein großes Vergnügen gewesen, Blinder zum Kollegen zu haben. Sein Wirken sowohl im Offenmarktausschuß als auch im Zentralbankrat sei von unschätzbarem Wert gewesen. Jammerschade, daß er so schnell wieder ging.

Ha, dachte Blinder noch mal. Er kam zu dem Schluß, daß Greenspan kein gerader Mensch war, jedenfalls nicht so offen und direkt, wie Blinder das von einem Kollegen erwartete.

Er hatte sich doch nichts anderes gewünscht, als beim Zinsspiel mitzumischen, und genau das hatte Greenspan ihm nicht erlaubt.

Laura Tyson aus dem Weißen Haus klopfte bei einer Reihe von Leuten auf den Busch in der Hoffnung, man würde ihrer Liste mit potentiellen Nachfolgern den einen oder anderen Namen hinzufügen.

Sie sprach dabei auch mit Felix Rohatyn, Clintons Favorit unter den Investmentbankern der Finanzstadt New York.

Ich wäre womöglich selbst an dem Job interessiert, sagte Rohatyn.

Tyson war überrascht. Sie schätzte Rohatyn und hatte durchaus Sympathien für seine Gedanken zu einem höheren Wachstum; auf der anderen Seite wußte sie, wie eingeengt Blinder sich bei der Fed gefühlt hatte.

Felix, sagte Tyson, soviel hat der Vize der Notenbank gar nicht zu tun, zumal mit Greenspan am Ruder, einem Mann, der seit langem schon sehr effizient wirkt. Der Vize geht auf Tagungen, die dem Vorsitzenden zu langweilig sind. Und auch sonst bekommt er nur die uninteressantesten Aufgaben.

Nicht doch, sagte Rohatyn, der Posten als Vize würde ihm

eine Plattform für seine Ansichten geben. Er und Greenspan kannten sich schließlich schon seit Jahrzehnten. »Wir sind befreundet«, sagte Rohatyn. »Wir kennen uns schon ewig. Daß wir Freunde sind, ändert alles. Ich hätte die Möglichkeit, einen größeren Einfluß auszuüben.« Er kenne New York und die Finanzmärkte aus dem Effeff und die internationale Szene nicht weniger gut. Bei Greenspans Kenntnis der Hauptstadt und seinem immensen Wissen über die Wirtschaft würden sie beide sich hervorragend ergänzen.

Tyson hielt es für keine so gute Idee. Nichtsdestoweniger erstattete sie darüber dem Präsidenten Bericht.

»Das ist ja eine großartige... eine interessante Idee!« sagte der Präsident. Eine der Schlüsselfragen Clintons war, in welchem Maße die Wirtschaft wachsen könne, ohne daß es zur Inflation käme. Das konservative Modell eines zweiprozentigen Wachstums gefiel ihm gar nicht. »Wir werden für eine interessante Debatte sorgen, eine nationale Debatte zum Thema zwischen dem Notenbankchef und seinem Vize«, sagte er. Clinton war begeistert von der Idee. So könnte er Greenspan wiederernennen – eine Frage, die zu diesem Zeitpunkt noch nicht entschieden war – und hätte zudem jemanden in der Fed, der von innen her Druck auf den Vorsitzenden ausübte, es doch einmal mit einer größeren Wachstumsrate zu probieren.

Tyson hatte da eher ein flaues Gefühl. Das hätte gerade noch gefehlt – eine offene Debatte, womöglich gar ein Krieg in der Fed. Sie versuchte, es dem Präsidenten auszureden.

Je mehr sie darüber sprachen, desto besser gefiel Clinton die Aussicht.

Tyson hielt es für ihre Aufgabe, ihn zu beraten, aber wenn er ihren Rat nicht annahm, dann mußte sie eben versuchen, den Wunsch des Präsidenten in die Tat umzusetzen. Sie informierte Rohatyn von der Begeisterung ihres Chefs.

Rohatyn zeigte sich auf der Stelle noch interessierter, sagte aber, bevor die Idee zu weit gedeihe oder gar an die Öffentlichkeit gelange, wolle er unbedingt mit Greenspan und Bob Rubin sprechen, um sicherzugehen, daß sie den beiden auch zusage.

Rohatyn und Blinder unterhielten sich telefonisch. Blinder war zu dem Schluß gekommen, daß er Rohatyn eine Warnung schuldig war.

»Warum wollen Sie das machen?« fragte Blinder. »Ich gehe, weil ich es nicht mehr aushalte.« Er erklärte, daß bei der Fed nur einer zähle, und das sei Greenspan. Und der nach Greenspan vermutlich wichtigste Faktor der Fed seien vermutlich die Mitarbeiter; sie hätten die eigentliche Macht; sie erstickten abweichende oder alternative Gedanken bereits im Keim, wenn sie nicht nach Greenspans Geschmack waren. Greenspan und sein Stab, so sagte Rohatyn, würden sich gegen ihn zusammentun.

»Ich denke, da liegen Sie falsch«, antwortete Rohatyn. »Ich werde das zu ändern versuchen.«

»Aber Sie werden es nicht schaffen«, sagte Blinder. Rohatyn hatte keine Ahnung, worauf er sich da einließ.

Rohatyn wollte sich nicht mehr davon abbringen lassen. Seiner Ansicht nach spielte die Zentralbank eine größere Rolle für die Wirtschaft als das Finanzministerium und eine fast ebenso wichtige wie der Präsident selbst. Er sah die Fed – und ihren Vorsitzenden bzw. dessen Stellvertreter – als Amerikas Boten an die dämmernde globale Ökonomie. Mit dieser neuen Welt zu sprechen war von entscheidender Bedeutung, und er wollte Teil der Botschaft sein. Mit Feuereifer arrangierte Rohatyn Treffs erst mit Rubin und dann mit Greenspan selbst, um sicherzugehen, daß sie seine Kandidatur auch unterstützen würden. Er suchte Rubin im Finanzministerium auf.

Rohatyn war im Lauf der Jahre zu der Einsicht gekommen, daß Rubin ein vorsichtiger Mensch war, der sich nicht gleich auf jeden neuen Vorschlag stürzte. Als Demokrat jedoch teilte er einige von Rohatyns Ansichten.

Rubin sagte ihm, er würde sich sehr darüber freuen, Rohatyn drüben bei der Fed zu sehen; er wäre eine Bereicherung, unbedingt.

Insgeheim allerdings hielt Rubin das ganze für eine lausige Idee. Seine eigene Beziehung zu Greenspan funktionierte gut.

Bei der leisesten Meinungsverschiedenheit verglichen sie ihre Analysen, anstatt sich ihre Meinungen entgegenzuschreien. Wenn Urteile auseinandergingen, so hatte das immer einen Grund – und der ließ sich eruieren. Selten kamen dabei Gefühle ins Spiel.

Rohatyn im Gegensatz dazu war ein glühender Verfechter einer höheren Wachstumsrate. Wahre Gläubige konnten das Gleichgewicht innerhalb einer Einrichtung stören. Rohatyn hatte sich viel zu sehr nach einem Kreuzritter angehört.

Rohatyn dagegen war davon überzeugt, daß nur wenige die Tiefe seiner Beziehung zu Greenspan verstanden. Vor Jahrzehnten schon hatte er sich der Dienste von Greenspans Consulting-Firma bedient, und er war Jahre Greenspans Kunde geblieben. In den siebziger Jahren, als Greenspan in Fords Weißem Haus dem Wirtschaftsbeirat vorgesessen hatte, war Rohatyn mit ihm auf dem Gelände des Weißen Hauses spazierengegangen, auf dem West Executive Drive.

»Wäre es nicht nett«, hatte Rohatyn gesagt, »wenn ich eines Tages Finanzminister wäre und Sie Vorsitzender der Fed?«

1992, nach Clintons Wahl, als Rohatyn als Kandidat für den Posten des Finanzministers gehandelt wurde (der Job, den schließlich Bentsen bekam), hatte er einmal mit Greenspan zu Mittag gegessen. Sie waren praktisch auf halbem Weg zu dem Ziel, auf das Rohatyn in den siebziger Jahren angespielt hatte.

»Die Stadt ist voll böser Menschen«, hatte Greenspan gesagt. »Wenn Sie nicht damit zurechtkommen, daß jeden Tag einer Sie zu vernichten versucht, sollten Sie besser erst gar nicht dran denken, hierherzukommen.« Ganz normale Menschen, warnte ihn Greenspan, konnten einem in Washington geradewegs in die Augen sehen und das Blaue vom Himmel herunter lügen. Es war ihm selbst passiert, und es diente ganz offensichtlich dazu, sich einen Vorteil zu verschaffen. Greenspan behauptete, glatte Lügen seien moralisch verwerflich. Rohatyn war überrascht gewesen von der Bemerkung seines Freundes, war aber instinktiv von ihrer Richtigkeit überzeugt.

Rohatyn berichtete Greenspan von der Aussicht, in der Fed zusammenarbeiten zu können – man gedenke, ihn zum Stellvertretenden Vorsitzenden zu nominieren.

Greenspan war etwas verlegen, sagte Rohatyn aber, er könne die Reisen nach Übersee übernehmen, die ihm selbst nicht behagten. Er würde sich freuen, jemanden zu bekommen, der das übernahm.

Es war ein lauer Empfang, gelinde gesagt, aber Rohatyn legte ihn positiv aus.

Am 19. Januar 1996 brachte es das *Wall Street Journal*[2]: Clinton erwäge Rohatyn für den Posten des Vize im Zentralbankrat. Es hieß in dem Artikel, Rohatyn hätte das Ziel eines Wachstums von lediglich 2½ Prozent pro Jahr kritisiert. Man bezeichnete Rohatyn darüber hinaus als den vielleicht »bekanntesten Investmentbanker der Wall Street« und als den Mann, der bei Lazard die »besten Deals« mache. Und auf noch etwas anderes wies der Artikel hin: »Ganz im Gegensatz zu den bisherigen Stellvertretern des Vorsitzenden würde man in Mr. Rohatyn wahrscheinlich Mr. Greenspans potentiellen Nachfolger sehen – für den Fall, daß der Vorsitzende der Fed sein Amt aufgeben sollte, während ein Demokrat Präsident ist.«

Über das Wochenende vom 21. und 22. Januar flog Greenspan nach Paris zum Weltwirtschaftsgipfel, dem Treffen der sieben führenden Industriestaaten der westlichen Welt. Was immer aus Rohatyn werden sollte, er war sich seines eigenen Status noch nicht gewiß. Seine Amtszeit lief in sechs Wochen ab. Die Situation war beunruhigend. Er war effektiv ein Republikaner auf einem Posten, über den in wenigen Wochen ein Demokrat im Weißen Haus zu bestimmen hatte. Eine schwache Position. Ein gutes Zeichen war, daß er noch kaum von Versuchsballons gehört hatte, mit denen man in den Medien sonst in solchen Fällen Alternativen vorschlug. Ein wichtiges Signal, so hatten ihn seine Erfahrungen in Washington gelehrt; sicher war seine Ernennung aber deswegen noch nicht. Einige der einschlägigen Artikel nahmen seine Wiederernennung als unvermeidlich, Sicherheiten jedoch hatte er wie gesagt nicht.

Aufgrund dieser Ungewißheit mußte Greenspan schon mal in sich gehen, was er tun könnte, falls der Präsident sich für einen anderen Notenbankchef entschied. Falls kein Ersatz ernannt und vom Senat bestätigt würde, blieb er laut Gesetz Vorsitzender der Fed. Eine andere Möglichkeit war, daß Clinton bis nach der Präsidentschaftswahl warten würde, um sich dann im Falle einer Wiederwahl seinen eigenen Vorsitzenden auszusuchen.

Den etwas undurchsichtigen Regeln der Fed nach lief Greenspans Amtszeit als Mitglied des Zentralbankrats erst im Jahr 2006 ab. Seine Amtszeit als Vorsitzender allerdings wäre am 2. März 1996 zu Ende. Falls man ihn als Vorsitzenden nicht bestätigte, konnte er also im Zentralbankrat bleiben. So etwas hatte es zwar noch nie gegeben, aber er kam zu dem Schluß, daß es mit fast hundertprozentiger Sicherheit genau das war, was er wollte. Falls er den Stuhl des Vorsitzenden räumen und ein Stück den Tisch hinabrutschen müßte, so war er überzeugt, daß er mit seinen Ansichten noch genügend Respekt genoß, um Einfluß nehmen zu können.

Sein Kalkül hatte aber nicht zuletzt auch mit einem Mangel an attraktiven Alternativen zu tun. Geld zu verdienen interessierte Greenspan nicht; er hatte bereits Millionen. Er ging auf die 70 zu. Er wollte nicht wieder zurück nach New York, und er mochte Washington. Aber vor allem hatte es ihm die Fed angetan. Er hatte Zugang zu den besten Wirtschaftsdaten der Welt, und die Arbeit, die dort zu tun war, hatte eine gewisse intellektuelle Reinheit, die ihm gefiel. Er hatte seinen Platz gefunden. Der Titel und der Platz an der Tafel waren zweitrangig.

In einer weniger erhabenen Position an der Tafel zu verbleiben, das hatte für ihn gewisse Parallelen zu John Quincy Adams, dem sechsten Präsidenten der Vereinigten Staaten. Nach einer Amtszeit als Präsident diente Adams seinem Land noch siebzehn Jahre als Abgeordneter im Repräsentantenhaus, dem er mit seiner düsteren, aber hohen Gesinnung seinen Stempel aufdrückte, bis er im Alter von 81 Jahren starb.

Für Rubin hatte sich die Frage nie wirklich gestellt. Völlig klar, daß man Greenspan wieder ernennen würde. Rubin hatte an einem Meeting im privaten Flügel des Weißen Hauses teilgenommen, bei dem man über einen möglichen Nachfolger für Greenspan gesprochen hatte. Es wäre unverantwortlich gewesen, nicht ernsthaft über Alternativen nachzudenken. Neue Überlegungen, frische Ideen, ohne so etwas ging es nicht, dessen war Rubin sich sicher, selbst wenn alles eindeutig schien. Es war dies einer der Gründe, weshalb er seinen Kollegen im Finanzministerium zuweilen kalt, zu sachlich und nüchtern vorkam.

Man warf ein paar Namen in die Runde – McDonough und Corrigan, der eine der gegenwärtige, der andere der ehemalige Präsident der New Yorker Fed, sowie den des letzten Notenbankvize David Mullins. Rubin glaubte nicht, daß es eine ernstzunehmende Alternative gab. Greenspan, ein erfahrener und bekannter Notenbankchef und Republikaner, verordnete genau die Zinspolitik, die die Wirtschaft – und die Regierung – brauchte. Abgesehen davon bekämen sie, falls sie einen anderen nominierten, ordentlich Zunder, wenn nicht gar eine blutige Nase seitens des von den Republikanern kontrollierten Senats. Es war wichtig, Clintons Kandidaten bestätigt zu bekommen. Und es war einfach, Greenspan zu ihrem Kandidaten zu machen, da er das in allen wichtigen Punkten längst war.

Im wesentlichen sagten Rubin und Tyson Clinton folgendes: Also, es gibt keine Liste, aber falls Sie eine haben wollen, das wäre die Liste, die Sie bekämen.

Tysons Hauptargument war, daß Greenspan mittlerweile für sie alle fast ein Mitglied des eigenen Teams war. Keiner sah in ihm einen Republikaner. Er leitete die Fed nicht als Republikaner.

Tysons Ansicht nach hatte, was die Leistung der Wirtschaft anging, auch das Glück mitgespielt. Sie wußte, es hätte auch alles ganz anders kommen können. Wären Wirtschaft und Märkte auf der Nase gelandet, Greenspan wäre der große Schurke nicht nur der Nation, sondern der ganzen Welt.

Alle, die bei dem Meeting zugegen waren, auch Clinton und

Gore, waren sich einig – der Präsident sollte Greenspan wiederernennen.

Rubin war mit Greenspan auf dem Weltwirtschaftsgipfel in Paris, so daß sie Gelegenheit hatten, sich privat miteinander zu unterhalten. Sie nutzten einen ruhigen Augenblick und spazierten zusammen auf eine Reihe riesiger Fenster an einem Ende des Konferenzsaals zu, von denen aus ganz Paris zu sehen war. Das Vertrauensverhältnis, das die beiden Männer aufgebaut hatten, hätte womöglich tiefer nicht sein können, jedenfalls nicht zwischen zwei Erwachsenen auf hohen Staatsposten. Greenspan gaben diese Freundschaft, die Intimität und Eintracht zwischen ihnen das Gefühl, für ein und dieselbe Firma zu arbeiten. Er hatte Rubin gegenüber einmal privat – und nur halb im Scherz – erwähnt, er halte ihn für den besten »republikanischen« Minister, den das Finanzministerium je gehabt habe, und wenn er zehnmal Demokrat sei.

»Wenn Sie wieder nach Hause kommen«, sagte Rubin, »dann wird der Präsident mit Ihnen sprechen wollen.«

Greenspan konnte an seiner Körpersprache erkennen, daß alles zum Besten stand. »Der Präsident ist recht zufrieden mit Ihrer Arbeit«, sagte Rubin.

Das Unwahrscheinliche war eingetreten. Greenspan wurde klar, daß es die weiche Landung gewesen war, die seine nochmalige Ernennung möglich gemacht hatte. Ohne sie hätte seine Zukunft höchstwahrscheinlich ganz anders ausgesehen. Es hatte Jahre gedauert – die Rettung der Banken, Clintons Wirtschaftsplan von 1993, die Wiederauferstehung der Wirtschaft, der Wiederaufbau des Vertrauens beim Verbraucher. Greenspan wußte, er hatte mitgewirkt, Clinton zu einer »amtsinhaber-freundlichen Konjunktur« – wie er es nannte – zu verhelfen.

Aber das war noch nicht alles. Die Inflation lag bei 3 Prozent, und zwar das fünfte Jahr in Reihe – seit der Regierung Kennedy hatte die Wirtschaft das nicht mehr geschafft. Ende Januar lag die Arbeitslosenquote bei 5,6 Prozent und damit unter dem Grenzwert, der bei den meisten Ökonomen als Inflationsauslöser galt. Der Dow Jones lag mit 5381 Punkten fast um 40 Prozent höher als im Januar des Vorjahres. Das Wachstum der Gesamtwirtschaft lag zwischen 2 und 3 Prozent. Aber vor allem war es zu keiner Rezession gekommen.

Clinton wußte um die Macht der Konjunktur bei Präsidentschaftswahlen. Die Rezession von 1990–91 – sowie die wirtschaftliche Flaute und der Pessimismus von 1992 – waren die Basis für seine erste eigene Präsidentschaftskampagne gewesen. Der einprägsame Slogan seiner Kampagne – »Auf die Wirtschaft kommt's an, Dummkopf!« –, den sich sein politischer Stratege James Carville hatte einfallen lassen, enthielt das Versprechen, sich um die Kräfte zu kümmern, die auf den Alltag der Bevölkerung wirkten. Die letzten drei Präsidenten, die verloren hatten – Ford, Carter und Bush –, hatten nicht zuletzt deshalb verloren, weil sie schlecht gewirtschaftet hatten.

Zehn Tage später, bei der Sitzung des Offenmarktausschusses am 31. Januar 1996[3], legten Notenbankpräsidenten und Zentralbankräte einige Hinweise darauf vor, daß die Konjunktur wieder kürzerzutreten begann. Die Investition der Wirtschaft in Computer ging zurück. Die Lagerbestände an Kraftfahrzeugen waren angewachsen, was nichts anderes bedeutete, als daß der Verkauf zurückgegangen war. Die Prognose besagte, daß die Konjunktur höchstwahrscheinlich im Lauf des Jahres wieder anziehen würde, aber Greenspan sagte, das Risiko eines Einbruchs der Wachstumsrate sei beträchtlich. Angesichts der niedrigen Inflationsrate sah er nur ein geringes Risiko in einer leichten Lockerung. Entsprechend empfahl er eine Zinssenkung von ¼ Prozent.

Einige meinten, es spreche durchaus einiges dafür, die Rücknahme etwas hinauszuzögern, bedenke man die Ungewißheit der Situation und die Möglichkeit, daß die konjunkturelle Schwäche nur vorübergehend sei. Falls dem so sei, könne eine Zinssenkung den Inflationsdruck aufbauen helfen. Wieder andere wiesen darauf hin, daß die Flaute womöglich ein Signal für eine nennenswertere Zinssenkung sei.

Greenspan hatte den Mittelweg gefunden, und seine viertelprozentige Senkung kam einstimmig durch.

Tyson hatte inzwischen mit Greenspan telefonisch über Rohatyns Ernennung gesprochen. Der Präsident wollte es so.

Greenspans Message war simpel: Er könne damit leben. Es wäre schon in Ordnung; er würde die Ernennung nicht blockieren.

Einige Schlüsselfiguren unter den Republikanern im Bankenausschuß des Senats, der die Ernennung zu bestätigen hatte, bezogen bald öffentlich gegen Rohatyn Position. Mitglieder des Zentralbankrats hätten alle aus einem anderen Bezirk der Federal Reserve zu kommen, und der Platz des New Yorkers war bereits durch Greenspan besetzt. Rohatyn erkundigte sich, ob nicht das Haus, das er sich gerade in Wyoming baute, als Wohnsitz gelten könne, aber das ganze Problem stellte letztlich ein technisches Hindernis dar, das Kritiker dazu hernehmen könnten, die Ernennung zu torpedieren.

Tyson sagte Rohatyn Bescheid, daß sich da etwas zusammenbraue. Es sah ganz so aus, als bekäme er nicht eine einzige republikanische Stimme im Bankenausschuß des Senats, und den Senat selbst kontrollierten die Republikaner auch.

»Ich kenne eine Menge Republikaner«, antwortete Rohatyn. Mit vielen davon sei er befreundet.

»Gut«, sagte Tyson. »Dann nutzen Sie das aus.«

Rohatyn hatte im Board von Universal MCA gesessen, dem gigantischen Musik-und-Film-Konglomerat, und zwar mit Howard Baker, der nicht nur Reagans Stabschef, sondern auch Chef der Republikaner im Senat gewesen war. Rohatyn bat Baker, der mittlerweile in Washington als Anwalt tätig war, einige Leute anzurufen.

Baker rief eine ganze Reihe republikanischer Senatoren an, um ihnen zu erzählen, wie Rohatyn der Stadt New York die Kreditwürdigkeit bewahrt hatte. Er wolle den Posten als Vize der Fed unbedingt haben und sie könnten von Glück sagen, einen wie ihn zu bekommen. Aber Baker bekam die Angelegenheit nicht in den Griff. Es war ziemlich offensichtlich, daß da jemand den Brunnen vergiftet hatte, aber er hätte nicht sagen können, wer.

Als Tyson schließlich mit Rubin sprach, konnte sie sehen, daß ihm nicht wohl in seiner Haut war.

Es sei einfach nicht richtig, sagte er ihr. Es wäre nicht gut für die Fed, und er halte es auch nicht für gut, wenn der Präsident sich auf Rohatyn versteife, weil sie womöglich verlieren würden.

Als nächstes hörte Tyson von Topleuten aus dem Weißen Haus, die für die Verbindung mit dem Senat zuständig waren, daß eine Ernennung Rohatyns wahrscheinlich sei. »Wissen Sie, was Alan Greenspan macht?« fragte der Mann aus dem Stab.

Nein, sie wußte es nicht.

Er tue alles, was in seiner Macht stehe, daß es nicht dazu käme, sagte er. Die Republikaner seien von Clinton frustriert, und die republikanische Angriffsmaschinerie stehe immer Gewehr bei Fuß, auf seine Kandidaten einzudreschen. Die republikanischen Mitglieder des Bankenausschusses richteten sich nach Greenspan, und obwohl der Notenbankchef nicht gegen Rohatyn war, so sagte er auch nicht, daß er ihn wolle. Es sei raffiniert, aber es sei so.

Tyson konnte keine Beweise dafür finden, daß Greenspan direkt beteiligt war, aber die Opposition nahm deutlich zu.

Senator Connie Mack, der Republikaner aus Florida, eine der Schlüsselfiguren im Bankenausschuß, griff Rohatyn persönlich an und nannte ihn öffentlich einen gefährlichen liberalen Interventionisten und Befürworter einer aufgeblähten Staatsgewalt.

Von einigen demokratischen Senatoren hörte Rubin schließlich, falls er vertraulich erfahren wolle, wie es um Rohatyns Ernennung stehe, so solle er sich an Senator Bennett wenden, einen der Republikaner im Bankenausschuß.

»Was wird denn nun, wenn wir euch Greenspan als Vorsitzenden und Rohatyn als Vize schicken?« fragte Rubin Bennett.

»Greenspan bestätigen wir euch im Handumdrehen«, sagte Bennett, »und Rohatyn wird den Ausschuß nicht überstehen.« Falls ihn der Bankenausschuß aus irgendeinem unerfindlichen Grund bestätigen sollte, fügte Bennett hinzu, so würde seine Ernennung im Plenum durch ein Filibuster – eine Marathonrede zur Verhinderung einer Abstimmung – verschleppt.

»Tja, aber sie gehören nun mal zusammen«, sagte Rubin, ohne sich in die Karten sehen zu lassen. »Wir schicken sie euch zusammen hoch.«

»Es dauert nur eine Nanosekunde, die beiden zu trennen«, sagte Bennett, »und Greenspan wird bestätigt... und was Rohatyn angeht, den redet euch Connie Mack in Grund und Boden, bis zum letzten Atemzug.«

»Danke für Ihre Offenheit, Senator«, sagte Rubin. Es kam genau so, wie er es dem Weißen Haus schon die ganze Zeit über gesagt hatte, aber man hatte ihm ja nicht glauben wollen. Jetzt glaubten sie ihm ja vielleicht.

Am Montag, dem 29. Januar, brachte die *Washington Post*[4] auf der Titelseite einen Artikel, in dem es hieß, die meisten Ökonomen, Greenspan nicht ausgenommen, glaubten nicht an die Möglichkeit eines höheren nachhaltigen Wirtschaftswachstums über viele Jahre hinweg. In der Woche darauf schaltete sich der Volkswirtschaftler Paul R. Krugman[5] von der Stanford University ein und erklärte im *New York Times Magazine*, die Verfechter eines höheren Wachstums wie »Finanzguru Felix Rohatyn« lebten da mit einem »entzückenden Märchen«. Krugman schrieb: »Tatsache ist, die sogenannten Revolutionen in Management, Informationstechnologie und Globalisierung werden von ihren Jüngern weit überschätzt.«

Rohatyn war mittlerweile klar, daß weder das Weiße Haus noch Greenspan selbst die nötigen Anstrengungen unternehmen würden. Seiner Kalkulation nach kämpfte er womöglich drei Monate lang, um den Posten zu bekommen, und es wäre letztlich nur ein Ärgernis für alle Beteiligten: Clinton, die Fed und ihn selbst. Daß er obendrein keine Garantie auf den Sieg hatte, verstand sich von selbst. Der Mangel an Begeisterung war so offensichtlich, daß er ihn fast zu spüren meinte. Immerhin hatte er gewaltige Kräfte auf seiner Seite – einen Gutteil der Geschäftswelt, den Präsidenten, selbst die konservativen Leitartikler des *Wall Street Journal*. Nur schien das plötzlich keine Rolle zu spielen. Am 12. Februar erklärte Rohatyn in einem Fax ans Weiße Haus, er ziehe sich zurück. Stabschef Leon Panetta drängte ihn, noch einen Tag zu warten. Rohatyn sagte nein.

Es folgten pflichtschuldige Telefonate mit Rubin und Greenspan.

Ja, es sei jammerschade, da waren sich alle einig. Aber andererseits hätten sie nun mal ein Wahljahr, und die Republikaner spielten ihr politisches Spiel.

Clinton brauchte einen neuen Kandidaten. Tyson ging rüber ins Büro von Alice Rivlin, 64, der kleinen, aber intellektuell übermächtigen Leiterin der Haushaltsabteilung. Während der ersten achtzehn Monate der Regierung Clinton war Rivlin Stellvertreterin Leon Panettas gewesen, der während dieser Zeit der weit und breit bekannte, nicht gerade zurückhaltende Haushaltschef des Weißen Hauses gewesen war. Obwohl Panetta mittlerweile Stabschef und Rivlin selbst Haushaltschefin war, neigte Panetta immer noch dazu, Rivlin mit seiner Stellvertreterin zu verwechseln. Tyson war deshalb der Ansicht, Rivlin wäre außerhalb des Weißen Hauses besser dran.

»Alice«, sagte Tyson, »ich hätte da einen wirklich guten Job für Sie.«

»Lassen Sie mich drüber nachdenken«, sagte Rivlin.

Rivlin, eine promovierte Volkswirtschaftlerin, hatte politisch womöglich die beeindruckendsten Referenzen in Clintons Kabinett. Sie hatte, teils allein, teils in Zusammenarbeit, eine Menge Bücher geschrieben – über das Bildungssystem und Sozioökonomie, über gesellschaftliches Engagement und ökonomische Alternativen, über die Wirtschaft Schwedens, Senioren und den amerikanischen Traum. Sie war außerdem Gründungsmitglied und von 1975 bis 1983 Chefin des unparteiischen Congressional Budget Office gewesen, das dem Kongreß zum ersten Mal die Möglichkeit gegeben hatte, den komplexen Bundeshaushalt in den Griff zu bekommen.

Rivlin, die vorübergehend immer wieder bei der Brookings Institution, einer führenden gemäßigten bis liberalen Washingtoner Denkfabrik, arbeitete, war eine ausgesprochene Defizitgegnerin, die aggressiv – und zuweilen herzlich undiplomatisch – darauf bestand, die Kürzung des Bundeshaushaltsdefizits sei von zentraler Bedeutung sowohl für Clintons Glaubwürdigkeit als auch für die Ankurbelung der Konjunktur. Sie war darüber hinaus ein Gründungsmitglied des Smart Women's Club, einer informellen Frauengruppe, die sich hin und wieder zum Lunch traf und der unter anderen Clintons Gesundheitsministerin Donna Shalala sowie Meg Greenfield angehörten, letztere lange Zeit Redakteurin der Editorial-Seite der *Washington Post.* Sie ging zum Präsidenten.

Clinton sagte ihr, er mache sich Sorgen, daß es 1996 womöglich genauso komme wie 1994, mit anderen Worten, daß die Fed den Zins wieder anhob. Er habe vor, Greenspan wiederzuernennen, aber er wolle die beiden anderen frei werdenden Plätze – außer Blinder ging auch John LaWare – mit Demokraten besetzt sehen. Der Präsident sagte, es ginge ihm um ein Gegengewicht zu Greenspan, er brauche in der Fed Leute, die für ein höheres Wachstum waren. Er wollte glaubwürdige Ökonomen. Rivlin sei als Defizitgegnerin bekannt genug, der republikanische Senat würde sie im Handumdrehen bestätigen. Also, wie wär's?

Nein, sagte Rivlin dem Präsidenten. Sie sei gern Haushaltschefin; sie sitze gerne im Kabinett. Sie wolle bleiben.

Privat allerdings fand Rivlin das Weiße Haus unglaublich schwierig. In gewisser Hinsicht war sie erschöpft von dem Maß an Chaos, mit dem sie sich dort konfrontiert sah. Sie kam morgens ins Büro, voller Zuversicht, an diesem Tag die sechs Punkte auf ihrem Terminplaner abzuhaken, und bereits um halb neun hatte sie sechs andere, wenn nicht gar zusätzliche Probleme auf ihrem Tisch.

Clinton bat sie um ein zweites Treffen. Er stelle sich zur Wiederwahl, sagte er ihr, es sei also ein Jahr, das man nicht auf die leichte Schulter nehmen dürfe. Er wies darauf hin, daß das, was bei der Fed mit den Zinsen passiere, dabei von enormer Wichtigkeit sei. Er brauche ein Paket – Greenspan und zwei Demokraten. Der Verlust des Kongresses bei den Wahlen von 1994 habe sich verheerend ausgewirkt. Die Partei könne es sich nicht leisten, 1996 auch noch das Präsidentenamt zu verlieren. Der republikanische Senat würde seine Kandidaten in einem Wahljahr nur zögerlich bestätigen, aber mit der Paarung Greenspan-Rivlin käme man vielleicht durch.

Rivlins Ansicht nach sprach so einiges für eine Rückkehr in ein normales Leben. Aber sie wußte, falls sie das Angebot annahm, dann eher, um dem Präsidenten ein Problem vom Hals zu schaffen, nicht weil sie wirklich in den Zentralbankrat wollte. Schließlich sagte sie ja.

Tyson rief Blinder an, um ihn wissen zu lassen, daß Rivlin seine Nachfolge antreten würde.

Blinder war erstaunt. Er hätte nicht gedacht, daß Rivlin an so etwas interessiert sein könnte. Als Haushaltschefin hatte sie in Blinders Augen eine »richtige Position«, einen Sitz im Kabinett, den man doch nie und nimmer für den Posten eines Vize im Zentralbankrat aufgab. Wieso sollte jemand freiwillig von der A-Liste auf die B-Liste gehen?

Mit Rivlins Zusage hatte Clinton schließlich sein Paket: Greenspan als Vorsitzenden, Rivlin als Vize und Laurence H. Meyer, einen Demokraten mit tadellosen akademischen Referenzen, der den zweiten freien Sitz im Zentralbankrat füllen sollte. Meyer, 51, war Professor für Volkswirtschaftslehre in St. Louis und leitete darüber hinaus eine der erfolgreichsten Firmen für Wirtschaftsprognosen im Land. Er hatte sowohl unter Reagan als auch unter Bush extensiv mit den Sachverständigen des Weißen Hauses gearbeitet und verfügte in republikanischen Kreisen über die nötige Glaubwürdigkeit.

Der Präsident wollte ein Team, das man ihm rasch bestätigen würde, damit es auf die bevorstehenden Zinsentscheidungen Einfluß nehmen könne.

Am 15. Februar hielt Clinton eine Rede anläßlich eines Spendendiners im New Yorker Sheraton. Er war ganz im Wahlkampfmodus, obwohl die Republikaner sich bei den Vorwahlen gegenseitig auffraßen, während er ohne Gegenkandidat war. Zu viele Leute spielten ihre politischen Spiele, sagte er.

»Ein Beispiel dafür, wie man es nicht machen sollte, mit dem die meisten hier im Saal vertraut sein werden, ist das skandalöse Verhalten angesichts meiner Absicht, Felix Rohatyn zum Stellvertretenden Vorsitzenden der Federal Reserve zu ernennen«,[6] sagte Clinton. Er bat Rohatyn, der im Saal war, sich zu verbeugen. Clinton sagte, man sollte endlich darüber diskutieren, wie schnell die Wirtschaft nun tatsächlich wachsen könne.

»Aus eben diesem Grund wollte ich Felix Rohatyn im Zentralbankrat sehen. Aber die Politik Washingtons sagte: Nein, wir bestehen auf der konventionellen Weisheit; wir bestehen darauf, die Leute rückständig zu halten; wir glauben nicht, daß das eine Diskussion wert ist – Ende und aus.« Er verurteilte im folgenden den allgemeinen Zynismus der Zeit.

Erskine Bowles, Clintons Stellvertretender Stabschef, wußte von Rubins stiller, aber heftiger Opposition, was Rohatyns Nominierung anging. Aber Rubin hatte keine Fingerabdrücke hinterlassen. Selbst der Präsident hatte davon nichts gewußt. Bowles war damals klar geworden, daß auch Präsidenten nicht immer bekommen, was sie wollen, vor allem wenn die Kräfte, gegen die sie anliefen, sowohl mächtig als auch unsichtbar sind.

Ein Woche später, am 22. Februar, kurz vor 17 Uhr, betrat Clinton das Oval Office zu einer Pressekonferenz.

»Ich freue mich, heute meine Entscheidung bekanntzugeben«, sagte Clinton nach einer kurzen Einleitung, »Alan Greenspan in seinem Amt als Vorsitzender der Federal Reserve zu bestätigen. Er bringt nicht nur eine langjährige Erfahrung als herausragender Ökonom mit sich, sondern, wie ich hinzufügen sollte, auch als führender Republikaner.«[7]

Er gab die Nominierung von Rivlin und Meyer bekannt.

»Mr. President«, fragte einer der Reporter, »glauben Sie, die drei werden in der Lage sein, die Art Debatte zu führen, von der sie letzte Woche sprachen?«

»Allerdings«, sagte Clinton und fügte hinzu. »Ich halte es für eine Tatsache, daß für die Wirtschaft eine neue Zeit anbricht, und es ist ein Thema, das ehrlich diskutiert werden sollte.«

Nach der Ankündigung plauderten der Präsident und Greenspan eine Weile. Greenspan versicherte Clinton, das Hin und Her, die provokante Debatte, die sich der Präsident bei der Fed wünsche, finde längst statt. Er schien sich daran zu stören, daß da jemand anderer Meinung sein könne. »Der Offenmarktausschuß ist ein Forum für Debatten«, sagte er.

Nach Clintons Pressekonferenz hielt Tyson[8] eine Pressekonferenz im Briefing Room des Weißen Hauses ab, um den Prozeß zu schildern, in dem es zur Nominierung der drei Kandidaten gekommen war.

»Eine Reihe von Leuten in der Street«, sagte ein Reporter in Anspielung auf die Wall Street, »sind heute zu dem Schluß gekommen, der Präsident hat, letztlich auf Druck seitens des Bankenausschusses, einen Rückzieher gemacht. Er hat eine große Debatte angekurbelt oder zumindest davon gesprochen, eine Debatte ankurbeln zu wollen über die Wachstumsrate und das Tempo, mit dem die Wirtschaft wachsen könnte, ohne eine Inflation loszutreten, und jetzt hat er sich für zwei Ökonomen entschieden, die nicht gerade bekannt dafür sind, Erklärungen abzugeben, die auch nur im entferntesten an die Statements herankommen, wie man sie von Felix Rohatyn kennt. Er hat im wesentlichen zwei Kandidaten vorgestellt, die unbedenklich, gemäßigt, alles in allem ziemlich Mainstream sind.«

»Können Sie uns einen Grund nennen«, schloß der Reporter seinen Wortsalat, »warum wir darin nicht eine Art Kneifen seitens der Regierung sehen sollen?«

Tyson wich der Frage aus.

»Es ist entscheidend zu wissen, wie es um die Profite steht«, erinnerte Greenspan einmal mehr Steve Sharpe, den übergenauen Volkswirtschaftler mit dem Doktortitel und dem leisen Auftreten aus dem Stab der Fed. Sharpes Aufgabe bestand darin, für die Fed Unternehmensprofite zu verfolgen; Greenspan verlangte regelmäßige Berichte und Memos mit entsprechenden Daten. Der Notenbankchef wußte, daß in der Geschäftswelt ohne Profit nichts ging, und er wollte alle Informationen darüber, die nur zu haben waren. Wenn es überhaupt einen Indikator für den augenblicklichen Gesundheitszustand der Wirtschaft gab, dann waren das die Profite.

Greenspan las regelmäßig den Monatsbericht einer Firma namens I/B/E/S. Diese lieferte umfassende Schätzungen der Erträge für die nächsten drei bis fünf Jahre der wichtigsten Standard & Poor's-500-Unternehmen. Seit einem Jahr staunte er über die außergewöhnlichen Zuwachsraten bei den erwarteten Profiten. Die Unternehmen rechneten im Durchschnitt mit einem Anwachsen der Profite in der luftigen Höhe von etwa 14 Prozent. Greenspan war skeptisch. Die Schätzungen waren nicht ganz unbefangen, da I/B/E/S seine Informationen von Wertpapieranalysten aus der Wall Street bezog. Solche Analysten, das wußte Greenspan, mußten von Berufs wegen Optimisten sein. Pessimistische bzw. Analysten mit »bearisher« Markterwartung (die mit fallenden Kursen rechnen) arbeiten im allgemeinen nicht an der Wall Street, da sie keine Papiere verkaufen können. Die Tendenz der Analysten jedoch war konstant, weil Jahr für Jahr dieselben Leute – oder andere Bullen (die mit einem Aufwärtstrend rechnen) – für die Schätzungen verantwortlich waren. Was Greenspan mehr Gedanken machte, war, daß die Schätzungen von I/B/E/S mit dem Gesamtwert des Aktienkapitals der betreffenden Firmen belastet waren. In einer Zeit hoher Aktienkurse trug dies womöglich zu übertriebenen Erwartungen bei. Greenspan fragte Sharpe, ob es möglich sei, sich die Daten noch mal vorzunehmen und nach Erträgen umzugewichten – also nach den tatsächlich erwirtschafteten Einnahmen der Unternehmen.

Sharpe schrieb ein Computerprogramm, und das zeigte ihnen, daß man bei den Erträgen pro Aktie über die nächsten paar Jahre mit einer jährlichen Steigerung von über elf Prozent rechnete – immer noch eine recht große Zahl.

Greenspan wußte um die Bedeutung der Profite aus seiner jahrelangen Beratertätigkeit für die Industrie. Der Profit war der Motor eines Unternehmens. Das war ebenso einfach wie elementar, aber die neue Generation von Volkswirtschaftlern, die während der letzten 20, 30 Jahre von den Universitäten gekommen war, konzentrierte sich in erster Linie auf die Ökonometrie, einen Zweig die Volkswirtschaft, der sich auf komplexe mathematische Modelle verließ. Die Ökonometrie, das wußte Greenspan sehr gut, wirkte auf Menschen mit mathematischer Begabung wie eine Droge. Er wäre selbst süchtig geworden, nur hatte es das Fach Ende der vierziger, Anfang der fünfziger Jahre während seines Studiums in New York nicht gegeben. Er war eine Generation zu früh dran gewesen. Also hatte er sich auf die praktischen Grundlagen der Betriebswirtschaft konzentriert, und dazu gehörte unter anderem die Beschäftigung mit dem Profit und der Frage, wie sich der Profit zum allgemeinen Zustand eines Unternehmen verhielt. Seine Arbeit an Prognosemodellen für ganz normalen Bandstahl oder die aushärtbaren Aluminiumbleche für die F-4 Phantom-Jets der US-Marine hatten ihm gezeigt, daß man sprunghaft ansteigende Profite nicht aus einem Vakuum heraus erwartete. Da mußte noch etwas anderes im Gange sein.

Greenspan rechnete das ganze unter relativ vernünftigen Annahmen noch einmal durch. Er fand keine oder bestenfalls geringe Preissteigerungen, keinen wesentlichen Anstieg der Lohnkosten, fand aber gleichzeitig diese gewaltigen Sprünge bei den Profiten. Einmal mehr bot sich als einzige Erklärung für die wachsende Arbeitsleistung eine höhere Produktivität. Die Arbeitnehmer produzierten mehr Ware pro Stunde. Mathematisch war dies die einzige Antwort. Er hätte es nicht beweisen können, aber er war sich sicher. Ihm wurde klar, daß er ohne seine praktischen Erfahrungen mit der Geschäftswelt bei der Analyse dieser Zahlen niemals zu diesem Schluß hätte kommen können. Mit 70 Jahren erkannte Greenspan, daß es ein Segen nicht nur der Erfahrung, sondern auch schlicht des Alters war.

Die Autoren der Berichte bei I/B/E/S waren zuversichtlich, daß die Produktivität im Wachsen begriffen war. »Was machen die Unternehmen mit ihrem ungeheuren Cashflow?«[9] hatte Richard Pucci, einer der Analysten bei I/B/E/S in einem Kommentar einige Monate früher gefragt. »Dividenden jedenfalls bezahlen sie nicht!« Unternehmen investierten in moderne Technologie. »Diese ungeheuren Investitionen in moderne Technologie sind ein weiteres Teilchen des Ertragspuzzles von 1996 ... Deren Fähigkeit, Verbesserungen bei der Produktivität zu bewirken, wird vom Großteil der Beobachter von Gesellschaft und Wirtschaft arg unterschätzt.«

Greenspan sah ein, daß seine Argumente für die promovierten Herren im Offenmarktausschuß und beim Stab der Fed nichts weiter als auf der Rückseite eines Briefumschlags hingeworfene Berechnungen wären. Die würden nur von großangelegten Modellen und über Jahre hinweg geführten Statistiken überzeugt – einer Sorgfalt, die er auf der einen Seite durchaus zu schätzen wußte; auf der anderen Seite war er ziemlich sicher, daß er recht hatte.

Wie konnte er die anderen überzeugen?

Der republikanische Senat, der Clinton mit zunehmender Feindseligkeit begegnete, setzte Rivlin arg zu und zog beider Bestätigung hinaus, sowohl ihre eigene als auch Greenspans. Er blieb Vorsitzender, weil es keinen Nachfolger gab, Rivlin jedoch hing in der Luft. Greenspan lief ihr schließlich auf einer Veranstaltung über den Weg.

»Ich hoffe, die kommen endlich zu Potte«, vertraute er ihr an, »denn ich brauche Sie womöglich dringend bei der nächsten Sitzung.«

Der Druck seitens einiger Mitglieder aus dem FOMC, den Zins anzuheben, nahm beträchtlich zu. Zu den alten ökonomischen Modellen, die für die meisten Volkswirtschaftler heilige Kühe sind, gehört die NAIRU oder Inflationsstabile Arbeitslosigkeitsrate: Sinkt die Arbeitslosigkeitsrate unter diese NAIRU, die im allgemeinen bei etwa 6 Prozent angesetzt wird, so führt dies laut Theorie zur Inflation. Nun hatten sie aber eine Arbeitslosigkeitsrate im Bereich von 5½ Prozent. Warum kam es nicht zu einem Inflationsschub?

Laut überkommenem Ökonomencredo gewinnen die Arbeitnehmer bei einer derart niedrigen Arbeitslosenquote die Überhand und verlangen höhere Löhne. Aber die Daten zeigten eindeutig, daß die Löhne nicht nennenswert im Ansteigen begriffen waren. Es war eines der wesentlichen ökonomischen Mysterien der Zeit.

Greenspan stellte einmal einigen Kollegen von der Fed gegenüber die Hypothese des »traumatisierten Arbeiters« auf – ein Arbeitnehmer, der angesichts einer sich ändernden Wirtschaft um seinen Arbeitsplatz bangt und sich so mit geringeren Lohnerhöhungen zufriedengibt. Er hatte sich mit Unternehmenschefs unterhalten, die ihm gesagt hatten, daß ihre Arbeitnehmer nicht agierten, weil sie fürchteten, ihre Fertigkeiten könnten nicht mehr marktfähig sein, wären sie gezwungen, sich einen anderen Job zu suchen.

Janet Yellen stand Greenspans Hypothese aufgeschlossen gegenüber, und sie war zutiefst beunruhigt, daß der Stab der Fed zu festgefahren schien, um sich alternative Sichtweisen über das Funktionieren der Wirtschaft auch nur anzusehen. Jede Prognose, die der Stab dem Offenmarktausschuß vorlegte, bestand aufs neue darauf, daß man eine Inflation lostreten würde, wenn man den Zins nicht nennenswert hob. Greenspan schien auf verlorenem Posten zu stehen.

Yellen machte sich an die Arbeit. Sie wußte, ein einzelnes Jahr mit anomalen Daten hatte nicht notwendigerweise etwas zu bedeuten. Dasselbe galt für einen Zwei-Jahres-Zeitraum. Die Abweichung von 1994 und 1995, als die Arbeitslosigkeitsrate gesunken, die Inflation aber im wesentlichen stabil geblieben war, genügte da nicht. Jetzt jedoch, sie hatten 1996 zur Hälfte hinter sich, hielten die Abweichungen nicht nur an, sie wurden, wie sie es ausdrückte, »zunehmend deviant«.

Yellens Ansicht nach sprach Greenspan eine andere Sprache, als man sie an der Universität lehrte. Außenseiter und Nicht-Ökonomen hielten das »Fedspeak« für Ökonomenjargon, aber die Sprache des Vorsitzenden war ausgesprochen eigen, fußte oft noch nicht einmal auf den Daten. Er neigte zu Sprüngen. Im Offenmarktausschuß bemerkte Yellen, daß die promovierten Mitglieder, aber auch einige aus dem Stab, die Augen verdrehten, wenn der Vorsitzende sich über seine Ansichten verbreitete, inwiefern die Wirtschaft da womöglich in Veränderung begriffen sei. Nicht daß einer diese Ansichten angefochten oder sich überhaupt etwas zu sagen getraut hätte, aber es schwächte seine Stellung im FOMC.

Yellen sagte Greenspan, sie wäre womöglich in der Lage, einen theoretischen Unterbau für seine These über die Unsicherheit des Arbeitsplatzes zu liefern. Fast ihre ganze Laufbahn hatte sie mit dem Arbeitsmarkt zu tun gehabt. Sie hatte auf der Basis der Lohn- und Arbeitsleistungstheorie ein Standardmodell entwikkelt, das nun mittlerweile ein Jahrzehnt zurückging. Unter Zuhilfenahme der einschlägigen Daten, Diagramme und über einem Dutzend komplexer Gleichungen verfaßte sie ein 14seitiges Memo, das sie Greenspan am 10. Juni 1996 zukommen ließ. Sie kam zu dem Schluß, daß die Arbeitnehmer, seit sie Anfang der neunziger Jahre mehr Lohn bekommen hatten, eine stärkere Bindung zu ihrem Arbeitsplatz hatten, was zu einer höheren Produktivität geführt hatte – sie warfen ihren Job weniger häufig hin und legten sich mehr ins Zeug, um den Job zu behalten, den sie hatten.

»Im Gefolge der Diskussion um die Probleme auf dem Arbeitsmarkt, die wir jüngst hatten«, so begann Yellens Begleitschreiben, »dachte ich, ich sollte doch mal versuchen, meine eigenen Gedanken über die theoretischen Zusammenhänge zwischen der Unsicherheit in Bezug auf den Arbeitsplatz, Lohndruck, Preisen und Profitspannen sowie der natürlichen Arbeitslosigkeitsrate zu kodifizieren. Das beiliegende Schreiben umreißt die Theorie, die ich für relevant halte. Es zeigt auf, weshalb ein Anwachsen der Unsicherheit in Bezug auf den Arbeitsplatz aufgrund sich verändernder Technologien oder anderer Faktoren zu einem dauerhaften Rückgang der natürlichen Arbeitslosigkeitsrate führen könnte ...«

Greenspan sprach Yellen seinen Dank aus. Das Memo war ein ökonomisch konventioneller Ausdruck dessen, was er hatte sagen wollen. Er ließ es für die anderen Mitglieder des Offenmarktausschusses kopieren.

Am 20. Juni bestätigte der Senat Greenspan mit 91 zu 7 Stimmen für weitere vier Jahre als Notenbankchef. Rivlin versuchten die Republikaner abzuschießen, aber man bestätigte sie schließlich mit 57 zu 41 Stimmen. Laurence H. Meyer wurde ohne Gegenstimmen bestätigt – 98 zu 0.

Während der zweitägigen Sitzung des Offenmarktausschusses am 2. und 3. Juli schlitterten die Mitglieder in eine lange Diskussion darüber, was denn Preisstabilität eigentlich tatsächlich sei.[10] Hatte man mit der gegenwärtigen Inflationsrate von drei Prozent nun genügend Preisstabilität oder nicht? Yellens Ansicht nach waren drei Prozent vermutlich akzeptabel, aber sie zeigte sich überrascht, daß viele – womöglich die Mehrheit – der Ausschußmitglieder der Ansicht waren, daß drei Prozent Inflationsrate nicht mit Preisstabilität gleichzusetzen sei. Sie wollten die Inflationsrate auf, sagen wir mal, zwei Prozent gedrückt sehen. Sie wußte, daß das nichts anderes bedeutete, als daß der Offenmarktausschuß bereit war, eine höhere Arbeitslosenrate zu tolerieren. Als Faustregel galt, daß man bei einer Senkung der Inflation um ein Prozent zwei Jahre lang mit einer einprozentigen Zunahme der Arbeitslosigkeitsrate zu leben hatte. Da die Arbeitslosenrate bei etwa fünf Prozent lag, ließ sich aus der Diskussion schließen, daß der Ausschuß bereit war, die Arbeitslosenrate auf etwa 6½ Prozent ansteigen zu lassen, um die Inflation weiter nach unten zu drücken.

Yellens Ehemann, der Volkswirtschaftler George Akerlof, hatte jüngst einen Aufsatz veröffentlicht, in dem er behauptete, daß man, drücke man die Inflation zu sehr herab, womöglich auf Dauer für eine höhere Arbeitslosigkeit sorge. Es kam im Ausschuß zu einer langen, aber letztlich ergebnislosen Diskussion zum Thema. Yellen war überrascht, daß der Ausschuß so gut wie nie über seine übergeordnete Strategie oder auch nur seine Ziele hinsichtlich einer akzeptablen Inflationsrate sprach. Wie will man funktionieren, wenn man nicht weiß, worin die eigenen Ziele bestehen?

Die Antwort bestand selbstverständlich darin, daß diese Flexibilität und das Fehlen erklärter Ziele dem Offenmarktausschuß, insbesondere aber Greenspan einen weit größeren Spielraum gab. Es demonstrierte aber auch, wie ungenau die Ökonomie im allgemeinen und die Zinspolitik im besonderen waren. Greenspan war zu der Überzeugung gekommen, daß die Inflationsraten der Vergangenheit im Grunde irrelevant waren. Ihre Aufgabe bestand darin, sich mit der Zukunft zu befassen – mit Inflationserwartungen. Sie wollten stabile Preise für die kommenden sechs Monate, nicht für die letzten sechs Monate; es wäre also sinnlos, eine Inflationsziffer aufs Korn zu nehmen. Ihm war daran gelegen, zuträgliche Inflationserwartungen zu schaffen, damit der Verbraucher wie die Wirtschaft die Inflation bei ihren Kauf- oder Investitionsentscheidungen erst gar nicht einrechnen würden.

Bei dieser Sitzung konnte Greenspan den Offenmarktausschuß dazu überreden, den Zins nicht anzuheben. Nur Gary Stern, der Präsident der Fed in Minneapolis, stimmte dagegen, weil er der Ansicht war, daß eine bescheidene Anhebung des Zinses angebracht sei. Aber auch bei nur einer Gegenstimme erkannte Greenspan die Zeichen der Zeit. Er stieß zunehmend auf Widerstand, wenn er den Ausschuß bei der Zinspolitik um Zurückhaltung bat. Er konnte sich nicht länger auf seine »primitiven« Berechnungen von Preisen und Profiten verlassen, auch wenn er sie zu 95 Prozent für richtig hielt. Er brauchte eine Bestätigung.

Bei seinem allwöchentlichen Frühstück mit Rubin und seinem Stellvertreter, dem parlamentarischen Staatssekretär Larry Summers, hatte Greenspan seine Gedanken über das gesteigerte Produktivitätswachstum hin und wieder ausprobiert.

»Schon, Alan«, sagte Summers einmal, »aber vielleicht kommt es da zu einem ständigen Irrtum, und es hätte schon die letzten 40 Jahre über plus ein Prozent heißen sollen. Woher wollen Sie wissen, daß die Produktivität zugenommen hat?«

Greenspan konnte es nicht sagen, aber er kam immer wieder darauf zurück, Woche für Woche, immer mit einer neuen Idee. Summers probierte sie an Topökonomen aus dem Finanzministerium aus, aber die hielten diese Ideen für wirr, um nicht zu sagen idiotisch. Greenspans Theorien paßten einfach nicht in die strikten, erprobten ökonomischen Modelle und Konzepte, die im Laufe von Jahrzehnten entwickelt worden waren.

Während der Kaffeepause bei der nächsten Sitzung des Offenmarktausschusses am Dienstag, dem 20. August, griff Greenspan sich Larry Slifman, den Leiter der Abteilung Forschung und Statistik der Fed. Slifman, ein ernster, schmächtiger Volkswirtschaftler mit einem Doktorgrad, ein ausgesprochen vorsichtiger Mann, gehörte schon seit Volckers Zeit zum Stab der Fed.

»Sehen Sie sich mal die Zahlen hier an«,[11] sagte Greenspan und wies auf einen Monatsbericht mit Diagrammen und Tabellen, den Slifmans Abteilung für ihn erarbeitet hatte. Es war ein primitiver Versuch, die Daten über Preise und Profite nach Unternehmenstyp zu verfeinern. Greenspan wies auf Daten über Preise, die relativ stabil waren, und dann auf Profite, die noch immer nach oben gingen, und dann auf die Produktivität – den Output eines Arbeitnehmers pro Stunde. Die Diagramme zeigten, daß die Produktivität im Abnehmen begriffen war.

»Werden Sie daraus schlau?« fragte ihn Greenspan.

Slifman dachte zuerst, es sei ihnen womöglich ein Fehler mit den Daten unterlaufen. Aber Greenspan sagte noch einmal, und diesmal nachdrücklicher, daß seiner Ansicht nach mit den Daten aus dem Wirtschafts- und dem Arbeitsministerium etwas nicht stimmte.

Seit Jahren schon ließ Greenspan die Abteilung für Research and Statistics spezielle Studien anfertigen, die Daten »auseinandernahmen« und in kleinere Posten aufschlüsselten. Amtliche Statistiken liefern gern große Zahlen, die völlig verschiedene Teile der Wirtschaft – zum Beispiel industrielle und nicht-industrielle Produktion – zusammenfaßten, wobei wichtige Unterschiede verwischt wurden. Er wollte sie getrennt sehen. Er hatte immer weitere Verfeinerungen verlangt, darunter auch eine Aufschlüsselung der Stückkosten bei der Warenproduktion sowie die Kosten einzelner Dienstleistungen.

Greenspan wollte die Zahlen, um verschiedene Wirtschaftsbereiche zu erfassen. Es gibt nicht nur eine Wirtschaft, sondern viele, und individuelle Teile und Typen unterschieden sich voneinander, was ihre Leistung anging. Wie machten sich Dienstleistungsbranchen wie etwa Autoreparaturwerkstätten im Vergleich zu Einzelhändlern und Herstellern? Landesweite Zahlen, in denen alles zusammengeworfen war, sagten ihm nicht genug.

Die Ökonomen in Slifmans Abteilung bezeichneten Greenspans Wünsche zuweilen als »Garnitur mit allen Schikanen«, oder sie sagten, der Vorsitzende hätte es wieder mal gern »geschnitten und gewürfelt«. Greenspan hatte dafür gesorgt, daß die Research-Assistenten einen Gutteil jenes Sommers mit speziellen Projekten beschäftigt waren.

Als Greenspan vor nun fast schon einem Jahrzehnt zur Fed gekommen war, hatte Slifman die Recherchen des neuen Chefs geringschätzig abgetan; er war sich sicher, daß es sich um Fehlbohrungen handelte. Im Lauf der Jahre jedoch hatte er festgestellt, daß so manche davon mehrere Barrel am Tag brachten – und gelegentlich lieferten sie eine Springquelle neuer und brauchbarer Betrachtungsweisen der vorliegenden Information.

Seit fast schon drei Jahren stellte Greenspan nun die offiziellen Produktivitätszahlen in Frage. Sie konnten einfach nicht stimmen. Sie anzuzweifeln war jedoch fast so, als bestreite man die Temperaturangaben vom Vortag in der Zeitung. Jemand hatte die Daten aus der ganzen Stadt zusammengezählt und einen Durchschnittswert errechnet. Wenn nun das Thermometer im eigenen Hinterhof etwas anderes angezeigt hatte, dann überzeugte das nicht so recht.

Wie sollte man den Fehler finden? Wo war er am wahrscheinlichsten?

Greenspan stellte unterdessen weiterhin seine eigenen Berechnungen an. Beginnen wollte er mit einigen elementaren Daten, von denen er wußte, daß sie genauer als die üblichen amtlichen Berichte waren. Da gab es zunächst einmal eine Reihe von amtlichen Berichten über das allgemeine Preisniveau von Industrie- und anderen Gütern. Diese Berichte waren ausgesprochen verläßlich, da Unternehmen wissen, was sie verlangen, und Kunden wissen, was sie bezahlen.

Dann gab es amtliche Angaben über inländische Roh- und Reingewinne. Auch diese waren unglaublich verläßlich, da Unternehmen schließlich wissen müssen, wie ihre Gewinnmargen aussehen. Diverse Berichtsauflagen gegenüber Aktionären und eine relativ strikte Buchprüfung taten das ihre, um bei diesen Zahlen für Genauigkeit zu sorgen.

Als nächstes kam etwas elementare Betriebswirtschaftslehre. Der Preis einer Ware setzt sich rechnerisch zusammen aus Lohnstückkosten – den Lohnkosten pro Produktionseinheit – plus lohnunabhängigen Kosten (wie Abschreibungen, Zinsen, Steuern) plus dem Stückerfolg oder, einfacher gesagt, dem Profit.

Man ging allgemein davon aus, daß etwa 70 Prozent der Produktionskosten auf die Personalkosten, also die Löhne fielen. Die anderen Kosten – Abschreibungen, Zinsen und Steuern – ändern sich kurzfristig nicht allzu sehr und waren so getrost als konstant anzusehen. Die durchschnittlichen Lohnkosten pro Stunde kannte Greenspan, jedenfalls innerhalb eines annehmbaren Rahmens, aus den verläßlichen amtlichen Lohn- und Gehaltsstatistiken. Alles in allem ließ sich das auf eine kompakte, perfekte Formel bringen. Die einzige Variable war die Produktivität im Sinne der Arbeitsleistung pro Stunde. Wenn die Profite stiegen, die Preise aber stabil blieben, so mußten nach den Gesetzen der Mathematik die Produktivität nach oben und die Lohnstückkosten nach unten gehen.

Um es noch einfacher ausdrücken: Man nehme einen Gegenstand mit einem Marktpreis von $10, dann käme man auf etwa $6 an Lohnkosten, $2 an anderen Kosten und hätte $2 Profit. Angenommen, der Preis bleibt in einem relativ inflationsstabilen Umfeld bei $10, die anderen Kosten bleiben bei $2 Dollar, und die Profite steigen auf $3. Das würde bedeuten, daß die Lohnkosten gesunken sein mußten, auf etwa $5 Dollar. Da aber die Einkommen nicht gesunken waren, war dies nur möglich, wenn der Output pro Stunde gestiegen war. Also mußte die Produktivität im Ansteigen begriffen sein.

Greenspan überlegte, wie sich das den Ökonomen zufriedenstellend beweisen ließ.

»Haben Sie ein paar Minuten?« sagte Greenspan am Telefon zu Larry Slifman gleich am Tag nach dem Labor Day. Der Vorsitzende empfahl Slifman, einen der Experten für das Volkseinkommen mitzubringen.

Slifman und Carol Corrado, ebenfalls promovierte Volkswirtschaftlerin und Chefin der Abteilung Industrieproduktion, kamen zusammen in Greenspans Büro. Er hatte sich die Formel bereits notiert:

Preis = Lohnkosten + lohnunabhängige Kosten + Profite

Hierin war man sich einig.

Greenspan skizzierte darauf ein umfangreiches Recherchevorhaben. Er wollte von ihnen, daß sie die unhandlichen Gesamtzahlen zur Produktivität hernahmen und sie nach Wirtschaftssektoren und Organisationsformen – im juristischen Sinne – in ihre Komponenten zerlegten. Sie sollten eine Möglichkeit finden, zum Beispiel Fertigungsbetriebe (die etwas herstellen) und Dienstleistungsunternehmen (etwa Finanzdienstleister), Personenunternehmen (z.B. als Familienbetrieb geführte Farmen) und Kapitalgesellschaften (z.B. AGs) herauszulösen. Er hatte auch einen Vorschlag, wie dies zu machen sei. Sie würden dazu ihre eigenen Berechnungen anstellen und auch einige vorsichtige Annahmen machen müssen.

Corrado sah, daß der Vorsitzende fast schon die Debatten hörte, als er ihnen seinen detaillierten Rechercheplan darlegte.

Als Slifman und Corrado eine Dreiviertelstunde später gingen, hatten sie das Gefühl, das volkswirtschaftliche Gegenstück zum Manhattan Project – den Forschungsanstrengungen zur Entwicklung einer Atombombe in den vierziger Jahren – bekommen zu haben.

Der Vorsitzende entwickelte gleich ein Parallelvorhaben dazu. Er griff tiefer in die Reihen der Research und Statistics Division. »Ich möchte gern von jemandem, nach Branchen aufgeschlüsselt, Zahlen über die Produktionsleistung pro Arbeitsstunde«, verlangte er. Branchen gibt es Dutzende – von Landwirtschaft und Bergbau über die öffentliche Versorgung, Gesundheitsdienste, Finanzen und Bildung bis hin zum Film. Er wollte für jede davon die Produktivitätszahlen berechnet sehen.

Slifman legte die Projekte, Aufschlüsselung nach Art der Betriebe, Organisationsform und Branchen, zusammen. Am Donnerstag, dem 19. September, schrieb Corrado ein Computerprogramm, das bis ins Jahr 1960 zurückging und 155 Kategorien lieferte.

Als sie sich die Ergebnisse ansahen, verblüffte sie, daß die Dienstleistungsbetriebe, von den Tankstellenketten bis hin zu Personengesellschaften und Einzelunternehmen – letztere umfassen etwa ein Drittel aller Unternehmen im Land –, während der vergangenen zwei Jahrzehnte einen Rückgang in der Produktivität um ½ Prozent aufwiesen.

Slifmans Frau war Anwältin und fiel damit in diese Kategorie. Er wußte, daß die Produktivität in diesem Beruf im Lauf der achtziger und neunziger Jahre unmöglich zurückgegangen sein konnte. Irgend etwas stimmte mit diesen Zahlen nicht. Aber wichtiger war, daß diese Zahlen in den Gesamtstatistiken zur Produktivität die Kapitalgesellschaften, die die beiden anderen Drittel ausmachten, mit nach unten zogen.

Es war dies eine doppelte Entdeckung von immenser Bedeutung. Die Produktivitätszahlen auf dem Dienstleistungssektor, die negativ waren, mußten falsch sein. Diese falschen Zahlen zogen die Produktivitätszahlen für die Wirtschaft insgesamt nach unten. Die Produktivität lag also durch die Bank höher.

Greenspan war hocherfreut. Das ganze war zu diesem Zeitpunkt noch eine Hypothese, die jederzeit in sich zusammenfallen konnte. Aber sie bot eine mögliche Erklärung. Er rief die Ökonomen noch vor der Sitzung des Offenmarktausschusses in der kommenden Woche in sein Büro, um ihnen seinen Dank auszusprechen.

In den Wochen vor dieser FOMC-Sitzung war der Druck, die Zinsen anzuheben, weiter gestiegen. Bei der Nachrichtenagentur

Reuters hatte man läuten hören, daß acht der zwölf Bezirksbanken um eine Anhebung des Diskontsatzes um wenigstens ¼ Prozent ersucht hätten; drei von diesen acht wollten eine Erhöhung um ½ Prozent.

Das Magazin *BusinessWeek* berichtete von Uneinigkeit.[12] »Tauziehen in der Fed« hieß einer der Artikel in diesem Monat. Über einem anderen stand: »Harte Bandagen bei der Zinspolitik: Distriktbanken zwingen Greenspan womöglich über die Presse zum Zug«.

Als der Offenmarktausschuß schließlich am Dienstag, dem 24. September, in dem gewaltigen Sitzungsraum zusammenkam, war die Stimmung ungewöhnlich gespannt.[13]

Greenspan hatte endlich handfeste Beweise. Fast auf den Tag genau drei Jahre lang hatte er darauf bestanden, daß mit ihren Daten etwas ernsthaft nicht stimmte. Er zitierte aus Slifmans und Corrados Studie[14] und ging auf ihre zweifache Entdeckung ein. Unter Zuhilfenahme der Tabellen, die sie zusammengestellt hatten, zeigte er ihnen, was die Zerlegung der komplexen Daten ergeben hatte: Die Produktivität auf dem Dienstleistungssektor gehe seit Jahren zurück. Und dies sei schlichtweg unglaubwürdig.

Greenspan brachte dies alles mit tiefster Überzeugung. Diese Zahlen drückten auf die Produktivitätszahlen für Herstellungsbetriebe, was zu dem offensichtlichen Schluß führte, die Zahlen für das Produktivitätswachstum seien zu niedrig. Zahlen über das Produktivitätswachstum waren am schwierigsten zu erfassen – die Volkswirtschaftler haben bis Ende der siebziger Jahre gebraucht, um festzustellen, daß das Produktivitätswachstum Ende der sechziger Jahre abzunehmen begann. Darüber hinaus, so merkte Greenspan an, überzeichne der Verbraucherpreisindex die Inflation um schätzungsweise ein Prozent, weil er neue Produkte, Mieten und andere Konsumgüter nicht genau messe.[15] Nichtsdestoweniger lag die amtliche Inflationsrate während der letzten 12 Monate bei nur 2,6 Prozent – *der geringste Zuwachs seit drei Jahrzehnten.*

Er sprach es ganz offen aus. Es gebe da draußen eine reale

Welt, und sie maßen sie nicht richtig. Das wesentliche Merkmal dieses Ausblicks sei die Ungewißheit. Da nicht von vornherein feststünde, daß es zu einer höheren Inflation käme, wäre es das beste, gar nichts zu tun. Und da einige der Ausschußmitglieder die Zinsen sofort anheben wollten, schlug Greenspan ihnen vor, die Direktive beizubehalten, die es ihm anheimstellte, die Zinsen zwischen den Sitzungen anzuheben, falls sie alarmierende neue Zahlen erhalten sollten. Das Gescheiteste wäre jedoch, still zu halten, nicht zu erhöhen.

Bill McDonough, der 62jährige Präsident der New Yorker Fed und Vize im Offenmarktausschuß, kam als nächster zu Wort. Seit er drei Jahre zuvor Gerald Corrigan abgelöst hatte, war es zwischen ihm und Greenspan zu einer engen Beziehung gekommen. Und vom Job her, so war ihm klar geworden, hätte zu dieser Beziehung kaum etwas besser gepaßt, als der Mann der Fed auf den New Yorker Finanzmärkten zu sein. Er hatte so das Gefühl, daß der Posten ohne sie womöglich ein Alptraum war.

McDonoughs Rolle als Sprecher nach dem Vorsitzenden bestand zunächst in der Feststellung, er stehe hinter dem Vorsitzenden; als zweites hatte er seine Gründe dafür anzuführen. Als Kontaktmann zu den Finanzmärkten und den wichtigsten Spielern in New York würde seiner Analyse der Reaktionen, die ihre Schritte auf dem Markt auslösen würden, keiner widersprechen. McDonough, ein verbindlicher, kultivierter und gut gekleideter Mann mit buschigen Brauen, die tanzten, wann immer er sprach, war ein Demokrat, der 22 Jahre bei der First National Bank von Chicago gewesen war, bevor er zur New Yorker Fed kam. Er hatte über das Problem der Produktivität schon früher mit Greenspan gesprochen und ging mit dessen Analyse konform. So schwierig es sein mochte, es war unabdingbar, überkommene ökonomische Glaubensbekenntnisse fallen zu lassen, da die Wirtschaft im Begriff war, Jobs für Leute zu schaffen, die sie am dringendsten brauchten. Das löste die Probleme der Großstadtghettos zwar nicht, aber es half. McDonough war fest davon überzeugt, daß dies das wichtigste war, was sie tun konnten – Jobs zu schaffen sowohl für Minderheiten als auch die Armen in Stadt und Land. Die Hauptaufgabe bestand für ihn darin, die Arbeitslosenquote niedrigzuhalten und wenn irgend möglich noch weiter zu drücken – solange die Inflation noch irgendwie untenzuhalten war. Die Fed konnte nicht operieren, als gäbe es nichts Gefährlicheres in Amerika als den letzten armen Kerl ohne Job.

Der andere kritische Faktor war die Glaubwürdigkeit beim Kampf gegen die Inflation, die sich die Fed mit ihren präventiven Zinsanhebungen 1994–95 gesichert hatte, als der Tagesgeldsatz von 3 auf 6 Prozent geklettert war. Die New Yorker Finanzmärkte, das wußte McDonough, waren ausgesprochen beeindruckt gewesen von den drastischen Schritten, mit denen man die Inflation an die Kandare genommen hatte, noch bevor sie überhaupt zu sehen gewesen war. Die Bereitschaft zu kühnen Präventivmaßnahmen, so glaubte McDonough, hatte Greenspans Fed seinerzeit in den Augen der Märkte einen Antiinflations-Orden eingebracht. Die Märkte würden ihrer Entscheidung, den Zins nicht anzuheben, vertrauen.

Mit bewegten Brauen trug McDonough einen leidenschaftlichen Abriß seiner Ansichten vor. Es sei von entscheidender Bedeutung, daß sie jetzt nicht nur alle zusammen-, sondern auch zum Vorsitzenden hielten. Sie mußten vereint handeln. Es war eine Version der Rede, die Greenspan selbst im Februar 1994 gehalten hatte, als man die Zinsen anzuheben begann. McDonough sagte, er würde für Greenspan stimmen, wie er das immer getan hätte.

Rivlin sagte ebenfalls, sie stünde hinter dem Vorsitzenden und würde gegen eine Anhebung stimmen. Sie war hocherfreut, der gemäßigten Fraktion mit dem Vorsitzenden und seinem Vize Gewicht geben zu können.

Yellen dagegen war hin- und hergerissen. Trotz ihrer Überzeugung, daß da noch etwas anderes – wie etwa die Angst um den Arbeitsplatz und die Zunahme des Produktivitätswachstums – am Wirken war, wäre es ihr lieber gewesen, Greenspan hätte eine Anhebung empfohlen. Ihrer Ansicht nach wäre es das Klügste gewesen, um ¼ Prozent nach oben zu gehen. Es wurde langsam, aber sicher schwierig, sich die intellektuelle Ehrlichkeit zu bewahren und sich nicht einzugestehen, daß es einfach nötig war, den Zins zu erhöhen. Die Konjunktur entwickelte sich wahrscheinlich zu schnell. Bei allen Sympathien mit Greenspans Position war sie der Meinung, sie gingen langsam ein zu großes Risiko ein, wenn sie nicht anhoben.

Wenn es nach ihr ginge, sagte sie schließlich, würde sie für eine Erhöhung stimmen, fügte aber hinzu, sie könne die Empfehlung des Vorsitzenden, nichts zu tun, durchaus unterstützen. Die Kraft von Greenspans Persönlichkeit und sein starker Wunsch hatten sie überzeugt. Außerdem war ihr klar, daß er sie schließlich nicht darum gebeten hatte, die Zinsen nie wieder anzuheben. Er sagte nur: Warten wir fürs erste ab und kommen dann in sechs Wochen im Lichte weiterer Informationen auf die Frage zurück. Sie verspürte einen enormen Druck, sich ihm nicht zu widersetzen, und als es zur Abstimmung kam, merkte sie, daß das auch anderen so ging.

Dieser jähe Kontrast zwischen den radikalen Erklärungen einiger Notenbanker und ihren gemäßigten Stimmen für die Vorschläge des Vorsitzenden war gar nicht so rar. Hätte es eine geheime Abstimmung gegeben, so überlegte Yellen, Greenspan hätte ganz sicher verloren. Hätten die Leute im Ausschuß ihre Stimmen auf kleine Zettelchen schreiben und anonym in einen Hut werfen können, so hätte es wahrscheinlich neun Gegenstimmen gegeben, rechnete sie. Er hätte gerade mal drei Stimmen bekommen – seine eigene, McDonoughs und Rivlins. Yellen, die sich selbst als gemäßigt einstufte, wurde klar, daß sie bei einer geheimen Abstimmung für eine Anhebung gestimmt hätte. Aber so ganz offen stimmte sie denn doch für den Chef. Das beunruhigte sie.

Die Dringlichkeit, mit der man eben noch für eine sofortige Anhebung der Zinsen gewesen war, verflüchtigte sich, als alle außer Gary Stern, der Präsident der Fed in Minneapolis, mit dem Vorsitzenden stimmten, fürs erste keinen Zinsschritt zu tun. Stern glaubte, die niedrige Arbeitslosigkeitsrate von 5,1 Prozent würde sich über kurz oder lang in einer steigenden Inflation niederschlagen.

»Fed vermeidet Zinsanhebung« lautete tags darauf die Überschrift eines ungewöhnlichen Artikels gleich auf der Titelseite der *Washington Post.* Auch die *New York Times* brachte einen Artikel auf der Titelseite: »Federal Reserve läßt beim Leitzins alles beim alten«.[16] Die Artikel selbst enthielten weder Einzelheiten darüber, weshalb die Fed keinen Zinsschritt getan hatte, noch gab es etwas Konkretes über die inneren Spannungen.

»Bei ungewöhnlich ungewissen Aussichten für die Konjunktur und mit einer Präsidentschaftswahl vor der Tür«, hieß es in dem Artikel der *Post,* »zogen es der Vorsitzende Alan Greenspan und andere Notenbanker vor, den bisherigen Leitzins stehenzulassen.« Der Artikel bemerkte treffend, daß »die Entscheidung über den Leitzins ein Kopf-an-Kopf-Rennen« gewesen sei, und zitierte einige Analysten, deren Ansicht nach die »Nähe des Wahltages den Ausschlag gab, ihn nicht anzurühren«.

Im Oktober luden Slifman und Corrado einige Topökonomen aus dem Wirtschaftsministerium und dem Amt für Arbeitsstatistik zu einer Arbeitssitzung in die Fed; Thema waren ihre Ergebnisse hinsichtlich der Produktivität.

Rivlin bekam Wind von dem Meeting und entschloß sich, daran teilzunehmen, mußte aber erst nach dem kleinen Konferenzraum in der Unterwelt des Gebäudes suchen, in dem das Treffen stattfinden sollte. Als sie schließlich ankam, fand sie zu ihrer Überraschung den Vorsitzenden persönlich – ohne Sakko, die Hemdsärmel hochgerollt – in einer hitzigen Debatte mit etwa zehn Experten. Es ging um die Produktivität. Sie nahm Platz.

»Nein, nein, Alan«, sagte Bob Parker, der Chefstatistiker im Amt für Wirtschaftsanalysen des Ministeriums, »das sehen Sie falsch.« Kein Mensch in der Fed nannte ihn bei Sitzungen »Alan«. Rivlin wurde klar, daß es sich hier um Greenspans Leute handelte; Stellung und Hierarchie bedeuteten hier nichts. Hier zählten allein Analysen und Information. Erinnerungen und Beziehungen schienen hier tief zu gehen – das Gegenstück zu den

Sportplätzen der Jugend waren hier Debatten um Arbeitsstatistiken in den siebziger und achtziger Jahren. Greenspan kannte Parker seit 25 Jahren.

Parker, der den Vorsitzenden einmal mehr mit »Alan« ansprach, beharrte darauf, daß es schwierig sei, die Produktivität bei nichtproduzierenden Betrieben zu messen. Das Thema von der Rentabilität eines Unternehmens anzugehen, wie Greenspan das wolle, sagte Parker, genüge schlicht nicht. Was sei mit den Diskrepanzen, zu denen es komme, übersetze man die Einkommensstatistiken in die Komponenten Löhne, Gehälter und Profit?

Etwas später bei dem Treffen, Rivlin hatte gerade ein Argument vorgebracht, sprach sie Greenspan mit »Herr Vorsitzender« an. Parker war das so peinlich, daß er am liebsten unter den Stuhl gekrochen wäre.

Die Gruppe kam zu keinem Schluß, aber die Lage war klar: Die Wirtschaft expandierte, die Arbeitslosenquote war niedrig, Inflation und Löhne stiegen nur geringfügig, und die Profite waren weiterhin hoch. Sie alle schienen sich darin einig, daß die Produktivität im Steigen begriffen sein mußte, nur daß man sie nicht maß. Warum? Keiner hatte eine klare Antwort darauf, als man einander seine Verwirrung kundtat.

Für Greenspan war das Thema ernst, die Arbeit daran jedoch machte ihm einen Riesenspaß.

Im November gewann Clinton die Präsidentschaftswahl mit 49 Prozent der Stimmen. Der ehemalige Mehrheitsführer im Senat Bob Dole, der Republikaner aus Kansas, bekam 41 Prozent, Ross Perot 8.

Der Republikaner Greenspan war nicht traurig.

Im Lauf ihrer regelmäßigen Frühstückstreffen und fast täglichen Telefonate setzte die Firma Greenspan & Rubin ihre Diskussionen über den in den Himmel schießenden Aktienmarkt fort. Während der letzten fünf Jahre war der Dow Jones von etwa 2500 auf über 6000 Punkte im Herbst gestiegen – mit anderen Worten, er hatte sich mehr als verdoppelt. Allein in diesem

Jahr betrug der Zuwachs bis Dezember stolze 26 Prozent.

Rubin konnte den Höhenflug der Börse einfach nicht glauben. In seinem ganzen Leben hatte er so etwas noch nicht gesehen, und er machte sich große Sorgen. Die Leute hatten ihre Disziplin verloren, wenn es um finanzielle Entscheidungen ging. Der Markt war dramatisch und womöglich gefährlich überbewertet.

Hatten Finanzministerium und Fed eine Verpflichtung, da etwas zu tun – oder wenigstens etwas zu sagen? Es war das einzige Element der Wirtschaft, das nicht in der Balance war. Die Japaner hatten ihnen eine eindrucksvolle Lektion gegeben: Nach einem kometenhaften Anstieg war ihr Aktienmarkt abgestürzt und ihre Wirtschaft dümpelte in der Flaute.

Rubin war sich darüber im klaren, daß keiner etwas mit Sicherheit sagen konnte. Alles Offensichtliche, davon war er überzeugt, würde der Markt bereits reflektieren. Aber gab es da etwas, was nicht offensichtlich war, etwas, dem sie auf die Spur kommen mußten?

Rubin und Greenspan wußten beide, daß das Finanzministerium kaum etwas gegen die Börse sagen und eine Warnung aussprechen konnte. Da hätte man das Weiße Haus hinzuziehen müssen, und die politischen Berater des Präsidenten sahen in dem Bullenmarkt praktisch ein Ehrenabzeichen. Mehrere Male schon hatte im Weißen Haus jemand vorgeschlagen, der Präsident solle an der New Yorker Börse die Glocke läuten, und Rubin mußte auf Gefechtsstation, um dazwischenzugehen. Er sagte dem Präsidenten, er würde den Augenblick sein Lebtag nicht vergessen, wenn es zu einem Börsenkrach käme. Vom ersten Tag der Regierung Reagan an hatte Rubin Clinton gesagt: Wenn es der Wirtschaft gutgeht, dann sprechen Sie drüber – aber wenn es den Märkten gutgeht, dann sollten Sie das besser nicht als Referenz benutzen, weil Märkte rauf- und runtergehen. Da der Stolz auf die Steigerung an der Börse wenigstens für einige im Weißen Haus einfach dazugehörte, konnte Rubin kaum versuchen, das Läuten der Glocke ungeschehen zu machen.

Greenspan entschloß sich, einen Versuch zu machen.

Er hatte sich einverstanden erklärt, im American Enterprise Institute, einer konservativen Washingtoner Denkfabrik, Anfang Dezember den Francis Boyer Award anzunehmen und bei der formellen Zeremonie mit Diner eine Rede zu halten.

Er begann die Arbeit an seiner Rede, während er frühmorgens in der Badewanne lag, ein Ritual für ihn. Seine Wanne war tief und schmal, er konnte so die Arme aufstützen, und es ließ sich bequem lesen und schreiben. Er entschloß sich, seine Sorgen um die Börse in einer langen historischen Diskussion über die Philosophie der Preise zur Sprache zu bringen. Er hatte vor, diese Bedenken vorsichtig in eine Frage zu packen. Woher wissen wir, schrieb er, wann hinter einer übermäßigen Eskalation der Aktienkurse – und die Wendung kam ihm einfach so in den Sinn – nichts weiter als »irrationaler Überschwang« steckt?

Er wußte, die Wendung »irrationaler Überschwang« hätte auf den Märkten Konsequenzen. Der Markt *war* überbewertet. Indem er die Aussage in eine Frage packte, hielt er sich jedoch den Rücken frei. Er würde einfach seine Unsicherheit zum Ausdruck bringen – wer konnte es schon mit Sicherheit sagen? Er zeigte den Entwurf der Rede einigen anderen bei der Fed.

Es war eine typische Greenspan-Rede, die für einen Saal voll glasiger Augen sorgen würde, aber letztendlich sah Rivlin eine verschleierte, aber unmißverständliche Warnung vor einem »irrationalen Überschwang« auf dem Aktienmarkt. Es hörte sich nach einer hingeworfenen Bemerkung an, die nicht unbedingt etwas mit dem Rest der Rede zu tun hatte. Trotzdem befürchtete Rivlin, daß man sie zu ernst nehmen könnte. Eine mit Anmerkungen versehene Kopie seiner Rede in der Hand, ging sie nach nebenan in Greenspans Büro.[17]

»Wollen Sie das wirklich sagen?« erkundigte sie sich.

»Ich denke schon«, antwortete er.

Nachdem er seine Rede gehalten hatte, kehrte Greenspan an seinen Tisch zurück, an dem auch seine Freundin Andrea Mitchell saß.

»Also, was war das Wichtigste, was ich gesagt habe?« fragte er sie. Sie blickte ihn verwirrt an; sie war sich da nicht so sicher. Er dagegen wußte es ganz genau.

Nach der Rede begannen die Märkte in Japan, die noch geöffnet waren, plötzlich scharf nach unten zu gehen. In der ersten halben Stunde nach Börsenöffnung am nächsten Morgen fiel der Dow um 145 Punkte, erholte sich aber wieder und lag bei Börsenschluß nur um 55 Punkte tiefer – bei 6381.

Vier Tage später sagte Greenspan in seinem Büro zu einem leitenden Vertrauten aus seinem Stab: »Ein Konjunkturzyklus gleicht dem anderen mit Ausnahme eines grundlegenden Unterschieds, der gerade diesen speziellen Zyklus charakterisiert und in anderen Zyklen selten, wenn überhaupt zu beobachten ist.«

Vielleicht war es der Aktienmarkt, vielleicht nicht. War es eine Blase oder nicht? Er war sich sicher, daß die Angst um den Arbeitsplatz Teil des Geheimnisses war. Und ganz eindeutig war das gesteigerte Produktivitätswachstum ein weiterer Faktor. Aber in welchem Maß, das wußte er nicht.

Schon früher im Monat hatte die *Washington Post*[18] einen Artikel ihres Chefbeobachters der Fed, John M. Berry, gebracht, gleich ganz oben auf Seite eins. Unter der Überschrift »USA segelt auf ruhigen Wirtschaftsgewässern, Rezessionen scheinen nicht länger unvermeidlich zu sein« zitierte der Artikel eine ganze Reihe prominenter Ökonomen – keiner rechnete während der nächsten fünf Jahre mit einer Rezession.

Auch Greenspan sah keine Rezession am Horizont. Es würde sechs Monate dauern, bis sich eine aufbaute, rechnete er. Aber das hatte er schon mal gesagt, nur um dann drei Monate später zu Kreuze zu kriechen.

Greenspan lebte seit fast zwölf Jahren mit Andrea Mitchell zusammen, die zwanzig Jahre jünger war als er. Kennengelernt hatten sich die beiden über die Musik. Sie hatte als Kind ziemlich gut Geige gespielt. Greenspan, der eine große Schwäche für Barockmusik hat, und Mitchell gingen zu klassischen Konzerten im Kennedy Center, wo das Paar nicht selten in der Präsidentenbox saß.

Ende 1996 begann Greenspan daran zu denken, ihr einen Antrag zu machen. Bei einem Geburtstagsdiner für Mitchell mit einem Dutzend enger Freunde im Galileo, einem von Washingtons besten italienischen Restaurants, brachte er einen glühenden Toast auf sie aus. Einige der Gäste waren der Ansicht, daß er dabei einem Heiratsantrag recht nahe kam; ständig hatten sie das Gefühl, im nächsten Satz würde er sie fragen. Aber er fragte nicht.

Später vertraute er jemandem an, daß er Mitchell zweimal einen Antrag gemacht hätte, bevor sie ja gesagt habe, aber entweder habe sie nicht verstanden, was er sagte, oder der Groschen sei nicht gefallen. Die Unklarheit seines Ausdrucks und seine Vorsicht gehörten derart zu ihm, daß Mitchell noch nicht einmal gemerkt hatte, daß er um ihre Hand anhielt. Sie tat sich nicht leicht, die Tiefe seiner emotionellen Bindung zu ihr zu verstehen.

Am Weihnachtstag fragte Greenspan sie schließlich, ohne lange herumzureden: »Möchtest du eine große Hochzeit oder eine kleine?« Das war eine Message, die keinem entgehen konnte.

Mitchell war ziemlich überrascht, sagte aber sofort ja.

Sie gaben ihre Verlobung bei einer Abschiedsparty bekannt, die sie für Laura Tyson gaben, die als Direktorin von Clintons National Economic Council abtrat.

Vier Monate später heirateten sie in einer privaten siebenminütigen Ziviltrauung im Inn at Little Washington, einem luxuriösen Landgasthaus mitten im Jagdgebiet von Virginia. Ruth Bader Ginsburg, das erste von Clinton ernannte Mitglied des Obersten Bundesgerichts, besorgte die Zeremonie. Etwa 75 Gäste waren dabei, darunter der ehemalige Vorsitzende der Vereinten Stabschefs Colin Powell, die demokratischen Anwälte Bob Strauss und Lloyd Cutler, Henry Kissinger, Alice Rivlin, Mike Kelley von der Fed, die Mediengrößen Katharine Graham, Ben Bradlee, Sally Quinn, Jim Lehrer, Barbara Walters, Tim Russert (Mitchells Chef), David Brinkley, Al Hunt und Judy Woodruff sowie die Senatoren John Warner, der Republikaner aus Virginia, und Daniel P. Moynihan.

Einige Tage nach der Hochzeit sagte Greenspan einem Kollegen: »Das hätte ich schon früher machen sollen.«

12 Fernost ist nicht Mexiko

1997, gleich zu Anfang des Jahres, mußte Greenspan sich an seine Maxime erinnern: »Wenn du nicht nervös wärst, hättest du hier nichts verloren.«

Am 26. Februar, bei einer Aussage vor dem Bankenausschuß des Senats, flocht er einen weiteren Seitenhieb auf den Aktienmarkt ein. »Besondere Vorsicht scheint mir angebracht hinsichtlich des scharfen Anstiegs der Wertpapierkurse während der letzten beiden Jahre«, sagte er. »Dieser Zuwachs wirft offensichtlich Fragen um die Haltbarkeit auf.«[1] Seit Anfang 1995 war der Dow Jones um schwindelerregende 80 Prozent in die Höhe geschnellt.

Eine Woche später, vor dem Bankenausschuß des Repräsentantenhauses, bemühte der Notenbankchef sich, in Abrede zu stellen, daß er die Börse »herunterzureden« versuche.

»Das war ganz und gar nicht meine Absicht«, sagte er. »Es wäre auch nicht zu machen.«[2]

Greenspan behauptete damit, keinen Einfluß auf die Börse zu haben – und versuchte sie doch hartnäckig zu beeinflussen. Er versuchte sich da an einer feinen Unterscheidung. Seine Hinweise auf einen »irrationalen Überschwang« und die »Haltbarkeit« der Kurse deuteten darauf hin, daß die Börse für die Fed eine gewisse Bedeutung bei der Bewertung ihrer Geldpolitik haben könnte. Es war eine Tatsache, daß der Aktienmarkt sehr, sehr hoch stand. Er sagte nicht notwendigerweise, daß er *zu* hoch stehe oder daß die Fed den Versuch machen solle, die Börse von ihrem Höhenflug herunterzuholen. Mit dem Versuch, den Markt zu drücken, würden sie ihre Probleme nur noch vergrößern. Der Kongreß – und weiß Gott wer sonst noch – würden wissen wollen, wann der Aktienmarkt zu niedrig stand und an welchem Punkt man von der Fed erwarten konnte, etwas für die Kurse zu tun. Greenspan hatte nicht die Absicht, an der Börse für eine Handelsspanne zu sorgen, mit anderen Worten, nach unten und oben ein Limit dafür zu setzen, was zulässig war. Es war dies nicht die Aufgabe der Fed. Er glaubte noch nicht einmal, daß es zu schaffen wäre, wenn sie es tatsächlich versuchte.

Nichtsdestoweniger ging es ihm um einen deutlichen Hinweis: Der Aktienmarkt stand ungewöhnlich hoch, die Fed hatte ein wachsames Auge darauf, und man mußte die mögliche Wirkung auf Konjunktur und Verbraucherausgaben in Betracht ziehen. Die Situation machte ihn nervös.

Gegen Ende März 1997 hatte Dr. Laurence H. Meyer seine ersten neun Monate im Zentralbankrat hinter sich; Clinton hatte ihn erst im Vorjahr ernannt. Nie würde Meyer den Tag vergessen, an dem er nach Washington kam, um im Privatflügel des Weißen Hauses ein Vorstellungsgespräch mit dem Präsidenten zu führen. Sie sprachen etwa eine Dreiviertelstunde miteinander, wobei der Präsident in dem Versuch, Meyer die Nervosität zu nehmen, das Reden fast ausschließlich selbst besorgte; er erzählte Anekdoten aus der Geschichte einiger der Räume des Weißen Hauses und sprach von seinen allgemeinen Zielen für die Wirtschaft. Hätte der Präsident die Grundsatzfrage gestellt – Halten Sie ein noch schnelleres Wirtschaftswachstum für möglich, ohne daß es zu einer Inflation kommt? –, so hätte Meyer mit nein geantwortet, dazu war er bereit. Es kursiere da eine Menge unfundiertes Gerede über die Wirtschaft, das seinem Verständnis von ihrer Funktionsweise zuwiderlief. Falls die Arbeitslosigkeitsrate zu tief sank, so würde das eine Inflation auslösen – und seiner Ansicht nach befand sich die Wirtschaft bereits in der Gefahrenzone; man war vom Limit einer inflationsstabilen Arbeitslosigkeitsrate gar nicht so weit entfernt. Aber Clinton stellte die Frage nicht. Meyer wurde nominiert und vom Senat bestätigt.

Meyer hatte am Massachusetts Institute of Technology promoviert und Anfang der achtziger Jahre Laurence H. Meyer & Associates gegründet, eine erfolgreiche Firma für Wirtschaftsprognosen in St. Louis. Er hatte mit den Wirtschaftsberatern mehrerer Präsidenten – Reagan, Bush und Clinton – gearbeitet und war für die Exaktheit seiner Prognosen bekannt. So war in den neunziger Jahren der Verbraucherpreisindex einmal über einen Drei-Jahres-Zeitraum nur um 1/10 Prozent von seiner Prognose abgewichen. Er hatte zahlreiche Auszeichnungen bekommen, unter anderem 1993 und 1996 den von einer Jury aus Blue-Chip-Ökonomen vergebenen Annual Forecast Award als bester Prognostiker. Für Meyer, den Intellektuellen, dessen Motor mit Daten läuft, war die Prognostik eine Angelegenheit ebenso komplexer wie strikter ökonomischer Modelle.

Bei seiner ersten Sitzung des Offenmarktausschusses war Meyer zu der Erkenntnis gekommen, daß die Sitzungen in der Regel vorgefertigt waren. Bei seiner ersten Präsentation stellte er fest, daß er redete wie ein Wasserfall, fast außer Kontrolle, bis er schließlich herausplatzte: »Das macht ja noch mehr Spaß, als ich gedacht habe.«

Schallendes Gelächter im Raum.

Jetzt jedoch, im Frühjahr 1997, hatte Meyer seine liebe Mühe. Seine Ausbildung, all die Modelle und Konzepte, die immer so präzise funktioniert hatten, sagten ihm, sie müßten aufgrund des höheren Wirtschaftswachstum im Verein mit der niedrigeren Arbeitslosigkeitsrate bald mit einem raschen Anstieg der gefährlichen Inflationsrate rechnen. Von Greenspans Argument einer gesteigerten Produktivität hielt er nichts. Für ihn grenzte das an Fantasy. Bisher jedoch hatte er noch nicht gegen Greenspan gestimmt.

Bei der Offenmarktausschußsitzung am Dienstag, dem 25. März 1997,[3] lieferte der Bericht der Spezialisten bei der Fed weitere Beweise dafür, daß die Wirtschaft mehr als robust war. Die Ausgaben der privaten Haushalte wie der Wirtschaft waren ebenso oben wie der Wohnungsbau. Obwohl es keinerlei Anzeichen für eine Inflation gab, fragten Meyer und einige der anderen sich, ob es nicht an der Zeit wäre, den Zins anzuheben, vielleicht sogar beträchtlich, als Präventivmaßnahme ähnlich der von 1994.

Greenspan, der als erster zu Wort gekommen war, hatte eine Anhebung um ¼ Prozent empfohlen mit dem Argument, ein solcher Schritt sei die andere Seite der Umsicht, die sie vorigen Herbst hätten walten lassen, als sie *nicht* erhöht hatten.

Brillant, dachte Meyer. Greenspan, das Aushängeschild der New Economy, spielte die Karte mit dem Inflationsfalken der Old Economy aus. Der Vorsitzende behielt einen Fuß in beiden Lagern, sowohl in dem der neuen Schule, laut der es zu einem gesteigerten Produktivitätswachstum gekommen war, als auch in dem der alten Schule der Inflationsbekämpfung. Meyer sah darin eine meisterhafte Verfahrensleitung. Er stimmte im Sinne des Vorsitzenden.

Alice Rivlin, von der Fraktion der Tauben, war der Ansicht, die Konjunktur beginne sich aufzuheizen. Der Aktienmarkt wirkte auf das Wirtschaftswachstum und sorgte womöglich für Inflationsprobleme. Vielleicht sollte man wenigstens den Eindruck vermitteln, man sei auf der Hut. Die Fed hatte seit über einem Jahr keine Zinsschritte mehr getan. Eine viertelprozentige Anhebung würde so oder so nicht wirklich eine Rolle spielen. Schaden jedenfalls könnte sie nicht, dachte sie sich, war sich aber der Ironie der Situation durchaus bewußt – die Inflation ging ja faktisch zurück. Auch sie stimmte mit dem Vorsitzenden. Wie auch alle anderen im FOMC.

Die Anhebung um ¼ Prozent, mit der der Zielsatz für die Fed Funds bei 5½ Prozent landete, bot einmal mehr Stoff für die Titelseite. Greenspans Fed hatte nie lediglich einen einzigen isolierten Zinsschritt getan, weder nach oben noch nach unten, und so ging man davon aus, daß weitere Anhebungen ins Haus standen. *The Wall Street Journal* schrieb, Fed-Beobachter setzten auf eine, zwei oder gar drei zusätzliche Erhöhungen im Lauf des Jahres.[4] Bei der *Washington Post* erwartete man nur eine oder zwei weitere Anhebungen um ¼ Prozent.[5]

In einer seiner ersten Diskussionen mit Greenspan hatte Meyer gefragt, ob es irgendwelche Richtlinien für Ansprachen in der Öffentlichkeit gebe. Offizielle Regeln nicht, hatte Greenspan gesagt, aber inoffizielle. Regel Nummer eins: Halten Sie keine. Wobei der Vorsitzende anmerkte, daß sich an die Regel Nummer eins keiner hielt. Deshalb Regel Nummer zwei: Sagen Sie nichts, was die Märkte bewegen könnte.

Meyer hatte sich einverstanden erklärt, am 24. April bei einem Lunch im New Yorker Forecasters Club zu sprechen.[6] Er tippte seine 25seitige Rede sorgfältig ab und ließ der Presse ein Vorabexemplar zukommen.

»Ich bin ein fester und ungenierter Anhänger der beiden Konzepte Phillips-Kurve [eine graphische Darstellung der Beziehung zwischen Arbeitslosigkeits- und Änderungsrate von Preisen und Löhnen] und NAIRU«, erklärte er. Laut diesen beiden ökonomischen Konzepten führte eine niedrige Arbeitslosigkeit letztlich zu einer hohen Inflation. Gab es nicht genügend Arbeitslose, schossen die Löhne nach oben.

Meyer sagte auch, daß die Wirtschaft mit einer »nicht zu haltenden« Rate wachse und daß die Anhebung des Zinssatzes um ¼ Prozent vom Monat zuvor »klein, umsichtig und präventiv« gewesen sei. Der Ton deutete an, daß mit weiteren Anhebungen zu rechnen war.

Gegen 13.30 Uhr lauteten die Schlagzeilen der Nachrichtenagenturen: »Fed neigt zu Anhebung des Leitzinses im Mai« und »Zentralbankrat Meyer signalisiert Wahrscheinlichkeit weiterer Zinserhöhungen durch Federal Reserve«. Der Dow Jones fiel darauf um 20 Punkte, und der Rentenmarkt brach derart ein, daß 30jährige Schatzanleihen gleich 2,5 Dollar pro $1000 Nennwert verloren.

Am nächsten Morgen las Meyer auf der Titelseite des *Wall Street Journal* einen Artikel mit der Überschrift: »Wie sehr bemüht sich Mr. Meyer, nicht auf die Märkte zu wirken; warum er gestern versagt hat.«[7] Er war etwas angeschlagen, aber niemand in der Fed sprach ihn groß darauf an.

Kurz darauf lud Greenspan Meyer in sein Büro ein. Unterhalten wir uns doch, schlug der Vorsitzende vor, mal über die Konjunktur und die Zinsentscheidungen der Fed.

Sie unterhielten sich über die Kräfte, die auf die Konjunktur wirken, und die Daten, die sie bekamen. Meyer gestand, daß er mit seinem Latein am Ende sei, so sehr er sich auch abmühe. Seine eigenen Prognosen wie die von vielen anderen privaten Prognostikern zeigten immer wieder, daß die Konjunktur eigentlich an Dampf verlieren sollte, aber bisher war davon nichts zu spüren. Sämtliche Prognosen rechneten mit einem Anstieg der Inflationsrate, aber sie ging nicht hoch. Laut der Modelle, die er gelernt, mit denen er bei seinen eigenen Prognosen so lange gearbeitet hatte, war die Wachstumsrate zu hoch und die Arbeitslosigkeit zu niedrig. Ganz besonders schwer zu schaffen machte ihm der Gedanke, daß die Arbeitslosigkeit nicht nur so tief hatte sinken können, sondern sich auch noch halten konnte, ohne daß es zu einer Inflation kam. Die Arbeitslosigkeitsrate war im April auf 4,9 Prozent gesunken – ihrem tiefsten Stand seit 1973.

Ich will Ihnen mal sagen, was ich denke, sagte Greenspan. Ich mache mir keine Sorgen, und zwar aus folgendem Grund. Er ging genauer auf die zerlegten Daten über die Produktivität ein. Die Welt und die Wirtschaft änderten sich. Es sei ihre Aufgabe, hinter das Wie und Warum zu kommen. Die beiden gehörten zu den fähigsten Ökonomen im Land, und sie unterhielten sich lange miteinander.

Meyer war beeindruckt. Es war eine wunderbare Diskussion. Der Vorsitzende hatte nicht etwa um seine Stimme gebeten, noch nicht einmal um seine Unterstützung. Meyer war dahintergekommen, daß Greenspan eine wunde Stelle hatte. Laut Tradition ging es nicht an, daß der Vorsitzende bei einer Abstimmung auf der Verliererseite stand. Meyers Ansicht nach hatte der Chef einen Anspruch darauf, im voraus zu erfahren, wo die Ausschußmitglieder standen, wenn sie zu den Sitzungen des Offenmarktausschusses kamen. Wann immer er selbst gegen den Vorsitzenden stimmen würde, dann sagte er ihm das vorher. Wenn er in eine Sitzung ging, dann hatte Meyer sich demnach bereits festgelegt. Es spielte keine Rolle, wie überzeugend die anderen waren. Er mochte zwar sagen: Sie haben mich überzeugt, aber ich stimme trotzdem so ab, wie ich es von Anfang an vorhatte. Wann immer dem so war, sagte er Greenspan nach der Sitzung: Tut mir leid, aber rechnen Sie das nächste Mal nicht mehr mit mir.

Gerade wegen dieser Ehrerbietung, die man dem Vorsitzenden entgegenbrachte, hatte Greenspan, wie Meyer klar wurde, bereits ein Bündel Stimmen in der Tasche, wenn er in die Ausschußsitzungen ging. Falls Meyer die Zinspolitik ändern wollte, dann mußte er zunächst den Vorsitzenden umstimmen.

Greenspan hatte ihn sachte, aber fest in der Hand. Der Vorsitzende war Agnostiker, was die Theorie anging, die Arbeitslosigkeitsrate könne nur bis an einen bestimmten Punkt sinken, dann würde sie eine Inflation auslösen. Wo lag dieser Punkt? Er war amorph, nicht festzumachen. Es hing von der wirtschaftlichen Gesamtsituation ab, und sich an eine bestimmte fixe Größe zu klammern hatte kaum Sinn.

Einige andere im Offenmarktausschuß waren nicht gerade glücklich, daß Meyer Gott und der Welt sagte, zu viele Leute hätten im Augenblick einen Job. Ed Boehne, das dienstälteste Mitglied im Ausschuß, hielt Meyer für ein PR-Desaster. Wie sollte die Fed sich der Öffentlichkeit gegenüber rechtfertigen oder erklären, wenn ein Mitglied des Zentralbankrats derartige Erklärungen abgab? Für Boehne war die tiefstmögliche inflationsstabile Arbeitslosigkeitsrate keine feste Zahl – vielleicht schwankte sie zwischen 3,5 und 6,5 Prozent. Sie mochte ein nützliches Instrument für Ökonomen sein, aber daß sich die Gestalter der Zinspolitik darauf fixierten, das war nicht gut.

Greenspans Ansicht nach fehlte es Meyer an politischem Gespür, aber wie gewöhnlich sagte er nichts.

Am Dienstag, dem 20. Mai 1997, kam Meyer schon lange vor der für 9 Uhr angesetzten FOMC-Sitzung ins Büro. Normalerweise hatte er keine Zeit, die Zeitungen zu lesen, aber an diesem Tag nahm er das *Wall Street Journal* zur Hand und las die Editorial-Seite, auf der Zinserhöhungen, die darauf abzuzielen schienen, das Wachstum zu ersticken, grundsätzlich nicht gut ankamen.

»Die Meyer-Fed?« schlug ihm die Schlagzeile entgegen. »Der Rentenmarkt hat sich von seinem Meyer-Schock erholt«,[8] las er. Der Leitartikel zog ihn und sein überkommenes Denken durch den Kakao, vor allem das Konzept, nach dem eine niedrige Arbeitslosigkeit zur Inflation führen muß. »Diese Ansicht läuft mit anderen Worten darauf hinaus, daß im Augenblick zu viele Leute arbeiten.« Obwohl der Artikel Greenspan ganz allgemein lobte, hieß es: »Das Problem ist, daß Mr. Greenspan sich heute in vieler Hinsicht wie Mr. Meyer anhört.«

Als Meyer in die Sitzung kam, zogen einige der anderen Notenbanker ihn auf; man lachte über den Gedanken, er hätte die Fed an sich gerissen. Vielleicht sollte er sie dem Vorsitzenden lieber wieder zurückgeben, scherzte einer.

Greenspan sagte wieder nichts. Seine Aufgabe bestand darin, sich gerade mal so ein bißchen wie Meyer anzuhören, aber nicht zuviel; er mußte einen Fuß im Lager der Anti-Inflations-Falken wie Meyer behalten, auf der anderen Seite aber auch im Lager der Wachstumsverfechter, der Apostel der New Economy. Falls das *Wall Street Journal* dachte, daß Meyer einen ungewöhnlichen Einfluß ausübe, um so besser.

Nach einer langen Diskussion über die Konjunktur empfahl Greenspan, unmittelbar keinen Zinsschritt zu tun, sondern sich für eine asymmetrische Direktive in Richtung einer Anhebung zu entscheiden.[9] Meyer stimmte in seinem Sinne. Die einzige Ausnahme war J. Alfred Broaddus Jr., Präsident der Fed in Richmond, ein vehementer Anti-Inflations-Falke. Broaddus, 57, ein promovierter Ökonom, der fast seine ganze Laufbahn in der Richmonder Fed gewesen war, wollte den Zins auf der Stelle erhöht sehen.

In diesem Monat stieg der Dow Jones über die 7000er-Marke.

Im Weißen Haus hatte Gene Sperling, der Laura Tyson als Chef des National Economic Council abgelöst hatte, Vorstellungsgespräche mit Kandidaten für Lawrence Lindseys freien Platz in der Fed geführt. Als er meinte, den perfekten Mann für den Posten gefunden zu haben, rief er Greenspan an. Sperling wollte

Greenspan gern vorab Bescheid sagen, so daß man es sich, falls der Notenbankchef an die Decke gehen sollte, noch mal überlegen könnte.

Wir werden Roger Ferguson vorschlagen, berichtete Sperling.

Wer ist das denn? fragte Greenspan. Nie von ihm gehört.

Ein Mann mit einem Diplom in Volkswirtschaft, einem Abschluß in Jura und einem Doktortitel in Volkswirtschaft – alle drei von der Harvard University. Er sei Partner bei McKinsey, der ersten internationalen Mangagement-Consulting-Firma am Platz, und gegenwärtig deren Research-Direktor. Und er sei schwarz.

Ich habe schon gehört, daß Sie eine Menge Ziele haben, sagte Greenspan.

Eine der Prioritäten, die die Regierung Clinton sich gesetzt hatte, hieß Vielfalt. Es sei eine schwierige Zeit, schob der Vorsitzende nach, und die Fed brauche Sachkenntnisse. Fergusons Laufbahn war etwas ungewöhnlich für einen Fed-Kandidaten, und Greenspan wollte jemanden, der dazustoßen und sofort loslegen konnte, was einige der technischen Probleme mit der Bankenregulierung anging.

Sperling sagte, er hätte mit Ferguson eines der besten Sondierungsgespräche seiner Laufbahn geführt. Auch Summers hielt Ferguson für großartig.

Bei dem, was wir hier tagein, tagaus machen, ist Sachkenntnis erforderlich, antwortete Greenspan. Dem Zentralbankrat fehlt es an Kräften.

Sperling sagte, Ferguson sei der Mann für den Job.

Es liegt letztlich am Präsidenten, antwortete Greenspan. Aber es ist ausgesprochen nett von Ihnen, mich anzurufen und mir Bescheid zu sagen.

Das Weiße Haus hatte ihm schon zu viele unqualifizierte Kandidaten geschickt. Greenspan hätte gern Ted Truman im Zentralbankrat gesehen, den kontroversen und pompösen, aber dafür um so brillanteren Chef der internationalen Abteilung der Fed, aber das hatte man abgelehnt.

Ferguson wurde nominiert und bestätigt.

Etwa einen Monat später rief Greenspan Sperling an.

»Ich wollte Ihnen nur sagen, daß Roger Ferguson einsame Spitze ist«, sagte er. »Sie hatten recht. Der Mann ist ganz außerordentlich.« Ferguson wußte eine ganze Menge über das Wechselzahlungssystem, über Technologie, Computer und Produktivität.

Am 22. Juli sorgte der Vorsitzende Greenspan selbst für eine Dosis Überschwang. »Unsere Preise sind so stabil, wie ich es kaum je gesehen habe, nicht seit den sechziger Jahren«,[10] sagte er vor dem Bankenausschuß des Repräsentantenhauses. Obwohl er vorsichtig andeutete, daß der Satz für Fed Funds von derzeit 5½ Prozent »zum einen oder anderen Zeitpunkt zur Förderung eines nachhaltigen Wachstums und einer niedrigen Inflation geändert werden muß«, schrieb er einen Gutteil des Booms der gesteigerten Produktivität zu. »Wir wissen nicht, noch, so fürchte ich, weiß es sonst jemand, ob die gegenwärtigen Entwicklungen Teil eines Jahrhundertphänomens sind, das die Produktivität national und global auf ein neues, höheres Niveau hebt.« Der Dow Jones sprang um 155 Punkte nach oben und schloß damit über 8000.

Die viertelprozentige Anhebung im März hatte jedoch eine unbeabsichtigte Wirkung auf die weltweiten Finanzmärkte gehabt. Viele globale Investoren borgten Geld in Japan, wo die Zinssätze damals bei einem Prozent lagen, und investierten diese geborgten Milliarden in Thailand. Wegen der Risiken, die Thailands boomende, aber ausgesprochen wacklige Wirtschaft mit sich brachte, bekamen Anleger dort für Anleihen und andere Schuldverschreibungen Renditen im Bereich von um die 15 Prozent. In Japan billig zu borgen und mit hohen Renditen in Thailand zu investieren war eine Goldgrube bei einer Zinsdifferenz von um die 14 Prozent.

Die viertelprozentige Anhebung des Leitzinses im März führte zur Annahme weiterer Anhebungen, was wiederum zur Erwartung eines – womöglich beträchtlichen – Anstiegs der langfristigen Zinsen in den Vereinigten Staaten führte. Auch wenn die langfristigen Zinsen in den USA nie die 15 Prozent erreichen würden, die in Thailand zu haben waren, wurden die weit solideren amerikanischen Anleihen auf einmal ungemein attraktiv. Bei der New Yorker Fed, wo man die internationalen Märkte genau beobachtete, war man der Ansicht, daß dies wenigstens zum Teil für das Abstoßen der thailändischen Papiere durch ausländische Spekulanten verantwortlich war.

In jenem Sommer jedenfalls geriet Thailands Wirtschaft ins Trudeln, und auch wenn man es nicht herumposaunte, war die Zentralbank von Thailand praktisch pleite.

Rubin ging mit Greenspan zu Rate. Einige Leute im Finanzministerium hätten Thailand gern mit Hilfe des Währungsausgleichsfonds gestützt, der schon bei der Rettung Mexikos zum Einsatz gekommen war. Rubin wies jedoch darauf hin, es handle sich bei Thailand nicht um Mexiko, mit anderen Worten, der republikanische Kongreß würde sich zieren.

»Hören Sie«, sagte Rubin bei einem seiner Treffs mit Greenspan, »wir wissen nicht, was passieren wird, aber es kann durchaus sein, daß wir den Fonds mal brauchen. Wenn wir ihn jetzt einsetzen und der Kongreß uns praktisch die Verfügungsgewalt darüber entzieht, was ist, wenn wir ihn *wirklich* brauchen?«

Greenspans Ansicht nach waren in den Volkswirtschaften Asiens Kräfte am Werk, die sie nicht voll und ganz durchschauten. Sie müßten sich einige Fragen stellen: Wie würde die Wirkung auf die Wirtschaft der USA aussehen? Wie hoch war der Grad an Interdependenz? Was könnten die Vereinigten Staaten unternehmen, um auf das Resultat Einfluß zu nehmen? Sollten die Vereinigten Staaten immer zu Hilfe zu kommen versuchen, wenn ein Land wirtschaftlich in Schwierigkeiten oder gar ins Chaos geriet? Und dann die Frage, die man sich schon im Fall von Mexiko gestellt hatte: Was, wenn sie eingriffen und versagten? Würde das eine verheerende Botschaft an die Finanzmärkte senden in bezug auf die Ohnmacht der USA? Rubin wollte Thailand dem Internationalen Währungsfond überlassen und lieber dessen Anstrengungen unterstützen. Greenspan war einverstanden. Unwägbarkeiten auf den globalen Finanzmärkten machten alle nervös.

Im Herbst signalisierte Greenspan der Öffentlichkeit Widersprüchliches in Sachen Leitzins, Wirtschaft und Börse, was nicht zuletzt Ausdruck der eigenen Unsicherheit war. Am 8. Oktober sagte er anläßlich einer Erklärung vor dem Haushaltsausschuß des Repräsentantenhauses: »Die Konjunktur befindet sich auf einem Weg, der nicht anhalten kann«, und fügte hinzu: »Es ist ganz klar unrealistisch, auf dem Aktienmarkt mit einem Andauern der Zuwachsraten von der Größe, wie wir sie während der letzten beiden Jahre registriert haben, zu rechnen.«[11] Drei Wochen später, am Montag, den 27. Oktober, brach der Dow Jones um 554 Punkte ein – der größte Einbruch an Punkten in seiner Geschichte. Dies veranlaßte Rubin zu einer öffentlichen Erklärung auf der Treppe des Finanzministeriums: »Denken Sie immer daran, das Fundament der amerikanischen Wirtschaft ist stark.«[12]

Die ökonomischen Fundamente einer Reihe anderer Länder jedoch wurden zunehmend unsolide. Internationale Geschäftsleute spielten gefährliche Investmentspiele.

Am Tag vor Thanksgiving erfuhren Fed und das Finanzministerium, daß Südkorea in ernsthaften Schwierigkeiten war. Die Reserven seiner Zentralbank flossen in einer Höhe von einer Milliarde Dollar pro Tag aus dem Land. Man hatte nur noch Reserven für einige Tage, und die südkoreanische Wirtschaft stand kurz vor dem Kollaps.

Rubin, sein Stellvertreter Larry Summers und andere Experten aus dem Finanzministerium schalteten sich mit Greenspan kurz und gingen auf Krisenmodus. Korea hatte die elftgrößte Wirtschaft der Welt. Es war zu einem mündelsicheren Land aufgestiegen; es schien der Welt solide genug, um dort zu investieren. Südkorea war nicht Thailand oder Indonesien. War es möglich, daß Korea seinen Zahlungsverpflichtungen nicht mehr nachkommen könnte? Wie würden die Konsequenzen aussehen?

Für die japanischen und europäischen Banken stand in Korea mehr auf dem Spiel als für die amerikanischen. Angesichts der Schwäche der japanischen Wirtschaft und seiner wackligen

Finanzmärkte konnte eine Zahlungsunfähigkeit Koreas zu einer katastrophalen Kettenreaktion führen.

Greenspan mußte erfahren, daß eben die neuen Technologien, denen man die globale Wirtschaft – mit ihren praktisch unkontrollierten Finanzströmen – verdankte, eine mörderische Schattenseite hatten.[13] Der Schock eines Finanzzwischenfalls in irgendeinem größeren Land wirkte in Sekundenschnelle unwiderruflich rund um die Welt. Im allgemeinen galt, daß Märkte am besten funktionierten, wenn man sie allein leiden ließ. In diesem Fall jedoch, so glaubte Greenspan, konnte man das Resultat, so gering die Möglichkeit einer Katastrophe auch sein mochte, nicht dem Zufall überlassen. Ein Teufelskreis wachsender und sich selbst potenzierender Angst konnte den psychologischen Unterbau eines jeden Finanzmarktes zerstören – das Vertrauen.

Greenspans Ansicht nach bestand durchaus die Möglichkeit, daß die augenblickliche Bedrohung der des Börsencrashs von 1987 in nichts nachstand. Selbst zehn Jahre danach hatte er noch keine glaubwürdige Erklärung für den abrupten eintägigen Einbruch von Aktienkursen, die sich im Lauf von Jahren aufgebaut hatten. Der Schock der Ungewißheit konnte zu einem Rückzug führen, zur Blindheit, ja selbst zu Panik und Lähmung. Auf der anderen Seite konnte Ungewißheit auch zu Wunschdenken führen, was nicht weniger gefährlich war.

Mitte Dezember hatte die Krise in Korea die kritische Masse erreicht, und am Donnerstag, dem 18. Dezember, bat Rubin sein Team aus dem Ministerium und Greenspan zum Abendessen in einen privaten Raum des Jefferson Hotels, wo Rubin wohnte. Sie drehten sich im Kreis. Keiner schien eine gute Idee zu haben, wie sich eine Zahlungsunfähigkeit vermeiden oder gar managen ließ.

»Es gibt einfach Probleme, für die es keine Lösung gibt«, bemerkte Rubin. Noch einmal wies er auf die Gefahr hin, etwas zu tun und dabei zu versagen, was die Welt womöglich als Beweis für das Unvermögen der USA deuten würde.

Gab es eine Möglichkeit, die USA und andere Weltbanken

dazu zu bringen, Korea die ausstehenden Anleihen zu prolongieren? Das verschaffte Korea womöglich etwas Zeit. Konnte man das Ausbluten stoppen? Dazu müßte man sich um eine freiwillige Zurückhaltung seitens der Banken bemühen. Wer konnte mit den Banken reden?

Greenspan wußte nicht so recht, ob der Finanzminister der richtige Mann dafür war. Das Finanzministerium hatte keinerlei Aufsichtsfunktion und damit keine Kontrolle über die Banken; andererseits fällt dies zum Teil in die Zuständigkeit des unabhängigen Währungskommissars, dessen Behörde jedoch dem Finanzministerium zugeordnet ist, so daß er sich technisch gesehen doch wieder vor dem Finanzminister zu verantworten hat.

Was die Fed anbelangte, so bestand Greenspans Ansicht nach ein beträchtlicher Interessenkonflikt aufgrund ihrer direkten Regulierungsfunktion. Es war durchaus denkbar, daß die Banken Rubins Ansinnen ablehnten, dem Vorsitzenden der Federal Reserve jedoch, der sich revanchieren konnte, ließ sich nichts abschlagen. »Sie können ihm gegenüber nein sagen«, sagte Greenspan. »Mir gegenüber ginge das nicht.«

Rubin rief John Reed an, den altgedienten Chef der Citicorp Bank. Citi war jahrzehntelang die konsortialführende Bank von Rubins alter Firma, Goldman Sachs, gewesen. Als Rubin noch Chef bei Goldman gewesen war, hatte er Reed Jahr für Jahr persönlich die vertraulichen Angaben über Goldmans außerordentliche Profite gebracht.

Die beiden waren sich einig, daß es in Korea zu einem klassischen Fall eines Run auf das System kommen könnte, wenn Banken aus aller Welt sich aus dem Land zurückzogen. Rubin war bereits dahinter her, zehn Milliarden Dollar von der amerikanischen Regierung zu bekommen, weitere zehn Milliarden hoffte er bei amerikanischen Banken loseisen zu können in der Hoffnung, die Situation damit zu stabilisieren.

Reed sagte nein. Seiner Ansicht müßte einer nicht ganz richtig im Kopf sein, Korea Geld zu leihen, nicht bei einem Reservenschwund in Höhe von einer Milliarde Dollar pro Tag. Er hielt es jedoch für möglich, daß die Banken sich zum Stillhalten bereit erklärten und Korea die ausstehenden Anleihen verlängerten. Zum 1. Januar 1998 würden Milliarden in Anleihen fällig, und keine Bank der Welt war an einem Staatsbankrott interessiert. »Warum versuchen wir nicht, das Problem ohne Geld zu lösen?« fragte Reed.

Schön, sagte Rubin.

Reed und einige andere private Banker brauchten einige Tage, dann war ein informelles Stillhalteabkommen erreicht.

Außerdem arbeitete Rubin eine Übereinkunft mit den Finanzministern der führenden Wirtschaftsmächte aus, die betreffenden Banken ihrer jeweiligen Länder zu einer Verlängerung der ausstehen Korea-Anleihen zu überreden.

Jetzt war es an Rubin, die amerikanischen Banken anzurufen, um sich zu vergewissern, daß bei dem Stillhalteabkommen auch tatsächlich alle an Bord waren. Er mußte einerseits klarstellen, daß das ganze freiwillig war. Andererseits mußte er dafür sorgen, daß es auch dazu kam. Alles in allem hatte er triftige Gründe vorzulegen: Die Vereinigten Staaten würden selbst kein Geld einbringen. Es würde zu keiner Rettungsaktion kommen. Wenn sie nicht stillhielten, wäre das das Ende; es käme zur Zahlungsunfähigkeit.

Rubin mußte feststellen, daß die wichtigen New Yorker Banken differenziert genug dachten, um den Nutzen einer konzertierten Aktion zu sehen. Die Anrufe waren kein Problem. Eine Bank in Chicago zierte sich etwas. Der Chief Executive Officer fragte: Warum sollten wir? Rubin unterhielt sich eine Weile mit ihm, und der CEO kam an Bord.

Einige Banker hatten das Gefühl, man setze ihnen den Daumen aufs Auge. Summers kam es eher so vor, als empfahlen die führenden Krebsspezialisten der Welt eine Amputation und sagten dabei: Es ist Ihre Entscheidung, Sie haben die Wahl, aber es gibt keine Alternative. Sie hatten die Wahl, Korea eine Umschuldung zu gewähren oder ihr Geld zu verlieren – oder wenigstens einen Großteil davon, falls es in Korea zum Staatsbankrott kam.

Am Heiligen Abend war Rubin nicht zu erreichen, also wandte sich einer der Bankchefs an Summers. Summers erklärte ihm die Alternativen. »Das ist ja ein feines Weihnachtsgeschenk«, sagte der Banker ärgerlich; er wußte, daß ihm nichts anderes übrigblieb als mitzuziehen.

Die Verlängerung der Anleihen rettete Korea vor der Zahlungsunfähigkeit.

Obwohl Greenspan immer mehr in den Mittelpunkt der amerikanischen wie der Weltwirtschaft rückte, war er im Fall von Korea im Hintergrund geblieben. Er hatte wesentlich bei der Entscheidung der »Firma« mitgewirkt, aber Rubin und Summers hatten ihr in vorderster Linie Geltung verschafft.

Während der Feiertage luden Greenspan und Mitchell eine Reihe von Zentralbankräten, Bankpräsidenten und andere Freunde zu einer Party in ihrem Haus in Northwest Washington ein. Irgendwann fand sich Boehne, der Präsident der Fed in Philadelphia, neben dem Notenbankchef, und gemeinsam blickten sie hinaus auf die gefällige Waldlandschaft hinter dem Haus. Seit zehn Jahren sah Boehne nun zu seinem Amüsement, daß Greenspan, der ständig auf Partys ging, sich in gesellschaftlichen Situationen nicht wohl zu fühlen schien – noch nicht einmal im eigenen Haus.

»Andrea meint, sie hätte gern einen Hund«, sagte Greenspan in einem Versuch, Small talk zu machen. Offensichtlich reichte ihm Boehnes Herkunft – er war in Indiana aufgewachsen und zur Schule gegangen – für die Annahme, er wüßte über Tiere Bescheid.

»Wie ist das denn so mit Hunden?« fragte Greenspan, als wolle er es ganz genau wissen.

Boehne nahm ihn wörtlich und erklärte, daß ein Hund alle acht bis zehn Stunden nach draußen mußte, das er täglich gefüttert werden wollte, daß ein Welpe erst stubenrein zu machen war, was zuweilen recht frustrierend sein konnte.

Greenspan war bereits zu dem Schluß gekommen, daß ein Hund ihr Zusammenleben definitiv stören würde; also würde auch keiner angeschafft. Punkt. Aber mit einem meditativen Nicken ließ er Boehne weiter erzählen.

Ein Hundebesitzer könne an den Wochenenden die Stadt nicht verlassen, sagte Boehne, es sei denn, es käme jemand regelmäßig vorbei und füttere das Tier. Die Alternative sei, ihn in einer Hundepension unterzubringen, und das sei teuer. Ein Rüde würde im Garten hinter dem Haus alles vollpinkeln, merkte er an, und eine Hündin wäre ein Problem, da ständig andere Hunde hinter ihr her wären.

»Tja«, meinte Greenspan, »wie sagt man seiner Frau, daß man keinen Hund möchte?«

13 Starring und Hedging

Am Freitag, dem 30. Januar 1998, hatten Greenspan, Rubin und Summers einen Auftritt vor dem Bankenausschuß des Repräsentantenhauses, wo sie ihre Bemühungen hinsichtlich der Krise in Fernost zu rechtfertigen hatten.[1] Greenspan befürwortete den Antrag der Regierung Clinton, die USA sollten mehr in den Internationalen Währungsfonds einzahlen, der Staaten in Asien Geld und Darlehen gab.

»Ich möchte es kurz machen und nur soviel sagen, daß ich vor ein paar Monaten noch ganz unzweideutig meine Opposition zum Ausdruck gebracht hätte«, sagte Maxine Waters, eine Demokratin aus Los Angeles, bei ihrer Eröffnungserklärung. Waters, 59, vertrat South Central Los Angeles und Watts. Wie viele Liberale im Kongreß war sie dagegen, dem Internationalen Währungsfonds Riesensummen zu geben, während eine ganze Reihe von amerikanischen Innenstädten nach wie vor unterentwickelt war.

»Heute«, fuhr sie fort, »bin ich dem gegenüber aufgeschlossen, und einer der Gründe, weshalb ich aufgeschlossen bin, ist etwas so Einfaches und Elementares wie die Bereitschaft des Vorsitzenden Greenspan, sich meine Sorgen anzuhören, mit mir nach South Central Los Angeles zu fliegen und eine Straße entlangzugehen, die saniert, in die investiert werden kann.«

Waters hatte Greenspan nämlich nur wenige Wochen zuvor gebeten, sie bei einem Besuch in ihrem Wahlkreis South Central Los Angeles zu begleiten. Sie hatte nicht gedacht, daß Greenspan tatsächlich mitkommen würde. Immerhin war er der Mann, der 1974 als Vorsitzender des Sachverständigenrats vor dem Kongreß gesagt hatte, die Leute, die die Rezession »prozentual« am schlimmsten schädige, seien die Broker an der Wall Street.[2] In einem Saal voller Verbraucher und Minderheiten war Greenspan buchstäblich ausgebuht worden, und nach einem Sturm der Entrüstung im ganzen Land hatte der Notenbankchef seine Aussage schließlich modifiziert, indem er sagte: »Es ist offenkundig, daß die Armen stärker darunter leiden.«

Der Greenspan des Jahres 1998 jedoch hatte Waters' Einladung angenommen und war mit ihr zu Fuß durch einige der am ärgsten betroffenen Viertel ihres Wahlkreises spaziert. Nachdem sie zurückgekehrt waren, hatte Waters einer Reihe von Leuten erzählt, der Vorsitzende sei auf ihrer Reise absolut phantastisch gewesen – neugierig und engagiert.

»Und deshalb«, schloß Waters, »bin ich offen, und ich hoffe, wir können zu einer Lösung kommen, die funktioniert.«

Privat hielt es Greenspan im großen und ganzen für eine Verschwendung, Gelder der öffentlichen Hand in unterprivilegierte Viertel zu werfen. Die Förderung von Kapitalismus und Privatbesitz waren für ihn die einzigen langfristigen Lösungen.

Rubin, Greenspan und Summers trugen in einer knallharten Dreierkombination die Gründe für ihre Unterstützung von Clintons Plänen vor. Sie standen für eine breite Mitte des politischen Spektrums, von den gemäßigten Demokraten bis zu den gemäßigten Republikanern. Sie waren eine Phalanx, in die keiner eine Bresche zu schlagen vermochte. Schon jeder für sich – von ihrer geballten Macht ganz zu schweigen – war in der Lage, fast jeden der Abgeordneten im Kongreß mit ökonomischen und historischen Fakten, Analysen und technischen Details in Grund und Boden zu diskutieren.

An einem Punkt seiner Aussage sagte Rubin, die Deutsche Bank AG, die größte Bank Europas, habe 777 Millionen Dollar mehr Rücklagen gebildet für mögliche Verluste im Asiengeschäft.

»773 Dollar«, warf Greenspan ein.

»773 Dollar«, korrigierte sich Rubin. »Ich bitte um Entschuldigung.« Nachdem er einen Augenblick überlegt hatte, schob er nach: »Also, sicher bin ich mir nicht. Ich wette einen Fünfer.«

»Die Wette gilt«, sagte Greenspan.

»Gesetzt sind fünf Dollar, gleicher Einsatz für beide«, sagte Rubin scherzhaft. »Der Vorsitzende und ich haben eine kleine Nebenwette laufen, die er wahrscheinlich gewinnt.«

Bald darauf flüsterte ein Mitarbeiter Greenspan etwas ins Ohr. Rubin hatte Recht gehabt. Greenspan holte einen 20-Dollar-Schein aus seiner Brieftasche und gab ihn dem Finanzminister.

Als man ihn später nach der Möglichkeit fragte, einen internationalen Bankenregulator zu schaffen, antwortete Greenspan: »Ich würde einem so großen Superregulator mit argen Bedenken entgegensehen. Superregulatoren neigen zum Überregulieren und machen ganz unglaubliche Fehler.

Ich würde mal davon ausgehen, daß ich die meisten Leute kenne, die über die Art von Entscheidungen zu bestimmen hätten, die bei so etwas gefragt wären, und ich sage Ihnen, die haben nicht die geringste Ahnung, was man tun soll. Ich ziehe es allemal vor, uns das von den sehr komplexen Kräften des Marktes sagen zu lassen.«

Anders gesagt: Überlaßt das Entschlüsseln – und letztlich auch das Regulieren – so komplexer Sachverhalte der Firma Greenspan, Rubin & Summers.

Auch nicht ein einziger widersprach.

Am Dienstag, dem 5. Mai, ging Greenspan ins Oval Office, um mit dem Präsidenten zu sprechen. Sonderankläger Kenneth Starr, der bereits in der Whitewater-Affäre gegen Clinton ermittelt hatte, beschäftigte sich nun schon seit vier Monaten mit Clintons Beziehungen zu der ehemaligen Praktikantin im Weißen Haus Monica Lewinsky. Irgendwie schien man zu spüren, daß er langsam, aber sicher zu Ergebnissen kam.

Greenspan hatte den Präsidenten formell seit sechzehn Monaten nicht mehr besucht, und Clintons Wirtschaftsberater wollten, daß der Präsident sich ein wenig in den positiven Meldungen zur amerikanischen Wirtschaft sonnte. Wie auch immer, eine Stunde mit Greenspan war stets ebenso unterhaltsam wie lehrreich, und in der gegenwärtigen Situation wäre es eine vorübergehende Ablenkung von den wachsenden persönlichen und rechtlichen Schwierigkeiten des Präsidenten. Auch Summers und Sperling waren dabei.

»Wir haben die beste Konjunktur, die ich in den fünfzig Jahren, in denen ich sie nun tagtäglich studiere, gesehen habe«, sagte Greenspan zu Clinton. Es sei zu einem Boom hinsichtlich des Produktivkapitals gekommen. Das Geld, das die Unternehmen ausgaben, komme wegen der gestiegenen Produktivität der Arbeitnehmer um ein Vielfaches wieder herein. Die Investitionen in Computer und neueste Technologie zahlten sich aus. Und da die höheren Profite und das Wirtschaftswachstum nun schon seit einigen Jahren anhielten, mußte der Segen wohl real sein.

Der Präsident fragte, ob Greenspan einen Artikel im *Economist* gelesen hätte, der einen Vergleich zwischen den Vereinigten Staaten und Japan zum Thema hatte.

Greenspan sagte, Japan hätte es versäumt, sich den Folgen der Kursverluste an seinen Börsen zu stellen, ein Fehler, den die Vereinigten Staaten dadurch vermieden hatten, sich relativ rasch um die Bankenkrise und den Kollaps der Savings & Loan-Kassen zu kümmern.

Er sagte, der Aktienmarkt stehe nach historischen Maßstäben gemessen sehr hoch, aber er könne hoch bleiben. Bei aller Wirkung von Statements wie dem vom »irrationalen Überschwang«, so sagte der Notenbankchef, sei es im Grunde eine Illusion zu glauben, die Fed könne am Aktienmarkt drehen. Auf der anderen Seite habe der ungeheure Höhenflug der Börse dazu geführt, daß die Leute sich reich fühlten, und er mache sich Sorgen, daß sich das auf die reale Wirtschaft auswirken könne. Als unerwünschte Nebenwirkung würde der Verbrauch nach oben gehen, was möglicherweise die Inflationsrate mitzöge.

Alles in allem seien Wachstum und die Ausbreitung von Technologie von entscheidender Bedeutung gewesen, sagte Greenspan. Die Computerisierung sorge dafür, daß es in der Wirtschaft nur noch selten zu Knappheit oder Engpässen käme; alles sei im Handumdrehen erneuert oder ersetzt. Zwänge gebe es in der Wirtschaft nur hinsichtlich der Arbeit. Es gebe ein beschränktes Reservoir an Arbeitskräften, und die Knappheit in diesem Bereich nehme zu. Das Reserveheer an Arbeitnehmern sei im Schrumpfen begriffen, was einerseits die positive Nebenwirkung hätte, dem Arbeitsmarkt auch Menschen zuzuführen, die keine richtige Ausbildung hätten oder bisher auf Sozialhilfe angewiesen wären, andererseits könne es auch eine negative Nebenwirkung haben. Normalerweise sollten bei so wenig Arbeitslosen die Löhne zu steigen beginnen. Die Geschichte, so sagte Greenspan, lehre, daß die Inflation weit höher sein sollte, als sie im Augenblick sei. Aber, so merkte er an, sie hätten die niedrigste Inflationsrate seit 1970.

Zuweilen, so sagte der Vorsitzende dem Präsidenten, lerne man eine ganze Menge, wenn die Dinge nicht so kommen, wie sie sollten.

Die Astronomen, so erzählte Greenspan, hätten den Planeten Pluto entdeckt, weil der Neptun nicht streng den Gesetzen der Schwerkraft zu gehorchen schien. Es mußte also eine Kraft auf ihn wirken, die damals noch keiner sah. Die Astronomen berechneten, wo sie suchen müßten, und da war er, der neue Planet.

Ganz ähnlich folge auch die Wirtschaft im Augenblick nicht den Gesetzen der Ökonomie. Er hätte keine konkreten Beweise dafür, warum dem so sei – konkret in dem Sinne, daß er es den Volkswirtschaftlern beweisen könne. Seine Beweise seien bis dato nur anekdotisch. Technologie, der Wettbewerb auf den Weltmärkten, die Konkurrenz auf dem amerikanischen Binnenmarkt, das alles drücke auf die Preise.

Greenspan fügte hinzu, daß es auf dem Aktienmarkt mehr Leute mit Geld gab denn je zuvor. Die Millionen, die früher die Spiele der Brooklyn Dodgers verfolgten, verfolgten heute, wie es ihrer in Aktien angelegten steuerbegünstigten Altersversorgung ginge.

Der ehemalige Präsident Bush warf Greenspan in einem seiner seltenen Fernsehinterviews[3] vor, 1992 für seine Niederlage verantwortlich gewesen zu sein. »Ich denke, ich wäre noch mal Präsident geworden, hätte man den Leitzins drastischer gesenkt, weil die Erholung, die wir damals schon hatten, dann deutlicher sichtbar gewesen wäre«, sagte Bush und schob nach: »Ich habe ihn wieder ernannt, und er hat mich dafür enttäuscht.«

Greenspan fand das traurig. 1992 hatten Bush und Brady ihn gedrängt, mit den Zinsen schneller und weiter herunterzugehen. Greenspan wußte durchaus, daß die Wirtschaft sich 1992 tatsächlich bereits erholte, nur hatte Präsident Bush es versäumt, das politisch umzusetzen und zu erklären. Er zog es jedoch vor, die Aussage des ehemaligen Präsidenten stehenzulassen. Er hatte Respekt vor jedem, der einmal als Präsident gedient hatte, und seiner Ansicht nach stand es ihm nicht zu, Bush darauf anzusprechen.

Am Montag, dem 17. August, erschien Präsident Clinton vor Sonderankläger Kenneth Starrs Anklagekammer, um unter Eid auszusagen. Er gestand seine Beziehung zu der ehemaligen Praktikantin Monica Lewinsky ein. An jenem Abend sagte er in einer Ansprache an die Nation, er hätte alle belogen – die Öffentlichkeit, die Ehefrau.

Am selben 17. August verhängte Rußland ein 90tägiges Moratorium über die Auslandsschulden seiner Banken und sandte damit einen weiteren Schock rund um die Welt – dieser jedoch trat, wenigstens in den USA, hinter Clintons Problemen zurück.

Bill McDonough von der New Yorker Fed hatte das mit Rußland kommen sehen. Die Märkte hatten sich verhalten, als wäre die weltweite Ansteckungsgefahr von Thailand und Korea vorbei. Das war sie aber nicht. Das russische Debakel wirkte anfänglich hauptsächlich auf die Renten, ein Markt, über den die Finanzpresse nur unzureichend berichtete. Da der Renten- oder Anleihenmarkt der wichtigste war, beobachtete McDonough ihn genauer als alle anderen.

Über Anleihen – Schuldverschreibungen – handeln Investoren wie eine Bank, das heißt, sie vergeben meist langfristige Darlehen an Unternehmen (Industrieschuldverschreibungen) oder

Staaten (Staatsanleihen) zu einem festen Zinssatz und bekommen die ursprünglich verliehene Summe am Ende der Laufzeit zurück. Anders gesagt, Unternehmen oder Staaten nehmen Darlehen über die Börse auf statt über eine Bank. Der Gesamtwert der ausstehenden Anleihen an Unternehmen und Staaten belief sich international auf 35 Billionen Dollar – viermal soviel wie das jährliche amerikanische Bruttoinlandsprodukt. Die russische Zahlungsunfähigkeit ließ die Zinsen für Anleihen steil nach oben schießen. Da sich der Preis entgegengesetzt zu den Zinsen bewegt, brach der Wert der meisten Portfolios ausländischer und Unternehmensanleihen darauf dramatisch ein.

Da das Augenmerk der Öffentlichkeit ganz auf Clinton und die Börse gerichtet war – auf das Auf und Ab beider sozusagen –, achteten Öffentlichkeit und Medien kaum auf den Rentenmarkt. In gewisser Hinsicht entwickelte der Markt sich also noch versteckter als sonst.

Das Volumen des Anleihemarkts hatte während der letzten beiden Jahrzehnte astronomisch zugenommen. Man borgte auf dem Anleihemarkt zwischen vier- und fünfmal soviel, wie die Banken verliehen, was ihn in den Vereinigten Staaten zur hauptsächlichen Kreditquelle machte.

Es hatte bei den Renten während der letzten beiden Jahrzehnte nur einmal einen Bärenmarkt – einen stetigen Abwärtstrend in den Preisen – gegeben, und zwar 1994. Seither hatten die größten Finanzhäuser der Vereinigten Staaten – Goldman Sachs, Merrill Lynch und ähnliche – nur mit vergleichsweise geringen Risiken gerechnet, was ihre Investitionen auf dem Rentenmarkt anbelangte. Im allgemeinen kalkulieren solche Firmen ihr Risiko nach den größten meßbaren Zinsunterschieden der letzten beiden Jahrzehnte. Nach dem russischen Kollaps schwankte der Zins für einige Anleihen zwischen 5 und 6 Prozent, was selbst die Risikokalkulation der gewieftesten Anleger überstieg. Das drückte die Kurse und den Wert vieler Anleihebestände beträchtlich nach unten.

Binnen einer Woche nach der Erklärung der russischen Zahlungsunfähigkeit wurde auf dem Rentenmarkt kaum noch oder überhaupt nicht mehr gehandelt. Es wurden zwar Preise notiert, aber kaum jemand kaufte oder verkaufte. Zu verkaufen konnte bedeuten, daß man bis zur Hälfte seines in Anleihen steckenden Geldes verlor. Und außerdem wollte die Papiere keiner, weil ihr Wert womöglich noch weiter fiel. Investoren liefen zu Qualitätsbonds über, vor allem amerikanischen Staatsanleihen. Es wurde zunehmend schwierig, wenn nicht gar unmöglich, sich Geld zu leihen, geschäftlich oder privat. Keines der großen Investmenthäuser konnte seine möglichen Verluste abschätzen, da aufgrund der Turbulenzen der Wert ihrer Anleiheportfolios unklar war. Auch wenn man den einen oder anderen Artikel über Volatilität und Instabilität auf dem Rentenmarkt fand, über das tatsächliche Ausmaß des Problems berichtete man kaum.

Drüben beim Finanzministerium wurde Staatssekretär Larry Summers von seinen Mitarbeitern auf dem laufenden gehalten, die Kontakt zu den Schlüsselfiguren der Märkte hielten. Einige seiner Kontaktleute machten keinen Hehl daraus, daß sie nichts zu handeln hatten, was bedeutete, daß Anleihen, obwohl auf lange Sicht sicher wertvoll, nicht liquide waren. Summers erkannte, daß es kaum in jemandes Interesse lag, dieses Maß an Illiquidität an die große Glocke zu hängen, und das spiegelte sich in der Berichterstattung der Medien.

Über das Wochenende vom 29./30. August nahm Greenspan an der alljährlichen Konferenz der Fed von Kansas City in Jackson Hole, Wyoming, teil. An einem der beiden Abende stellte er nach dem Essen die Mitglieder des Offenmarktausschusses, die auf der Konferenz waren, zu kleinen Grüppchen zusammen, und ging unauffällig von einer Gruppe zur anderen in der Hoffnung, keine Aufmerksamkeit zu erregen. Er sagte seinen Kollegen, er wolle ein Signal für die Öffentlichkeit setzen. Sie hatten nun den Tagesgeldsatz seit achtzehn Monaten nicht mehr bewegt, auf der anderen Seite aber stand nach wie vor die asymmetrische Direktive in Richtung einer Anhebung. Er erklärte, er wolle wenigstens signalisieren, daß man von der Neigung zum

Anheben abgewichen sei. Die anderen versicherten, sie seien da ganz seiner Meinung.

Am 31. August brach der Dow Jones um 513 Punkte ein, ein Absturz um sechs Prozent, der die Gewinne des ganzen Jahres zunichte machte. Die Probleme auf dem Rentenmarkt begannen, sich auch auf den Aktienmarkt auszuwirken.

Greenspan telefonierte mit McDonough. McDonough, der die Tagung nicht besucht hatte, war ganz seiner Meinung – ein leitender Mann der Fed müßte sich äußern, und zwar schnell und nicht auf einer Pressekonferenz. Das wäre zu dramatisch.

Am 4. September stand bei Greenspan eine Rede an der wirtschaftswissenschaftlichen Fakultät von Berkeley auf dem Programm. Man hatte den Reportern Bescheid gesagt, ein Auge offenzuhalten. Greenspan flocht einige Bemerkungen über die Probleme im Ausland ein. Verblümt wie gewöhnlich sagte er: »Es ist einfach nicht plausibel, daß die Vereinigten Staaten eine Oase des Wohlstands bleiben können, die von einer Welt unberührt bleibt, die sich einem zunehmenden Druck ausgesetzt sieht.«[4] Was im Ausland passierte, konnte nicht ohne Auswirkungen auf die amerikanischen Finanzmärkte bleiben. Anfang des Jahres hatte sich der Offenmarktausschuß hauptsächlich über die Inflation Gedanken gemacht – bei seiner August-Sitzung jedoch, einen Tag nach dem russischen Kollaps, war sie kaum noch ein Thema gewesen. Jetzt sagte er: »Der Ausschuß wird ausführliche Überlegungen über die potentiellen Weiterungen der neuesten Entwicklungen seit dieser Sitzung anstellen müssen.« Die Titelseiten der Zeitungen berichteten zutreffend, der Notenbankchef deute eine Zinssenkung an.[5]

Im Hauptquartier von Long Term Capital Management (LTCM) in Greenwich, Connecticut, einer ebenso geheimnisvollen wie mächtigen Gesellschaft mit einer Klientel von immens reichen Investoren, hatte der Zusammenbruch in Rußland ein Erdbeben ausgelöst. John Meriwether, der ehemalige zweite Mann bei der Investment Bank Salomon Brothers, hatte LTCM 1994 mit David Mullins, dem ehemaligen zweiten Mann der

Fed, gegründet; zu den Partnern gehörten bei LTCM zwei Nobelpreisträger, zu den Beratern Dutzende von promovierten Ökonomen. LTCM war ein Hedge-Fonds. Hedge-Fonds spekulieren aggressiv sowohl mit dem Steigen als auch mit dem Fallen der Märkte und verdoppeln häufig ihren Einsatz, indem sie zum einen große Mengen Papiere kaufen, von denen ein Kursanstieg erwartet wird, und parallel dazu Leerverkäufe – Terminverkäufe mit geborgten Papieren – von solchen tätigen, bei denen ein Sinken des Kurses zu erwarten ist. Außerdem arbeitete LTCM mit einem hohen Anteil an Fremdmitteln; man borgte 95 Prozent oder mehr des Geldes, das man investierte.

Das Investitionsrezept von LTCM, das auf hochkomplexen Computerprogrammen und mathematischen Formeln basierte, bestand darin, auf den Märkten der Welt vorübergehende Kursdifferenzen aufzuspüren und diese Abweichungen mit den historischen Normen zu vergleichen; man kaufte in der Annahme, daß diese Differenzen wieder in Richtung auf die historische Norm gingen. Viele Zahlen oder Kurse an der Börse operieren um eine Norm. Man identifiziert die Abweichungen, investiert in der Annahme, daß diese Zahlen wieder auf die Norm zurückkommen, und in der Regel behalten die Investoren auch recht. In gewisser Hinsicht war es eine wichtige Entdeckung, Kapital aus kleinen Abweichungen zu schlagen, die scheinbar keinen Sinn machten.

Um nur ein Beispiel zu nennen: Bei einem frühen Coup von LTCM zeigten die Computerdaten, daß 29½jährige US-Schatzanleihen augenblicklich nicht so teuer waren wie die 30jährigen. Die Partner der Firma gingen davon aus, daß der Wert der beiden Anleihen im Lauf der Zeit wieder aufeinander zugehen würde, also kaufte man für zwei Milliarden Dollar 29½jährige Anleihen und verkaufte – für ebenfalls zwei Milliarden Dollar – auf Termin 30jährige Anleihen, mit anderen Worten, man tätigte einen Leerverkauf. Mit nur zwölf Millionen Dollar Eigenkapital machte LTCM bei der Transaktion nur sechs Monate später einen Profit von 25 Millionen Dollar.[6]

1994 und 1995 machte LTCM für seine Partner und Investoren, die Milliarden in die Firma gesteckt hatten, mehr als 40 Prozent Profit im Jahr. Weitere 100 Milliarden hatte man sich von Geschäfts- und mehreren großen Investmentbanken wie etwa Goldman Sachs geborgt. Die Konkurrenz seitens anderer Firmen, die mit denselben Methoden zu arbeiten begannen, nahm bald zu, und LTCM begann, über Bonds hinaus auch in verschiedene fremdfinanzierte Aktieninvestments und Devisengeschäfte einzusteigen.

Rußlands Zahlungsunfähigkeit hatte eine Stampede ausgelöst. Statt sich auf die Normdaten, auf die LTCM gebaut hatte, zuzubewegen, wichen die Anleihen noch weiter von ihnen ab. Anfang September benachrichtigte LTCM seine Investoren, daß man 1,8 Milliarden in den Sand gesetzt hatte – fast die Hälfte des Eigenkapitals, das diese Leute in die Firma gesteckt hatten. Ein schwindelerregender Verlust. Ein Großteil ihrer gegenwärtigen Investments war nicht abzustoßen, da auf dem weltweiten Anleihemarkt praktisch nichts mehr ging. Nur drang das nicht an die Öffentlichkeit – nicht zuletzt deshalb, weil Kenneth Starr seinen 452seitigen Reißer von einem Ermittlungsbericht über Präsident Clintons gefährliche Liebschaft mit Monica Lewinsky veröffentlicht hatte.

Am Freitag, dem 18. September, bekam Bill McDonough, der Präsident der New Yorker Fed, in seinem luxuriösen, ganz nach europäischer Art getäfeltem Büro einen Anruf von Meriwether und Mullins. McDonough wußte natürlich, daß deren Superfirma in Schwierigkeiten war.

Ihre Message war schlicht: LTCM hatte beträchtliche Verluste gemacht und hatte nun Schwierigkeiten, Banken oder Investmenthäuser zu finden, die ihnen die nötigen Mittel liehen, mit denen sie ihren Zahlungsverpflichtungen nachkommen könnten. Panik war den beiden nicht anzuhören.

McDonough kannte Meriwether als abgebrühten Kerl, dem wahrscheinlich grundsätzlich keine Panik anzuhören wäre, und Mullins war ein absoluter Marktprofi. Nichtsdestoweniger ließen die beiden nun ihren eigenen Laden auffliegen. Sie seien so gut wie pleite. Wegen der Größenordnung der Angelegenheit, so sagten sie, wäre es ihnen am liebsten, wenn Fed und Finanzministerium umgehend Vertreter nach Connecticut schickten. »Es wäre uns lieb, wenn ihr mal einen gründlichen Blick in unsere Bücher werfen würdet, damit ihr wißt, worum's geht.«

McDonough war klar, daß dies nur eines bedeuten konnte – sie hatten tatsächlich ihr letztes Hemd verloren. Nie und nimmer würden Meriwether und Mullins Außenstehende in eine der zugeknöpftesten Finanzfirmen der Welt lassen, wenn ihnen das Wasser nicht bis zum Hals stünde. McDonough sah sich als Kommandant dieses Schlachtfelds, also lag es an ihm zu entscheiden, ob tatsächlich Vertreter der Fed da hinauffahren sollten. Und da es partiell eine Frage der Geschäftspolitik war, mußte der Vorsitzende wenigstens Bescheid wissen und seinen Segen geben.

McDonough wußte, er war im Gegensatz zu Greenspan, der ganz offensichtlich wieder einmal auf die Kräfte der freien Marktwirtschaft verweisen würde, eher der Aktivist. Als Präsident der New Yorker Fed ganz in der Tradition Corrigans, war ihm klar, daß er die Führung übernehmen mußte, wenn Aktivismus angesagt war. In gewisser Hinsicht war er Greenspans Botschafter in New York. Und dazu waren Botschafter nun einmal da, dachte er. Und hin und wieder fing sich einer eine Kugel ein.

Er rief Greenspan an, erklärte ihm die Situation und sagte, er würde LTCM ein Team schicken. Sie wären in jedem Falle besser dran, wenn sie mehr wüßten, und mehr erfahren würden sie nur, wenn sie nach Connecticut führen. Niemand konnte sich so recht ein Bild davon machen, wie groß die Geschichte war. Sie mußten sich einen Überblick verschaffen.

Greenspan gab grünes Licht.

McDonough sprach mit den Chefs von etwa zehn großen Banken und Effektenhäusern. »Was ist denn los«, fragte er, »was hört man denn so?« Jeder machte seinen Bedenken über die Verluste bei LTCM Luft. Womöglich wirkten sie sich auf die Weltmärkte aus. Indirekt brachten sie ihre Sorgen hinsichtlich der Auswirkungen auf ihre eigenen Firmen zum Ausdruck.

McDonough rief Rubin an. Der Finanzminister dachte laut

darüber nach, was wohl passieren würde, wenn herauskäme, daß Zentralbank und Finanzministerium sich die Bücher von LTCM ansahen, war jedoch ganz McDonoughs Meinung, es sei das Risiko wert. Nicht Bescheid zu wissen konnte keinem von ihnen dienlich sein. Für sich genommen hielt Rubin LTCM für ein eher kleines Problem, sah die Angelegenheit jedoch als Symptom für den Zusammenbruch der Disziplin. Zu großen Problemen käme es dabei seiner Ansicht nach nicht.

McDonough hatte eine Rede in London im Terminkalender. Wenn er die absagte und man diese Absage mit einer potentiellen Indiskretion hinsichtlich des Besuchs von Fed und Finanzministerium bei LTCM in Verbindung brachte, dann konnte das eine regelrechte Panik auslösen. Also flog er nach London.

Am Sonntag, dem 20. September, schickte McDonough Peter Fisher, seine rechte Hand in der New Yorker Fed, nach Connecticut. Gegen zehn Uhr vormittags traf Fisher, ein hochgewachsener Lockenkopf mit einem Jurastudium in Harvard, bei LTCM ein. Die Firma residierte in einem schmucklosen Backsteinbau, in dem genausogut Zahnärzte hätten praktizieren können.

Etwa sechs Stunden lang ging Fisher die Bücher durch. Und er erlebte eine ganze Reihe gewaltiger Überraschungen dabei. Zunächst einmal hatte LTCM riesige Wertpapierpositionen; laut einer Schätzung waren ihre Käufe und Verkäufe vielleicht für 30 Prozent eines bestimmten Spekulationsmarktes verantwortlich, auf dem man die Werte für weniger volatil hielt. Zweitens hatte LTCM reziproke Verzugsklauseln auf all ihren Anleihen. Dies bedeutete nichts anders, als daß die Zahlungsunfähigkeit gegenüber einem ihrer Kreditgeber automatisch zur Kündigung der Verträge mit allen anderen führte. Ein einziger Verzug bedeutete also, daß all ihre Vermögenswerte, ihre Investitionen, an die Kreditgeber zurückfielen.

Fisher konnte sich vorstellen, wie die Faxgeräte bei LTCM mit den Glattstellungsforderungen ihrer Kreditgeber heißlaufen würden, wenn die Nachricht eines ersten Zahlungsverzugs die Runde zu machen begann. Bis zu sechzehn Großbanken und

Wall-Street-Firmen, darunter Goldman Sachs, Merrill Lynch und andere Riesen, hatten bei LTCM investiert. Der Kollaps von LTCM würde wie ein Querschläger durch die Finanzsysteme schießen, nicht nur das der Vereinigten Staaten, sondern die der ganzen Welt. Ein Notverkauf, eine abrupte und chaotische Glattstellung – ein Schließen der offenen Positionen an den Terminmärkten – könnten eine Kettenreaktion weiterer Verkäufe auslösen. Das Vertrauen der Investoren würde in den Keller gehen. Die Leute würden sich fluchtartig vom Rentenmarkt zurückziehen, was wiederum zu einer noch größeren Zinsdifferenz zwischen privaten Anleihen und amerikanischen Staatsanleihen führen würde. Der Teufelskreis würde zu höheren Kreditkosten für amerikanische Unternehmen führen und hätte ungeheure Auswirkungen auf die amerikanische Wirtschaft ganz allgemein. Und all das in einer Zeit, wo die Märkte ohnehin schon ihre Probleme hatten.

Das ist ein Fall für die Geschichtsbücher, dachte sich Fisher, womöglich ein Jahrhundert-GAU. Er rief McDonough an.

Es stehe 1 zu 10, sagte er, daß der amerikanische Anleihemarkt für eine Woche, wenn nicht gar einen Monat zusammenbräche. Was danach passieren würde, könne man unmöglich sagen.

Am Montag, dem 21. September, kam es zu großen Verkäufen von Asien-Anleihen. Die ersten Berichte sagten, das liege daran, daß das Video von Präsident Clintons Aussage vor der Anklagekammer zum Fall Lewinsky im Fernsehen lief. Fisher lachte über den Gedanken. Kluge Anleger ahnten den Zusammenbruch von LTCM voraus und stießen ihre Anleihen ab.

Greenspan sorgte am selben Tag noch für eine Konferenzschaltung zwischen den Mitgliedern des Offenmarktausschusses, um sicherzustellen, daß auch alle einverstanden waren mit dem Wortlaut der Aussage, die er vor dem Kongreß zu machen gedachte. Er wollte diesmal noch direkter darauf hindeuten, daß eine Zinssenkung bevorstand, ohne sich oder den Offenmarktausschuß offiziell festzulegen. Keiner wandte etwas dagegen ein.

In der Nacht von Dienstag auf Mittwoch kam McDonough

aus London zurück. Die Einzelheiten waren haarsträubend. Ein abrupter und ungeregelter Glattstellungsverkauf bei den Investments von LTCM, so sein Schluß, bot ein ernsthaftes Risiko für die amerikanische Wirtschaft. Am Mittwochmorgen war klar, es mußte ein Käufer für LTCM her; andernfalls bräuchte man eine Kapitalinfusion von mehreren Milliarden Dollar. Entweder das eine oder das andere, und das noch am selben Tag, oder LTCM würde tags darauf kollabieren.

McDonough und Fisher sahen, daß die großen Investmenthäuser der Wall Street, Firmen wie Goldman Sachs, in mancher Hinsicht in nicht weniger hohem Maße fremdfinanziert waren als LTCM. Falls die Anlager in einem Run ihr Geld zu sichern versuchten, wären die Folgen unvorstellbar.

Fisher hatte für Mittwoch morgen um 10 Uhr ein Treffen in der New Yorker Fed arrangiert, zu dem hauptsächlich die Chefs von sechzehn Banken und Maklerfirmen geladen waren. Jon Corzine, der Chef von Goldman Sachs , sagte McDonough, es bestehe die Möglichkeit, daß der Milliardär und Investor Warren Buffett, der Chef von Berkshire Highway und zweitreichste Mann der Welt, ein Team zusammenstellte, das LTCM kaufen würde.

Ich möchte mit Warren reden, sagte McDonough, um sicherzugehen, daß das auch stimmte. Er kannte Buffett gut genug, um zu wissen, daß er nicht so mir nichts, dir nichts vier Milliarden Dollar investieren würde.

Buffett befand sich in Montana auf einer Bustour durch den Yellowstone National Park – zusammen mit Bill Gates, dem Chef von Microsoft und reichstem Mann der Welt, und vier weiteren Paaren. Buffett war bereit, LTCM zu kaufen. Seiner Kalkulation nach würde, falls er die vier Milliarden dafür aufbrächte, der Kauf weltweit die Märkte stabilisieren. Dann könne er mit einem Profit von mehreren Milliarden Dollar liquidieren. Mit seinem Geld, so war ihm klar, konnte er die langsamen und leicht zu treffenden Bälle abwarten, bevor er zuschlug.

McDonough rief Buffetts geheime Privatnummer an. Für gewöhnlich ging Buffett bei dieser Nummer persönlich ran. Erst versuchte er dann immer die Stimme zu verstellen, bis er sicher sein konnte, daß er mit dem Anrufer auch tatsächlich reden wollte.

Eine freundliche, leise Stimme mit dem Akzent des Mittelwestens meldete sich.

Hier Bill McDonough, könnte ich wohl Mr. Buffett sprechen?

Hi, Bill, sagte Buffett. Er bestätigte die Echtheit des Angebots, und er habe es auch schon schriftlich fixiert. Er würde schon dafür sorgen, daß nichts schiefginge. Sein Angebot gelte jedoch nur für eine Stunde – wegen der Volatilität, wie die Börsensprache Kursschwankungen nennt. Er brauche die Antwort von LTCM also bis Mittag.

McDonough brachte seine Erleichterung zum Ausdruck und ging in den Sitzungssaal des Vorstands, wo die CEOs und Vertreter der sechzehn Banken und Firmen warteten.

Jungs, sagte er, wir haben da noch einen anderen Vorschlag. Ich denke, daß den viele von Ihnen für attraktiver halten würden als alles andere, was sich noch ergeben könnte, weil er das ganze Problem auf einen Schlag lösen würde. Deshalb schlage ich – mit angemessener Entschuldigung – vor, Sie gehen erst noch mal nach Hause oder machen, wonach immer Ihnen gerade ist, und kommen um ein Uhr wieder.

Am selben Mittwochvormittag erhielt Greenspan einen Anruf von einer vertrauten Stimme aus der Vergangenheit – Gerald Corrigan, dem ehemaligen Präsidenten der New Yorker Fed, dem Mann, der beim Oktober-Crash 1987 Greenspans Willen durchgesetzt hatte. Corrigan war mittlerweile Seniorpartner und Geschäftsführer bei Goldman Sachs und nebenher auch stellvertretender Vorsitzender des Risikoausschusses der Investmentbank.

Alan, sagte Corrigan in seinem satten, freundlichen Bariton, ich möchte Ihnen ein paar Informationen zukommen lassen. Ich erwarte weder eine Reaktion, noch möchte ich einen Kommentar.

Greenspan hörte zu.

Die Liquidität des Marktplatzes sei auf ganzer Linie dahin, wie der Vorsitzende ja wohl selbst wisse. Noch an diesem Abend würden Zahlungen in Höhe von Hunderten von Millionen Dollar fällig, sagte Corrigan, und wenn es zu diesen nicht kommt... Natürlich wußte Greenspan über die verschiedenen Meetings im Gebäude der New Yorker Fed Bescheid. Die Situation war ausgesprochen explosiv, auf der Richter-Skala nicht ganz so weit oben wie der Crash von 1987, aber nah dran.

Ich danke Ihnen vielmals, Dr. Corrigan, sagte der Vorsitzende und legte auf.

Gegen halb eins lehnte LTCM Buffetts Angebot ab. Vertragliche Vereinbarungen mit ihren Kreditgebern berechtigten sie nicht dazu, an Buffett zu verkaufen.

Buffett meinte darauf in Montana im Scherz zu Bill Gates, der Ausflug in den Nationalpark hätte ihn ein paar Milliarden gekostet. Wäre er in New York gewesen, er hätte den Deal unter Dach und Fach gebracht, davon war er überzeugt.

McDonough wurde klar, daß das Meriwether und Mullins sehr gelegen kam, denn die beiden wären in dem Augenblick geflogen, in dem Buffett das Ruder übernommen hätte. Jetzt bot sich die Gelegenheit, mit etwas mehr Geld in der Tasche zu gehen.

Die einzig mögliche Rettung zu diesem Zeitpunkt mußte nun von den sechzehn Geschäfts-, Investmentbanken und Maklerfirmen kommen, die allesamt Geld in LTCM investiert hatten. Und deren Chefs warteten in McDonoughs Konferenzraum.

McDonough hatte in den fünfziger Jahren bei der US Navy als Lecksicherungsoffizier auf einem kleinen Geleitzerstörer gedient, er wußte, was Schadenkontrolle hieß – aus einer schlimmen Situation das Beste zu machen. Es war meist offensichtlich, wodurch sich ein Schaden begrenzen ließ, so konnte man etwa den gefluteten Teil eines Schiffes mitsamt den Matrosen abriegeln; man opferte sie, um das Schiff und den Rest der Besatzung zu retten. Die Frage war nur, ob man den Mut dazu hatte.

In vieler Hinsicht fiel ihm die Entscheidung über den nächsten Schritt nicht sehr schwer. Auch wenn die Fed sich technisch in keiner Weise einzumischen hatte, hielt McDonough die Konsequenzen einer solchen Untätigkeit für schwer genug, um seine Entscheidung zu rechtfertigen. Die Einberufung eines Meetings der wesentlichen Firmen glich in vieler Hinsicht einem Feuerwehrwagen, der zum Löschen eines Brands eine Einbahnstraße in der falschen Richtung befährt. Die üblichen Regeln gelten nicht, wenn der potentielle Schaden derart groß ist. Es war Zeit, den Willen der Fed durchzusetzen, und er hatte die Aufgabe, den Saustall aufzuräumen.

Seiner Ansicht nach gab es Zeiten, in denen man in eine solche Sitzung kommt und schnaubend sagt, dies und das müßt ihr tun, mit anderen Worten, man läßt das große Tier heraushängen, wird massiv und erzwingt eine Lösung. In diesem Fall, so glaubte er, war das anders. Er kannte so manche ihrer Geheimnisse. Diese Firmen hatten genügend Überblick über die Situation, um die Gefahr für sich selbst zu sehen. Einige von ihnen konnten pleite gehen, wenn die Märkte außer Kontrolle gerieten. Einige der Firmen in diesem Raum operierten selbst als hochgradig fremdfinanzierte Hedge-Fonds und befanden sich in einer entsprechend heiklen Lage. Er kam zu dem Schluß, hier sei es besser, etwas leiser zu treten. Seiner Ansicht nach mußten diese Firmen nicht lange überlegen, da die Alternative einfach zu schrecklich war. Sie mußten eine Möglichkeit finden, LTCM zu retten.

Darüber hinaus wurde ihm klar, daß diese Firmen Angst hatten, weil keiner den Ton angab. Normalerweise waren die Märkte König und sagten, was zu geschehen hatte, aber die Märkte funktionierten im Augenblick nicht.

Um den Tisch saßen die gegenwärtigen Herren des Universums – zu allem entschlossene Männer, hochgradig verschlossen und von Konkurrenzdenken bestimmt. Mißtrauen und Argwohn beherrschten den Saal.[7] Einige waren wütend. Als sie der Reihe nach zu Wort kamen, brachten sie verschiedene Ansichten zum Ernst der Lage zum Ausdruck. Sie konnten für ihre Banken oder Firmen sprechen, aber um sich finanziell zu engagieren, bedurfte es der Zustimmung ihres jeweiligen Boards.

McDonough bot Sandwiches und Kaffee. Er ließ sie alle wissen, daß man Buffetts Angebot abgelehnt hatte. Es liege nicht im Interesse der Öffentlichkeit, daß man all diese Positionen jetzt auf den Markt werfe; LTCM müsse gerettet werden. Wir sind uns alle einig, daß die Firma morgen bankrott ist, wenn *Sie* hier und heute nichts tun.

Herbert Allison, Präsident und zweiter Mann bei Merril Lynch, ergriff das Wort. Schmächtig, mit angehender Glatze, kerzengerade, las Allison seine Notizen vor. Die Verluste der im Raum versammelten Firmen könnten sich auf 20 Milliarden Dollar belaufen, sagte er, also auf ein Vielfaches der vier Milliarden, die man bei LTCM zum Überleben brauche. Der Verlust von 20 Milliarden wäre eine Katastrophe. Und sie wäre womöglich nur der Anfang. Entweder, sie trieben die vier Milliarden auf, die LTCM brauchte, oder mit der Firma wäre es am nächsten Tag aus. Nach einem Kollaps von LTCM würden sie alle mit riesigen Beständen dastehen, hätten aber niemanden, mit dem sich handeln ließe – Punkt. Ein Notverkauf unvorstellbaren Ausmaßes könnte einsetzen, die Kurse brächen zusammen, alle würden auf einmal auf den Ausgang zulaufen. Das ganze System stünde auf dem Spiel. »Haben wir nicht auch eine Verpflichtung gegenüber der Öffentlichkeit?« fragte er. »Nicht nur unseren Klienten und uns selbst gegenüber? Wir sitzen hier alle in einem Boot.«

Allison schlug eine einfache Lösung vor: Jede der sechzehn Firmen solle 250 Millionen beisteuern. Eine von ihnen, Lehman Brothers, sagte, sie könne wahrscheinlich nur 100 Millionen zusammenkratzen. Zwei andere boten noch weniger. Die großen Firmen erhöhten ihre Beträge auf jeweils 300 Millionen. Nach fünf angespannten Stunden kam man, so gegen 18 Uhr, zu einer Übereinkunft. Alles in allem würde man 3,6 Milliarden Dollar beisteuern. Man würde LTCM gemeinsam übernehmen, und wenn die Märkte sich stabilisiert hätten, bekämen sie ihr Geld zurück, womöglich mit einem kleinen Profit.

Alles applaudierte.

In uptown New York bekam John Reed von Citicorp einen detaillierten Bericht. Citi war nicht direkt gefährdet, aber die besten Kunden der Bank – Goldman Sachs, Merrill Lynch und Salomon Smith Barney – steckten bis über den Stehkragen mit drin. Lachen Sie nicht, sagte er seinen Kreditmanagern, die schulden uns eine Menge Kies. Die Kredite, die Citi an die Firmen am Tisch der New Yorker Fed vergeben hatte, beliefen sich Reeds Schätzung nach auf zigmilliarden Dollar. Wenn auch nur einer von denen in Schwierigkeiten kommt, dann kommen wir in Schwierigkeiten. Wir stehen nur einen Schritt daneben.

Die Übereinkunft in Sachen LTCM, die die Märkte etwas stabilisiert hatte, fiel übers nächste Wochenende noch vier-, fünfmal auseinander. Eine der Banken versuchte sich auszuklinken, erklärte sich aber schließlich doch zum Mitziehen bereit, und am Montag, dem 28. September, machte man den Deal dann offiziell.

McDonough erklärte Greenspan, er und die New Yorker Fed hätten lediglich die Rolle eines Katalysators und ehrlichen Maklers gespielt. Öffentliche Gelder hatte man weder angeboten noch vergeben. Er hatte nicht auf einen der Beteiligten Druck ausüben müssen, damit er mitzog, aber er war davon überzeugt, daß niemand außer der Fed all die Leute in dem Raum zusammengebracht hätte.

Greenspan war gar nicht glücklich. McDonough hatte den guten Namen der Fed für die Lösung benutzt. Man hätte das Meeting auch in jedem anderen New Yorker Boardroom abhalten können. Die Fed hätte da nicht den Vermittler zu spielen brauchen. Greenspans Ansicht nach hatte McDonough sich da ein Fehlurteil geleistet und war etwas zu schnell in die Bresche geprescht. Die Wahrscheinlichkeit, daß der Kollaps von LTCM zum Zusammenbruch des weltweiten Finanzsystem geführt hätte, war bedeutend geringer als 50 Prozent – nicht daß das nicht genügt hätte, um sich Sorgen zu machen. Und so war denn Greenspan in gewissem Sinn hin- und hergerissen. Aber es war vorbei, und der Notenbankchef sah es als seine Aufgabe, die Truppen um das Federal Reserve System zusammenzuziehen, und die beste Möglichkeit, dies zu bewerkstelligen, bestand darin, sich hinter McDonough zu stellen.

Die Frage, die sich jetzt stellte, lautete, was man mit den Zinsen anstellen sollte. Der Tagesgeldsatz stand nun seit 18 Monaten bei 5½ Prozent.

Am Dienstag, dem 29. September, um 9 Uhr morgens, versammelte Greenspan den Offenmarktausschuß.[8] Brennpunkt der Diskussion war die finanzielle Unruhe rund um den Globus und deren Auswirkung auf die USA. Das russische Debakel und LTCM hatten in wirtschaftlicher Hinsicht für neue Bedingungen gesorgt.

Greenspan schlug eine viertelprozentige Rücknahme des Zinses vor, als Polster und Schutz gegen Erosion. Die Senkung hatte an sich wenig mit der Inflation zu tun, noch nicht einmal mit der amerikanischen Wirtschaft im allgemeinen. Was es brauchte, war ein starkes Signal, und eine Zinssenkung war das einzig sinnvolle Signal, das ihnen zur Verfügung stand. Allenthalben berichtete man von der Volatilität der Märkte und einem zunehmenden Appetit zur Risikominderung durch den Ankauf amerikanischer Staatsanleihen. Wenn sich jeder in amerikanische Treasuries flüchtete, so würde das die Kurse anderer Anleihen, sowohl privater als auch anderer Staatsanleihen, weiter nach unten treiben. Das würde Firmen die Kreditaufnahme immens erschweren.

Alice Rivlin, die mit Überraschung zur Kenntnis nahm, wie sehr der internationale Rentenmarkt zum Kartenhaus geworden war, äußerte die Ansicht, die Fed agiere in gewisser Hinsicht als Zentralbank der ganzen Welt.

McDonough pflichtete ihr bei. Als letzte Supermacht und angesichts der Tatsache, daß Amerika die größte Wirtschaft der Welt hatte, so sagte er, bliebe ihnen kaum etwas anderes übrig. Wenn sie nicht die Hand höben und die Führung übernähmen, wer dann? Weder der Präsident noch der Finanzminister oder der Kongreß könnten viel tun. Nur die Fed.

Nach einer langen Diskussion stimmte der FOMC einstimmig für eine Zinssenkung um ¼ Prozent und darüber hinaus für eine Direktive in Richtung einer weiteren Senkung.

An der Wall Street, so erfuhr McDonough aus den Berichten, war man enttäuscht. Man hatte dort gehofft, die Message der Fed würde – mit einer höheren Senkung – lauter und deutlicher ausfallen. Schlief man bei der Fed? Verstand Greenspan denn, was da vor sich ging?

Zwei Tage später, am Donnerstag, dem 1. Oktober, hatten Greenspan und McDonough vor dem Bankenausschuß des Repräsentantenhauses auszusagen. Es ging um Long Term Capital Investment, Ltd. und die Rolle der Fed bei dem, was da passiert war.

Greenspan war nicht ganz wohl dabei. Die schweigende Billigung seiner Zinspolitik durch den Kongreß war unendlich wichtig, und nur widerwillig gab er etwas von seinem politischen Kapital für ein Randproblem aus. Aber als der Bankenausschuß im unmittelbaren Gefolge der Rettungsaktion McDonough allein auf den Hügel hatte zerren wollen, da hatte Greenspan gesagt, er hielte es für angebracht, ihn ebenfalls vorzuladen.

Als Greenspan und McDonough ihre Plätze am Tisch der Sachverständigen einnahmen, hatten sie einen leeren Stuhl zwischen sich. Setzen Sie sich hierher, sagte Greenspan leise und dirigierte McDonough, auf den leeren Stuhl weisend, an seine Seite.

McDonough war gerührt von Greenspans Solidarität. Er war überzeugt, daß ein Kollaps von LTCM eine schlimme weltweite Finanzkrise ausgelöst hätte, die zu einer Weltwirtschaftskrise hätte führen können, möglicherweise sogar zu einer Rezession in den USA. Greenspan schien sich da weniger sicher, aber der Vorsitzende machte hier öffentlich klar, daß auch nicht die geringste Meinungsverschiedenheit zwischen ihnen bestand.

Greenspans Sorge galt einer Angst auf dem Marktplatz – ein heikles psychologisches Leiden, mochte sie nun rational sein oder nicht. Angst oder Ungewißheit sorgten dafür, daß die Leute sich zurückzogen oder ganz ausstiegen. Sie ließ sie gedankenlos und hektisch Anlagen abstoßen, mochten sie nun gut sein oder schlecht. Man mußte Risiken eingehen, wollte man in der Welt des Investments etwas verdienen. Investitionen mit Fremdkapital hatten das Wachstum der Wirtschaft gefördert und den Lebensstandard in den Vereinigten Staaten angehoben. Er glaubte nicht an die Möglichkeit, menschliche Narretei und Dummheit regulieren zu können, schon gar nicht auf dem Feld der Investments mit ihren zahlreichen vielversprechenden Möglichkeiten. Ihm wurde klar, daß er in wirtschaftlicher Hinsicht liberaler war als die meisten anderen; sein Laissez-faire ging so weit, einen gar noch freieren Markt zu tolerieren; darüber hinaus kam er zu der Erkenntnis, daß diese Hedge-Fonds fast genausogut außerhalb der Vereinigten Staaten operieren konnten und jeder Versuch einer Regulierung sie nur nach Übersee trieb.

Die Sitzung begann damit, daß der Abgeordnete James A. Leach, der Republikaner aus Iowa und Vorsitzende des Ausschusses, Hedge-Fonds wie den LTCM-Fonds kritisierte.[9] »Es gibt einige, die in ihnen wild gewordene, casinoartige Unternehmen sehen, derer Motor die reine Gier ist«, sagte Leach. Dann brachten einige Kongreßabgeordnete ihren Verdacht zum Ausdruck, die Fed hätte ihren Freunden von der Wall Street aus der Patsche geholfen – diesen »milliardenschweren Edelzockern«, wie Paul Kanjorski, ein Demokrat aus Pennsylvania, sie nannte.

Später dann wies Kanjorski auf das Fehlen von TV und anderen Medien bei dieser öffentlichen Anhörung hin. Die Welt sei wie besessen von dem sich entfaltenden Lewinsky-Skandal, da Clinton auf dem besten Wege zu einem Amtsenthebungsverfahren schien. »Ich frage mich, sehen Sie keine Möglichkeit, hier ein bißchen Sex reinzubringen, damit vielleicht die Nation auf uns aufmerksam wird? ... Wir sprechen hier von der potentiellen Kernschmelze des Weltwirtschaftssystems, nicht über ein Techtelmechtel im Weißen Haus, und dennoch scheint niemand zu verstehen, was in den letzten beiden Wochen hätte passieren können oder auf dem Spiel stand.« Kanjorski stellte dann eine Reihe von Fragen zu dem Thema, weshalb der Staat Hedge-Fonds nicht genauer regulieren sollte.

»Ich möchte Hedge-Fonds nicht gerade verteidigen«, antwortete Greenspan. »Aber ein Gutteil dessen, was sie tun, um ihre Profite zu machen, besteht weitgehend in Aktivitäten nach Art der Arbitrage-Geschäfte [der Ankauf auf einem Markt, um auf einem anderen zu verkaufen], die zur Feinstellung des Kursfestsetzungssystems sowohl in den Vereinigten Staaten als auch anderswo beitragen, und gerade dieses wirklich außergewöhnliche und zunehmend komplexe System zur Festsetzung der Kurse ist einer der Gründe, die den Einsatz von Kapital in diesem Land so effizient machen. Es ist der Grund dafür, daß wir die höchste Produktivität der Welt haben und unser Lebensstandard fraglos der höchste der Welt ist.« Er verabreichte ihnen eine militante Dosis seines Glauben an Kapitalismus und freie Marktwirtschaft. Wenn der Staat den Markt in Ruhe lasse, erlaube er den Leuten, sich raffinierte Mittel und Wege auszudenken, um Geld zu verdienen. Solange sie legal seien, unterstütze er dies um der schieren Effizienz des Marktes willen.

»Ich will damit nicht sagen, daß soviel Wohlstand eine Folge von Hedge-Fonds ist«, fuhr er fort. »Dem ist ganz offensichtlich nicht so. Was ich sagen möchte ist, daß hier ein ökonomischer Wert im Spiel ist, den wir nicht einfach verwerfen sollten.«

Der Abgeordnete Bernie Sanders, ein Sozialist aus Vermont, trieb Greenspan in die Enge. »Laut den Vereinten Nationen, Mr. Chairman, verfügen die 225 reichsten Personen zusammen über ein Vermögen von über einer Billion Dollar, was dem Vermögen der unteren 47 Prozent der Weltbevölkerung entspricht – 225 Menschen verfügen damit über dasselbe Vermögen wie fast die halbe Weltbevölkerung.

Gibt Ihnen das zu denken? Halten Sie das für gerecht? ... Gibt Ihnen das zu denken, Mr. Greenspan?«

Greenspan sagte, er würde im allgemeinen eine geringere Konzentration des Wohlstands vorziehen. Er sagte auch: »Für mich ist nicht klar, nicht im geringsten, daß, falls Sie diese 225 Personen irgendwie zusammennähmen und ihnen zu verstehen gäben, sie hätten ihren Reichtum nicht mehr, und sie auf eine einsame Insel steckten, daß der Zustand der Welt sich auch nur im geringsten bessern würde.« Die ganze Geschichte hindurch, so Greenspan, hätten die Fehler der Reichen und Mächtigen Konsequenzen für die anderen gehabt.

Greenspan glaubte nicht an kurzfristiges Mitleid. Die Billion Dollar der 225 Reichsten unter den drei Milliarden Ärmsten der Welt zu verteilen würde langfristig nicht viel bewirken. Tatsache sei, daß diese drei Milliarden durchschnittlich mit weniger als zwei Dollar am Tag auskommen müssen; durch die Verteilung der Billion bekämen sie ein Jahr lang einen Dollar mehr pro Tag. Aber Greenspans Ansicht nach halfen den Armen der Welt nur Strukturveränderungen, Kapitalismus, Recht und Ordnung und die Schaffung von Privateigentum. Bemühungen, denen zu helfen, die mit dem absoluten Existenzminimum auskommen müssen, seien nicht selten kontraproduktiv, weil sie langfristig Probleme schafften. All dies sagte er dem Ausschuß natürlich nicht so detailliert.

»Ich denke, wir sollten, anstatt das System, das wir heute haben, unglaublich korrupt, ungerecht und unethisch zu nennen, das, was die Vereinigten Staaten jetzt haben, im Vergleich zu dem sehen, was vor 100, 200, 300 Jahren war.« Unter dem Strich, sagte Greenspan, sei es doch so: »Dem Durchschnittsamerikaner geht es heute weit besser als zu irgendeiner Zeit in unserer Geschichte.«

Leach erklärte die Sitzung nach viereinhalb Stunden für geschlossen. »Ich spüre«, sagte er, »daß der Vorsitzende des Zentralbankrats langsam die Stimme verliert, aber nicht den Verstand.«

McDonoughs Ansicht nach war dieser Beschuß wahrscheinlich das unangenehmste Erlebnis, daß Greenspan je vor dem Kongreß gehabt hatte. Ich danke Ihnen für Ihre Unterstützung, sagte er Greenspan später. Greenspan hätte ihn ohne weiteres im Stich lassen können.

Den Märkten ging es von Tag zu Tag schlechter. Ungewißheit und Illiquidität hielten an. Die Renditen neuer 30jähriger Staatsanleihen lagen um fast ¼ Prozent unter denen von Anleihen, deren Fälligkeitstermin nur um wenige Monate früher lag. Hätten die Märkte richtig funktioniert, hätte es nur eine geringe Zinsdifferenz gegeben. Es machte schlicht keinen Sinn. Der Markt war gestört.

McDonough rief Greenspan an und empfahl dem Vorsitzenden, den Zins kraft seiner Autorität noch vor der nächsten Sitzung um ein weiteres Viertelprozent zurückzunehmen. Es würde zweierlei klarmachen: Die Fed machte sich Gedanken, und die Fed hatte alles im Griff. Das ganze wäre eine Schau, sicher, aber eine ganz bewußte, räumte McDonough ein. Es sei an der Zeit, den Gong zu schlagen und zu erklären: Hier spielt die Musik, paßt auf! Die psychologische Botschaft wäre von immenser Bedeutung.

Greenspan legte sich nicht fest.

Laurence H. Meyer war strikt gegen Zinsschritte zwischen den Sitzungen. Sie verlagerten die Macht auf den Vorsitzenden, der schon genug davon hatte. Seiner Ansicht nach genügten die Sitzungen alle sechs Wochen; die Mitglieder des Ausschusses könnten dann ihre Meinung sagen und offiziell abstimmen. Aber auch er bekam Anrufe von Freunden und Kollegen.

Einer davon sagte: Ich habe meinen Broker angerufen, um zu sehen, ob ich nicht ein paar Positionen auf dem Rentenmarkt losschlagen könnte, und der sagte mir, er könne mir die Kurse nennen, aber kaufen oder verkaufen würde er bei den Kursen nicht.

Ein ehemaliger Kunde Meyers rief an: »Wissen Sie, ich rufe Sie ja nie an, aber jetzt tue ich Ihnen sogar einen Gefallen damit, weil ich Ihnen nur sagen möchte, was los ist.« Er schilderte ihm die Qualen des Markts. Er könne weder kaufen noch verkaufen, nicht eine Position, egal welcher Größe.

Was zum Teufel hatten Zinsen zu bedeuten, dachte Meyer, wenn man bei diesen Zinsen nicht kaufen oder verkaufen konnte? War das Fundament der Finanzmärkte und des Kapitalismus – die Kurse – irgendwie in Gefahr?

Ed Boehne, Greenspans Ansicht nach einer der Ausgewogensten seiner Notenbanker, berichtete, er habe seinen ganzen Bezirk bereist, Delaware, den Süden von New Jersey und Pennsylvania. Es sei eindeutig, daß die Fed den Zins nicht weit genug gesenkt hatte. Auf seiner Tour, so erzählte Boehne, sei er in einem Hotel in State College, Pennsylvania, abgestiegen. Als der

Mann von der Rezeption gesehen hätte, daß er von der Zentralbank sei, hätte er gesagte: »Ach, Sie sind von der Fed. Sie sind nicht weit genug gegangen.« Boehne sagte zu Greenspan: »Wenn einem ein Portier mitten in Pennsylvania sagt, daß man nicht genug getan hat, dann ist es höchste Zeit, mehr zu tun.«

Am Montag, dem 12. Oktober, war McDonough in Washington, um drei Reden zu halten. Er gab Rivlin über die entsetzlichen Marktbedingungen Bescheid. Der Vize im Offenmarktausschuß und die Stellvertretende Vorsitzende des Zentralbankrats beschlossen, zusammen zu Greenspan zu gehen.

In seinem Büro drängten sie auf eine Zinssenkung. Wenn sie bis zur nächsten FOMC-Sitzung im November warteten, dann würde es zu sehr nach Business as usual aussehen – ¼ Prozent im September, ¼ Prozent im November.

McDonough sagte, die Bedingungen seien alles andere als Business as usual. So wacklig habe er das Geschäft auf den Märkten kaum je gesehen. Die Fed müsse für einen Paukenschlag sorgen, damit sie endlich die Aufmerksamkeit der Leute bekäme. Rivlin schloß sich dem an.

Nach etwa einer halben Stunde sagte Greenspan schließlich, sie hätten wohl recht, fügte aber dann zweideutig hinzu, er sei sich nicht sicher, ob dies der richtige Zeitpunkt für ein großes Aufsehen sei. Vielleicht sollten sie noch warten. Es solle schließlich nicht so aussehen, als seien sie in Panik. Business as usual habe durchaus etwas für sich. Er ließ sich jedoch auf ein Konferenzgespräch des Offenmarktausschusses ein. McDonough und Rivlin könnten ihre Ansichten dann den anderen vortragen.

Rivlin ging in dem Glauben, Greenspan sei bereit, noch mal mit den Zinsen runterzugehen, daß er aber nicht so schnell handele, wie sie und McDonough es für nötig hielten. McDonough war sich nicht sicher, wie er Greenspans Verhalten deuten sollte. Gab er sich nur den Anschein zu zögern? Hatte er vielleicht die ganze Zeit über insgeheim gedacht, Gott sei dank, daß die mich drängen, damit er seine beiden Stellvertreter zitieren konnte, wenn es darum ging, den zögerlichen Offenmarktausschuß zu überzeugen? Wie groß war der Machiavelli in Greenspan? Oder spielte er den Sokrates und versuchte sie mit Fragen und Zweifeln zu Schlüssen zu führen, zu denen er selbst längst gekommen war? McDonough hatte keine Antwort darauf.

Am 15. Oktober berief Greenspan ein Konferenzgespräch des Offenmarktausschusses ein. Die Risikofeindlichkeit auf den Finanzmärkten hätte zugenommen, die Volatilität nehme zu, es würde kaum noch gehandelt, kaum noch geborgt.[10] Er denke daran, den Zins noch mal um ¼ Prozent zu senken, sagte er, ganz im Sinne der Direktive, die ihn autorisierte, eine weitere Rücknahme vorzunehmen. Was hielten die anderen davon? Er übergab das Wort McDonough.

Die internationalen Finanzmärkte funktionierten einfach nicht, sagte McDonough. Sie hätten mit der ersten Lockerung um ¼ Prozent zwei Wochen zuvor die erste Dosis ihrer Arznei verabreicht. Sie müßten jetzt den zweiten Schritt tun. Sie könnten es sich nicht leisten, bis zur nächsten Sitzung zu warten, bis dahin sei es noch zu lange hin, es würde zu sehr nach Business as usual aussehen. Sie bräuchten einen Paukenschlag.

Dann meldete sich mit ihrer ruhigen Stimme Rivlin zu Wort. Sie stehe voll und ganz hinter dem Schritt.

Sogar Meyer unterstützte die Zinssenkung. Der überzeugte Vertreter der alten ökonomischen Modelle, der strikte Gegner von eigenmächtigen Zinsschritten des Vorsitzenden zwischen den Sitzungen, sagte, er halte die Senkung für nötig.

McDonough dachte sich, wenn sie Meyer nicht hätten, dann müßten sie ihn erfinden. Meyer dabeizuhaben unterstrich den Ernst dessen, was sie hier taten und womit sie sich hier konfrontiert sahen.

Keiner der anderen brachte einen wirklichen Einwand ein.

Ohne zur Abstimmung aufzurufen, sagte Greenspan, er sei zu einem Entschluß gekommen und würde die Rücknahme um ¼ Prozent vornehmen. Um 15.30 Uhr wurde sie bekanntgegeben. Der Rentenmarkt ging nach oben, und der Dow Jones, der bereits oben war, verzeichnete einen Anstieg um 330 Punkte für diesen Tag – den drittgrößten Punktezuwachs seiner Geschichte.[11]

Meyer sah in der Zinssenkung lediglich eine Erklärung, eine Möglichkeit, den Leuten zu sagen, sie sollten aufatmen: Wir von der Fed verstehen, daß es auf den Märkten nicht klappt, wir werden richten, was immer nötig ist.

Die Fed als Notenbank sagte damit schon sehr viel. Bald darauf bekam Meyer Berichte von den Märkten, von Leuten, die direkt am Epizentrum der Krise waren. Einer der wichtigsten Schritte, die die Fed je unternommen hat, sagte einer. Ein anderer ging gleich so weit zu sagen, die ganze Neuzeit hätte keine größere Hilfsmaßnahme zur Rettung der Märkte gesehen.

Am Dienstag, dem 17. November 1998, kam der Offenmarktausschuß zu seiner turnusmäßigen Sitzung zusammen.[12] Die Lage auf den Finanzmärkten hatte sich beruhigt, aber Greenspan schlug eine weitere Senkung um ¼ Prozent vor, sozusagen um sicherzugehen. Eine weitere Rücknahme sei vielleicht nicht nötig, sagte er, aber es sei wichtig, einen Schritt voraus zu sein, die Lage auf den Märkten zu überholen. Ein Finanzkollaps würde die Vereinigten Staaten in die Zange nehmen. Eine Senkung von einem Viertelprozent könne man später wieder zurücknehmen. Er befürchtete, es könnte erneut zu einer Kreditverknappung kommen. Er wies darauf hin, daß es keine internationale Finanzstruktur gebe, keine Zentralbank der Vereinten Nationen, die ein Auge auf die Krise haben könne. Sie müßten ad hoc handeln. Die Finanzmärkte charakterisierten sich im Augenblick dadurch, daß es keine Käufer, nur Verkäufer gab. Eine weitere Senkung um ¼ Prozent wäre ein Signal, daß die Fed bereit sei, das System aufzufangen.

So mancher meinte, gerade noch mal davongekommen zu sein, aber nur Jerry Jordan, der Präsident der Fed in Cleveland, stimmte gegen die Empfehlung des Vorsitzenden. In einer Presseerklärung gab die Fed die Zinssenkung bekannt und erklärte, sie plane keine weiteren Senkungen, um die weltweiten Finanzmärkte zu stabilisieren.

Die Rücknahme senkte den Tagesgeldzins auf 4¾ Prozent, den niedrigsten Satz seit vier Jahren.

14 Stimmgabel der Nation

Am 14. Januar 1999 sprach Mike Prell, der altgediente Direktor der Abteilung Research und Statistics bei der Fed, im Economics Club von Charlotte, North Carolina.[1] Seit etwa einem Dutzend Jahren war er nun dafür verantwortlich, dem Offenmarktausschuß die internen Prognosen der Fed vorzulegen. Er räumte ein, daß seine Prognosen häufig danebenlagen, und am Ende seiner Ansprache stellte er eine ungewöhnliche Frage in den Raum: »Könnte es sein, daß so mancher – Manager, Verbraucher, Anleger – Risiken eingeht, die er nicht eingegangen wäre, hätte er nicht ein übermäßiges Vertrauen in die Fähigkeit der Fed, die Wirtschaft wie die Finanzmärkte gegen jeden Schock zu schützen? Falls dem so ist, dann haben wir möglicherweise ein größeres Potential an Instabilität im System, als es zu diesem Zeitpunkt so ohne weiteres zu erkennen ist.«

Greenspan selbst machte sich so seine Sorgen über die Möglichkeit eines »übermäßigen Vertrauens« in die Fähigkeiten der Fed. Aber er dachte sich, daß er da nichts machen könne, außer seine Arbeit zu tun.

Alice Rivlin, die als Vize bei vielen internationalen Finanztreffen mitwirkte, hatte festgestellt, daß man Greenspan im Ausland gar noch mehr mythische Qualitäten beimaß; er schien ein Olympier, ein Symbol für finanzielle Stabilität in einer boomenden Wirtschaft, die den Neid der ganzen Welt erregte. Zentralbanken rund um den Globus versuchten, sich Greenspan zum Vorbild zu nehmen, wobei jede auf ihre Weise interpretierte, wie dieses Modell umzusetzen sei. Was mochte Greenspanismus ohne Greenspan wohl sein?

Seit Rivlin bei der Fed war, hatte die Presse Greenspan mit

Würdigungen nur so überhäuft; fast hätte man meinen können, er sei der jüngste Rockstar. *Fortune*: »Wir vertrauen auf Greenspan« (»In Greenspan We Trust« nach dem Motto »In God We Trust«, das auf amerikanischen Münzen zu finden ist.) *Business-Week*: »Alan Greenspans schöne neue Welt.«[2] Sie sprach den Vorsitzenden auf die Kehrseite all dessen an. Alan, sagte sie, es ist wichtig, gegen die Ansicht anzugehen, *Sie* führten die Welt. Er müsse zeigen, daß der Offenmarktausschuß ein kollektives Gremium sei. Je mehr Notenbanker nach draußen gingen, um Reden zu halten, ihre Politik erklärten, desto besser wäre das für ihn.

Er sei da ganz ihrer Meinung, sagte er, aber es dauerte nicht lange, und er tat das Gegenteil. Der Notenbankchef blieb im Vordergrund, hielt zahlreiche Reden und diente als Gesicht der Fed sowohl vor dem Kongreß als auch vor der übrigen Welt, eine stete Präsenz, die dazu angetan war, die Identifikation Greenspans mit der ausgezeichneten Wirtschaft zu fördern.

Rivlin machte sich Sorgen, die ganze Welt könne denken, die amerikanische Wirtschaft stehe vor dem Abgrund, sollte Greenspan einmal etwas passieren. Er wurde langsam, aber sicher zur Kultfigur.

Als die Lewinsky-Affäre zu Clintons Amtsenthebungsverfahren im Repräsentantenhaus und dem Prozeß im Senat führte, kamen Rivlin und Greenspan diesbezüglich mehrmals ins Gespräch. Sie teilten den Kummer darüber. Greenspan war dabei eher der Trauernde als der Kritiker.

Jammerschade, sagte er und schüttelte dabei fassungslos den Kopf. Da hatten sie diesen ausgesprochen gescheiten Mann, der hinsichtlich Intellekt, politischem Durchblick, Ernst, politischer Begabung und Charme so eindeutig weit über dem Gros der amerikanischen Präsidenten stand, und er hatte keine Selbstdisziplin. Soviel zu riskieren für scheinbar so wenig. Weder Greenspan noch Rivlin konnten das verstehen.

Anfang Februar 1999 brachte *Time* Greenspan, Rubin und Summers auf der Titelseite und feierte sie als den »Ausschuß zur Rettung der Welt«.[3] Die Titelgeschichte beschrieb die Rolle, die

die drei dabei gespielt hatten, die Welt – von Thailand über Korea bis hin zu Rußland – vor dem wirtschaftlichen Super-GAU zu bewahren. Greenspan sah sehr wohl, wie die Schlagzeile gelautet hätte, wäre es zu dieser Kernschmelze gekommen: »Ausschuß zur Vernichtung der Welt.«

Am 4. März lautete die Überschrift über einem Leitartikel der *New York Times*: »Wer braucht schon Gold, wenn wir Greenspan haben?«[4]

Spätestens im Mai war Greenspan klar, daß die Wirtschaft einmal mehr sehr schnell wuchs, bis zu 4½ Prozent jährlich, mit anderen Worten rascher als erwartet. Er sah keinerlei Anzeichen für eine Inflation, aber die Zinsen für langfristige Anleihen gingen nach oben: Die Umlaufrendite für 30jährige Staatsanleihen war während des letzten Halbjahres von 5 Prozent auf 5,9 Prozent angestiegen, was nichts anderes bedeutete, als daß die Anleger befürchteten, die Inflationsrate würde in nächster Zeit anziehen. Die Verbraucherpreise waren gegenüber dem Vormonat um 0,7 Prozent gestiegen – der höchste Monatsanstieg der letzten sechs Jahre. Trotz seiner Bemühungen, der Öffentlichkeit 1994, als sie die Zinsen anzuheben begannen, ein Signal zu setzen, hatten die Erhöhungen wie ein Schock auf die Märkte gewirkt und die langfristigen Zinsen beträchtlich nach oben getrieben. Falls in nächster Zeit eine Anhebung nötig wäre, und es sah in zunehmendem Maße danach aus, so wollte er diesmal für ein lautes und klares Signal sorgen.

Bei der Sitzung des Offenmarktausschusses am 18. Mai stellte Greenspan die Ungewißheit des Ausblicks heraus.[5] Das Produktivitätswachstum bei Unternehmen lag zwischen 4 und 5 Prozent pro Quartal, was selbst die größten Skeptiker – wie Meyer – zu Gläubigen werden ließ. Diese Zahlen trugen nach wie vor dazu bei, die Steigerungsraten von Löhnen und Preisen in Grenzen zu halten. Aber für wie lange? Die allgemeine Unsicherheit war der dominierende Faktor der augenblicklichen Situation. Der Vorsitzende empfahl, die Zinsen nicht sofort anzuheben, sondern eine asymmetrische Direktive mit Neigung zu einer künftigen Anhebung auszusprechen. Um die Message unmißverständlich zu machen, kamen sie überein, diese Neigung zur Anhebung noch am selben Tag bekanntzugeben. Es war dies die erste öffentliche Erklärung dieser Art in der Geschichte der Fed.

Die Abstimmung fiel einmal mehr einstimmig aus.

»Fed hebt Zins nicht an – fürs erste« hieß es am nächsten Morgen auf der Titelseite der *Washington Post.*[6] Die Bekanntgabe der Neigung bzw. Tendenz zu einer künftigen Anhebung schlug wie eine Bombe ein. Abgesehen von der isolierten Anhebung um ¼ Prozent 1997 hatte die Fed die Zinsen nicht mehr nennenswert angehoben, seit man in der Anhebungsphase 1994–95 eine ganze Stufe nach oben gegangen war, und das war nun über vier Jahre her.

Wie alle seine Stellvertreter in Greenspans Amtszeit entschloß auch Rivlin sich schließlich zum Rücktritt. Ihr Ehemann litt an einem Prostatakarzinom. Sie war nun drei Jahre bei der Fed, und die Arbeit hatte ihr ungemein Spaß gemacht, aber es war zweifelsohne Greenspans Show. Während des vergangenen Jahres war sie darüber hinaus auch Chefin des Finanzausschusses gewesen, der die finanzielle Gesundheit des siechen District of Columbia wiederherzustellen versuchte, was praktisch für sich schon ein Ganztagsjob war. Und da hatte sie das Sagen.

Als sie Greenspan sagte, daß sie zu gehen beabsichtige, war es ihm gar nicht recht, eine so wichtige Verbündete zu verlieren.

Bei der Offenmarktausschußsitzung vom 30. Juni deuteten alle wirtschaftlichen Prognosen auf ein anhaltendes kräftiges Wachstum bei gedämpfter Inflation.[7] Greenspans Ansicht nach hatten die drei Zinssenkungen vom Vorjahr sie in eine unnatürliche Position gebracht. Angesichts der verbesserten Bedingungen im Ausland war es Zeit, eine dieser Zinssenkungen zurückzunehmen und um ein ¼ Prozent nach oben zu gehen.

Darüber hinaus sah es ganz danach aus, als wäre der allgemeine Preisrückgang bei Öl, Importen und auf dem Gesundheitssektor vorüber, der wesentlich zur Dämpfung der Inflation beigetragen hatte – wenn er sich nicht gar umkehrte und die Preise wieder nach oben gingen.

Einige Ausschußmitglieder wiesen darauf hin, daß Geschäftsleute schon seit 1996 immer wieder sagten, sie könnten die Preise nicht anheben, ohne von der Konkurrenz erdrückt zu werden. Jetzt hieß es von einigen, sie wollten es mit einer Preisanhebung versuchen. Es war dies eine beträchtliche Veränderung, die den Schatten einer Inflation vorauswarf.

Der wichtigste Einwand gegen eine Anhebung des Zinssatzes kam von Robert D. McTeer Jr., dem Präsidenten der Fed in Dallas. Er glaube nicht, daß man sich in einem inflationären Umfeld befände, und sagte, er würde lieber die Wachstumsgrenzen der New Economy noch etwas ausloten wollen.

Die anderen schienen mit der Anhebung um ¼ Prozent einverstanden, aber es entwickelte sich eine beträchtliche Debatte darüber, ob man die asymmetrische Direktive mit Tendenz zu einer weiteren Anhebung beibehalten sollte.

Der Kompromiß bestand dann darin, um ¼ Prozent zu erhöhen, aber zu einer symmetrischen Direktive zurückzukehren, daß mit anderen Worten keine Tendenz – weder nach oben noch nach unten – bestand. Alle außer McTeer waren dafür.

Die Presseerklärung, mit der man die Erhöhung bekanntgab, präsentierte den Zinsschritt als sachte und vorsichtige Präventivmaßnahme und stellte keine weiteren Anhebungen in Aussicht. Die Märkte waren ebenso verblüfft wie entzückt, und der Dow Jones ging fast auf 11000 Punkte. Man betrachtete die Anhebung weithin als marktfreundlich und im Sinne einer Inflationsbekämpfung weit weniger radikal als erwartet. »Die Fed lächelte«,[8] hieß es im Vorspann des Artikels im *Wall Street Journal* über die Situation auf den Märkten.

Greenspan hatte Rubin ausrichten lassen, daß die Zinsanhebung komme – nicht daß irgend jemand, der im Vormonat die Zeitung gelesen hatte, das nicht selbst hätte kommen sehen. Rubin hatte im Grunde kein Problem damit.

Der Präsident war da nicht so zuversichtlich.

Mußte das sein? fragte Clinton seinen Sachverständigenrat.

Ich sehe keine Spur von einer Inflation, fügte er hinzu. Er stellte damit dieselbe Frage wie 1994, als Greenspan den Zins angehoben hatte. Ob das wieder mal ein präventiver Würgegriff um den Hals der Wirtschaft sei, wollte er wissen und redete damit einigen liberalen Demokraten aus dem Senat nach dem Mund, die ihn während des Amtsenthebungsverfahrens – bei dem er freigesprochen worden war – besonders in Schutz genommen hatten.

Rubin, Summers und Sperling verteidigten Greenspans Entscheidung.

Mr. President, sagte Sperling, er legt nur sachte den Fuß auf die Bremse. Und das ist gut. Das sorgt dafür, daß die Expansion länger anhält. Bei einer Arbeitslosenquote von nur 4,2 Prozent sei das Risiko einer Inflation einfach zu groß.

Ganz offen gesagt, erklärten die Berater des Präsidenten, Greenspan ist im Offenmarktausschuß eher auf der gemäßigten Seite, ein bißchen links sogar von den Leuten, die der Präsident sich von seinen Beratern als Kandidaten habe aussuchen lassen, anders gesagt, von Leuten wie Meyer. Clintons Einwände waren verhalten, bei weitem nicht so vehement wie 1994.

Greenspan hatte in gewisser Hinsicht im Lauf der letzten Jahre einen Verjüngungsprozeß durchgemacht. Bei der Rede anläßlich einer Abschlußfeier der Harvard University in jenem Monat hatte er nun sicher keine Umverteilung der Einkommen gefordert, aber er hatte sich weit mehr nach Bill Clinton angehört. »Der Zuwachs bei Einkommen und Wohlstand ist wirklich beeindruckend«, sagte Greenspan, »auch wenn bedauerlicherweise die Gewinne nicht so breit über die Haushalte gestreut sind, wie ich das gern gesehen hätte.«[9] Militante Laissez-faire-Kapitalisten machen sich im allgemeinen keine Sorgen um die Verteilung des Wohlstands.

Janet Yellen, die – als Vorsitzende des Sachverständigenrats – von der Fed ins Weiße Haus übergewechselt war, stellte sich voll und ganz hinter die Entscheidung ihrer ehemaligen Kollegen. Die Konjunktur stehe derart unter Dampf, daß die Arbeitslosigkeitsrate von etwa 4,2 Prozent weiter im Sinken begriffen sei. Das würde das Risiko einer Inflation in nächster Zeit ganz sicher erhöhen.

Yellen sprach mehrere Male beim Präsidenten vor, um ihre Befürchtungen hinsichtlich der Konjunktur zu unterstreichen. Der Aktienmarkt würde aller Wahrscheinlichkeit abstürzen, sagte sie. Ein Einbruch um 10 oder 20 Prozent würde der Konjunktur nicht schaden, solange er keine größere Krise auf den Finanzmärkten auslöse. Genaugenommen, sagte sie Clinton, benötige man einen Rückgang an der Börse, damit die Konjunktur sich beruhigen und die Arbeitslosigkeitsrate sich stabilisieren könnte.

Rubin und Summers pflichteten ihr bei.

Immer wieder drängte sich die reale Welt der Börse in Greenspans Denken. Die Börse war ein zentraler Aspekt seines New Yorker Geschäftslebens gewesen, und es war durchaus ernst gemeint, als er sagte, daß mehr Leute das Börsengeschehen verfolgten als Baseball. Mehr als 70 Millionen Amerikaner hatten direkt oder indirekt in Aktien investiert, die allein an der New Yorker Börse gelistet waren.

Mehrere Jahre lang hatte Greenspan die Ökonomen der Fed angewiesen, sie sollten versuchen, mathematische bzw. Computermodelle aufzustellen, die mehr Einblicke in den Aktienmarkt geben könnten. Zwei Aussagen hatten sich dabei als richtig erwiesen. Erstens gab es keine rationale Möglichkeit festzustellen, daß man sich in einer Spekulationsblase befand, solange man drin war. Die Blase wird erst sichtbar, nachdem sie geplatzt ist – was sich für Greenspan konkret in einem kurzzeitigen Einbruch um etwa 40 Prozent definierte.

Um einen solchen Einbruch vorherzusagen, müßte man seine Analyse der Weisheit jener Millionen gegenüberstellen, die sich für Kenner der Konjunktur wie der Unternehmen hielten, in die sie investiert hatten. Das einschätzen zu wollen, dazu gehörte schon eine gewisse Hybris.

Zweitens bestand kein Zweifel daran, daß die Fed dem Markt Liquidität entziehen und den Leitzins so stark anheben konnte, daß die ganze Geschichte einbrach. Aber der entscheidende Punkt, der Greenspans Ansicht nach unausgesprochen blieb, war die Frage, wie man die Blase entschärfte – wie man die Luft langsam abließ, den Zins gerade mal so stark anzog, um Druck auf die Blase auszuüben, aber eben nicht so stark, daß beim Platzen die Konjunktur mit zerbrach. Ihm ging es um eine Art weiche Landung des Aktienmarkts.

Greenspans Ansicht nach hatte der Oktober-Crash von 1987 den Dow Jones um mehrere tausend Punkte nach oben getrieben. Die Anleger hatten den jähen Absturz um 22 Prozent an einem einzigen Tag erlebt – und dann war doch nichts Ernstes passiert. Man schloß daraus, daß die Aussichten für Aktien wie die Wirtschaft allgemein besser waren, als man angenommen hatte, und so waren die Aktien höher gestiegen denn je. Wann immer die Fed seit 1987 den Zins angehoben hatte, war die Börse ins Schwanken geraten, hatte sich stabilisiert und war dann weiter nach oben geschossen.

Natürlich konnten sie im Extremfall den Aktienmarkt mit einer großen Zinsanhebung ganz und gar zerschlagen, aber je weiter entfernt sie von diesem Extremfall operierten, desto mehr waren ihre Schritte dazu angetan, der Blase lediglich den Druck zu nehmen, anstatt die Luft mit einem gefährlichen Knall entweichen zu lassen. Das Nettoergebnis war, daß die Anhebung des Zinses und die damit verbundene Straffung des Geldmarkts eine Reaktion nach oben zeitigte, nämlich erstens eine Stabilisierung und zweitens einen weiteren Start, anstatt zum Absturz zu führen.

Gab es einen exakten Punkt, an dem die Anhebung des Zinses einen bescheidenen Rückgang an der Börse auslösen konnte, ohne daß sie nachher wieder nach oben schoß? Theoretisch mußte es einen Punkt geben, an dem es dazu kam, einen Punkt, den Ökonomen als »Sattel« bezeichnen. Nur kam Greenspan zu dem Schluß, daß er nicht berechenbar sei, und ganz sicher ließ er sich nicht auf sinnvolle Weise beurteilen. Anders gesagt, praktisch gab es diesen Punkt nicht. Es gab ihn auf dem Markt, diesen magischen Zeitpunkt, an dem man Druck auf die Aktienkurse ausüben müßte, er existierte vielleicht für den Bruchteil einer Sekunde, aber Greenspan kam zu Schluß, daß er sich einfach nicht ausmachen ließ.

Bei diesen abstrakten Gedanken kam es manchmal sogar Greenspan selbst so vor, als führe er einen Krieg gegen den »irrationalen Überschwang«. Aber letztlich handelte es sich nur um eine grobe Analyse. Er rang nach wie vor mit dem Problem.

In einer Rede am 27. August 1999 auf dem alljährlichen Treffen in Jackson Hole, Wyoming, versuchte Greenspan einige seiner Schlußfolgerungen darzulegen.[10] Er war dabei noch kryptischer als gewöhnlich. Er sagte, eine Spekulationsblase genau vorauszusagen, das hieße seine eigene Einschätzung gegen die von Millionen Anlegern zu stellen, von denen viele über ausgezeichnete Kenntnisse verfügten.

Die Aussage war so typisch Greenspan, mit anderen Worten so obskur, daß seine Kollegen und Mitarbeiter sich bemüßigt fühlten, sie zu interpretieren. Gleich mehrere ließen gegenüber der Presse verlautbaren, der Vorsitzende habe damit offiziell das Ende des »irrationalen Überschwangs« erklärt. Dem war nicht so. Die an der New Yorker Börse gehandelten Aktien hatten einen Wert von ungefähr 16 Billionen Dollar. Der Wertzuwachs – und die potentielle Volatilität – des Marktes war nicht weniger wichtig für die Wirtschaft als in der Vergangenheit, und so hatte er ein wacheres Auge darauf denn je.

Greenspan hatte Sperling zur Konferenz eingeladen, und der Topökonom des Weißen Hauses war von Greenspans 20minütiger Rede fasziniert. Als Greenspan anschließend Fragen beantwortete, war er von Reportern umringt, die ihn beobachteten, Notizen machten, nach ihren Handys griffen, und einmal, als der Notenbankchef etwas Neues – über die Börse – gesagt zu haben schien, sprinteten sie gar aus dem Raum. Es war gerade so, als sei Greenspan die Stimmgabel der Nation, von der ein Hinweis oder gar eine endgültige Lösung der Dissonanzen auf den Märkten zu bekommen war. Armer Kerl, dachte Sperling, er kann nicht einen Augenblick ein Mensch wie du und ich sein.

Greenspan und Mitchell diskutierten darüber, was er machen sollte, wenn man ihm eine vierte Amtszeit anbot. Wie wäre es, wenn er in den Ruhestand ging? Wäre es nicht schön, länger als bis halb sechs zu schlafen, zu reisen, an den Strand zu gehen, Romane zu lesen und nicht frühzeitig aus der Oper zu müssen, um eine Aussage vor dem Kongreß vorzubereiten? Andrea Mitchell machte sich Gedanken über den Streß, den er in seinem Job ausgesetzt war.

In all den Jahren, in denen sie nun zusammen waren, hatten sie nur eine längere Reise gemacht, nach Venedig anläßlich ihrer verspäteten Flitterwochen – vier Tage waren sie dort. Sie hatten Musiker entdeckt, die Vivaldi in Kirchen spielten, und die Kraft der alten Stadt hatte sie ganz und gar in ihren Bann gezogen. Wenigstens langweilt er sich nicht, hatte Andrea gedacht. Urlaub machten die beiden nur einmal im Jahr, fünf Tage Tenniscamp in Kalifornien nach der Konferenz in Jackson Hole. Sie hatte einen Mann, der sich weigerte, an der Kinokasse für einen Film anzustehen, weil er das für Zeitverschwendung hielt. Abends zog er sich hin und wieder zurück; dann setzte er sich über seine Statistiken, einen Taschenrechner in der zierlichen Hand. Seine Vorstellung von Entspannung waren Rechenaufgaben.

Lange war es her, daß sie die Wochenenden mit der Suche nach einem Landhaus verbrachten; irgendwann hatte sie gemerkt, daß er an den Wochenenden besonders gern in Washington war. Und da dachte sie an Ruhestand und Reisen? Sie hatte längst eingesehen, wie albern das war.

Er würde das Angebot annehmen, wenn es kam.

15 Der tollste Job der Welt

»Ich wette, der bleibt, bis sie ihn raustragen«, scherzte Präsident Clinton seinen Sachverständigen gegenüber, als man sich über eine vierte Amtszeit des Notenbankchefs unterhielt. Summers, der im Sommer von Rubin das Amt des Finanzministers übernommen hatte, empfahl, Greenspan wieder zu ernennen. Er und Sperling hatten bereits anstandshalber bei Rubin nachgefragt, um zu hören, ob ihm an dem Job bei der Fed gelegen sei. Aber Rubin hatte abgelehnt. Seine Antwort: »Alan ist dafür perfekt.«

So erhielt denn John Podesta, der Stabschef des Weißen Hauses, von Clinton die Erlaubnis, Greenspan anzurufen und ihm im Namen des Präsidenten die Wiederernennung anzubieten. Podesta erledigte das eines Abends direkt vor Weihnachten und erreichte den Notenbankchef in seinem Büro.

Greenspan gab sich formell. Er bedankte sich. Er schien ja zu sagen.

Podesta war auf dem Weg zum Flughafen, als er Summers und Sperling um eine Telefonkonferenz bat.

Kümmert euch doch mal um Greenspan, bat er die beiden. Nur um sicherzugehen, daß er das Angebot auch verstanden hat. Ihr Gespräch sei vielleicht doch etwas vage gewesen.

Summers und Sperling fragten nach. Ja, sagte Greenspan, und es war ein festes Ja. Er bat Sperling, nichts davon verlauten zu lassen.

Greenspan war hingerissen und nüchtern zugleich. Mit 73, so stellte er fest, funktionierte sein Verstand noch sehr gut. Seiner Schätzung nach würde er in dem Augenblick merken, daß er am Nachlassen war, wenn er sich in mathematischer Hinsicht schwerer zu tun begann. Was seine geistigen Fähigkeiten anbelangte, so war er sich keines Schwunds bewußt. Alles lief auf Hochtouren. Sein einziges Problem war, daß ihm gelegentlich ein Name nicht einfallen wollte.

Das Weiße Haus legte die Bekanntgabe für Greenspans Wiederernennung auf den 4. Januar 2000 in der Absicht, noch vor dem Ende der Kongreßpause für eine Überraschung zu sorgen. Außerdem konnte Clinton damit bei seiner alljährlichen Ansprache zur Lage der Nation später im Januar die gesunde Wirtschaft und Greenspan in einem Atemzug loben, so daß auch der geringste Zweifel an der künftigen Rolle des Fed-Vorsitzenden beseitigt wäre. Im Februar könnte sich die amerikanische Wirtschaft dann offiziell der längsten Expansionsperiode ihrer Geschichte erfreuen. Das Weiße Haus wollte das Team Clinton-Greenspan in die Feier mit einbeziehen.

Nur eine Handvoll ranghöchster Leute wußten von der Bekanntgabe. Nichts war durchgesickert, und vor allem Sperling war sehr stolz, daß alle den Mund gehalten hatten.

Die Pressestelle des Weißen Hauses ließ verlauten, der Präsident hätte eine »Personalentscheidung« bekanntzugeben, nur kam dabei bei den Journalisten eine »persönliche Entscheidung« an.[1] Es war dies zufällig der Tag, an dem Hillary Clinton die Koffer packte, um in das Haus zu ziehen, daß die Clintons in Chappaqua gekauft hatten, einem kleinen Ort im Westchester County, New York. Sie wollte sich dort auf die Senatswahlen vorbereiten. Die Andeutung, in der Seifenoper um die Clintons platze eine »persönliche« Bombe, ließ einige Reporter im Sprint ins Weiße Haus eilen. Könnte es sich um eine Trennung handeln, um eine Scheidung gar? Viele waren dann enttäuscht zu erfahren, daß es nur um Greenspan ging, der den Posten des Notenbankchefs doch ohnehin längst auf Lebenszeit zu haben schien.

Als Greenspan am Regierungssitz eintraf, hatte er den vorderen Teil der *Financial Times* dabei, dem Blatt der Geschäftswelt mit seinem typischen gefärbten Papier.

Sperling scherzte, die *Financial Times* würde wohl einiges drum geben, Werbung mit Greenspan machen zu können, wie er ohne Notizen, ohne Akten, nur mit ihrer Zeitung gewappnet beim Präsidenten vorsprach.

Clinton, Summers, Sperling und der Vorsitzende des Council of Economic Advisers, Martin N. Baily, versammelten sich mit Greenspan neben dem Oval Office um den Eßzimmertisch. Der Stabschef des Weißen Hauses John Podesta saß etwas abseits auf einem Stuhl.

Clinton und Greenspan strahlten einander schier an; zwei merkwürdige Partner, die da an dem polierten Holztisch saßen, verbunden durch ihre größten Erfolge, einer in das Erbe des anderen gehüllt.

»Wissen Sie«, sagte der Präsident zu Greenspan gewandt, der gleich zu seiner Linken saß, »ich muß Ihnen gratulieren. Sie haben großartige Arbeit geleistet in einer Zeit, in der es keine Fibel zum Nachschlagen gab.«

»Mr. President«, antwortete Greenspan, »ich hätte es nicht schaffen können ohne Ihren Beitrag zum Abbau des Defizits. Hätten Sie den Haushalt nicht aus der Krise geführt, wir hätten unsere Geldpolitik so nicht machen können.«

»So gut wie Sie waren«, sagte Clinton, »würde es Ihnen niemand verübeln, wenn Sie jetzt aussteigen wollten, wo sie obenauf sind.«

»Oh nein«, sagte Greenspan, »es ist der tollste Job der Welt. Es ist wie Erdnüsse essen. Man ißt und ißt und kann nicht mehr aufhören.«

Clinton verschränkte die Arme, streckte den Oberkörper über die gekreuzten Beine und warf ihm einen Blick zu, als wolle er sagen: Ich verstehe Sie sehr, sehr gut. Es hatte etwas Wehmütiges.

Die Ironie war augenfällig. Greenspan mit seinen 73 Jahren hatte bereits zwölf Jahre gedient und durfte noch mal vier Jahre lang als Chef der Notenbank ran. Clinton, 53, hatte sieben Jahre als Präsident gedient, und er hatte nur noch ein Jahr. Die Verfassung verbot ihm, noch ein drittes Mal zu kandidieren. Der um zwanzig Jahre ältere Mann konnte weitermachen, während der jüngere aus dem Amt scheiden und sich neu würde erfinden müssen.

Seit der Zinsanhebung im Juni des Vorjahres hatte Greenspan den Tagessatz noch zwei weitere Male angehoben, jedes Mal um ¼ Prozent, und es sah nicht so aus, als sei es damit getan. Aber das Thema Leitzins kam nicht direkt zur Sprache. Ein nicht so recht faßbares Vertrauen einte Clinton und Greenspan, fast schon ein Band.

Wer hätte bei ihrer ersten Begegnung in Little Rock sieben Jahre zuvor ahnen können, daß solche wirtschaftlichen Bedingungen überhaupt möglich seien – ein nachhaltiges Wirtschaftswachstum, eine niedrige Inflation, die Arbeitslosigkeit bei beispiellosen vier Prozent und der Dow Jones bei über 11000 Punkten. Man hatte seit Clintons Amtsantritt 20 Millionen neue Arbeitsplätze geschaffen. Einige Volkswirtschaftler hätten die Chancen für so etwas bei eins zu einer Millionen angesetzt. Noch nicht einmal Greenspan, der Fanatiker der Wahrscheinlichkeitsrechnung, konnte sie kalkulieren. Fast alle wichtigen Leute in Clintons Leben, er selbst nicht ausgenommen, hatten den Präsidenten entweder im Stich gelassen oder waren hinter ihren anfänglichen Zusagen zurückgeblieben. Hillary hatte bei der Gesundheitsreform versagt, auch wenn sie während des Lewinsky-Skandals zu ihm gehalten hatte. Vizepräsident Gore, so loyal er auch war, hatte sich noch nicht als der dynamische Nachfolger entpuppt. Dick Morris, der politische Chefstratege der erfolgreichen Wahlkampagne von 1996, hatte ihn wegen eines Sexskandals verlassen müssen und war ihm dann später in einem informativen, aber geschwätzigen Buch in den Rücken gefallen. George Stephanopoulos, Clintons junger Berater und Vertrauter, hatte ebenfalls ein Buch voller Insiderstories über Entscheidungsprobleme und private Wutausbrüche verfaßt. Die demokratischen Führer in Senat und Repräsentantenhaus waren gekommen und gegangen. Mitarbeiter waren gekommen und gegangen. Rubin, der Star des Kabinetts, war nicht mehr dabei.

Clintons vielgerühmte Spendensammler aus dem Wahlkampf hatten den Präsidenten mit Skandalen ins Zwielicht gebracht. Clinton selbst war hinter seiner eigenen Vision vom großen Regenten zurückgeblieben.

Nur Greenspan hatte standgehalten und obendrein noch an Terrain gewonnen.

Clinton begann, Greenspan nach der Wirtschaft und den Auswirkungen neuer Technologien zu befragen. Greenspan fand, daß Clinton wie gewöhnlich die wichtigen und die richtigen Fragen stellte, die zudem mit der Präzision eines Anwalts formuliert waren. Es war eine so gute Show, daß Greenspan auch diesmal nicht an eine Show glaubte.

Die Informationstechnologie, sagte Greenspan, definiere die gegenwärtige Periode. Es habe sich etwas grundlegend Neues getan. Computer und Internet seien die Wurzel einer außergewöhnlichen Steigerung des Produktivitätswachstums. Computer erlaubten ein weit besseres Bestandsmanagement, als man sich das nur vor wenigen Jahren noch hätte träumen lassen. Was jedoch wirklich bemerkenswert sei, das sei die weite Verbreitung der neuen Technologie quer durch die Gesellschaft und das Tempo, mit der sie vonstatten gegangen sei. Diese Verbreitung habe zu einem verstärkten Produktivitätswachstum in sämtlichen Branchen beigetragen. Es bestehe kaum ein Zweifel daran, daß noch weitere große Schritte bevorstünden. Sie befänden sich mitten in einem Investitionsboom in Technologie.

Greenspan beglückwünschte Clinton zu seinen Anstrengungen, mit den Haushaltsüberschüssen das Defizit abzubauen.

Schuldenfrei zu sein, das sei eine ausgesprochen potente Vorstellung für die Nation.

Wenn der Bund schuldenfrei sei, so sagte Greenspan, dann hieße das noch lange nicht, daß ihn das der Möglichkeit beraube, weiterhin Großes zu tun. Ohne Schulden könnte der Staat schließlich wieder Billionen von Dollar borgen, falls es zu einer Krise oder zu einem Notfall kam. Die Überschüsse und das fehlende Defizit würden überdies dazu beitragen, die langfristigen Zinsen untenzuhalten, da der Bund nicht mehr zu borgen bräuchte, wodurch wiederum mehr Geld für Geschäftsdarlehen zur Verfügung stünde.

Als man das Eßzimmer verließ, warteten Clinton und Greenspan, bis die anderen sich für die Verlautbarung im Oval Office versammelt hatten; erst dann gingen sie beide hinein.[2] An der Wand hatte der Präsident einen Satz alter Wahlkampf-Buttons, die weit zurückgingen – eine kleine Geschichte Amerikas durch das Prisma seiner Präsidentschaftswahlkämpfe gesehen. Mit Sachkenntnis und Leidenschaft begann er zu erzählen. Es war unmißverständlich ein historischer Abriß aus Clintons ganz persönlicher Sicht. Clinton würden die Wahlkämpfe fehlen, dachte Greenspan. Er hatte etwas Trauriges, er wirkte verloren. Seine größten Kämpfe waren wahrscheinlich vorbei.

Im Oval Office sagte der Präsident natürlich nichts von seinen Zweifeln an Greenspans Zinsanhebungen in den Jahren 1994 und 1999. Statt dessen merkte er an, daß der wirtschaftliche Erfolg vielen Faktoren zuzuschreiben sei. »Es scheint mir eindeutig das Resultat eines Zusammentreffens einer ganzen Reihe von Faktoren: großer Unternehmergeist, unglaubliche technische Innovationen, gut geführte Unternehmen, hart arbeitende, produktive Männer und Frauen draußen im Land, expandierende Märkte für unsere Produkte und Dienstleistungen, absolute finanzielle Disziplin, und natürlich eine Federal Reserve, die unabhängige, professionelle und nachweislich weise Entscheidungen getroffen hat.«

Über Greenspan selbst sagte Clinton noch: »Er war auch, wie ich hinzufügen sollte, einer der ersten in seinem Beruf, der die Kraft und die Wirkung neuer Technologien auf die neue Wirtschaft erkannt hat, wie sie sowohl die Regeln verändert haben als auch das Potential. Ja, seine Hingabe an neue Technologien war so beachtlich, daß ich schon dran gedacht habe, mit Alan.com an die Börse zu gehen; dann könnten wir unsere Schulden sogar schon vor 2015 abzahlen.« Greenspans Bereitschaft, im Amt zu bleiben, sollte »ein Grund zum Feiern sein in diesem Land und rund um die Welt«.

»Mr. President«, antwortete Greenspan, »ich möchte Ihnen

zuerst meine tiefe Dankbarkeit aussprechen bringen für das Vertrauen, das sie mir im Lauf der Jahre entgegengebracht haben.« Er habe jeden Augenblick seiner Amtszeit als Vorsitzender der Fed genossen, insbesondere die Zusammenarbeit mit Clintons Finanzministern – Bentsen, Rubin und Summers. Er wandte sich Clinton zu und sagte: »Und ich muß sagen, Sie sind stets ein guter Freund der amerikanischen Zentralbank gewesen. Ich danke Ihnen, Sir.«

»Ist der Markt irrational?« fragte Helen Thomas, die altgediente Reporterin von United Press International. »Bleiben Sie bei Ihren früheren Aussagen über die Börse?«

»Darauf wollen Sie doch sicher keine Antwort haben«, antwortete Greenspan.

»Oh doch.«

»Tatsächlich?« fragte er. »Nun, ich glaube nicht, daß ich darauf antworten werde.«

Warum er bleibe, wollte ein anderer Reporter wissen.

»Es hat mit einem gewissen, wirklich nur schwer vorstellbaren intellektuellen Interesse zu tun«, sagte Greenspan, »das einen packt, wenn man in einem Kontext arbeitet, in dem man umfassende theoretische und ziemlich komplexe Konzepte auf dem Marktplatz zu testen hat.

Es ist eine Tätigkeit, die Ökonomen wie uns zu dem akuten Bewußtsein zwingt, daß unser Tun Konsequenzen hat.«

Der Höhenflug der Börse hielt auch in den Monaten nach Greenspans Wiederernennung an. Im Frühjahr jedoch brach die Nasdaq, die amerikanische High-Tech-Börse, an der vor allem Aktien der New Economy gehandelt werden, um 30 Prozent ein. Viele Dot.com-Werte fielen um 80 oder 90 Prozent, und der Dow Jones schien sich zwischen 10 000 und 11000 zu stabilisieren.

Greenspan und der Offenmarktausschuß hoben den Leitzins weiterhin schrittweise an, bis der Tagesgeldsatz am 16. Mai bei 6½ Prozent stand, und legten dann bei ihrer Juni-Sitzung eine Pause ein. Das Produktivitätswachstum betrug um die 4 Prozent jährlich und drückte nach wie vor sowohl auf Lohnkosten als auch auf die Inflationsrate. Trotzdem machte Greenspan sich Sorgen, fast so, als hätte er ein gutes Blatt überreizt. Niemand war sich der Winzigkeit der Chancen einer derartigen Glückssträhne besser bewußt als er selbst.

Mit 6½ Prozent war der Tagesgeldsatz um ½ Prozent höher als auf dem Höhepunkt der Anhebungsphase 1994/95. Seit Anfang 1991 war der Satz nicht mehr so hoch gewesen. War Greenspan auf dem Weg zu einer weichen Landung, während die Rekordexpansion der Wirtschaft ins zehnte Jahr ging? Mit angehaltenem Atem wartete er ab. Es war eine Frage, die niemand, Greenspan nicht ausgenommen, beantworten konnte. Wann ist der Boom zu Ende? Wann wird ihm selbst ein Schnitzer unterlaufen? Gibt es einen versteckten Faktor? Braut sich eine Krise zusammen, die niemand hat voraussehen können – bei Börsen oder Banken, in Asien oder Rußland, seien es Hedge-Fonds oder eine Umweltkrise, eine Seuche, eine Dürre, eine Hungersnot, ein Skandal oder ein Krieg?

Epilog

Bei der Rede vom 5. Dezember 1996, in der Greenspan ganz bewußt die griffige Wendung vom »irrationalen Überschwang« der Börse untergebracht hatte, war darüber hinaus auch folgendes zu hören gewesen: »Die Fed muß nicht weniger transparent sein als irgendeine x-beliebige Behörde. Es kann in einer demokratischen Gesellschaft nicht angehen, daß man eine Gruppe nicht gewählter Personen mit wichtigen Verantwortlichkeiten betraut, ohne daß diese sich einer umfassenden öffentlichen Kontrolle öffnen und Rechenschaft ablegen muß.«

Greenspans Politik der zunehmenden Öffnung und Transparenz hat mehr getan, als lediglich die Verantwortlichkeit der Fed zu erhöhen. Sie hat das öffentliche Augenmerk auf die Fed und damit auf ihn selbst gerichtet. Solange einzelne Zinsschritte im wesentlichen geheim und nur für den Wirtschaftsteil der Zeitungen interessant waren, wie das bis 1994 der Fall war, entsprachen sie den fallenden Bäumen im Wald, deren Sturz niemand hört. Heute ist die Bekanntgabe eines Zinsschritts ein Medienereignis. »Nur noch elf Tage zur Sitzung des Offenmarktausschusses«, heißt es auf den Finanzkanälen des Kabelfernsehens. CNBC blendet am Sitzungstag auf dem Bildschirm einen Countdown ein; man erwartet die Verlautbarung für 14.15 Uhr und behandelt sie wie den Start eines Spaceshuttles oder den Countdown ins neue Jahr.

Als die Klausel im Humphrey-Hawkins Act, laut der der Vorsitzende der Fed zweimal jährlich vor dem Kongreß zu erscheinen hat, Anfang 2000 erlosch, erklärte Greenspan sich freiwillig bereit, diese Auftritte fortzusetzen. So hat er zweimal im Jahr Gelegenheit, auf seine typisch kryptische Art und Weise sicherzustellen, daß man das Fallen seiner Bäume auch hört. Er weiß natürlich, daß diese Auftritte seine herausragende Stellung noch zementieren, wie sollte es anders sein.

Dennoch bleibt der Löwenanteil seines Lebens den anderen verborgen; seine Berechnungen und seine Gedanken behält er für sich. Greenspan sieht sich als introvertierten Menschen. Sein Gebaren läßt darauf schließen, daß ihm opportune Zweckmäßigkeit in dem Maße zuwider ist, in dem er inneren Abstand und gedankliche Strenge schätzt. Andererseits ist er durchaus berechnend, wenn es um den politischen Vorteil geht, versteht er durchaus zu manipulieren; das eine wie das andere ist unabdingbar für politische Langlebigkeit in Washington. Er spielt das Spiel mit großem Geschick.

Greenspans meisterhafte Beherrschung des Verfahrens sowohl innerhalb der Fed als auch in Washington hat zu einem subtilen Transfer der politischen Macht auf den Chef der Zentralbank geführt. Seine 13jährige Amtszeit ist ein Paradefall für die Konsolidierung der eigenen Macht in einer Einrichtung, in der die Stimmen aller das gleiche Gewicht haben. Außerhalb der Fed bringt so gut wie niemand mehr den Mut auf, ihn zu kritisieren. Kein Präsidentschaftskandidat würde auch nur daran denken, sich negativ über ihn zu äußern. Sein Erfolg schützt ihn nicht nur vor der Kritik, sondern auch vor der offensichtlichen Frage: Wer hat Sie gewählt?

Amerika hat sein Fixiertsein auf die Wirtschaft, auf die historische und anhaltende Expansion auf Greenspan übertragen. Seine Person ist sowohl zum Symbol geworden als auch zum Mittel, die Wirtschaft zu erklären und zu verstehen.

Im Gegensatz zu vielen anderen Volkswirtschaftlern standen hinter seinem Tun nie die Regeln oder die Theorie. Sein Kraftstoff sind Daten. Einige seiner bedeutendsten Entscheidungen definieren sich womöglich durch das, was er *nicht* getan hat, durch seine Zurückhaltung. Er hat eine intellektuelle Reise hinter sich, vom vorsichtigen und nervösen Anfänger während des Börsenkrachs von 1987 bis hin zu dem innovativen Techniker, der in den neunziger Jahren das Ansteigen des Produktivitätswachstums entdeckt und sich auch dann geweigert hat, den Leitzins anzuheben, wenn alle traditionellen Wirtschaftsmodelle und -theorien geradezu danach schrien.

Greenspan vermag sein Publikum geschickt zu verwirren. Seine Aussagen vor dem Kongreß sind heute im Kabelfernsehen zu sehen, jede seiner Äußerungen wird auf Bedeutungen hin zerpflückt, und trotzdem liefert er selten ein wohlfeiles Soundbite, ein leicht verdauliches Zitat. Er bietet weder klare Statements zur Lage der Wirtschaft noch zur Richtung seiner Zinspolitik. Seine langen, gewundenen Sätze scheinen am Ende zurückzunehmen, was er am Anfang gesagt hat, während er sie auf immer neue Levels der Unverständlichkeit schraubt. Sein Ausdruck definiert sich durch die »konstruktive Zweideutigkeit«, wie er es nennt.

Er tritt weder in Talk-Shows auf noch in anderen Sendungen, bei denen er dem Kreuzverhör der Journalisten ausgeliefert sein könnte. Während der ersten Monate seiner Amtszeit kam es dazu, daß Greenspan am Sonntag, dem 4. Oktober 1987, in ABCs *This Week With David Brinkley* auftrat. Im Verlauf dieser Sendung trat sein Konflikt deutlich zutage. Er sagte, es gäbe keine Anzeichen für eine Zunahme der Inflation, aber womöglich lauere sie schon hinter der nächsten Ecke. Die Fed könnte den Zins anheben müssen, auf der anderen Seite aber auch wieder nicht. Es war seine erste und letzte Talk-Show. Seine Äußerungen in der Öffentlichkeit sind gefiltert und abgewogen. Als auf einer Party mal jemand Greenspan fragte, wie es ihm gehe, antwortete er scherzend: »Das darf ich nicht sagen.«

Vor einigen Jahren, als es einmal ganz danach aussah, als hätte Präsident Clinton etwas gesagt, was Greenspans Ansichten konträrlief, rief Gene Sperling sofort Greenspan an, um ihm Bescheid zu sagen, daß er womöglich mit fragenden Reportern zu rechnen hätte.

»Na, da sag einfach ein bißchen was in die eine Richtung«, sagte Greenspan Sperling, »und ein bißchen was in die andere, bis sie so durcheinander sind, daß kein Artikel draus wird.« Man hat nie einen gesehen.

In unserer Kultur werden Politiker, Schauspieler, überhaupt fast alle Gestalten des öffentlichen Lebens produziert und geführt. Greenspan ist einer der wenigen, die sich bei alledem eine gleichbleibend nüchterne Distanz zu bewahren scheinen. Die meisten anderen Mächtigen dieser Welt haben eine Fernsehpersönlichkeit, die sich nicht selten durch Zungenfertigkeit und bemühte Cleverness definiert. In Greenspans Fall bekommt die Öffentlichkeit zweitklassiges Archivmaterial – der Notenbankchef beim Überqueren der Straße auf dem Weg zu einer Ausschußsitzung –, und er sieht dabei immer gleich aus: freudlos, ja düster, die Aktentasche unter dem Arm; seinem Gesicht sieht man sowieso nie was an. Und auch wenn er es nicht ist, es könnte durchaus Jahr für Jahr derselbe Anzug sein. Es ist immer dieselbe Straße und immer dieselbe Aktentasche.

Obwohl seine Äußerungen schier unerträglich undurchsichtig sind, sieht es ganz so aus, als mache er etwas, was Seltenheitswert hat – er sagt die Wahrheit. In dem Videomaterial, das ihn vor einem Mikrophon zeigt, ist ihm anzusehen, daß er denkt, man erkennt seine Konzentration an der gefurchten Stirn. Hin und wieder scheint er Schmerzen dabei zu haben. Aber die Öffentlichkeit dankt ihm seine Vorsicht, seine Bedachtsamkeit und deren Resultate mit ihrem Vertrauen. Daß er der ungewählte Verwalter der Wirtschaft ist, wird stillschweigend akzeptiert. Und dennoch nimmt das Mysterium Greenspan irgendwie mit jedem Auftritt noch zu.

Es ist, als hätte Hollywood einen Notenbanker zu besetzen gehabt: Greenspan als der weise Alte, der die Wirtschaftsparty gewähren läßt. Im *Zauberer von Oz* sind wir enttäuscht, wenn wir den Strippenzieher endlich zu sehen bekommen. Bei Greenspan finden wir Trost. Er haucht der Vision Amerikas als starker, als erster und unbesiegbarer Nation Leben ein. Die Faszination gegenüber Greenspan wurde für das Land zu einer Möglichkeit, sein Vertrauen in sich und seine Zukunft zum Ausdruck zu bringen.

Greenspan steht darüber hinaus für mehr noch als die zuversichtliche Komponente der amerikanischen Persönlichkeit. Er steht an der Schnittstelle von Amerikas unverwüstlichem Optimismus und Amerikas chronischem Verdacht, daß etwas schiefgehen wird. Je mehr sich der Bürger über den Boom freut, je größer der Wohlstand wird, desto größer scheint die Angst vor dem drohenden Verhängnis zu werden, so oft man sie auch herunterspielen mag. Man braucht das Wort Boom nur auszusprechen, und schon liegt es den meisten auf der Zunge: »Wann ist es damit vorbei?« Amerikaner haben immer ein Auge auf die ablaufende Uhr, auf eine Ausfahrt oder auf irgend etwas, was ihnen zum Verhängnis werden könnte.

Außerdem sorgt die Angst für eine gewisse Aufregung, für eine Erwartungshaltung. Greenspan steht an der Nahtstelle von Optimismus und Pessimismus. Jeder einzelne von uns ist eine Figur in der großen Seifenoper der amerikanischen Wirtschaft; Greenspan ist sowohl Produzent als auch Regisseur.

Und dennoch hat er seine größte Rolle womöglich noch vor sich. Niemand kann sagen, ob die wirtschaftliche Expansion noch Jahre anhalten wird oder ob sie bereits den Zenit erreicht hat. Aber eines Tages wird der Boom auf die eine oder andere Weise zu Ende gehen. Irgend jemand, eine Stimme mit Gewicht, wird uns sagen müssen, wann die Party vorbei ist. Irgend jemand mit genügend Glaubwürdigkeit wird uns das erklären und unsere Fragen beantworten müssen. Was ist passiert? Warum? Was könnte es bedeuten? Wer ist verantwortlich? Irgend jemand wird einen Vorschlag machen müssen, wie es weitergehen soll und was zu tun ist.

Glossar

Aktien Anteilscheine an einem Unternehmen, die einem einen Anspruch auf einen Teil der Gewinne bzw. der Vermögenswerte dieser Firma geben. Aktien profitabler Unternehmen werfen normalerweise periodisch eine Rendite ab. Der Wert bzw. der Kurs einer Aktie auf dem Markt steigt und fällt je nachdem, ob das Unternehmen seine Gewinnerwartungen erfüllt oder nicht.

Anleihe Eine Schuldverschreibung, mit der derjenige, der sie ausgibt (in der Regel ein Staat oder ein Unternehmen), sich Geld borgt und verpflichtet, demjenigen, der es ihm borgt (in der Regel ein einzelner Anleger oder ein Investmentinstitut), den geborgten Betrag – den Nennwert – zum Ende eines festgesetzten Zeitraums zurückzubezahlen. Dieser Zeitraum liegt zwischen 3 Monaten und 30 Jahren. Der Borgende muß dem, der ihm das Geld borgt, jährlich bis zum Fälligkeitstermin einen festen Zins – einen Prozentsatz des Nennwerts – bezahlen. Staats- wie Unternehmensanleihen, die sich insgesamt auf Schulden in Billionenhöhe belaufen, werden auf dem Anleihen- oder Rentenmarkt gehandelt. Die Kurse solcher Anleihen bewegen sich entgegengesetzt zu den jeweiligen Marktzinsen. (Fällt der Marktzins, so steigt der Kurs – man bezahlt mehr für die Anleihe als die ursprünglichen 100 Prozent des Nennwertes; steigt der Marktzins, so fällt der Kurs – man bezahlt weniger als die ursprünglichen 100 Prozent des Nennwertes.)

Arbeitsproduktivität siehe **Produktivität**

Arbitrage-Geschäfte Der Ankauf von Börsenpapieren – Aktien oder Anleihen – aller Art, aber auch von Devisen und Rohstoffen auf einem bestimmten Markt mit der Absicht, sie an einem anderen Markt mit Gewinn zu verkaufen. Die Strategie der Arbitrageure besteht darin, die oft minimalen Kursdifferenzen zwischen den einzelnen Börsen zu nutzen. Da diese Unterschiede meist sehr klein sind, muß man riesige Mengen kaufen, um auf diese Art Profit zu machen. Riskant und teuer wird es nur, wenn die Preise wider Erwarten in die andere, als die vom Arbitrageur erwartete Richtung gehen, was aufgrund des Tempos, mit dem so ein Geschäft abläuft, jedoch kaum der Fall sein dürfte.

Asymmetrische Direktive / Symmetrische Direktive Symmetrische bzw. asymmetrische Direktiven sind durch Abstimmung im Offenmarktausschuß erzielte Weisungen an den Vorsitzenden; sie legen dessen Ermessensspielraum bei Zinsschritten zwischen zwei Sitzungen des Ausschusses fest. Eine symmetrische Direktive oder Weisung bedeutet, daß man keinen oder bestenfalls sehr geringen Handlungsbedarf sieht, den Leitzins überhaupt zu verändern; entsprechend gering ist der Ermessensspielraum des Vorsitzenden. Eine asymmetrische Direktive oder Weisung deutet auf größeren Handlungsbedarf im Sinne einer Zinsanhebung oder -senkung hin. Abgestimmt wird dabei immer über die Tendenz oder Neigung, also »asymmetrisch mit Tendenz zur Anhebung« oder »asymmetrisch mit Tendenz zur Senkung«. Auch asymmetrische Direktiven können sehr lange aufrechterhalten werden, ohne daß man tatsächlich einen Zinsschritt unternimmt. Eine weitere Lesart sieht in diesen Direktiven einen Hinweis auf den Grad der Wahrscheinlichkeit, mit der der Ausschuß bei der nächsten Sitzung einen Zinsschritt unternehmen wird. Dieses Verfahren ist nicht schriftlich fixiert, sondern beruht lediglich auf einer Absprache innerhalb des Ausschusses. Der Ausschuß erwartet trotz des Ermessensspielraums, den er seinem Vorsitzenden einräumt, vorher per Konferenzgespräch über die Schritte informiert zu werden.

Bärenmarkt Ein Abwärtstrend an der Börse, im allgemeinen als Baisse bezeichnet. Vgl. **Bullenmarkt.**

Board Kurz für Board of Directors; das Gremium, das ein Unternehmen leitet, sich aber vom Aufbau her meist vom deutschen »Vorstand« unterscheidet.

Bruttoinlandsprodukt (**BIP**) / **Gross Domestic Product** (**GDP**) Das umfassendste Maß zur Leistungsfähigkeit der amerikanischen Volkswirtschaft. Das Bruttoinlandsprodukt ist der in Zahlen ausgedrückte Gesamtwert der in den USA produzierten Waren und Dienstleistungen.

Bullenmarkt Ein Aufwärtstrend an der Börse, im allgemeinen als Hausse bezeichnet. Vgl. **Bärenmarkt.**

Council of Economic Advisers Ein Gremium von Beratern des amerikanischen Präsidenten ähnlich dem deutschen Sachverständigenrat zur Begutachtung der gesamtwirtschaftlichen Entwicklung. Nicht zu verwechseln mit dem **National Economic Council.**

Diskontsatz Der Leitzins, der vom Zentralbankrat kontrolliert wird, bestimmt den Satz, den die 12 Bezirksbanken der Federal Reserve privaten Geschäftsbanken, Saving & Loan-Kassen (bausparkassenähnliche Institute), Sparkassen und kommunalen Kreditgenossenschaften (»credit unions«) für kurzfristige Kredite berechnen. In der Zeit zwischen 1987 und 1992 (mit anderen Worten vor der öffentlichen Bekanntgabe der Tagesgeldzinsen) war die Bekanntgabe des Diskontsatzes praktisch die einzige Möglichkeit der Fed, der Öffentlichkeit die Zinspolitik kundzutun.

Falken siehe **Tauben**

Fed Funds Rate Der Tagesgeldsatz wird vom Offenmarktausschuß (*Federal Open Market Committee*) festgelegt und ist der Zinssatz, den Geschäftsbanken einander für Tagesgeld (sehr kurzfristige Kredite, hin und wieder auch Über-Nacht-Gelder genannt) berechnen. Er hat sich in den letzten Jahren zum Leitzins schlechthin entwickelt. Der Zinssatz wirkt auf die allgemeine Kreditsituation in den Vereinigten Staaten und ist die wesentliche Waffe (»Zinskeule«) der Fed sowohl im Kampf gegen die Rezession als auch die Inflation. Seit 1994 werden Änderungen des Fed-Funds-Satzes öffentlich bekanntgegeben. Märkte wie Banken erkennen die Macht der Fed an, den neuen Zinssatz durchzusetzen, so daß er auf der Stelle wirksam wird.

Federal Reserve Act 1993 verabschiedet, schuf dieses »Bundesbankgesetz« das Federal Reserve System als unabhängige Behörde, die die alleinige Macht über die Landeswährung und eine Reihe von Aufgaben im Sinne einer Regulierung des Bankwesens hat.
Seit 1913 wurde dieses Gesetz einige Male modifiziert – vor allem 1978, als der Full Employment and Balanced Growth Act (Gesetz zu Vollbeschäftigung und Ausgewogenem Wachstum) die Federal Reserve anwies, über die beiden ersten Aufgaben auch für Preisstabilität, ein maximales nachhaltiges Wirtschaftswachstum und Vollbeschäftigung zu sorgen.

Federal Reserve System / Zentralbanksystem Das System setzt sich zusammen aus dem Zentralbankrat (Board of Governors) in Washington, D.C., und den 12 Bezirksbanken der Fed (Federal Reserve Banks) sowie deren Außenstellen. Die Reserve Banks befinden sich in New York, San Francisco, Boston, Philadelphia, Richmond, Cleveland, Atlanta, Chicago, St. Louis, Minneapolis, Kansas City und Dallas. Das Federal Reserve System besorgt die Abrechnung der Wechsel für die überwiegende Mehrheit der Banken, ermöglicht telegrafische Geldüberweisungen, reguliert die Menge des im Umlauf befindlichen Papier- und Münzgelds und führt die Aufsicht über das gesamte Bankwesen.

Geldpolitik Die Schritte einer Zentralbank zur Beeinflussung kurzfristiger Zinsen sowie zur Regulierung von Geldmenge und Krediten in Übereinstimmung mit einer nationalen Zielsetzung. Das wesentliche Werkzeug amerikanischer Geldpolitik sind Offenmarktgeschäfte, der Ankauf oder Verkauf amerikanischer Staatsanleihen, mit denen die Zentralbank den Tagesgeldsatz kontrolliert.

Geldmenge / Geldvolumen Technisch die Geldmenge, die in der Wirtschaft im Umlauf ist – Münzen und Papiergeld, Sichteinlagen (Kontengeld) und die Konten auf dem Geldmarkt. Seit die Leute Anfang der neunziger Jahre Riesensummen in offene Investmentfonds investierten, ist die Bestimmung der Geldmenge fast unmöglich geworden.

Hedge-Funds Eine Investment-Gemeinschaft, die sich durch rasche Umschichtungen ihres riesigen Vermögen auszeichnet. Ihre grundlegende Strategie besteht darin, Aktien oder andere Investments auszumachen, deren Wert entweder steigt oder sinkt. Hedge-Fonds sind aggressive Spekulationsfonds, die ihr Geld vor allem durch Käufe auf Kredit, Leerverkäufe, Wechselkurs-, Zinsdifferenz- und Arbitrage-Geschäfte machen. Rechnet man z.B. damit, daß der Kurs einer bestimmten Währung fällt, borgt man sich Geld in dieser Währung und kauft damit Dollar. Ist der Kurs dieser Währung weit genug gesunken, kauft der Fonds mit seinen Dollars entsprechend mehr von ihr; mit der Differenz läßt sich der Kredit zurückzahlen, der Rest bleibt als Gewinn. Dieselbe Strategie läßt sich auch auf Aktien, Bonds (Anleihen) oder Rohstoffe anwenden.

Inflation Das Anwachsen des allgemeinen Preisniveaus aller Waren und Dienstleistungen. Es kommt dadurch zustande, daß die im Umlauf befindliche Geldmenge rascher zunimmt als das Waren- und Dienstleistungsangebot, für das dadurch zunehmend mehr bezahlt werden muß. Um einer drohenden Inflation entgegenzuwirken, entzieht die Zentralbank dem Markt Geld durch den Verkauf von Staatsanleihen.

Inflationserwartung Eine von der Öffentlichkeit erwartete Steigerung des allgemeinen Preisniveaus über einen bestimmten Zeitraum; sie beeinflußt Kaufentscheidungen, Geschäftserweiterungen oder -rückgänge und Investitionsentscheidungen.

Langfristige Zinsen Zinssätze auf Darlehensverträge oder Schuldverschreibungen wie Staats- und Unternehmensanleihen mit Fälligkeiten von über einem Jahr.

Leerverkauf (**»short selling«**) Eine Strategie, die eingesetzt wird, um den erwarteten Kursabfall einer Aktie – oder anderer an der Börse gehandelter Papiere oder Güter – auszunutzen. Man borgt sich dazu Papiere von einem Broker und verkauft sie auf der Stelle. Falls der Anleger recht behält und der Kurs des Papiers sinkt, können die geborgten Aktien ersetzt werden, indem man sie zu einem festgelegten späteren Zeitpunkt billiger aus dem Markt kauft. Der Profit ist die Differenz zwischen dem Kurs, zu dem der Anleger die geborgten Papiere verkauft, und dem Preis, zu dem er sie später wieder kauft. Steigt der Preis jedoch, verliert der Anleger Geld, wenn er die Papiere ersetzen muß.

NAIRU / Non-Accelerating Inflation Rate of Unemployment Die Inflationsstabile Arbeitslosenrate ist der Begriff für ein ökonomisches Konzept, laut dem es eine bestimmte Arbeitslosenrate gibt, die die Wirtschaft ohne gravierende Inflation verträgt. Ökonomen, die an die NAIRU glauben, sind der Ansicht, daß die Arbeitnehmer in dem Augenblick, in dem die Arbeitslosenrate unter die NAIRU sinkt, mehr Lohn fordern und damit eine Inflation auslösen.

National Economic Council Ein 1993 von Präsident Clinton ins Leben gerufenes Gremium, dem der Präsident, der Vizepräsident, einige Minister und Behördenchefs sowie der National Security Adviser angehören. Die Aufgaben des Rates bestehen unter anderem in der Koordination der Wirtschaftspolitik und der Beratung des Präsidenten in wirtschaftspolitischen Fragen sowie in der Überwachung einer effizienten Durchsetzung der wirtschaftspolitischen Ziele des Präsidenten. Nicht zu verwechseln mit dem Council of Economic Advisers.

Offenmarktgeschäfte Der An- und Verkauf von Staatsanleihen und anderen Wertpapieren auf dem »offenen Markt« – der sowohl den Geld- als auch den Kapitalmarkt umfaßt – über den Domestic Trading Desk der Federal Reserve Bank von New York. Dieser Handel erfolgt auf Weisung des Offenmarktausschusses (Federal Open Market Committee). Offenmarktgeschäfte bestimmen effektiv die Höhe der kurzfristigen Zinsen. Ankäufe pumpen Geld in den Markt und ins Bankensystem und sorgen für eine Zunahme der Geldmenge und des Kredits, während Verkäufe den Kredit verknappen.

Offenmarktausschuß / Federal Open Market Committee (FOMC) Der Offenmarktausschuß besteht aus den 7 Mitgliedern des Zentralbankrats und den Präsidenten der 12 Zentralbankbezirke. An den Sitzungen nehmen alle teil, aber nur 12 Ausschußmitglieder sind stimmberechtigt: die sieben Zentralbankräte, der Präsident der New Yorker Fed (eine der 12 Bezirks-Feds), der als Vize des FOMC fungiert und eine ständige Stimme hat, sowie vier der übrigen 11 Bezirkspräsidenten, die abwechselnd jeweils für ein Jahr stimmberechtigt sind. Der Ausschuß trifft sich achtmal im Jahr in Washington, also etwa alle sechs Wochen, um die Lage der Wirtschaft einzuschätzen und darüber zu befinden, ob hinsichtlich der Fed Funds oder der Tagesgelder, die der Offenmarktausschuß kontrolliert, ein Zinsschritt vonnöten ist oder nicht.

Produktivität / Arbeitsproduktivität Die Arbeitsleistung eines Arbeitnehmers pro Stunde.

Phillips-Kurve Nach dem Ökonomen A. W. Phillips, der die Lohn- und Preisinflation graphisch mit der Arbeitslosenrate korrelierte, woraus sich eben die Phillips-Kurve ergibt. Phillips analysierte dazu Daten aus über hundert Jahren britischer Wirtschaftsgeschichte. Es ergab sich ein tendenzieller Anstieg der Löhne und Preise bei niedriger Arbeitslosigkeit sowie ein Absinken der Löhne und Preise bei hoher Arbeitslosigkeit. Mit der Phillips-Kurve lassen sich sehr gut kurzfristige Wechselbeziehungen zwischen Arbeitslosigkeit und Inflation analysieren.

Renten / Rentenpapiere Der Begriff steht gleichbedeutend mit **Anleihen**. Die Auszahlung der sicheren Rendite solcher Papiere erinnert an die Regelmäßigkeit einer Rente im Sinne der Altersversorgung.

Symmetrische Direktive siehe **Asymmetrische Direktive**

Tauben / Falken Wie in allen Bereichen, in denen diese Vogelmetapher zur Anwendung kommt, steht sie für eine gemäßigte und eine militante Haltung. Im Kontext der Zinspolitik bezieht sich das Begriffspaar darauf, welche Prioritäten man hinsichtlich der Inflationsbekämpfung setzt und mit welcher Vehemenz man sie durchzusetzen versucht. Tauben sehen in der Inflation »kein« Problem; bei ihnen steht die Bekämpfung der Arbeitslosigkeit oder schlicht Wachstumsförderung im Vordergrund. Falken sind militante Inflationsbekämpfer; sie nehmen beim Kampf gegen die Inflation z.B. sehr hohe Arbeitslosigkeitsraten und Konjunkturbremsen in Kauf.

Verbraucherpreisindex Der Verbraucherpreisindex (bzw. Harmonisierter Verbraucherpreisindex) mißt die durchschnittlichen Änderungen der Preise, die der städtische Verbraucher für bestimmte Konsumgüter und Dienstleistungen bezahlt. Er gestattet eine Vergleichsmöglichkeit etwa zwischen den Preisen eines bestimmten Monats zu denen eines bestimmten Vorjahresmonats. Vor allem jedoch dient der Verbraucherpreisindex als Maßstab für die Inflation. Viele Volkswirtschaftler, darunter auch Alan Greenspan, sind der Ansicht, der Verbraucherpreisindex überzeichne die Inflation um ein Prozent, was sie auf Schwierigkeiten und Irrtümer beim Messen und Gewichten der einzelnen Preise im gesamten Index zurückführen.

Volatilität Bezeichnet die Kursschwankungen eines Börsenpapiers; man spricht von hoher bzw. geringer Volatilität.

Zentralbankrat (Board of Governors) Der Zentralbankrat des amerikanischen Zentralbanksystems (*Federal Reserve System*) besteht aus sieben Mitgliedern (»*governors*«), die jeweils vom US-Präsidenten auf 14 Jahre ernannt werden und vom Senat zu bestätigen sind. Der Vorsitzende (»*chairman*«) ist selbst Mitglied des Zentralbankrats, und seine Position als Chef der Federal Reserve basiert ebenfalls auf einer Ernennung durch den Präsidenten, wenn auch nur für vier Jahre. Wird er nicht für eine weitere Amtszeit bestätigt, kann der Vorsitzende als normaler »governor« bis zum Ablauf seiner 14jährigen Amtszeit im Board verbleiben, was jedoch noch nie vorgekommen ist. Der Zentralbankrat hat über die Höhe des Diskontsatzes zu bestimmen.

Jedes Mitglied des Zentralbankrats ist automatisch stimmberechtigtes Mitglied des Offenmarktausschusses (Federal Open Market Committee).

Der Zentralbankrat hat darüber hinaus die Aufgabe der Bankenregulierung, zu der etwa die Überwachung der Zahlungsfähigkeit einzelner Banken gehört.

Zentralbank Eine Nationalbank, der die Aufgabe zufällt, die Währung sowie die Kreditbedingung der Wirtschaft ihres Landes zu kontrollieren und zu stabilisieren. Dies geschieht im Regelfall durch die Kontrolle der Leitzinsen. Man bezeichnet diesen Vorgang als Geld- bzw. formeller als Währungspolitik. Die Federal Reserve ist die Zentralbank der Vereinigten Staaten von Amerika, der vom Gesetz genau definierte Aufgaben zufallen. (In Europa hat die Rolle der einzelstaatlichen Zentralbanken die Europäische Zentralbank übernommen.)

Zinsanhebung Um den Leitzins anzuheben, verkauft die Fed amerikanische Staatsanleihen, was dem Bankensystem Geld entzieht und die Kredite verknappt. Ist die Geldmenge knapper, sinkt die Bereitschaft der Banken, Geld zu verleihen – was die Zinsen für Fed Funds und andere kurzfristige Zinsen ansteigen läßt. Dadurch wird das Borgen bzw. die Kreditaufnahme schwieriger, was das Wirtschaftswachstum in der Regel verlangsamt. Eine Zinsanhebung ist die wesentliche Waffe der Fed im Kampf gegen die Inflation.

Zinssenkung Eine Senkung eines der beiden Leitzinssätze. Eine Zinssenkung pumpt Geld in das Bankensystem des Landes, indem die Federal Reserve (die Zentralbank) US-Staatsanleihen (U.S. Treasury Bonds) aufkauft. Dies führt dazu, daß der Zins für Fed Funds – der Zins, den Geschäftsbanken einander für kurzfristige Anleihen berechnen – sinkt, was Verbrauchern und Unternehmen die Kreditaufnahme erleichtert. Im Normalfall sorgt dies für ein Anwachsen der Wirtschaft, ist also eine Strategie gegen eine Verlangsamung des Wirtschaftswachstums oder Mittel im Kampf gegen eine Rezession.

Die Greenspan-Jahre
1987 – 2000

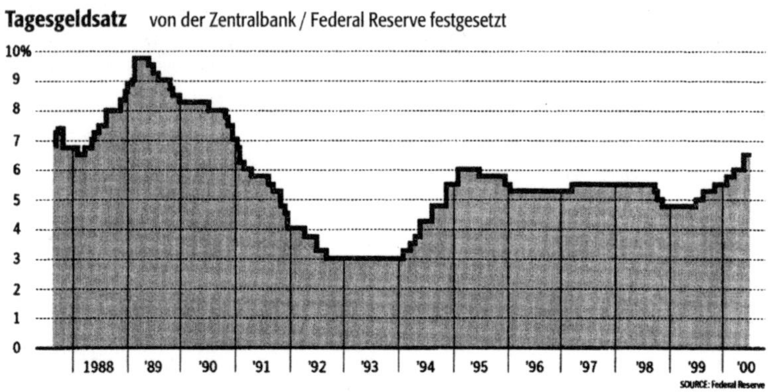

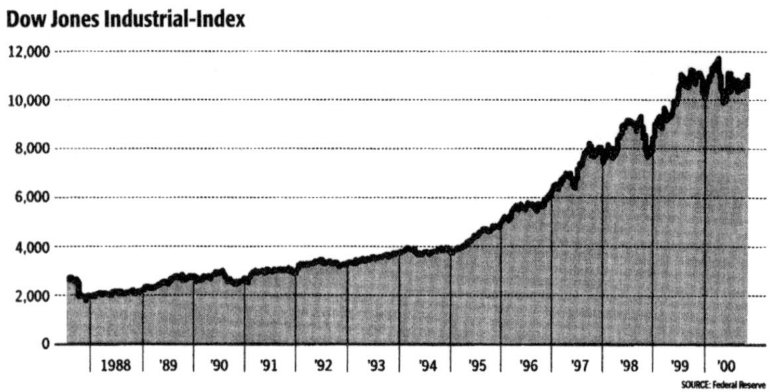

Gegenüberliegende Seite:
Die Diagramme zeigen die im Rückblick überarbeiteten Statistiken für Bruttoinlandsprodukt (BIP), Arbeitslosenrate und Inflationsrate; es sind die genauesten, die im Augenblick verfügbar sind. Einige Zahlen in diesen Diagrammen weichen womöglich von den im Buch genannten ab. Die im Text wiedergegebenen Zahlen standen den Zinspolitikern der Fed zum jeweiligen historischen Zeitpunkt zur Verfügung.

Bruttoinlandsprodukt Veränderung in Quartalen; saisonbereinigte Jahreswerte

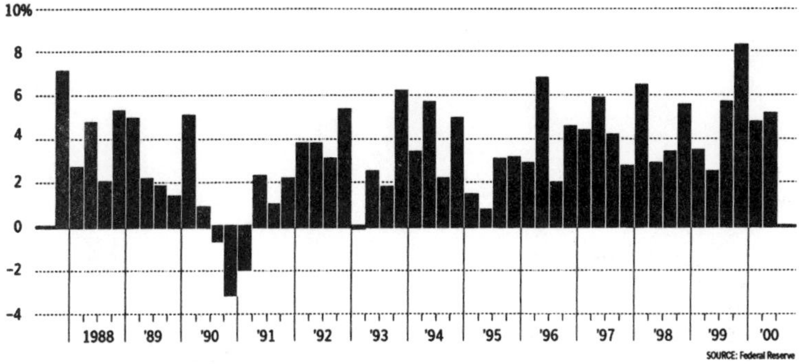

Arbeitslosenrate

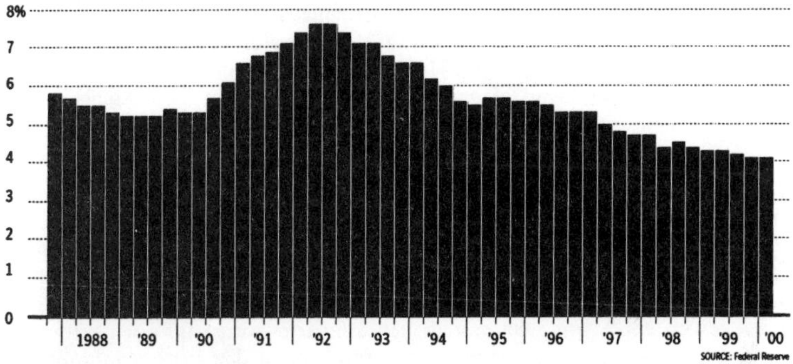

Inflationsrate Monatliche Veränderung der Verbraucherpreise im Vergleich zum Vorjahreszeitraum

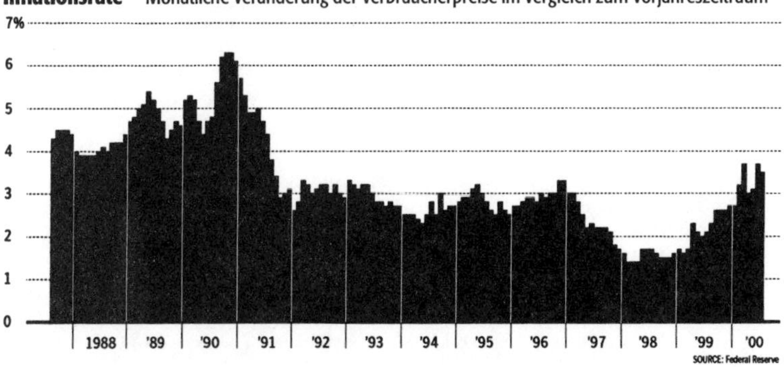

Anmerkungen

Der größte Teil der Informationen in diesem Buch stammt aus eingehenden Interviews mit denen, die die hier geschilderten Entscheidungen getroffen haben, daran teilhatten oder zugegenwaren, als man sie traf. Da es hier um Politik, Geld und Washington geht, haben es so gut wie alle Informanten abgelehnt, auf die eine oder andere Weise genannt zu werden. Über diese Quellen hinaus konnten mein Assistent Jeff Himmelman und ich uns eines Teils der umfassenden Aufzeichnungen aus dem Archiv der Federal Reserve bedienen. Besonders wichtig waren dabei die wörtlichen Abschriften der auf Band aufgezeichneten Sitzungen des Offenmarktausschusses (FOMC). Diese Abschriften, die lediglich für den Zeitraum von 1987 und 1994 zur Verfügung stehen, belaufen sich auf Hunderte von Seiten pro Jahr und bieten ein ungewöhnlich intimes Live-Dokument der Diskussionen um die Entscheidungen und andere Themen.

PROLOG

Der Großteil der Informationen aus diesem Kapitel stammt aus den Interviews, die der Autor mit vier gut unterrichteten Informanten geführt hat, die – unter der Bedingung, nicht namentlich genannt zu werden – aus ihren Erinnerungen schöpften. Mit dem ersten dieser Informanten führte er drei Interviews, mit dem zweiten konnte er sich am 2. Juni 2000 unterhalten; mit dem dritten Informanten war es ihm möglich, drei separate Gespräche zu führen, und den vierten Informanten konnte er insgesamt viermal interviewen. Darüber hinaus hatte er am 15. Mai 2000 Gelegenheit, mit dem ehemaligen Stabschef von Präsident Reagan, Howard Baker, ein eingehendes offizielles Interview bezüglich der hier geschilderten Ereignisse zu führen. Präsident Reagan, der ernsthaft erkrankt war, war nicht zu sprechen.

1 Weitere Informationen über Reagans Beziehung zu Volcker findet man in Lou Cannons umfassender Biographie *President Reagan: The Role of a Lifetime* (2000), 227-239.

2 Die Notenbank (Federal Reserve System) ist nur in dem Sinne unabhängig, als niemand aus Legislative und Exekutive – weder Präsident, Kongreß, noch Gerichte – ihre Entscheidungen rückgängig machen kann. Der Kongreß hat die Aufsicht über das System, weil die Verfassung dem Kongreß das Recht gibt, Münzen zu prägen und deren Wert festzusetzen (Münzhoheit), ein Recht, das der Kongreß mit dem Federal Reserve Act von 1913 an die Notenbank delegiert hat. Die Fed hat im Rahmen der allgemeinen Richtlinien zu operieren, die von der Legislative formuliert werden; die Fed ist also unabhängig *innerhalb* des parlamentarischen Systems, nicht unabhängig *von* diesem. Weitere Informationen über die Grundlagen des Federal Reserve System in »The Board of Governors of

the Federal Reserve System« in *The Federal Reserve System: Purposes and Functions* (1994), 1–15. Diese Publikation kann bei der Federal Reserve bestellt werden, ist aber auch online unter www.federalreserve.gov/pf/pf.htm zu finden.

3 Die 14jährigen Amtszeiten beziehen sich im wesentlichen auf den Sitz im Rat, nicht auf die Person. Wird ein Ratsmitglied auf vierzehn Jahre ernannt, tritt aber nach sechs Jahren ab, so wird sein Nachfolger den Posten nur für acht Jahre besetzen, dann muß er für eine weitere Amtszeit ernannt werden.

4 Eine weitere Schilderung dieses Ereignisses findet sich in William Greiders gründlichem Bericht über Volckers Fed *Secrets of the Temple* (1987), 698–701.

5 In seinem Interview mit dem Autor am 15. Mai 2000 sagte Howard Baker, sein Treff mit Volcker in der Fed sollte dazu dienen herauszufinden, ob Volcker an einer erneuten Ernennung interessiert sei oder nicht, es war der Versuch, ihn zum Bleiben zu bewegen. In einem Artikel des Wall Street Journal vom 3. Juni 1987 wird berichtet, Volcker hätte die Wiederernennung während des Treffens abgelehnt und daß Baker darauf Volcker bat, es sich noch einmal zu überlegen. Laut einem von Bakers leitenden Mitarbeitern, den man in diesem Artikel zitiert, habe Baker zu Volcker gesagt: »Paul, ich hoffe, Sie überlegen sich das noch, wenn Sie am Wochenende zum Angeln gehen, denn ich kann Ihnen sagen, der Präsident wird mit Ihnen über ihren Verbleib im Amt sprechen wollen.« Laut *Wall Street Journal* hoffte Baker »weiterhin, Mr. Volcker würde es sich anders überlegen«, aber Baker selbst wurde für den Artikel nicht interviewt. In seinem Interview mit dem Autor sagte Howard Baker, es sei dies das erste Mal, daß er die vollständige Version dessen preisgebe, was tatsächlich passiert sei. Siehe dazu Gerald F. Seib und Hellen Hume, »Change at the Fed: Volcker's Decision to Quit Fed Was SEALED at Gathering in Reagan's Living Quarters«, *The Wall Street Journal*, 3. Juni 1987, A20.

6 Greenspan, zitiert aus »Change at the Fed«, op. cit.

KAPITEL 1

Der Großteil der Informationen aus diesem Kapitel stammt aus den Interviews des Autors mit drei gutunterrichteten Informanten. Der erste davon wurde fünfmal zu den in diesem Kapitel geschilderten Ereignissen zwischen 1992 und 2000 interviewt. Mit dem zweiten Informanten kam es im selben Zeitrum zu acht Interviews und mit dem dritten zu vier.

1 Abschrift, Federal Open Market Committee Meeting, 18. August 1987, 24. Sämtliche Zitate aus Sitzungen des Offenmarktausschusses in der Zeit von 1987 bis 1994 kommen direkt aus den von der Federal Reserve freigegebenen Abschriften. In der Vergangenheit hatte die Fed ihre Sitzungsprotokolle nie öffentlich zugänglich gemacht, aber 1993 gestand Greenspan öffentlich ein, die Sitzungen des Offenmarktausschusses würden für interne Zwecke auf Band mitgeschnitten. Eine ganze Reihe Volksvertreter und Beamte verlangten daraufhin, Abschriften dieser Aufzeichnungen öffentlich zugänglich zu machen, und nach langem Hin und Her erklärte sich die Fed schließlich bereit, »leicht bearbeitete« Abschriften ihrer Sitzungen herauszugeben, wenn auch mit fünfjähriger Verzögerung. Zur Zeit der Abfassung dieses Buchs waren nur die Abschriften für 1994 öffentlich zugänglich. Explizit vertrauliche Informationen – die Namen bestimmter Firmen etwa, die privat Informationen zur Verfügung stellten – sind teils gestrichen. Wie aus gutunterrichteten Quellen zu erfahren ist, wurden keine nennenswerten Änderungen vorgenommen, die Bearbeitung beziehe sich lediglich auf Grammatik und Klarheit.

2 Unter Lieferzeiten versteht man den Zeitraum, den es dauert, bis eine Fabrik oder ein Lager eine Ware nach der Bestellung ausliefern kann. Steigende Lieferzeiten bedeuten nichts anderes, als daß es länger dauert, bis die Leute bekommen, was sie bestellt haben. Solche Knappheit führt oft zu steigenden Preisen.

3 In den Wochen vor einer Sitzung des Offenmarktausschusses (FOMC) bereiten die Mitarbeiter der Fed einen Bericht vor, den man bei der Fed intern als »Greenbook« bezeichnet. Er enthält eine Bestandsaufnahme der gegenwärtigen wirtschaftlichen Lage und eine Prognose darüber, wie sich die Wirtschaft über das nächste Jahr entwickeln wird. Bis 1995 bezog der Stab eigens eine bestimmte geldpolitische Richtung in seine Prognosen mit ein, die zu erwartende Zinsschritte – nach oben oder unten – prognostizierten. Die Mitglieder des Offenmarktausschusses konnte dem entweder zustimmen, oder sie lehnten sie ab. Ab 1995 arbeitet man auf Drängen der Ausschußmitglieder Alan Blinder und Janet Yellen auch Alternativen mit ein. Ungeachtet der Tatsache, ob nun alle mit dem Greenbook konform gehen oder nicht, bildet es die Basis bzw. Ausgangspunkt der wirtschaftspolitischen Diskussionen während einer Sitzung.

4 Live-Dialog aus Transcript, Federal Open Market Committee Meeting, 18. August 1987, 25.

5 Transcript, Federal Open Market Committee Meeting, 18. August 1987, 33.

6 Die Fed hatte den Diskontsatz zum letzten Mal im April 1984 angehoben, womit der Zinssatz von 8½ Prozent auf 9 Prozent gestiegen war; seit diesem Zeitpunkt hatte die Fed den Satz wieder auf 5½ Prozent gesenkt.

7 Greenspan lernte Nixon kennen, nachdem er Leonard Garment begegnet war, einem Partner aus Nixons Kanzlei, der mit Greenspan in den vierziger Jahren in der Henry Jerome Band gespielt hatte. Garment fungierte damals als Berater Nixons und stellte ihm Greenspan vor.

8 Nixon hatte Greenspan schon zweimal gebeten, in seinen Council of Economic Advisers (Sachverständigenrat) zu kommen, aber Greenspan hatte beide Male abgelehnt. Arthur Burns, Greenspans Mentor an der Columbia University und Vorsitzender des Zentralbankrats von 1970 bis 1978, drängte Greenspan 1974 schließlich vehement, den Job im CEA anzunehmen; er sagte, Greenspan würde dort dringend gebraucht.

9 Zitiert nach Transcript, Federal Open Market Committee Meeting, 22. September 1987, 34–35.

10 Greenspan zitiert nach Transcript, Federal Open Market Committee Meeting, 22. September 1987, 42.

11 Der Stab der Federal Reserve in New York hatte ein vertrauliches Dokument »Summary Papers on Risks in the U.S. Financial System« vorbereitet, das man noch zu Paul Volckers Amtszeit als Vorsitzender in Angriff genommen hatte. Das Papier bietet einen Abriß über eine Vielzahl potentieller Katastrophen und möglicher Reaktionen darauf; außerdem enthält es einen siebenseitigen Abschnitt über den Aktienmarkt, der erst am 25. September 1987 fertiggestellt worden war.

12 »After the Crash – On the Spot: Stock Market's Frenzy Put Fed's Greenspan in a Crucial Position«, *The Wall Steet Journal*, 21. Oktober 1987, A1.

13 Die Schilderung der Ereignisse vom Dienstag, dem 20. Oktober 1987, enthält Informationen aus mehreren Interviews des Autors; dieser Abschnitt benutzt darüber hinaus Informationen aus der Artikelreihe des *Wall Street Journal* über den Crash: James B. Stewart und Daniel Hertzberg, »Terrible Tuesday«, 20. November 1987, A1; James B. Stewart und Daniel Hertzberg, »The Crash of '87 – Before the Fall«, 11. Dezember 1987, A1; Randall Smith, Steve Swartz und George Anders, »The Crash of '97 – Black Monday«, 16. Dezember 1987, A1;

und schließlich Steve Swartz und Bryan Burrough, »The Crash of '87 – The Aftermath, 20. Dezember 1987, A1.

14 Ruder zitiert nach »The Crash of '87 – Black Monday«, *The Wall Street Journal*, 16. Dezember 1987, A1.

15 »Specialists« sind kleine, aber einflußreiche Firmen, die von der New York Stock Exchange – der New Yorker Börse – dazu verpflichtet werden, zu Zeiten starker Volatilität (Kursschwankungen) bestimmte Werte zu kaufen oder zu verkaufen, um die Kurse nach Möglichkeit auszugleichen. Auch als Primärhändler oder Market Maker bezeichnet, haben diese Spezialisten die Funktion eines Rettungsankers für die Anleger; zu normalen Zeiten sorgen sie dafür, daß ein Anleger eine Position kaufen oder verkaufen kann, obwohl sonst keine anderen Anleger auf dem Markt sind. Wenn sie klug investieren, können diese Spezialisten eine ganze Menge verdienen, während des Krachs von 1987 jedoch wurden sie selbst überfahren. Wegen des Mangels an anderen Käufern waren einige Spezialisten gezwungen, aus der eigenen Tasche riesige Positionen von Aktien zu kaufen, um den Bestimmungen nachzukommen, denen sie unterliegen. Die meisten Spezialisten haben eine Reserve von etwa $60 Millionen bei der Hand, was jedoch nichts war angesichts der Milliarden an Verkaufsordern, die hereinkamen. Siehe dazu die oben zitierte Artikelserie im *Wall Street Journal.*

KAPITEL 2

Der größte Teil der Informationen in diesem Kapitel stammt aus erster Hand von drei gutunterrichteten Informanten. Der erste davon wurde viermal interviewt, der zweite fünfmal und der dritte siebenmal.

1 Siehe dazu Alan Murray, »Passing a Test: Fed's New Chariman Wins a Lot of Praise on Handling the Crash«, *The Wall Street Journal*, 25. November 1987, A1.

2 Brady Report, zitiert nach James B. Stewart und Daniel Hertzberg, »The Brady Report – Market Medicine: Brady Panel Proposals Underscore Worries '87 Crash Could Recur«, *The Wall Street Journal*, 11. Januar 1988, A1.

3 Greenspan zitiert nach Transcript, Federal Open Market Committee Meeting, 9.–10. Februar 1988, 44–45.

4 Dialog zwischen Boehne und Greenspan zitiert nach Transcript, Federal Open Market Committee Meeting, 9.–10. Februar 1988, 76.

5 Greenspan zitiert nach Transcript, Federal Open Market Committee Meeting, 9.–10. Februar 1988, 52.

6 Greenspan zitiert nach Rose Gutfelt, »Greenspan Criticizes Top Treasury Aide for Attempting to Influence Fed's Policy«, *The Wall Street Journal*, 25. Februar 1988, A3.

7 Siehe John M. Barry, »Greenspan Tells Administration to Stop Pressure«, *The Washington Post*, 25. Februar 1988, B1. Eine weitere Schilderung des politischen Drucks auf Greenspan und dessen Reaktion darauf findet sich in Steven Beckners Buch über Greenspans erste Jahre als Notenbankchef *Back from the Brink: The Greenspan Years* (1996), 76–80.

8 Corrigan zitiert nach Transcript, Federal Open Market Committee Meeting, 29.–30. Juni 1988, 16.

9 Eine vollständige Erklärung der Szene Greenspan-Seger und die Vorbereitungen für die Zinsanhebung im August 1988 findet sich bei Louis Uchitelle, »Alan Greenspan; Caution at the Fed«, *The New York Times Magazine*, 15. Januar 1989, 18.

10 Fitzwater zitiert nach Robert D. Hershey Jr., »Federal Reserve Steps Up Interest to Slow Inflation«, *The New York Times*, 10. August 1988, A1.

11 Der größte Teil der biographischen Informationen über Greenspan stammt aus den Interviews des Autors und eigenen Recherchen, aber einige Artikel waren besonders hilfreich, was Hintergrundinformation anging. Siehe dazu Joseph Vitale, »Alan Greenspan«, BYU Business, 1983, 28–33; John Cassidy, »The Fountainhead«, *The New Yorker*, 24. April und 1. Mai 2000, 162–175.

12 Die Herbert-Greenspan-Episode ist zitiert nach Louis Uchitelle, »Alan Greenspan; Caution at the Fed«, *The New York Times Magazine*, 15. Januar 1989.

13 Siehe Nathaniel Branden, Judgement Day: My Years with Ayn Rand (1989), 131–133, 241.

14 Kavesh zitiert aus einem Interview vom 16. Februar 1993, das David Greenberg, der damalige Assistent des Autors, führte.

KAPITEL 3

Der überwiegende Teil der Informationen in diesem Kapitel stammt von fünf gutunterrichteten Informanten. Mit den ersten vier Informanten kam es zu zahlreichen Interviews über einen Zeitraum von acht Jahren. Der fünfte Informant war Robert Parker, der dem Autor am 3. August 2000 ein offizielles Interview gab.

1 Greenspan zitiert nach Transcript, Federal Open Market Committee Meeting, 7.–8. Februar 1989, 47.

2 Greenspan zitiert nach Transcript, Federal Open Market Committee Meeting, 7.–8. Februar 1989, 50.

3 Greenspan zitiert nach John Berry und Paul Blustein, »Price Rise Is Fastest Since 1987; Fed Chief Finds Data ›Disturbing‹«, *The Washington Post*, 23. Februar 1989, A1.

4 Greenspan bei einem Konferenzgespräch des FOMC, zitiert nach Transcript, Federal Open Market Committee Conference Call, 5. Juni 1989, 4.

5 Greenspan zitiert nach Transcript, Federal Open Market Committee Meeting, 5.–6. Juli, 1989, 49–50.

6 Siehe Thomas M. DeFrank und Ann McDaniel, »Say Hello to Charman' Darman«, *Newsweek*, 5. Juni 1989, 24.

7 Siehe Richard Darman, *Who's in Control?* (1996), 201–2.

8 Darman zitiert nach einer Abschrift von NBCs *Meet the Press*, 13. August 1989, 11.

9 Siehe Paul Blustein, »Fed Ready with Cash to Cool Market Fears«, *The Washington Post*, 15. Oktober 1989, A1; Clyde H. Farnsworth, »Federal Reserve Moves to Provide Cash to Markets«, *The New York Times*, 15. Oktober 1989. *The Wall Street Journal* brachte keinen ähnlichen Artikel, weil sie sonntags nicht erscheint.

10 Corrigan zitiert nach Transcript, Federal Open Market Committee Meeting, 16. Oktober 1989, 2.

11 Greenspan zitiert nach Transcript, Federal Open Market Committee Meeting, 16. Oktober 1989, 5.

12 Ein Gutteil der Geschichte der S&Ls in diesem Buch stammt aus einem Abschnitt mit dem Titel »A Short History of S&L's« in Kitty Calavitas, Henry N. Pontells und Robert H. Tillmans Buch über den S&L-Skandal *Big Money Crime: Fraud and Politics in the Savings and Loan Crisis* (1997), 8–16.

13 Seidman zitiert aus *Big Money Crime: Fraud and Politics in the Savings and Loan Crisis* (1997), 15.

14 Greenspans Brief ist zitiert nach *Big Money Crime: Fraud and Politics in the Savings and Loan Crisis* (1997), 107.

15 Greenspan zitiert nach Nathaniel Nash, »Greenspan's Lincoln Savings Regret«, *The New York Times*, 20. November 1989, D1.

KAPITEL 4

Der größte Teil der Informationen in diesem Kapital stammt aus Interviews des Autors mit fünf gutunterrichteten Informanten, die er jeweils bei zahlreichen Gelegenheiten interviewen konnte.

1 Siehe Bob Woodward, *The Commanders* (1991), 218–261; dt. *Die Befehlshaber* (1991).
2 Greenspan zitiert nach Transcript, Federal Open Market Committee Meeting, 21. August 1990, 36–38.
3 Siehe Transcript, Federal Open Market Committee Meeting, 21. August 1990, 38–44.
4 Greenspan zitiert nach Transcript, Federal Open Market Committee Meeting, 21. August 1990, 45.
5 Greenspan zitiert nach Transcript, Federal Open Market Committee Meeting, 21. August 1990, 42–48.
6 Tatsächlich sagte Greenspan »eine sofortige Senkung um 25 Basispunkte«, aber der Autor hat daraus hier und an anderer Stelle im Buch ¼ Prozent gemacht. Ökonomen teilen 1 Prozent in 100 Basispunkte. Wenn der Zinssatz von 5½ auf 6 Prozent steigt, dann ist er im Jargon von Fed und Wall Street um 50 Basispunkte nach oben gegangen. Um der Einheitlichkeit und Einfachheit willen hat der Autor daraus Brüche gemacht, wie man sie auch in den meisten Meldungen der Nachrichten zu sehen bekommt.
7 Seger zitiert nach Transcript, Federal Open Market Committee Meeting, 21. August 1990, 55.
8 Angell zitiert nach Transcript, Federal Open Market Committee Meeting, 21. Augst 1990, 54.
9 Greenspan zitiert nach Transcript, Federal Open Market Committee Meeting, 21. August 1990, 58.
10 Dialog Corrigan-Greenspan zitiert nach Transcript, Federal Open Market Committee Meeting, 21. August 1990, 59.
11 Siehe die vierteilige Artikelserie des Autors »Making Choices: Bush's Economic Record«, *The Washington Post*, 4.–7. Oktober 1992.
12 Greenspan zitiert nach Transcript, Federal Open Market Committee Meeting, 13. November 1990, 42.
13 Weitere Informationen über die Citibank im besonderen und die Bankenkrise während dieser Zeit allgemein finden sich in Richard B. Miller, *Citicorp. The Story of a Bank in Crisis* (1993).
14 Greenspan zitiert nach Transcript, Federal Open Market Committee Meeting, 18. Dezember 1990, 35.

KAPITEL 5

Der Löwenanteil der Informationen in diesem Kapitel stammt aus Interviews des Autors mit gutunterrichteten Informanten. Die ersten sechs wurden jeweils bei zahlreichen Gelegenheiten nach Hintergrundinformationen befragt, und der siebte, Notenbanker Wayne Angell, wurde dreimal offiziell zu diesen Ereignissen interviewt: am 18. September 1992, am 30. November 1992 und am 17. Dezember 1992.

1 Bush zitiert nach Mack Memmott, »White House Concedes USA Is in Recession«, *USA Today*, 3. Januar 1991, 3B.

2 Alle Zitate dieser Episode auf Transcript, Federal Open Market Committee Conference Call, 1. Februar 1991, 2–3.

3 Melzer zitiert nach Transcript, Federal Open Market Committee Conference Call, 1. Februar 1991, 2.

4 Siehe Louis Uchitelle, »Federal Reserve Acts Warily in Combating This Recession«, *The New York Times*, 11. Januar 1991, A1.

5 Siehe Transcript, Federal Open Market Committee Meeting, 5.–6. Februar, 1991, 1.

6 Einblick in die gesamte Präsentation der Projektgruppe und deren Diskussion siehe Transcript, Federal Open Market Committee Meeting, 26. März 1991, 1–7

7 Sämtliche Zitate aus »Fed Confrontations Create Gridlock«, A Johnson Smick International Report, 2. April 1991, 1–2.

8 Siehe Alan Murray, »Dispute Flares Up at Fed Over Greenspan's Authority«, *The Wall Street Journal*, 4. April 1991, A3.

9 Siehe Alan Murray, »The New Fed: Democracy Comes to the Central Bank, Curbing Chief's Power«, *The Wall Street Journal*, 5. April 1991, A1.

10 Siehe John Berry, »Greenspan's Sway Over Rates Topic of Internal Fed Debate«, *The Washington Post*, 5. April 1991, F1; Louis Uchitelle, »Greenspan's Authority Curtailed on Interests Rates, Official Say«, *The New York Times*, 8. April 1991, A1.

11 Siehe David Wessel, »Greenspan Is Doing ›Fine Job‹ at Fed, Says White House – Money Managers Endorse Chief's Reappointment as His Term Nears End«, *The Wall Street Journal*, 10. April 1991, A2.

12 Alle Zitate aus dieser Unterhaltung aus Transcript, Federal Open Market Committee Conference Call, 12. April 1991, 1–8.

13 Greiders Buch über die Fed unter Volcker bietet einen umfassenden Bericht über das Zustandekommen der Zinspolitik. Das Buch stellte überdies die etwas kontroverse Behauptung auf, eine Inflation sei für die unterprivilegierte Klasse besser als lange Perioden der Preisstabilität. Das Hauptargument ist, daß die Inflation die Schuldlast mindert, weil Hypotheken und andere persönliche Schulden mit Dollars bezahlt werden, deren Wert gesunken ist. Obwohl die Löhne steigen, steigen auch die Preise für alles, und die meisten Ökonomen sind heute der Ansicht, daß eine Inflation Arbeitsplätze vernichtet und daß die Arbeitslosigkeit in Zeiten hoher Inflation ansteigt.

14 Siehe John Berry, »Did Greenspan Face Fed Revolt? Reports of Internal Challenge«, *The Washington Post*, 18. April 1991, A1.

15 Greenspan zitiert nach Transcript, Federal Open Market Committee Meeting, 30. April 1991, 1.

16 Siehe auch die Artikelreihe des Autors »Making Choices: Bush's Economic Record«, *The Washington Post*, 4.–7. Oktober 1992.

17 Dialog zwischen Greenspan und Bush, zitiert nach Weekly Compilation of Presidential Documents, volume 27, number 28, 15. Juli 1991, 934–938.

18 Siehe »A Stiffer Spine for Mr. Greenspan«, *The New York Times*, 12. Juli 1991, A28.

19 Greenspans Aussage und die Analyse seines Kommentars, zitiert nach David E. Rosenbaum, »Greenspan Optimistic on Economic Outlook«, *The New York Times*, 17. Juli 1991, D1.

20 Greenspans Rede zitiert nach John Berry, »Greenspan Notes Weak Recovery; Prospect Is Raised for Interest Rate Cut«, *The Washington Post*, 29. Oktober 1991, D1.

21 Siehe Board of Governors of the Federal Reserve System, *78th Annual Report to Congress*, 15. April 1992, 96. Der Jahresbericht der Federal Reserve gibt einen Bericht über die gesamtwirtschaftliche Situation eines Jahres, außerdem bietet er eine Aufzählung der Schritte – nebst Begründungen – von Offenmarktausschuß und Zentralbankrat. Die Berichte umfassen alle Abstimmungen und liefern knappe Erklärungen für Stimmen und Gegenstimmen. Die Abschnitte über den Offenmarktausschuß enthalten einen Abriß für jedes Treffen; da keine Abschriften zu haben sind, erweisen sich diese Abrisse als sehr nützlich für ein Verständnis der Zeit von 1995 bis 1999.

22 Siehe John M. Berry, »Fed Lowers Key Rate to 3.5 Percent«, *The Washington Post*, 21. Dezember 1991, A1.

23 Siehe Alan Murray und David Wessel, »Giant Step: Changing Its Course, The Fed Boldly Tries to Bolster Economy ... How Greenspan Turned the Tide«, *The Wall Street Journal*, 23. Dezember 1991, A1.

KAPITEL 6

Der überwiegende Teil der Informationen in diesem Kapitel stammt aus Interviews des Autors mit sechs gutunterrichteten Informanten.

1 Weitere Informationen über die Beziehung zwischen Greenspan, Darman und Brady bietet die Artikelserie des Autors »Making Choices: The Bush Economic Record«, *The Washington Post*, 4.–7. Oktober 1992.

2 Siehe Steven Greenhouse, »Bush Calls on Fed for Another Drop in Interest Rates«, *The New York Times*, 24. Juni 1992, A1.

3 Siehe Transcript, Federal Open Market Committee Meeting, 30. Juni–1. Juli 1992. 66–67.

4 Siehe Transcript, Federal Open Market Committee Meeting, 30. Juni–1. Juli 1992. 66–67.

5 Siehe Board of Governors of the Federal Reserve System, 79th Annual Report to Congress, 16. April, 1993, 107–108.

6 Siehe Transcript, Federal Open Market Committee Meeting, 2. Juli 1992, 1–2.

7 Siehe Board of Governors of the Federal Reserve System, 79th Annual Report to Congress, 16. April 1992, 161.

8 Siehe David Wessel, »Pushing Policy: Fed's Vice Chairman, Seeking Lower Rates, Furthers a Bush Goal ... Has Shown He Can Sway Greenspan«, *The Wall Street Journal*, 6. Oktober 1992, A1.

9 Mullins zitiert nach Transcript, Federal Open Market Committee Meeting, 6. Oktober 1992, 34.

10 Greenspans Interaktion mit dem Offenmarktausschuß zitiert nach Transcript, Federal Open Market Committee Meeting, 6. Oktober 1992, 41–52

11 Greenspan zitiert nach »Fed Chief Affirms Its Independence«, Associated Press, erschienen in *The New York Times*, 11. Oktober 1992, A32.

12 »The economy, stupid«, bzw. »It's the economy, stupid« waren die beiden wesentlichen Slogans von Clintons Präsidentschaftswahlkampf. Ursprünglich hatte James Carville sie in Clintons Wahlkampfhauptquartier in Little Rock – das unter dem Spitznamen War Room lief – an die Wand gehängt, aber der volkstümliche Blick auf die wirtschaftlichen Sorgen des Landes, der aus ihnen sprach, machte sie zum Kernstück von Clintons Kampagne, und die Wirtschaft war denn auch der erste Punkt der Tagesordnung nach seiner Wahl.

13 Die ersten veröffentlichten Einzelheiten über dieses Treffen finden sich in Bob Woodward, *The Agenda* (1994), 65–69.

KAPITEL 7

Die Information in diesem Kapitel stammen größtenteils aus Interviews des Autors mit drei gutunterrichteten Informanten.

1 Mehr über die Beziehung zwischen Greenspan, Bentsen und die Ziele der Regierung Clinton beim Abbau des Defizits finden sich in Bob Woodward, *The Agenda* (1994), 112–162.
2 Steen Greenhouse, »Clinton's Program Gets Endorsement of Fed's Chairman«, *The New York Times*, 20 Februar 1993, A1. Siehe ferner Eric Pianin, »Clinton Plan Gains Greenspan Praise«, *The Washington Post*, 20. Februar 1993, A1; John Berry, »Greenspan Vows to Help Clinton«, *The Washington Post*, 20. Februar 1993, C1.
3 Clinton zitiert nach Transcript, Remarks by the President to the U.S. Chamber of Commerce, Constitution Hall, Washington, D.C., 23. Februar 1993, 11.15 Uhr.
4 Greenspan zitiert nach Alan Greenspan, »Remarks to the Economic Club of New York«, 19. April 1993, 12.
5 Siehe Lucinda Harper, »Consumer Prices Jumped 0.4% During April – Uptick Contradicts Pace of Recovery, Possibly Posing Problem for Fed«, *The Wall Street Journal*, 14. Mai 1993, A2.
6 Greenspan zitiert nach Transcript, Federal Open Market Committee Meeting, 18. Mai 1993, 1.
7 Siehe Transcript, Federal Open Market Committee Meeting, 18. Mai 1993, 6.
8 Siehe Transcript, Federal Open Market Committee Meeting, 18. Mai 1993, 9-10.
9 Die ganze Diskussion des Offenmarktausschusses findet sich in Transcript, Federal Open Market Committee Meeting, 18. Mai 1993, 12–32.
10 Angell zitiert nach Transcript, Federal Open Market Committee Meeting, 18. Mai 1993, 33.
11 Siehe Transcript, Federal Open Market Committee Meeting, 18. Mai 1993, 35–37.
12 Siehe Transcript, Federal Open Market Committee Meeting, 18. Mai 1993, 38–52.
13 Greenspan zitiert nach Transcript, Federal Open Market Committee Meeting, 18. Mai 1993, 53–54.
14 Siehe David Wessel, »Fed Vote Shows Growing Worry About Inflation«, *The Wall Street Street Journal*, 24. Mai 1993, A2.
15 Siehe Steven Greenhouse, »The Federal Reserve Prepares for a Rate War«, *The New York Times*, 1. Juni 1993, D1.
16 Myers zitiert nach Transcript, White House Press Briefing by Dee Dee Myers, 11. Juni 1993, 8.
17 Siehe Daniel Patrick Moynihan, »Don't Blame Democracy«, *The Washington Post*, 6. Juni 1993, C7.
18 Siehe Transcript, Federal Open Market Committee Meeting, 6.–7. Juli 1993, 73–74.
19 Siehe Transcript, Federal Open Market Committee Meeting, 6.–7. Juli 1993, 87.
20 Greenspan zitiert nach John Berry, »Greenspan Urges Congress to Cut Deficit $500 Billion«, *The Washington Post*, 21. Juli 1993, F1.
21 Ein detaillierterer Bericht über die Verabschiedung von Clintons Wirtschaftsplan findet sich in Bob Woodward, *The Agenda* (1994), 280–367.
22 Siehe U.S. Department of Commerce, Economics and Statistics Administration, »Current Industrial Reports: Manufacturers' Shipments, Inventories, and Others«, 2. September 1993.

23 Siehe U.S. Department of Labor, Bureau of Labor Statistics, »The Employment Situation: August 1993«, 3. September 1993.
24 Siehe U.S. Department of Labor, Bureau of Labor Stastistics, »Productivity and Costs: Second Quarter 1993«, 9. September 1993.
25 Siehe Transcript, Federal Open Market Committee Meeting, 23. September 1993, 35–36.
26 Siehe U.S. Department of Commerce, Bureau of Economic Analysis, »Survey of Current Business: The Business Situation«, Oktober 1993.
27 Greenspan zitiert nach Transcript, Federal Open Market Committee Meeting, 16. November 1993, 87.
28 Mullins zitiert nach Transcript, Federal Open Market Committee Meeting, 21. Dezember 1993, 25.
29 Greenspan zitiert nach Transcript, Federal Open Market Committee Meeting, 21. Dezember 1993, 31–32.
30 Greenspan und die Diskussion um die Bandaufzeichnungen nach Transcript, Federal Open Market Committee Meeting, 21. Dezember 1993, 40–52.

KAPITEL 8

Der größte Teil der Information in diesem Kapitel stammt aus Interviews des Autors mit fünf gutunterrichteten Informanten.

1 Siehe dazu auch Bob Woodward, *The Agenda* (1994), 377–379.
2 Greenspan zitiert nach Paulette Thomas, »Higher Rates Are Expected by Greenspan«, *The Wall Street Journal*, 1. Februar 1994, A2; siehe auch Thomas D. Lauricella and Lauren Young, »Greenspan's Comments on Interest Rates to Have Little Impact as Most Bond Prices Fall«, *The Wall Street Journal*, 1. Februar 1994, C23.
3 Greenspan zitiert nach Transcript, Federal Open Market Committee Meeting, 3.-4. Februar 1994, 45–47.
4 Greenspan zitiert nach Transcript, Federal Open Market Committee Meeting, 3.–4. Februar 1994, 53.
5 Die Diskussion zwischen Greenspan, Lindsey und McDonough im Offenmarktausschuß zitiert nach Transcript, Federal Open Market Committee Meeting, 3.-4. Februar 1994, 55–58.
6 Greenspan zitiert nach Transcript, Federal Open Market Committee Meeting, 28. Februar 1994, 3.
7 Zur Erklärung des Offenmarktausschusses für die Zinsanhebungen im März und April siehe Board of Governors of the Federal Reserve System, 81st *Annual Report to Congress*, 25. Mai 1995, 139–151.
8 Greenspan zitiert nach Transcript, Federal Open Market Committee Meeting, 17. Mai 1994, 32-33.
9 Siehe Mortimer B. Zuckerman, »Is the Fed Paying Attention?« *U.S. News & World Report*, 12. Juli 1993, 95; Mortimer B. Zuckerman, »It's the Global Economy, Stupid«, *U.S. News & World Report*, 9. August 1993, 99; Mortimer B. Zuckerman, »Greenspan Goofs Again«, *U.S. News & World Report*, 14. Februar 1994, 62; Mortimer B. Zuckerman, »Amending John Maynard Keynes«, *U.S. News & World Report*, 18. April 1994, 80; Mortimer B. Zuckerman, »It's Still the Economy«, *U.S. News & World Report*, 24. Oktober 1994. Nach 1995 war Zuckerman der Ansicht, Greenspan betreibe eine ausgezeichnete Zinspolitik. Mortimer B. Zuckerman, »The Fed Taps the Brakes«, *U.S. News & World Report*, 29. Mai 2000, 68.

KAPITEL 9

Der größte Teil der Informationen in diesem Kapitel stammt aus Interviews des Autors mit fünf gutunterrichteten Informanten.

1 Siehe Bob Woodward, *The Agenda* (1994), 82–86.
2 Siehe Keith Brahsher, »2 Economists Nominated to Fed«, *The New York Times*, 22. April 1994, A39.
3 Siehe »Senate Confirms Clinton Pick for Federal Reserve Board«, *Associated Press*, 24. Juni 1994, *Business News*.
4 Steve H. Hanke and Sir Alan Walters, »Glitter in Gilts«, *Forbes*, 20. Juni 1994, 268; Virginia Postrel, »Fed Up: The Problems of the Federal Reserve«, *Reason* 26, 3 (Juli 1994), 4.
5 Siehe »The Economy; Blinder, Yellen Named«; *Investor's Business Daily*, 25. April 1994, B1.
6 Blinder zitiert nach Transcript, Federal Open Market Committee Meeting, 16. August 1994, 24.
7 Yellen zitiert nach Transcript, Federal Open Market Committee Meeting, 16. August 1994, 28.
8 Die Szene zwischen Greenspan und Blinder zitiert nach Transcript, Federal Open Market Committee Meeting, 16. August 1994, 30–35.
9 Siehe Keith Bradsher, »Federal Reserve Raises Key Rates to Cool Economy«, *The New York Times*, 17. August 1994, A1; Paulette Thomas, »Fed Lifts Short-Term Rates by Half a Percentage Point«, *The Wall Street Journal*, 17. August 1994, A2; Clay Chandler, »Fed Raises Short-Term Rates Again«, *The Washington Post*, 17. August 1994, A1.
10 Blinders Ansprache zitiert nach Paul Starobin, »Blindsided«, *National Journal*, 8. Oktober 1994.
11 Siehe Keith Bradsher, »Fed Official Disapproves of Rate Policy«, *The New York Times*, 28. August 1994, A6.
12 Siehe Keith Bradhser, »A Split Over Fed's Role; Clashes Seen After Vice Chairman Says Job Creation Should Also Be a Policy Goal«, *The New York Times*, 29. August 1994, D1. Bradsher war relativ neu als Berichterstatter der Fed, und eine Reihe von Leuten, die Blinders Rede gehört hatten, behaupteten, Bradsher habe zu viel Aufhebens darum gemacht. Blinders Kommentare, auch wenn sie etwas gereizt und provokativ gewesen sein mochten, standen im allgemeinen im Einklang mit dem Federal Reserve Act. Siehe John Berry, »The Fed's Storm That Wasn't; Alan Blinder Finds a Short Talk Can Make One Monetary Policy Look Like Two«, *The Washington Post*, 8. September 1994, B11; Hobart Rowen, »Frankness and the Fed«, *The Washington Post*, 15. September 1994, A17.
13 Siehe Keith Bradsher, »Tough-Decision Time for the Federal Reserve; New Vice Chairman Stirs the Board's Pot«; *The New York Times*, 26. September 1994, D1.
14 Siehe Robert J. Samuelson, »Economic Amnesia«; *Newsweek*, 13. September 1994, 52.
15 Siehe Keith Bradsher, »Fed Deputy Denies Rift with Chief«, *The New York Times*, 9. September 1994, D1.
16 Blinder zitiert nach David Wessel, »Blinder Denies There's a Rift with Fed Chief«, *The Wall Street Journal*, 9. September 1994, A2.
17 Yellen und Blinder zitiert nach Transcript, Federal Open Market Committee Meeting, 15. November 1994, 30–33.

18 Greenspan zitiert nach Transcript, Federal Open Market Committee Meeting, 15. November 1994, 34–36.
19 Der Dialog zwischen Blinder und Greenspan zitiert nach Transcript, Federal Open Market Committee Meeting, 15. November 1994, 42–43.

KAPITEL 10

Die meisten der Informationen in diesem Kapitel stammen aus Interviews des Autors mit neun gutunterrichteten Informanten. Acht lieferten bei zahlreichen Interviews Hintergrundinformationen. Mit Senator Robert Bennett kam es zu einem offiziellen Interview am 19. Juli 2000.

1 Weitere Information zu Greenspans, Rubins und Summers Gedanken zur Intervention in Mexiko in U.S. Government Printing Office, *Hearings Before the Committee on Banking, Housing, and Urban Affairs*, »The Mexican Peso Crisis«, 10. März 1995, 353–365.
2 Mehr zur Diskussion bei dieser Sitzung bietet Board of Governors of the Federal Reserve System, 82nd Annual Report to Congress, 6. Mai 1996, 110–126.
3 Greenspan zitiert nach U.S. Governnment Printing Office, *Hearings Before the Committee On Banking, Housing, and Urban Affairs*, United States Senate, »Federal Reserve's First Monetary Policy Report for 1995«, 14.
4 Greenspan zitiert nach Keith Bradsher, »Greenspan Sees Chance of Recession«, *The New York Times*, 8. Juni 1995, D1.
5 Siehe Keith Bradsher, »Greenspan Sees Chance of Recession«, *The New York Times*, 8. Juni 1995, D1; John M. Berry, »Recession Is Unlikely, Greenspan Concludes«, *The Washington Post*, 8. Juni 1995.
6 Panetta zitiert nach Keith Bradsher, A Rare Nudge for a Drop in Rates«, *The New York Times*, 12. Juni 1995, D2.
7 Rubin zitiert nach Clay Chandler, »Panetta Urges Fed to Cut Short-Term Interest Rates«, *The Washington Post*, 12. Juni 1995, A6; Dean Foust, »In a Fix at the Fed«, *BusinessWeek*, 26. Juni 1995, 34.
8 Siehe Keith Bradsher, »Doubts Voiced by Greenspan on a Rate Cut«, *The New York Times*, 21. Juni 1995, A1; John M. Berry, »Greenspan Hints Fed May Cut Interest Rates«, *The Washington Post*, 21. Juni 1995, F1.
9 Weitere Information zur Diskussion in Board of Governors of the Federal Reserve System, 82nd Annual Report to Congress, 6. Mai 1996, 149–161.
10 Siehe Felix G. Rohatyn, »The Budget: Whom Can You Believe?«, *New York Review of Books*, 10. August 1995, 48–49; Felix G. Rohatyn, »Getting Past the Gamesmanship«, *U.S. News & World Report*, 28. August 1995, 102.
11 Siehe Felix G. Rohatyn, »Cut and Be Prosperous«, *The Wall Street Journal*, 30. November 1995, A20.
12 Weitere Information über die Diskussion im Offenmarktausschuß in Board of Governors of the Federal Reserve System, *82nd Annual Report to Congress*, 6. Mai 1996, 188–189.

KAPITEL 11

Der größte Teil der Informationen in diesem Kapitel stammt aus Interviews mit 14 gutunterrichteten Informanten. Zwölf davon konnte er bei zahlreichen Gelegenheiten zu Hintergründen befragen; Robert Bennett wurde offiziell am 18. Juli 2000 interviewt und Robert Parker, ebenfalls offiziell, am 3. August 2000.

1 Siehe dazu David Wessel, »Blinder Will Leave Fed at End of Term Later This Month«, *The Wall Street Journal*, 17. Januar 1996, A4.
2 Siehe David Wessel, »Rohatyn Considered for No. 2 Fed Post, »*The Wall Street Journal*, 19. Januar 1996, A2.
3 Weitere Informationen zur Diskussion im Offenmarktausschuß in Board of Governors of the Federal Reserve System, *83rd Annual Report to Congress*, 28. Mai 1997, 106–123.
4 Siehe John M. Berry, »Rhetoric Aside, Spurring Economic Growth Unlikely«, *The Washington Post*, 29. Januar 1996, A1.
5 Siehe Paul R. Krugman, »Stay on Their Backs«; *The New York Times Magazine*, 4. Februar 1996, 36.
6 Clinton zitiert nach White House, Office of the Press Secretary, »Remarks by the President at Presidential Gala«; 15. Februar 1996.
7 Die Clinton-Szene wurde zitiert nach White House, Office of the Press Secretary, »Remarks by the President in Announcement of Federal Reserve Vacancies«, 22. Februar 1996.
8 Die Szene mit Tyson wurde zitiert nach White House, Office of the Press Secretary, »Press Briefing by Dr. Laura Tyson«, 22. Februar 1996.
9 Siehe Richard Pucci, »Comments on the Comments,« *I/B/E/S Inc.*, September 1995, 4–7.
10 Weitere Informationen über die Diskussion im Offenmarktausschuß in Board of Governors of the Federal Reserve System, *83rd Annual Report to Congress*, 28. Mai 1997, 140–151.
11 The Wall Street Journal berichtete später, daß im August fast jedermann im Raum die Zinsen erhöht sehen wollte. Siehe dazu David Wessel, »In Setting Fed's Policy, Chairman Bets Heavily on His Own Judgment; Greenspan Loves Statistics but Uses Them in Ways That Puzzle Even Friends – Some Forecasts Go Awry«, *The Wall Street Journal*, 27. Januar 1997, A1.
12 Der Artikel mit dem Titel »Tug-of-War« war besonders kraß; er sprach von einer »Spaltung auf den Korridoren der Fed« und behauptete, »am 24. September wird es erneut zu einer Kraftprobe kommen«. Siehe David Foust, »Tug-of-War Indside the Fed«, *BusinessWeek*, 24. September 1996, 46; Dean Foust, »Political Hardball Inside the Fed: Using the Press, Regional Banks May Force Greenspan's Hand«, *BusinessWeek*, 30. September 1996, 38.
13 Ein Abriß der Diskussion findet sich in Board of Governors of the Federal Reserve System, *83rd Annual Report to Congress*, 28. Mai 1997, 159–168.
14 Die Studie von Slifman und Corrado trägt den Titel »Decompostion of Productivity and Unit Costs« und erschien am 18. November 1996. Unten auf dem Entwurf findet sich, klein gedruckt, eine Liste von Leuten, bei denen man sich bedankt, unter denen auch Greenspan ist. Als Slifman und Corrado einige ihrer Daten verfeinerten und im Mai 1999 unter demselben Titel noch einmal veröffentlichten, enthielt die Studie eine Liste von Leuten, »die zu diesem Bericht beigetragen« hatten. Etwa in der Mitte der Liste, also tief vergraben, findet sich Alan Greenspan.
15 Daß der Verbraucherpreisindex die Inflation überzeichnet, war 1996 so gut wie allgemein akzeptiert. Das größte Problem mit dem Verbraucherpreisindex war, daß er dieselben Waren und Dienstleistungen über einen langen Zeitraum verfolgte und infolgedessen die drastischen Verbesserungen bei existierenden Produkten oder das Umsteigen der Verbraucher auf billigere Ersatzprodukte außer acht ließ. Michael Boskin, der ehemalige Vorsitzende von Bushs Council of Economic Advisers (CEA), leitete während der Regierung Bush 1989–90 eine Projektgruppe, die sich mit diesem Problem befaßte; 1995 dann leitete er einen wei-

teren Ausschuß zum selben Thema. Siehe dazu John M. Berry, »Bush Seeks More Money for Economic Statistics«, *The Washington Post*, 26. Januar 1990, F3; Martin Crutsinger, »Economists Question Accuracy and Value of U.S. Statistics«, Associated Press, zitiert nach *The Washington Post*, 5. Juli 1990, D1; Daniel Patrick Moynihan, »The CPI: An Easy Fix ...«, *The Washington Post*, 26. September 1995, A19. Das Bureau of Labor Statistics beschloß schließlich 1996, die Meßmethoden beim Verbraucherpreisindex zu modifizieren, konnte damit aber viele – darunter auch Greenspan – nicht überzeugen.

16 Siehe John M. Berry, »Fed Avoids Rate Hike, Sensing Slower Growth«; *The Washington Post*, 25. September 1996, A1; David E. Sanger, »Federal Reserve Makes No Change in Interest Rates«, *The New York Times*, 25. September 1996, A1.

17 Siehe dazu auch Jacob M. Schlesinger, »Change Agent: How Alan Greenspan Finally Came to Terms with the Stock Market«, *The Wall Street Journal*, 8. Mai 2000, A1.

18 Siehe John M. Berry, »U.S. Sails on Tranquil Economic Seas; Recessions No Longer Seem Inevitable«, *The Washington Post*, 2. Dezember 1996, A1.

KAPITEL 12

Der größte Teil der Information in diesem Kapitel stammt aus Interviews des Autors mit neun gutunterrichteten Informanten.

1 Greenspan zitiert nach John M. Berry, »Greenspan Escalates Warning on Stock Risks«, *The Washington Post*, 27. Februar 1997.

2 Greenspan zitiert nach Jackie Calmes, »Greenspan Defends Remarks on Market«, *The Wall Street Journal*, 5. März 1997, A2.

3 Weitere Informationen über die Diskussion im Offenmarktausschuß in Board of Governors of the Federal Reserve System, *84th Annual Report to Congress*, 28. Mai 1998, 114–123.

4 Siehe David Wessel, »Fed Lifts Key Short-Term Interest Rate Amid Speculation More Rises Are Likely«, *The Wall Street Journal*, 26. März 1997, A2.

5 Siehe John M. Berry, »Fed Boost Benchmark Interest Rate; Inflation Risk Cited«, *The Washington Post*, 26. März 1997, A1.

6 Weitere Informationen über Meyers Rede am 24. April, dazu die Schlagzeilen der Nachrichtenagenturen, liefert David Wessel, »When Fed Governor Talks, People Listen; But Do They Hear? – How Had Mr. Meyer Tries Not to Move the Markets; Why He Failed Yesterday«, *The Wall Street Journal*, 25. April 1997, A1; siehe auch »Fed's Meyer Says Solid Growth Requires Pre-Emptive Stance«, *Dow Jones Online News*, 24. April 1997.

7 Siehe David Wessel, »When Fed Governor Talks, People Listen; But Do They Hear? – How Had Mr. Meyer Tries Not to Move the Markets; Why He Failed Yesterday«, *The Wall Street Journal*, 25. April 1997, A1.

8 Siehe »The Meyer Fed?«, *The Wall Street Journal* (Leitartikel), 20. Mai 1997, A18.

9 Weitere Informationen über die Diskussion im Offenmarktausschuß in Board of Governors of the Federal Reserve System, *84th Annual Report to Congress*, 28. Mai 1998, 123–132.

10 Greenspan zitiert nach John M. Berry, »Greenspan Expects Strong Economy Through 1998, *The Washington Post*, 23. Juli 1997, A1.

11 Greenspan zitiert nach Christopher Georges, »Greenspan Raises Prospekt of Rate Rise«, *The Wall Street Journal*, 9. Oktober 1997, A2; Clay Chandler, »Greenspan Warning on Economy, Stocks Again Roils Markets«, *The Washington Post*, 9. Oktober 1997, A1.

12 Rubin zitiert nach Adam Zagorin, »Greenspan and His Friends: How the Fed Chairman, Treasury Secretary Rubin and Their Crash Team Navigated a Scary Week«, *Time*, 19. November 1997, 46.

13 Greenspans Ansichten stammen zum Teil aus seiner Erklärung vor dem Bankenausschuß des Repräsentantenhauses (House Banking and Financial Services Committee). Siehe dazu U.S. Government Printing Office, *Hearings Before the Committee on Banking and Financial Services*, U.S. House of Representatives, »East Asian Economic Conditions-Part 2«, 30. Januar 1998, 209–221.

KAPITEL 13

Der größte Teil der Informationen in diesem Kapitel stammt aus Interviews des Autors mit fünfzehn gutunterrichteten Informanten.

1 Anhörung zitiert nach U.S. Government Printing Office, *Hearings Before the Committee on Banking and Financial Services*, U.S. House of Representatives, »East Asian Economic Conditions – Part 2«, 30. Januar 1998, 10–67.

2 Siehe dazu Suart Auerbach, »Brokers Hit Worst, Ford Aide Tells Poor«, *The Washington Post*, 20. September 1974, A1; James Risen, »Greenspan: Supreme Survivor«, *Los Angeles Times*, 30. Mai 1991.

3 Bush zitiert nach »Bush Pins the Blame for '92 Election Loss on Alan Greenspan«, *The Wall Street Journal* (Politics and Policy), 25. August 1998, A16.

4 Greenspan zitiert nach »Excerpts from Fed Chairman's Speech«, *The New York Times*, 5. September 1998, C2.

5 Siehe David E. Sanger, »Greenspan Hints That a Rate Cut Isn't Unthinkable«, *The New York Times*, 5. September 1998, A1; John M. Berry, »Fed Chief Hints at Possible Rate Cut«, *The Washington Post*, 5. September 1998, A1.

6 Siehe Michael Siconolfi, Anita Raghavan und Mitchell Pacelle, »All Bets Are Off. How the Salesmanship and Brainpower failed at Long-Term Capital«, *The Wall Street Journal*, 16. November 1998, A1.

7 Eine umfassende Schilderung des Absturzes von LTCM nebst einer Sitzordnung des Meetings vom 23. September in der New Yorker Fed findet sich bei Michael Siconolfi, Anita Raghavan und Mitchell Pacelle, »All Bets Are Off. How the Salesmanship and Brainpower failed at Long-Term Capital«, *The Wall Street Journal*, 16. November 1998, A1.

8 Weitere Informationen über die Diskussion im Offenmarktausschuß, *85th Annual Report to Congress*, Mai 1999, 174–184.

9 Dieser Abschnitt der Anhörung zitiert nach U.S. Government Printing Office, *Hearings Before the Committee on Banking and Financial Services*, U.S. House of Representatives, »Hedge Fund Operations«, 1. Oktober 1998, 1–72.

10 Siehe Board of Governors of the Federal Reserve System, *85th Annual Report to Congress*, Mai 1999, 184.

11 Weitere Information über die Reaktion der Märkte auf die Zinssenkung im September und die Erklärung der Fed dafür, den Zins im Oktober noch einmal zu senken, finden sich bei David Wessel, »Credit Record: How the Fed Fumbled, and Then Recovered, in Making Policy Shift«, *The Wall Street Journal*, 17. November 1998, A1.

12 Weitere Informationen über die Diskussion im Offenmarktausschuß finden sich in Board of Governors of the Federal Reserve System, *85th Annual Report to Congress*, Mai 1999, 184–197.

KAPITEL 14

Der größte Teil der Informationen in diesem Kapitel stammt aus Interviews des Autors mit sieben gut unterrichteten Informanten.

1 Siehe dazu Michael J. Prell, »Remarks at the Charlotte Economics Club«, 14. Januar 1999, im Internet unter www.federalreserve.gov/boarddocs/speeches/1999/19990114.htm zu haben.
2 Siehe Rob Norton, »In Greenspan We Trust«, *Fortune*, 18. März 1996, 38; Dean Foust, »Alan Greenspan's Brave New World«, *BusinessWeek*, 14. Juli 1997, 44.
3 Siehe Joshua Cooper Ramo, »The Three Marketeers«, *Time*, 15. Februar 1999, 34.
4 Siehe »Who Needs Gold When We Have Greenspan«, *The New York Times* (Leitartikel), 4. Mai 1999, A30.
5 Weitere Informationen über die Diskussion im Offenmarktausschuß finden sich in Board of Governors of the Federal Reserve System, *86th Annual Report to Congress*, Mai 2000, 224–232.
6 Siehe John M. Berry, »Fed Won't Hike Rate – For Now«, *The Washington Post*, 19. Mai 1999, A1.
7 Weitere Informationen zur Diskussion im Offenmarktausschuß finden sich im Board of Governors of Federal Reserve System, *86th Annual Report to Congress*, Mai 2000, 232–244.
8 Siehe E. S. Browning, »›Friendly‹ Fed Move Lifts Indexes to New Highs«, *The Wall Street Journal*, 1. Juli 1999, C1.
9 Greenspan zitiert nach Pamela Ferdinand und Michael Grunwald, »At Two Commencements, Perspective Is the Reality«, *The Washington Post*, 11. Juni 1999, A3.
10 Siehe dazu Louis Uchitelle, »Greenspan Ties Debate on Rates to the Markets«, *The New York Times*, 28. August 1999, A1.

KAPITEL 15

Der größte Teil der Informationen in diesem Kapitel stammt aus Interviews des Autors mit vier gutunterrichteten Informanten.

1 Siehe »Greenspan Stopped Split Stories«, *Washingtonian*, Februar 2000, 10.
2 Die Szene um Greenspans Wiederernennung ist zitiert nach *Weekly Compilation of Presidential Documents* 36, 1 (Montag, 10 Januar 2000), 13–16.

Namenregister

Danksagung

Simon & Schuster and *The Washington Post* haben mich auch bei diesem Projekt rückhaltlos unterstützt, indem man mir die notwendige Zeit und Unabhängigkeit gab, mich der Arbeit daran zu widmen.

Von Alice Mayhew, die nun schon seit 28 Jahren meine Lektorin bei Simon & Schuster ist, stammt die Idee für das Buch. Wir hatten zunächst ein Buch über die führenden Gestalten des amerikanischen Wirtschaftsbooms ins Auge gefaßt, über deren Denken und wie dieses Denken die Expansion vorangetrieben hat. Ich hatte mich im Sinne dieses weiter gefaßten Themas an die Arbeit gemacht, aber sie sah sofort, daß die Hauptfigur Alan Greenspan war. Sie hatte recht. Und wie immer war sie bereit, ihre beträchtlichen Energien sowie ihr scharfes Auge auf die Konzeption des Buchs zu konzentrieren, um dann auch noch Verbesserungen an den drei kompletten Fassungen des Manuskripts vorzunehmen.

Leonard Downie Jr., Herausgeber der *Washington Post*, und Steve Coll, Chef vom Dienst, haben mir einmal mehr die womöglich größten Freiheiten in der Geschichte des amerikanischen Journalismus eingeräumt. Nur so ist es mir möglich, Bücher und andere umfassendere Projekte anzugehen. Ich möchte dabei gleichzeitig den Inhabern der *Post*, Katharine und Don Graham meinen Dank aussprechen. Nur der Rückhalt dieser vier Personen ermöglicht mir meine Arbeit.

Auch bei Jennifer Belton, der Leiterin der Research-Abteilung und ihren Mitarbeitern, möchte ich mich wieder einmal für ihre zahlreichen Recherchen bedanken.

Olwen Price hat Abschriften von Interviews angefertigt, oft unter großem Zeitdruck. Sie findet immer einen Weg zu helfen.

Carolyn K. Reidy, Präsidentin und Verlegerin von Simon & Schuster, tat alles, um auch dieses Buch wieder auf die Überholspur zu bringen, damit es praktisch gleich nach der Fertigstellung in die Buchhandlungen kommen konnte. Ich bedanke mich auch bei Jonathan Newcomb, dem Chairman; Jack Romanos, Präsident und Verlagsleiter; David Rosenthal, dem Verleger, der immer voll kreativer Ideen ist; Anja Schmidt, der Mitherausgeberin, die viele Verbesserungsvorschläge gemacht hat; Elisa Rivlin, Syndikus; Victoria Meyer, Direktorin der Werbeabteilung; Aileen Boyle, Stellvertretende Direktorin für PR; Jakkie Seow, Art Director und Umschlagdesigner; Deirdre Amthor, Stellvertretende Direktorin der Abteilung Design; Brooke Koven, Graphikerin; George Turianski, Herstellungsleiter; und schließlich K. C. Trommer, Assistentin von Alice Mayhew.

Ein besonderes Dankeschön an Stephen Messina, den Manuskriptbearbeiter, für seine Sorgfalt und Sachkenntnis bei allen – kleinen, mittleren und großen – Details. Sona Vogel kam eigens nach Washington und verbrachte eine Woche mit der Bearbeitung des Manuskripts. Ich danke ihr vielmals für ihre durch die Bank präzise Arbeit und ihr Verständnis für einen weniger förmlichen Stil.

Ich danke Kelly Farley für ihre Gewissenhaftigkeit bis in die letzten Details des Satzes.

Der Kern des Buchs stammt von mehr als 100 Informanten, die ihre Informationen nur unter der Bedingung zur Verfügung stellten, daß ihre Anonymität gewahrt bliebe; einigen hätte es wohl nichts ausgemacht, hätte man ihre Namen erwähnt, anderen um so mehr. Unter Anwendung größtmöglicher Sorgfalt danke ich also namentlich keinem von ihnen. All den Ungenannten sei hiermit meine Dankbarkeit versichert. Viele haben Stunden und aber Stunden das Thema mit mir diskutiert. Das Buch stellt ihre Informationen nicht aus der Sicht eines Einzelnen dar. Bei all seinen Unzulänglichkeiten möchte dieses Buch sich als ebenso akribische wie vorsichtige Bemühung verstanden sehen, die beste nur irgendwie erhältliche Version der Wahrheit zu eruieren.

The Wall Street Journal, die die umfassendste Berichterstattung über Finanzwelt und Wirtschaft bietet, sowie die *Washington Post*, insbesondere deren altgedienter Fed-Reporter John Berry, waren bei diesem Projekt von unschätzbarem Wert. Ihre Berichterstattung wie ihre

Analysen sind Ausgangspunkt und Fundament für ein Buch, das 13 Jahre zu überspannen versucht. Mein Assistent Jeff Himmelman und ich haben uns sowohl direkt als auch indirekt auf ihre Arbeit verlassen. Darüber hinaus verließen wir uns auf *The New York Times*, *Business-Week*, *Newsweek*, *Time*, *U.S. News & World Report*, *Los Angeles Times*, *The New Yorker*, *National Journal* und Associated Press.

Eine Reihe von Büchern lieferten wichtige Hintergrundinformationen. Es handelt sich dabei um William Greiders *Secrets of the Temple*, Stephen K. Beckners *Back from the Brink*, David M. Jones' *The Politics of Money* und Steven Solomons *The Confidence Game*. Diese Bücher haben uns beim Verständnis sowohl von Volckers Fed als auch der frühen Ära Greenspan geholfen. Alan Blinders Central Banking in *Theory and Practice* sowie Lawrence *Lindseys Economic Puppetmasters* lieferten nützliche Informationen über Entscheidungen und Verantwortlichkeiten der Fed. *Kiplinger's Practical Guide to Investing* und die Publikation der Fed *Purposes and Functions* waren eine große Hilfe bei der Anfertigung unseres eigenen Glossars.

Lou Cannons *President Reagan: The Role of a Lifetime*, das definitive Buch über Reagan, war ebenfalls eine große Hilfe.

Robert B. Barnett, mein Agent und Anwalt, trug einmal mehr mit vernünftigem Rat zu meiner Orientierung bei; er ist mehr als ein Anwalt, er ist ein Freund, fast ein weiterer Bruder für mich.

Jim Wooten von der ABC stand mir bei einem kritischen Punkt meiner Arbeit zu Seite.

Wieder einmal Dank an Rosa Criollo, Norma Gianelloni und Jackie Crowe.

Tali Woodward, meine älteste Tochter, selbst Reporterin beim *San Francisco Bay Guardian*, nahm sich ein Wochenende Zeit, um das Manuskript zu lesen, und bot viele kluge und verständnisvolle Anregungen.

Elsa Walsh, meine Frau und wahre Vertraute, hat uns allen ein liebevolles Heim und Leben geschaffen. Ihre Redaktion, ihre Anregungen und Fragen waren von immensem Wert. Sie ist eine Frau und Autorin mit Beharrlichkeit und Gewissenhaftigkeit. Für mich hat sie praktisch alles getan – außer der Erfindung des Internet.